KB261862

신약**강해**설교전집 2

신약**강해**설교전집 2

랄프 G. 턴불 편집

원광연 옮김

◀ 요한복음
◀ 사도행전
◀ 로마서

크리스챤
다이제스트

PROCLAIMING THE NEW TESTAMENT

Edited by Ralph G. Turnbull

요한복음

로널드 에이 워드

머리말

턴불 박사(Dr. Turnbull)에게 이 시리즈에 대한 원고 청탁을 받았을 때 나는 많은 일로 무척 분주하여 일을 마무리하는 데 수개월이 걸릴 것으로 예상되었다. 그러나 우정의 요구가 우정 자체만큼 강력하였고 그리고 내 개인적으로 턴불 박사에게 관심과 사랑이 있었고 그의 일에 대해서 탄복하였기에 진심으로 하고픈 마음이 생겼다. 1960년 가을 학기에 얼마 동안 쯤을 내어서 이 일에만 전념하였는데 이런 기회를 갖게 된 것에 대해 나는 무한히 감사하는 바이다.

설교가 성경적이어야 하며 성경이 무궁무진하다는 것이 나의 평소 소신이었다. 그와 같은 소신은 더욱 깊어졌고 실제로 입증되었다. "설교 개요"를 쓸 때에 한 번에 한 장(章)을 집중적으로 다루는 것이 필요하였으며 그렇게 하는 훈련은 유익하고 감동적이었다. 일단 "핵심" 본문이 택해지면 그 장의 나머지 부분은 그 핵심 본문에 설교 자료를 풍부하게 제공해 준다. 나는 "그의 은혜의 풍성함"에 대한 이 적절한 조언에 많이 놀랐다.

이 책은 주석도 아니고 설교집도 아니다. 당연히 독자는 그럼 무엇이냐고 물을 것이다. 이 책의 목표는 독자로 하여금 시작할 수 있도록 하는 어떤 "설교자의 통찰력"을 제시하고 함께 나누도록 하려는 것이다. 그 반면에 설교는 단 한 편도 하지 않았고 개요는 결코 신성 불가침한 것이 아니다. 개요는 제안하는 정도에 불과하나 설교자의 생각에 하나의 설교를 위해서 너무 자세하다는 느낌이 드는 개요도 더러 있다. 하나님의 말씀을 선포하기 위하여 내가 최근에 강단에서 사용한 개요도 더러 있다. 그리고 한마디 덧붙인다면 개요들이 전혀 실용적인 시험을 거치지 않은 것은 아니다.

헬라어 본문을 두루 사용하였고 구약 성경이 나올 때마다 히브리어 본문을 참고하였다. 그러나 나는 흠정역 성경(the Authorized or King James Version)을 항상 책상에 펼쳐 놓고 이 성경을 정규적으로 사용하는 사람들을 늘 마음에 생각하였다.

나는 내 아내에게 깊이 감사하는 바이다. 충만한 삶 가운데 아내는 늘 내게 지혜로운 문학적인 비평과 격려를 해주었다. 아내는 때때로 시간에 맞추느라고 피곤함을 마다하고 원고를 타자로 정리하였다. 그리고 "사역자의 아내"가 겪어야 하는 고독한 시간을 수없이 참고 견디어야 했다. 아내는 도움을 주었을 뿐 실수가 있다면 모두 다 내 책임이다.

로널드 에이 워드(Ronald A. Ward)
토론토, 캐나다.

차례

요한복음 제1장 하나님이 사람이 되심 ················· 11

요한복음 제2장 믿고 싶은 충동 ················· 18

요한복음 제3장 위험과 해결 방법 ················· 25

요한복음 제4장 물주둥이의 불충분 ················· 32

요한복음 제5장 장면이 바뀜 ················· 39

요한복음 제6장 체험적 종교 ················· 45

요한복음 제7장 전도의 실패 ················· 51

요한복음 제8장 그리스도인의 자유 ················· 58

요한복음 제9장 어느 편에? ················· 65

요한복음 제10장 소리와 말씀 ················· 71

요한복음 제11장 부활과 생명 ················· 78

요한복음 제12장 아주 철저한 단절 ················· 85

요한복음 제13장 그리스도의 주권 ················· 92

요한복음 제14장 도달하는 길이지만 여행하는 길이 아니다 ········· 98

요한복음 제15장 절대 확실한 피난처 ················· 104

요한복음 제16장 영구한 반전(反轉) ················· 112

요한복음 제17장 예수님과 그의 백성을 거룩하게 하심 ········· 119

요한복음 제18장 혼합되고 정해진 잔 ················· 127

요한복음 제19장 그리스도의 완성된 사역과 미완성된 사역 ········· 134

요한복음 제20장 어린양에서부터 목자까지 ················· 141

요한복음 제21장 세 번 부인, 세 번 나타나심, 세 번 물음 ········· 147

요한복음 제1장

하나님이 사람이 되심

1:14. "말씀이 육신이 되어 우리 가운데 거하시매 우리가 그 영광을 보니 아버지의 독생자의 영광이요 은혜와 진리가 충만하더라."

Ⅰ. 역사적 배경

이 말들은 전체 머리말(1:1-18)의 핵심이며, 그 주제는 하나님의 말씀이다. 말씀의 풍부한 배경과 함께 말씀의 의미를 이해하는 것이 중요하다. 편의상 로고스를 계속 "말씀(Word)"으로 칭할 것이지만 처음이자 마지막으로 말씀의 원어가 로고스라는 것을 언급한다.

그것은 (우리 의미로는) (a) 의미 심장한 소리를 뜻한다. 그것이 명사 혹은 이름일 때 그것은 인식하는 것을 나타낸다. 그래서 "하나님은 누구신가?"라고 묻는다면 "그의 말씀을 보라"고 대답해야 한다. (b) 말씀이 형용사로 사용되었다면 그의 본질을 묘사하는 구(phrase)이다. 하나님은 무엇과 같으신? 그의 말씀을 보라. 부사로 사용되었다면 구는 행동을 묘사한다. 하나님은 어떻게 행동하시는가? "내 아버지께서 이제까지 일하시니 나도 일한다"(5:17). 그의 말씀을 보라. (c) 또 하나의 의미는 문장인데, 이것은 말로 표현된 완전한 생각이다. 그의 말씀은 하나님의 완전한 생각이다. 하나님은 그의 말씀 안에서 완전하게 계시되었다(참조. 골 2:9; 요 1:16). 또 (d) 그것은 진실이거나 거짓인 주장이다. 사실은 진실도 아니고 기짓도 아니다. 그것은 존재할 뿐이다. 주장은 믿거나 믿지 않을 수 있으며 진실이나 거짓으로 간주될 수 있다. 우리는 하나님의 말씀에 대해서 태도를 취해야 한다. "무리 중에서 쟁론이 되니"(7:43; 9:16; 10:19).

그 다음에 그것은 (e) 이야기를 의미한다. 자기들을 데리고 놀지 않을 때 아버지가 어떻게 시간을 보낼까 하고 생각한 한 훌륭한 대통령의 자녀들처럼 어떤 그리스도인들은 "하나님께서 어떻게 시간을 보내실까" 하고 생각할지 모른다. 하나님의 역사는 전혀 없다. 그러나 이야기는 있다. 예를 들어 사도행전에 나오는 베드로의 초기 연설이나 비시디아 안디옥에서 한 바울의 설교를 읽어 보라(행 13:16-41). 그리고 하나님께서 하신 일을 주목하라. 이것에 비추어 4복음서나 우리가 사도신경이라고 부르는 것을 다시 생각해 보라.

한 번 더 "태초에" (f) 이성(reason)이 "있었다." 원자력 잠수함 씨드래곤(Seadragon)은 움직이도록 설계되었기 때문에 움직이는 것이다. 그것을 설계한 설계자에게 이성이 있었기 때문에 그것에 이성의 특징이 나타난다. 따라서 세상 곧 우주의 크신 근원이신 분이 이성이기 때문에 그것이 이성적인 것이다. 우주 이면에 있는 마음(the Mind)을 알고 싶은가? 하나님의 말씀을 보라. (참조. 골 1:16-18; 히 1:2; 요 1:3). 그러나 우리가 이성을 생각할 때 추상적으로 생각할 것이 아니라 한 인격 안에 거하는 것으로서 생각해야 한다. 그러므로 우리는 의식(consciousness)의 의미를 주의해야 한다. 우리는 때때로 "그의 마음 속을 들여다볼" 수 있었으면 한다. 사람의 표정 없는 얼굴의 속내를 환히 알았으면 좋으련만! 그의 의식을 들여다볼 수 있었으면 좋으련만! 하물며 우리가 일하고 계신 하나님의 마음을 알고 싶지 않겠는가. 그렇다면 그의 말씀을 보라. (참조. 고전 2:11-16, 특히 16절).

또한 (h) 지혜의 작은 목소리가 있을지 모른다. 잠언 8장을 읽으면서 말씀 대신에 지혜로 읽어도 될 것이며 또 예를 들어 요한복음 1:1-18을 읽을 때 "태초에 지혜가 있었다"라고 말해도 될 것이다(참조. 고전 1:24, 30). 그것은 또한 (i) 창조적인 말과 어떤 관련이 있다고 보지 않기가 어렵다. "하나님이 가라사대 빛이 있으라 하시매 … "(창 1:3). "여호와의 말씀으로 하늘이 지음이 되었으며"(시 33:6). 끝으로 (j) 예언적인 말을 간접적으로 언급하는 것일지 모른다. "여호와가 이같이 말하노라"는 말씀이 금방 마음에 떠오른다.

그리고 말씀이 육신이 되셨다. 이 시점에서 우리는 되돌아가서 "말씀"을 "예수"로 바꾸어 읽어야 할 것인데, 이는 말씀이 육신이 되었을 때 그 말씀은 사람들에게 예수로서 나타나셨기 때문이다. (a) 하나님은 누구신가? 예수를 보라. (b) 하나님은 무엇과 같으신가? 그의 아들을 응시하라. 하나님은 어떻게 행동하시는가? 예수님의 행동을 주시하라. (c) 하나님의 본성의 어떤 미지의 그리고 어쩌면 위협적인 측면에 대해서 두려워하는가? 하나님의 모든 것이 하나님의 "완전한 생각"이신 그리스도에 집중되었다는 사실을 믿어라.

(d) 예수를 믿느냐, 믿지 않느냐? 어느 한쪽을 반드시 결정해야 한다. 나이아가라 폭포 반 마일 지점에서 허우적거리고 있는 사람이 "심사 숙고"한답시고 결정을 내리지 못하는 것은 이로울 것이 별로 없다. 밧줄을 꽉 붙들어라! (히 2:1, "흘러 떠내려 가지 않도록.") (e) 하나님이 하시는 일이 궁금한가? 그의 이야기는 예수님으로 요약되었다. 그리고 그 이야기는 계속적인 이야기이다. 마가복음 16:20과 사도행전과 데살로니가전서 4:13-18을 보라.

(f) 우주의 현성을 연구하고 있는 과학자인가? 세상 이면에 숨어 있는 이유를 좀더 상세하게 알고 싶은가? 세상의 이유의 징후들(marks)은 이유이신 그분에게서 나온다. (g) 말하자면 내면의 그 마음을 알고 싶은가? 그리스도 안에 거하라. 그는 하나님의 의식이시다. 바울은 "우리가 그리스도의 마음을 가졌다"(고전 2:16)고 말한다. (h) 지혜를 구하는가? 그리스도가 지혜이시다. (i) 창조자를 알고 싶은가? 만물이 말씀(1:3) 곧 그리스도로 말미암아 만들어졌다. (j) 확신하고 싶은가? 하나님을 믿고 싶은가? 하나님께서 그리스도로 말씀하신다. 그리스도는 하나님의 확실한 말씀, 하나님의 예언적인 말이다. 여호와께서 이같이 말씀하시니라: 하나님께서 말씀하시는 것은 그리스도이시다.

II. 용어 해설

"육신" — "육체의" 혹은 "육욕적인"이라는 뜻이 아니다(참조. 고전 3:3; 갈 5:16-21). 이런 점에서 육신은 범죄자가 아닐지라도 공범자인 죄의 자발적인 도구일 것이다. 본문에서 육신은 물리적·사회적 생활 환경에 지배를 받는 인성을 의미한다. "거하다" 혹은 "장막을 치다"는 "일시적인 것"을 가리킨다. 땅은 일시적인 장막이지만 하늘은 영구한 "내 아버지 집"이다(14:2). 요한의 말은 쉐키나 곧 하나님의 임재를 연상케 한다(참조. 출 25:8; 29:46). "영광"이란 말은 성막에 "머물렀던" 빛나는 구름과 관련이 있을 것이다(출 40:35). 구약 성경에서 "하나님의 영광"은 (a) 하나님께서 자신을 나타내신 것으로서 하나님을 뜻한다. 그리고 영광은 (b) 실제적인 하나님의 임재의 표인 한 현상이다. 예수님은 그의 본래부터 있는 신성(17:5, 24)과 그의 순종(7:18)에 의하여 이 영광을 가지고 계신다. 요한이 변화산 이야기를 전혀 언급하지 않는 것에 주의하라. 전체 삶이 영광을 나타낸다. 야고보서 2:1과 비교하라. 거기서 "영광의 주"는 "영광"이 예수의 초기 이름이었다는 것을 암시한다.

예수 — "그 영광." 이 말은 "독생자"란 말과 조화를 이룬다. 사람은 탁자와 의자와 배를 "만든다". 그는 그와 같은 것 곧 인격을 "낳는다". 예수님에게서 우리는 이와같이 땅 위에 있는 신격 곧 신성을 본다. 그가 아버지로부터 오실 때 그는 아들이시다. 이처럼 말씀은 단순히 추상적인 이유(Reason)가 아니라 하나님의 아들이시다. 창조적인 마음일 뿐만 아니라 구속의 사역에 참여하시고 은혜와 진리가 충만하시며 또 신실하시고 능히 믿을 만하시다. 그 안에서 실체가 은혜스럽고 은혜가 실재적이다.

III. 교리적 의의

기독교는 우상의 모든 "장점"을 가지고 있으나 그 단점은 하나도 가지고 있지 않다는 말을 들어 왔다. 이런 대담한 진술은 우리가 하나님을 볼 수 있다는 것을 암시한다(참조. 히 2:9; 12:2). 그러나 우상은 볼 수도 들을 수도 움직일 수도 도울 수도 없다. 그 다음에 창조자의 성육신과 생명을 주시는 분과 빛을 주시는 분에 대한 분명한 언급을 주의하라. 그것이 역사에서 "일어난 것"에, 세례 요한이 계속 증거하고 있는 것(1:15)에 근거를 두고 있다는 것을 주의하라. 세례 요한은 소리(1:23)이지 말씀이 아니다. 길잡이이지 최종 목적지가 아니다. 성육신하신 분은 이중적인 의미에서 중보자이시다. 그는 하나님의 지식(17:3; 14:7)과 하나님께 가까이 나아감(14:6)을 전파한다.

스스로 문이라고 하신 그 분(10:7)이 또한 사닥다리(1:51)임을 암시하신다. 야곱은 사닥다리를 보았고(창 28:12) 우리는 예수님을 본다. 하나님의 천사들("사자들")이 우리를 위해 하나님의 메시지를 가지고 이 예수님에게로 내려왔다가 우리의 메시지(우리의 온갖 기도)를 가지고 하나님에게로 다시 올라간다. 그리스도의 중보를 이보다 더 생생하게 묘사할 수 없을 것이다. 그를 통하여 하늘이 열리고 열린 채 그대로 있다. 그가 하나님의 어린양이시기 때문에 그는 우리의 사닥다리이시다(1:29, 36). 만일 길딩(Guilding) 교수가 옳다면(나로서는 그녀가 옳다고 생각한다), 우리에게는 일부러 선택한 확실치 않은 표현이 있다. "하나님의 어린양"이란 말에서 죄를 지고 가는 대속죄일의 염소(레 16:22)와 위험으로부터 보호한 유월절 어린양(출 12:3, 13)을 떠올리게 된다. 또한 그리스도는 고난받는 종이시다(사 53:6-7). 그러므로 우리에게는 성육신과 중보와 속죄가 있다. 모두 하나님의 은혜로 말미암은 것이다.

IV. 실천적 목표

우리는 이 두렵고 죄 많은 세상에서 듣는 이에게 (a) 이성(Reason)은 마음을 가지고 있다는 것을 증거하려고 해야 할 것이다. 이성은 냉정하고 추상적이고 타산적인 기계 장치가 아니다. 그것은 그리스도이다. (b) 세상(즉, 천지 만물)은 의미가 있다. 세상은 그리스도에 의해 창조되었고 그의 것이다. (c) 죄인에게 구주가 있다. 그는 단번에 죄인들을 위하여 죽으셨다. 그리고 그는 용서와 생명을 주신다.

V. 설교 개요

제목: "하나님이 사람이 되심."

도입부

우리는 예수님에게서 무엇을 보는가? 사람? 그러면 어째서 그를 따르는가? 사기꾼? 그러면 어째서 제자의 신분이 양심을 만족시키는가? 선지자? 그러면 그가 무엇을 가르쳤는가? 성경의 대답말고는 결코 최종적인 대답이 없다.

A. 끊임없이 하나님이시면서 하나님이 사람이 되셨다(20:28; 5:23).

B. 끊임없이 구별되시면서 하나님이 사회에 들어오셨다.

"너희 중에 누가 나를 죄로 책잡겠느냐?" 하고 예수님은 물으셨다(8:46). 그는 "죄인에게서 떠나"(히 7:26) 계신다.

C. 그의 비하를 취소하지 않으시면서 하나님은 그의 영광을 나타내셨다.

유다가 그의 일을 성취하기 위하여 밤에 나간 후에 우리 주께서는 그 자신의 영광을 보셨다(13:31-32; 참조. 12:23).

D. 그의 위엄을 잃어버리심이 없이 하나님은 그의 은혜를 나타내셨다.

속죄를 섬기는 일의 좌절에서 어떤 것을 구출하는 것으로 생각을 잘못하기 쉽다. 그렇지만 요한복음 10:18을 보라. "나는 (내 목숨을) 버릴 권세도 있고 …." 심지어 수난에서도 예수님이 주관하신다.

결론.

예수님은 하나님의 살아 계시며 활동하시는 해석이다. 실례를 위해 요한복음 1:18과 13:23-25을 비교하고 그 "해석"이 나타내는 것뿐만 아니라 계속해서 주는 것임을 주의하라. "우리가 다 그의 충만한 데서(참조. 1:14) 받으니 은혜 위에 은혜러라"(1:16). 출퇴근 시간에 쉴새없이 이어지는 지하철처럼, 꼬리에 꼬리를 물고 있는 기차처럼, 긴 행렬로 죽 늘어선 기차처럼 그의 믿는 백성은 은혜 위에 은혜를 받아서 각 은혜가 이미 받아서 사용한 은혜로운 선물을 대신한다. 그리스도 안에 있는 무한한 하나님의 풍성함은 결코 다시 보충되어야 할 필요가 없다. 그러나 우리의 필요는 끊임없이 계속된다. 그런 까닭에 은혜의 선물이 계속해서 길게 이어지는 것이다.

요한복음 제2장

믿고 싶은 충동

2:22. "죽은 자 가운데서 살아나신 후에야 제자들이 이 말씀하신 것을 기억
하고 성경과 및 예수의 하신 말씀을 믿었더라."

I. 역사적 배경

이 장은 앞 장에서부터 2:11까지 끊어짐이 없이 죽 연결되는 것이다. 사
건들이 지금까지는 "사적인" 것이다. 가버나움의 짧은 방문 다음에(2:12),
우리 주님께서 그의 공생애 사역을 시작하시는(2:13) 남쪽 예루살렘에서
의 사역뿐만 아니라 북쪽 사역에 대한 요한의 생각이 적혀 있다. "사흘 되
던 날"을 요한복음 1:43과 관련시켜라.

II. 용어 해설

예수님과 그 제자들은 "혼인에 청함"을 받았다(2:1-2). "여자"(2:4)란
말이 우리 귀에 거슬리는 것만큼 그렇게 퉁명스럽고 거친 말이 아니다. 그
말이 아주 의례적인 말투는 아니었지만 "마담" 정도로 생각하면 될 것이
다. 어쩌면 "숙녀"란 말과 비슷하다고 보아도 좋을 것이다. "나와 무슨 상
관이 있나이까?"는 문자적으로 "나와 당신에게 무엇이 (공통)입니까?"이다
(참조. 왕상 17:18). 그것은 거절하기보다는 오히려 이의를 제기하는 것이
다. 예수님과 모친 사이에 반드시 구별이 있어야 한다. (이것은 로마 가톨
릭과 동정녀 숭배에 대한 우리의 논쟁과 많이 관련된 것이다.) 예수님과
(예수님과 가장 거리가 먼) 귀신들 사이에 구별이 있는 것과 마찬가지로
(막 1:24; 눅 4:34; 마 8:29; 막 5:7; 눅 8:28) 예수님과 (예수님과 가장

가까운 사이인) 그의 모친간에도 구별이 있다(참조. 1:8; 6:20; 19:26; 사 66:13). 예수님은 그의 백성과 영원히 함께 계시며 영원히 그들과 구별된다.

"내 때가 아직 이르지 못하였나이다." 이것은 마리아에게 특별히 적용된 일반적인 진술이다. 그의 때가 이르면(13:1; 17:1) 그의 아버지께 순종하여 그가 선택하였다. 그는 항상 그의 아버지를 기쁘시게 하는 것을 행하였다(8:29). 그러므로 십자가로 나아갈 때와 마찬가지로 여기 가나에서도 그는 그의 아버지의 인도를 따르고 있다. 그의 가장 사랑하는 모친에 대해서도 그는 이 세상의 관계에 따라 임의로 하지 않는다. 그는 협박에 못이겨 하거나 감언 이설에 속아서 하거나 성급하게 하거나 "습관적"으로 하려고 하지 않았다. 시작도 그의 것이고 시간 조절도 그의 것이고 선물의 종류도 그의 것이다. 백부장이 깨달았던 것은 우리 주님께서 말씀하시는 방법이다. 그는 남들이 의식할 수 있는 권세(마 7:29; 막 1:22)가 있을 뿐만 아니라 또한 권세 곧 그의 아버지의 권세 아래 있다(마 8:9; 눅 7:8 — "저도 남의 수하에 있는 사람이요"). 여기서 그의 모친에 대한 우리 주님의 태도에 관하여 결론을 내리면서 우리는 요한복음 19:26-27을 마태복음 10:37과 누가복음 14:26과 비교하여 생각해 본 다음 요한복음 2:24을 함께 생각해 보자. 예수님은 그들을 의시하여 자신을 맡기지 않으셨다. 그는 인간 곧 인류가 어떠함을 알고 계셨다.

결례를 위한 것(2:6)(참조. 막 7:1-4). "두세 통"은 약 35리터 가량이었다. 풍성한 공급을 유의하고 우리 주님께서 영광을 받으셨던 그 표적이 지금 우리에게 무슨 의미가 있는지를 생각해 보라. 결례는 이제 의식의 문제가 아니라 믿음의 문제이며(행 15:9) 그 결례는 물에 의한 것이 아니라 피에 의한 것이다(요일 1:7; 참조. 요 1:29). 마신 것은 포도주였고 그 포도주가 상징하는 것과 요한복음 6:53-56을 연결하는 것은 어려운 일이 아니다. 물론 로마 가톨릭의 입장에서는 그렇지 않겠지만 말이다. 그는 생명을 주시는 분이시다(10:10-11). 그리고 만일 포도주가 "사람의 마음을 기쁘게 하는"(시 104:15) 것이라면 우리는 성령과 관련이 있다(1:33)는 것을 알 수 있는데, 성령의 열매가 희락이기 때문이다(갈 5:22; 참조. 엡 5:18-20; 행 2:13-17). 그러므로 그의 흘리신 피로 말미암아 신자가 죄책에서 깨끗함을 입고 풍성한 삶을 살고 항상 기뻐하게 된다. 성령 안에 있는 기쁨이 어떻게 우리 주님의 죽으심과 연결이 되는지 주의하라(7:39). 죽으심과 영화롭게 되심이 없었다면 전혀 성령의 선물이 없었을 것이다. 따라서 가나에서 제자들은 그의 영원한 영광을 가리우고 있는 휘장이 순간적으로 들어올리는 것을 보았다(2:11). 예수 승천과 부활절을 통하여 수난일과 그 사역을 우리가 회고할 때 그 모든 것이 영광이다. 부활절의 빛이 앞으로 우리에게뿐만 아니라 뒤로 그에게도 비친다(17:5). "맑은 물이 주를 보고 얼굴을 붉혔다."

"예수께서 예루살렘으로 올라가셨더니 성전 안에서 … 보시고"(2:13-14). 왜 예수님은 성전에 가셨는가? 요한은 우리의 상상에 맡기고 있다. 성전을 "깨끗케 하심"에 대해서는 그럴 듯한 두 가지 견해가 있다. 두 번 깨끗케 하신 일이 있는데, 한 견해는 사역의 처음과 사역의 마지막에 하셨다는 견해이다(마 21:12-13; 막 11:15-19; 눅 19:45-48). 또 다른 견해는 요한이 마치 사건의 기록 서두에 그 사건이 말하고 있는 이야기의 절정을 나타내는 사진을 두는 것처럼 그 이야기를 일종의 "권두화"처럼 초기에 배치하였다는 것이다. 두 견해 다 지지를 받고 있다. 혹은 그것은 맨 처음 성육신에서부터 이방인들에게 전하는 것까지의 그리스도 안에서 하나님께서 하신 활동의 요약의 일부일지도 모른다(1-4장). 16절도 주의해 보기 바란다. 우리 주님은 새가 갇혀 있는 새장이 놓인 상은 엎지 않으셨는데, 이는 그 새들을 다치지 않도록 하심이었다. 사람들에게 분노하실 때 다른 피조물까지 싸잡아서 분노하신 것은 아니었다. 심지어 짐승들조차도 그의 오심으로 유익을 얻는다(롬 8:19-22).

이제 하나님의 성전은 다음과 같은 것을 나타낸다: 율법이 아닌 은혜; 장사가 아닌 선물; 건물이 아닌 사람(4:21; 에베소서 4:12의 주목할 만한 구절 "몸을 세우려 하심"을 참조하라). 19절은 "요한적인 다의성"의 대표적인 예이다. "예수께서 대답하여 가라사대 너희가 이 성전을 헐라(나를 죽여라) 내가 사흘 동안에 일으키리라(부활하리라)." (이것은 신약 성경의 정상적인 용법에서 벗어나는 것이다: 하나님께서 그를 죽은 자 가운데서 일으키셨다.) 만일 예수께서 죽임당하시면 그는 죽은 자 가운데서 살아나실 것이다. 만일 성전이 파괴되면 그는 그 성전 대신에 그의 교회로 구성된 성전을 세우실 것이다. (참조. 엡 2:21-22; 고전 3:16-17; 6:19; 고후 6:16). 새 성전은 사람 곧 그의 몸으로 이루어진다(엡 1:23; 골 1:18; 고전 12:27). 더 나아가서 그리스도의 죽으심으로 성전과 동물 제사가 끝나게 된다. 하나님의 참으심으로 성전의 파괴가 한 세대 동안 유보되었다. 만일 유대인들이 회개하고 메시야를 영접하였다면 그들은 그 성전을 어떤 용도로 사용하려고 하였을까?

III. 교리적 의의

우리는 여기서 그 당시 제자들보다 더 뚜렷하게 세 가지 "영광"을 본다. 그 영광은 다음과 같다.

1. 그의 인격의 영광

(a) 그의 인격의 독특성: 그는 사람으로 오셨지만 사람과 구별된다.

(b) 그의 권위의 위엄: 그는 지도력에 대한 "타고난 역량"이 있을 뿐만 아니라 그 뒤에는 항상 성부가 계시다.

(c) 그의 지식의 깊이: 그는 사람들이 어떠하였다는 것과 어떠하다는 것을 알고 계셨다. 그리고 하나님을 알고 계셨다(17:25).

그러므로 다음과 같은 점이 있다:

2. 그의 사역의 영광

(a) 혼인식에서 그의 수난을 생각하심("내 때") — 우리를 위하여.

(b) 죄인들과 함께 하시면서(만약 그렇지 않으면 왜 정결케 함, 심지어 의식에 있어서 정결케 함까지도 필요하겠는가?) 그는 그 수난에서 흘러 나오는 구원을 생각한다.

(c) 의무가 전혀 없지만 그는 그의 흘리신 피를 상징하는 포도주를 그

들에게 주신다.

3. 그의 백성의 영광(17:22; 엡 5:27), 그 안에서 그로 말미암아 그들에게 다음과 같은 것이 있다:

(a) 외적인 의식이 아니라 생명을 주는 경험.

(b) 종교적인 의식의 정결케 함이 아니라 죄책의 실제적인 제거.

(c) 지역적인 성소가 아닌 이용할 수 있는 성령.

우리에게 교리를 볼 만한 눈만 있다면 이 장에서는 얼마든지 교리를 볼 수 있다: 그리스도의 인격과 사역; 아버지와 그리스도의 관계; 그의 성육신과 죽으심과 부활; 죄와 구원과 하나님의 은혜; 성령의 선물과 그 결과; "체험" 종교와 교회를 지으심. 로마서 10:4(그리스도께서 율법의 마침이시다)과 히브리서 10:1-4에서 말한 것이 이 장에 나오는 우리 주의 행동에 의하여 보여졌다고 주장해도 좋을 것이다.

Ⅳ. 실천적 목표

거대한 학문적 발전과 과학적 성취가 있는 "계몽" 시대와 "복지 국가"를 이루고 있는 어떤 지역들에서 우리는 사람의 내적 죄를 나타내려고 노력해야 할 것이다. 그들이 친절한 이웃으로서, 공공 정신이 투철한 시민으로서, 신뢰할 만한 사업가로서 아무리 선하다고 할지라도 그들의 삶의 중심이 그리스도 안에 계신 하나님이 아니라면 그들은 죄인 혹은 믿음이 없는 자들이다. 국제 연합, 정치 혹은 사회 봉사? "선한 비기독교도"가 그 모든 것을 할 수 있다. 하나님은 무시당하시는 것을 싫어하시며 그의 사랑을 멸시하는 것을 무한정 참고 계시지 않을 것이다. "유행"과 사회적 패턴에 따르는 시대, 심지어 비공식이 관례가 되고 예배 참석이 "예절"이 되기도 하는 시대에 단지 종교적 의식에 불과한 것의 공허함을 증명해야 한다. 가벳(Garbett) 대주교는 그의 아주 유능한 목사들 중 "진보적 견해"를 가진 한 사람에게서 그들이 필요로 하는 것은 어떤 다른 것이라는 말을 들었다. 그의 진보적인 의식(儀式)을 떠난 그 교파의 한 사람은 "종종 의지할 것이 아무 것도 없다." 그들에게 그리스도를 권하라! 그리스도는 단지 의식에 불과한 것의 마침이며 실생활의 시작이다. 얻고자 하는 노력의 마침이며 승리를 주시는 분이다. 이스라엘의 의식을 철폐하시고 그의 구속받은 백성의 환희의 찬양을 불러일으키신 분이시다. 무의미한 존재에게 의미와 생명을 주신 분이시다. 죄책을 없애버리시고 영원히 용서와 생명을 주시는 분이시다. 그리고 항상 죽은 자 가운데서 사람들을 살리고 계신다(골 3:1).

V. 설교 개요

제목: "믿고 싶은 충동."

도입부

제자들은 믿었다. 그들은 처음에 믿었던 것임에 틀림없다. 그들은 그를 좇았다(1:37). 그리고 의심하지 않았다. 그들은 그에게 맞아들여 줄 것을 부탁하다시피 하여 그와 살기 위한 첫 단계로서 그와 함께 머물렀다. 적어도 한 사람은 간사한 것이 없는 참 이스라엘인이었다(1:47; 참조. 롬 2:28-29). 그들은 가나에서 믿었다(2:11). 이제 예수님이 부활하신 뒤에 그들은 성경과 그의 말씀을 기억하고 믿었다. 의심없이 그를 신뢰하였다. 요한에게는 거의 영원한 "시간 길이"가 있는 것 같다. 그는 초기 교회에 살고 있으면서 과거를 돌아보는 것처럼 뚜렷이 그때의 사건들과 지금의 계속된 믿음을 본다. 그들은 왜 믿었는가? 그들을 그렇게 만든 것은 무엇인가?

A. 그들은 그 영광을 보았다.

그들은 물이 포도주로 변하는 것을 보고 그것을 깨달았다. 부활하신 주께서 그의 십자가와 고난으로 그들의 죄책을 제하시고 그들에게 영생을 주시고 성령 안에서 기쁨 가운데 거하게 하셨다.

B. 그들은 그 힘을 느꼈다.

가나의 그 "영광"은 "사적인" 기적이었다. 말하자면 이해될 수 있었던 하나의 움직이는 그림(영화)이었다. 성전에서 행동으로 증명하시면서 일하시는 주님을 그들은 보았고 옛질서의 종말을 미리 보았다. (a) 그들은 많은 사람을 대적하시는 분을 보고 느꼈다. 그렇지만 그분은 또한 훨씬 광대한 의미에서 "많은 사람"을 위하여 죽으셨다(사 53:12; 히 9:28). (b) 그들은 종교를 가장한 큰 장사를 배척하는 참다운 질투의 힘을 느꼈다(요 2:17). 그들은 타락한 종교가들을 대적하는 아들의 힘을 느꼈다.

C. 그들은 말씀(the Word)을 들었다.

(a) 그리스도의 죽으심은 성전의 종말을 의미하였다. 하나님의 완전하신 생각이신 그분은 하나님의 마지막 말씀이시다. 성전을 깨끗케 하심은 행동으로 나타난 히브리서였다. 그리스도에 관한 진정한 궁극성이 있다. 하나님께는 더 하실 말씀이 없다. 거기에는 다음과 같은 것이 있다: 영생 아니면 심판. (b) 그리고 그리스도의 부활은 교회의 시작을 의미하였다. 교회 안에서 신자는 그의 안락한 가정을 발견한다. 치유하는 병원을 발견한다. 또한 그의 훌륭한 사람들(참조. 17:11), 곧 열심히 그 말씀을 받아들이고 신자로 하여금 지식으로 미칠 수 있는 한계를 훨씬 뛰어넘는 그리스도의 사랑의 넓이와 높이와 깊이를 깨닫도록 도와주는 선한 동류들을 발견한다(참조. 엡 3:18 "모든 성도와 함께"). 이것은 절대로 추상적인 이유가 아니었다(참조. 1:14). 왜 그들은 믿게 되었는가?

참으로 놀랍고 지극히 거룩한 사랑은 내 생명, 내 영혼, 내 모든 것을 요구한다.

요한복음 제3장

위험과 해결 방법

3:16. "하나님이 세상을 이처럼 사랑하사 독생자를 주셨으니 이는 저를 믿는
자마다 멸망치 않고 영생을 얻게 하려 하심이니라."

Ⅰ. 역사적 배경

1절에서 니고데모의 방문을 설명하는 새로운 단락이 시작되는데 짐작컨
대 이 일은 예루살렘이 아니면 예루살렘 근처에서 발생하였을 것이다. 22
절에서 우리 주님과 제자들은 좀더 넓은 유대 지역으로 옮겼는데, 요즘으
로 말하자면 사역의 범위를 뉴욕 시에서 뉴욕 주로 넓힌 것이라 할 수 있
을 것이다. 그런데 1-21절에서 새로운 배경이 등장하고 있지만 그것은 앞
의 것과 실제로 관련이 있다. 2:25과 3:1에서 "사람"이 반복된 것에 주의
하라. "또 친히 사람 속에 있는 것을 아시므로 … 바리새인 중에 … 사람
이 있으니." 처음부터 요한은 니고데모가 유대 종교에서 높은 지위에 있었
음에도 불구하고 예수님께서 니고데모를 "꿰뚫어 보고 계셨다"는 것을 알
려 주려고 한다.

Ⅱ. 용어 해설

요한의 풍부한 상징주의는 "밤에" 찾아오는 니고데모가 참으로 어둠에
속해 있었다는 것을 암시한다(참조. 13:30; 그리고 행 16:25과 대조하라).
그러나 그는 "빛으로 왔고"(3:20) 그가 그 빛을 포기하지 않았다는 암시
가 있다(7:50; 19:39). 2절에는 역설이 있다. "당신은 하나님께로서 오신
선생인 줄 아나이다." 보통 어떤 사람에게서 "온다"고 할 때 그 사람을 뒤

에 남겨 두고 떠나는 것이다. 이 경우에는 "하나님이 그와 함께 하신다." (이것은 이사야 7:14의 임마누엘 곧 "하나님이 우리와 함께 하심"을 상기시키는 것인가?) 하나님은 "뒤에 남아 계신" 것이 아니다. 그러므로 우리는 사역자들을 격려하기 위하여 사도와 최고의 사도이신 주님 사이의 비슷한 면을 주의해야 할 것이다. 주님께서 하나님에게서 보내심을 받았지만 하나님이 그와 함께 계셨던 것처럼 주님은 그의 제자들을 세상으로 보내셨지만(17:18) 그들과 함께 계신다(마 28:19-20). 사람이 "거듭"나고 "하늘로부터" 나야지 그렇지 않으면 하나님 나라에 들어가는 것은 물론이고 볼 수도 없다. 니고데모는 어느 정도 유물론자이다. 비록 그가 "표적"을 본 것은 틀림없지만 영적인 의미는 알지를 못하였다(3:2; 참조, 2:23). 그는 반드시 물과 성령으로 거듭나야 한다(3:5). 세례 요한의 물로는 충분치가 않다(1:26, 33).

신생의 그림은 새로운 차원의 새 생명을 암시한다. 그것은 새 옷으로 단장한 옛것이 아니다(참조, 고후 5:17). 그리고 그것은 옛것과 새 것의 단절을 암시한다(3:6). 그것은 새로운 창조로 말미암은 것이며 진화의 과정으로 말미암은 것이 아니다. 만약 그렇지 않다면 왜 모든 사람이 "그리스도인"으로 진화하지 않는가? 그 새 생명은 자녀된 것의 생명(롬 8:14-16)이며 그것은 성령께서 복 주신(요 1:12-13) 복음 전파(고전 4:15; 몬 1:10)로 시작된다. 그와 같은 사람("네"는 복수이다: 3:7)은 그들의 차이를 증명한다. 중생하지 않은 사람은 바람의 실재와 마찬가지로 성령의 실재에 대해서 깨닫지 못한다. 그런데 그들은 기원과 운명의 문제를 알 수 없고 통제가 불가능하다. 따라서 "성령으로 난 사람"(3:8)은 세상에게 수수께끼와 같다. (비교, 행 2:13[기원]; 골 3:3[운명]; 행 4:20; 5:29; 17:6[통제].)

육신으로 난 자는 성령으로 난 자를 알지 못하는데, 성령으로 난 자는 의를 행하고 사랑하고 그리스도께서 예수 곧 단순히 관념이 아닌 역사적 예수임을 알며 그리스도께서 그들을 지켜 주시기 때문에 범죄하지 않는다(요일 2:29; 4:7; 5:1, 18). 참으로 그들은 믿음으로 세상을 정복한다(5:4).

그들은 두 가지 이유에서 죄를 짓지 않는다(요일 3:9): 그들은 죄를 지을 수 없다. 즉 마음대로 죄를 짓지 않는다(참조. 눅 11:7 ― 그는 움직이지 못하게 되어 있었는가? 고전 10:14, 21). 그리고 영적 유전의 법칙이 작용하고 있다. 하나님의 "씨"가 그들 속에 있다. 그들은 랍비 저술가들이 "태아 출산"이라고 불렀던 것으로 났을 뿐만 아니라 "물로 났고" 또한 하나님에게서 났다(1:13; 3:5). "행동"의 이러한 특징들은 세례의 중생에 관하여 종종 가르쳤던 많은 부분을 무의미하게 한다.

이스라엘의 그 선생은 알지 못한다(3:10). 그러나 예수님은 비록 그 백성들과 구별되셨지만(2:4) 그들과 떨어져 계신 것이 아니다. 선지자들과 교회는 그와 일치한다(3:11 "우리 아는 것을 말하고 … "). 이것은 오순절 이후에 더욱 깊이 깨닫게 될 것이다(참조. 13:7). 그리고 니고데모는 고립해 있는 것이 아니다: "너희(너희 백성들)가 우리 증거를 받지 아니하는도다." 우리는 오늘날 교회와 회당을 곰곰이 생각해 본다. 그들이 인자의 본향이며 은혜로 인하여 그의 백성의 본향인 천상을 알지 못하고서 어떻게 하늘의 진리를 알 수 있겠는가(3:13; 골 3:1-3)?

만일 요한복음이 우리에게 신약 성경의 본질을 말한다면, 요한복음 3:16은 4복음서의 본질을 말한다. 이 문맥에 요한의 독특한 "전문" 용어가 집합되어 있다는 것에 주의하라. 세상은 저절로 "멸망"하게 되므로 사람들이 하나님에게서 오는 구원을 받을 필요가 없다는 말을 때때로 듣는다. 이것은 우리 구주 하나님을 너무도 잘못 알고 하는 말이다(참조. 눅 1:47 ― 이것은 마리아가 한 말이다). 요한복음 3:36과 히브리서 10:31을 비교해 보라. "멸망"은 하나님의 심판이다. 여호와께서 불뱀을 보내셨듯이 하나님은 파멸시키시는 분이다. 모세가 높이 들어올렸던 놋뱀을 쳐다보았을 때 생명이 회복되었던 것처럼 예수님을 믿음으로 바라보는 자에게는 생명 곧 영생이 있다(민 21:4-9).

구원은 정죄와 정반대이다(참조. 롬 8:1). 실제로 심판은 분리되고, 구별되는 것을 의미하며, 세상은 우리 주께 대한 태도에 의해 스스로 뚜렷이 갈라선다. 만일 대통령이 한 대도시에 방문하게 되는데 그의 정적들이 시가에서 그를 환영하기를 거절한다면 그 도시는 지지자와 반대자로 딱 나누어질 것이라는 것을 금방 상상할 수 있을 것이다. 요한의 인식으로는 그것은 "이미 심판을 받은" 것이었을 것이다. 그 사람들은 이미 어떤 태도를 취하였다. 그러므로 세상의 일부(인류)는 우리 주께 "오지" 않는다. ("온다" 하는 것은 거의 요한의 전문 용어이다.) 그들은 어둠을 더 좋아하였다. 그들은 이미 그들의 생각을 나타냈고 그들의 자리를 선택하였다. 그들이 회개하고 주님께 돌아오지 않는다면(참조. 롬 1:18, 24, 26, 28) 그들이 취한 자리에 따라 선고가 따를 것이다(참조. 행 1:25).

사람들의 세상은 하나님께 사랑을 받았다(3:16). 하나님과 분리되어 조직된 사회라는 의미에서 "세상"은 그 이기심과 허식과 물질주의 때문에 그리스도인들에게 사랑을 받지 못하게 되어 있다(요일 2:15-17). 우리 주님은 시험받으실 때 이런 것들을 거부하셨다. 그러나 왜 하나님이 "사랑하셨다"고 말하는가? 왜 "사랑하신다"고 말하지 않는가? 그것은 우리가 초역사적 의미와 힘을 가진 한 역사적 사건 곧 십자가를 향하고 있기 때문이다(참조. 엡 2:4).

14과 21절 사이에서 "내가"에서 삼인칭(인자, 아들, 그)으로 변하고 있는 것은 예수님이 하시는 말씀은 점차 "희미해지고" 요한을 통하여 성령이 하시는 말씀이 "뚜렷해진" 것을 암시한다. 갈라디아서 2:14-21에 이와 비슷한 것이 있는데, 거기서 바울은 베드로에 대한 이야기로 시작하여 갈라디아 교인들에게 자신의 증거를 제시함으로써 끝맺고 있다.

대강의 등식에 주의하라: 멸망치 않고 = 심판치 않고(정죄치 않고) = 영생 = 구원받음 = 공관(共觀)의 하나님 나라(참조. 막 10:17-26). 세례 요한은 사역에 대한 항구적인 모범이다. 그는 사람이 다 예수님에게로 갈 때 질투하지 않고 그의 뛰어나심을 인정하고 있다(참조. 골 1:18). 진실된 설교자에게는 영구히 거부하는 말이 있다(3:28). 만일 그리스도가 신랑이시라면, 에베소서 5:25, 29과 고린도후서 11:2과 요한계시록 21:2, 9과 22:17을 참조하고 요한계시록 17:1과 대조해 보라.

III. 교리적 의의

제시된 교리는 다음과 같다. 하나님의 계시(3:2); 거룩하신 삼위일체, 곧 성부와 성자와 성령; 죄; 구원(현재에서 가능한)(3:36); 성육신(3:13; 참조. 31절); 값없는 은혜와 속죄; 진노와 심판; 교회.

IV. 실천적 목표

사람들에게 "네 말소리가 너를 나타낸다"는 것을 보여줌으로써(마 26:73; 참조. 요 3:6; 3:31) 그들의 길잃은 상태를 깨닫게 하려는 것이다. 그리스도 안에서 하나님께서 그들을 위하여 하신 일의 이야기를 말하는 것이다. 그리스도 안에서 그들에게 구원을 베풀려고 하는 것이다.

V. 설교 개요

제목: **"위험과 해결 방법."**

도입부

우리가 위험 가운데 처해 있는가? 그렇다면 왜 우리가 듣지 못하였을까? 피할 가능성은 있는가? 그렇다면 즉시 피할 길에 관해 들어보자.

A. 인간의 위험

다음과 같은 일련의 순서에 주의하라: 죄 — 진노 — 심판 — 멸망.

죄 아래서:

하나님은 순종을 기다리시다가 불순종을 보게 되신다.

선	악
진실	거짓
신뢰	불충성
사랑	미움
제자됨	반역
예배	교만

하나님은 소작인이 소유자가 되고자 하는 의도를 발견하신다.

      종이   주인이

      내가   하나님이

이와 같은 반역은 결코 낭만적인 매력이 아니다. 그것은 은혜를 베푸는 자에게 그 은혜를 배반하는 더러운 짓이다. 하나님은 이 태도에 모욕을 당하시고 이런 태도에 대해서 하나님은 진노하신다. 이것은 감정이 아니며 더욱이 울화나 발작이 아니라 반대로 귀착되는 거룩치 못함에 대한 거룩의 혐오이다. 하나님에게 사람들을 대적하여 행동하실 마음이 생겼다(벧전 3:12). 그러나:

B. 하나님의 긍휼히 여기심

"하나님이 이처럼 사랑하사 …:" 하나님의 사랑은 걷잡을 수 없는 감정이나 당연히 치러야 할 빚이 아니다. 그는 사랑하도록 강요받은 것이 아니라 행동으로 사랑하고자 하셨다(참조. 고전 13장. 이것은 감정이 아니다: 우리는 "사랑을 힘써야" 한다). 한 피조물에 대해서 그럴 필요가 없었지만 독특하게 하시고 구별시키셨다. 그 피조물은 하나님께 모든 것에서 은혜를 입고 있지만 그 피조물은 하나님께 아무것도 드리지 않는다. 하나님께 멸망할 것 외에 아무것도 요구할 것이 없다. 그런 피조물에게 하나님은 그의 사랑을 베푸셨다. 진노하심이 불공정한 것도 그릇된 것도 비참한 잘못도 아니다. 진노가 간과되었거나 수그러들며 진정된 것도 아니다. 그것은 한 가지 이유 때문에 중지된다: 그리스도께서 우리를 위하여 죽으셨다. 그것은 하나님의 사랑의 표준이며 하나님의 의의 표준이다(참조. 롬 5:8).

C. 하나님의 조건

"… 이는 저를 믿는 자마다 …:" 죄악적인 상황의 모든 도덕적 논리가 하나님께 우리를 대적하여 행동하시도록 요구할 때 그리스도 안에서 하나님은 우리를 위하여 행동하셨다. 비록 우리가 계속 의로운 가운데 있어야 하지만 말이다(참조. 롬 3:26). 하나님은 그리스도 안에서 죄에 대한 그의 자신의 심판을 감당하셨다. 부채가 지불되었다. 용서와 영생이 우리가 받아들일 수 있도록 제공되었다. "조건"이 협상된 것이 아니었으며 계약이 아니다. 그 조건은 하나님의 은혜로 말미암은 것이다.

D. 인간의 기회.

"주의 선하심을 맛보아 알지어다." 그것은 나중에 생각하여야 할 것이다. 지금은 위험을 해결하는 방법을 모색하라.

요한복음 제4장

물주둥이의 불충분

> 4:14. "내가 주는 물을 먹는 자는 영원히 목마르지 아니하리니 나의 주는 물
> 은 그 속에서 영생하도록 솟아나는 샘물이 되리라."

I. 역사적 배경

바리새인들은 주님이 유대를 떠나 갈릴리로 갔다는 소문을 들었는데, 그
소문은 일부는 맞고 일부는 틀렸다. 사마리아로 통과하는 길을 택한 것은
당연하였다. 이것은 주로 지리적인 필요성이었지만, 요한은 또한 신학적인
적합성도 보았을지 모른다(참조. 행 1:8; 8:1). 영생이 유대교를 흘러 넘쳐
온 세상으로 흘러 들어갔으며(참조. 4:42) 갈릴리에서 생명을 주시는 분은
"이방의 갈릴리"의 통치자 헤롯 안디바의 궁정 신하를 만나셨다(마 4:15).

II. 용어 해설

"유대인이 사마리아인과 상종치 아니함이러라"(4:9)는 독자의 이해를
돕기 위하여 요한이 붙인 설명인 것 같다. 그러나 유대인들이 어떤 상종을
해야만 했을 때 더럽힘의 문제를 생각하여 쓴 다른 표현은 "그들은 사마
리아인들과 (마시는 그릇)을 함께 사용하지 않는다"이다. "생수"(4:10)은
괴어 있는 물과 대립되는 것으로서 흐르는 신선한 물을 말하는 히브리적
방식이다. 그것은 "생명"이라는 복음의 주제와 감탄할 정도로 어울린다. 여
인의 태도의 변화를 주의하라. 처음에 그녀는 건방졌다(4:9). 어쩌면 그런
태도는 영적인 갈증을 감추기 위함일 것이다. 그 다음에 그녀는 진지해졌
고 선물과 선물을 주시는 분과 지금까지 몰랐던 그 기회에 대하여 진지한

관심을 가지게 되었고 우리 주님을 "주여"하고 부르게 된다(4:11). 물론 아직은 그 선물의 원천과 그 선물을 주시는 분의 지위에 관해 이해하기 힘든 점이 그녀에게 남아 있어서("당신이 … 더 크니이까?") 수동적인 자세를 취하고 있는 것이 역력하다. 그 다음에 그녀는 주의 말씀("이 물을 먹는 자마다"〈4:13〉 그리고 "물을 먹는 자는"〈4:14〉)에 반대할 수도 있을 텐데 존경과 반응("주여 … 내게 주사")을 보이기 시작한다. 전혀 만족을 주지 않는 것은(참조. 사 55:1-2) 반복을 필요로 한다. 그가 주는 물을 마신 자는 영원히 목마르지 않는데, 이는 그 근원이 더 이상 밖에 있는 것이 아니라 신자 안에 있기 때문이다. 정(淨)하게 되어 그리스도 안으로 들어온 금욕의 단어인 "자족"을 말하는 빌립보서 4:11과 비교하라.

히틀러는 전쟁하기 전에 독일인에게 이 "경제적 자급 자족"을 주고자 하였다. (이처럼 생명의 원천이 "신자 안에 있지만 신자에게서 나오는" 것은 아니다. 참조. 요 7:38-39). 예수님의 제공의 범위를 나타내시고 그녀의 내면의 불일치를 아심으로써 예수님은 그녀에게 남편을 불러오라고 분부하시고 그 때문에 그녀는 예수님을 선지자로 생각한다(4:16-19). 그러나 그는 국지적인 선지자인가? 그녀에게 필요한 그의 메시지는? 그들의 사회는 다음과 같이 나누어져 있다: 사마리아인들은 그녀 눈앞에 바라다보이는 그리심 산(신 27:12)인 "이 산에서" 예배하였다. 유대인은 예배할 "곳"(성전)은 예루살렘에 있다고 주장하였다(4:20). 주께서 영적 예배에 대해서 말씀하실 때 그녀는 예수님을 모든 것을 드러낼 메시야로 생각하고 (4:25, 29, 39, 42) 이것을 증거한다. 그녀가 물동이를 남겨 두고 간 것은 예수님으로 하여금 물을 마시도록 하려는 것이었을까, 아니면 "모든 것을 버리고라도" 서둘러 성읍으로 가서 복된 소식을 전하고자 할 정도로 충격적이었기 때문이었을까?

여자의 태도의 변화에 따라 "질서(orders)"의 변화가 일어나고 있다. 처음에는 자연적인 질서 곧 문자 그대로 물이 있고(4:7), 그 다음에는 상징적인 질서 곧 영생을 묘사하는 것으로 사용되는 물이 있고(4:10-15), 마지막으로는 순전히 영적이고 영원한 질서가 있다(4:21-26). 처음 것은 보고 맛보는 것이며 둘째 것은 정신적으로 이해되는 것이며 셋째 것은 믿음으로 받아들이는 것이다. 2, 3, 5, 9장에 서로 비슷한 것이 있다. 예를 들어 4:15과 3:4, 9을 비교하라. 거기서 "물질적인 것"은 결코 "영적인 것"의 수준에 이르지 못하였다.

하나님의 계시의 일부로서 이스라엘을 선택한 것에 대한 주님의 증거에 주의하라(4:22): 구원은 유대인에게서 나온다. 그러나 유대인이 구원을 만들어낸 것이 아니다. "너희는 알지 못하는 것을 예배하고 우리는 아는 것을 예배하노니." 그들의 종교는 못쓰게 되었다. 비교 종교란 그런 것이다 (참조. 행 17:23). 참된 예배란 곧 단순히 몸과 건물과 외형이 아닌 영과 진리 혹은 실체로 이미 알고 있는 아버지("어떤 것"이 아닌)께 예배하는 것이다. 어떻게? 14:6을 보라. 마치 하나님을 특징지우는 그 계층에 다른 많은 영들이 있는 것처럼 "하나님은 한 영이시다"가 아니라 "하나님은 영이시다"로 읽어야 한다. 그는 육체를 가지고 계시지 않으며, 시공간에 제약을 받지 않으시며 무한하시고 영원하시고 창조적이고 생명을 주시는 분이시다. 우리 삶의 훈련을 위하여 거룩한 건물과 거룩한 시간 곧 교회와 주일이 우리에게 있다. 그러나 살아계신 하나님은 업무 시간과 특별한 시설물을 가지고 계시지 않다. 하나님은 이런 것이 없으면 발견될 수 없는 것이 아니다(참조. 행 7:48-50; 17:27-28; 마 1:23; 28:20). 하나님은 어디나 계시며 항상 그리스도 안에서 발견된다.

사마리아인들이 "예수께로 왔다"(4:30). 바로 예수님의 하시는 일이 예수님의 양식이며(4:34) 예수님은 그들에게서 임박한 추수를 보셨다(4:35). 거두는 자이신 예수님은 이미 "삯도 받고" 계시며(4:36), 생생한 필치로 자신을 뿌리는 자로 이해하셨다. 이런 데서 속담이 그 참된 성취를 발견하게 된다: 씨 뿌리는 자와 거두는 자의 독특한 직분은 그 안에서 결합되었다(4:37). 그러나 제자들은 거두는 일에 협력하라는 초청을 받았다(4:37). "다른 사람"은 틀림없이 예수님을 의미한다.

수가 성의 사마리아인들에게는 믿음의 장성이 두 단계로 나타난다(4:5). 그들은 여인의 증거 때문에 믿었고 그들이 주님을 만났기 때문에 믿었다

(4:39-42). 이 일로 인하여 이틀을 함께 지냈다. 이틀 뒤에 예수님은 갈릴리로 떠났다(4:3, 40, 43). 예수님은 예루살렘에서 하신 일(4:45; 2:23-25; 3:2)에도 불구하고 그 고향 예루살렘에서는 환영을 받지 못하였다(4:44; 참조, 4:22). 두번째 표적(4:54)은 갈릴리에서 두번째였다. 그리고 2:23과 상충되지 않는다.

왕의 신하가 그의 필요 때문에(4:47) 예수님에게 왔다(요한복음에서 이 표현에 주의하라). 우리 주님은 치유하시기 위하여 가버나움으로 내려가심으로써 응하지 않으신다(참조, 2:4). 그러나 그 사람은 주님께서 "가라 네 아들이 살았다"고 말씀하셨을 때 믿었다(4:50). ("살았다"라는 논지에 주의하라. 그 말씀 안에 "생명"이 있었다. 1:4.) 그리고 그것은 입증되었다. 그것은 "때를 따라 돕는" 것이었다(히 4:16). 그 결과 그 사람이 "하신 말씀을 믿었을" 뿐만 아니라(4:50) 그의 온 가족이 "믿었다"(4:53). 예루살렘은 믿지 않았다. 세속적인 왕의 종은 믿었다. "성도들이 … 가이사집 사람 중 몇이니라"(참조, 빌 4:22).

마지막으로 비슷한 점을 주목하라. 하나님은 어디에서나 경배받으실 수 있다(4:21, 24). 하나님의 아들 예수님은 어디서나 "일하실" 수 있다. 심지어 멀리서도(4:49-50, 54).

III. 교리적 의의

중요한 것은 하나님에 관한 교리이다: 하나님의 영성(4:24)(하나님은 영적인 예배자들을 찾으신다. 하나님께서 그들이 필요하신가? 참조, 행 17:25). 무한한 통로를 통하여 오는 하나님의 계시(4:22, 25). "모든 종교가 동일한 결말을 가지는" 것이 아니다 — 그리스도인들은 "그들의 불신앙의 용기"를 드러내 보여야 한다. 그리스도 안에 있는 그의 은혜와 그 보편성(4:42). 아들의 인성(4:1 — 새 지식; 4:3 — 여행; 4:6 — 피곤함; 4:7-8 — 음식이 필요함). 예수님의 인성이 없다면 십자가는 무의미하다: 하나님은 죽으실 수 없다. 만일 하나님이 죽지 않으셨다면 우리는 여전히 우리의 죄 가운데 있다(1:1과 1:14을 보라). 결국 복음주의의 임무와 신학에 이것은 반드시 덧붙여져야 한다.

IV. 실천적 목표

갖가지 사람들이 갖가지 단계에 있을 수 있듯이 믿음이 자라 차차 믿게 되는 그 여인의 갖가지 성장 단계를 우리가 이해해야 한다. 그들이 있는 곳에 그들을 도달하도록 하는 것이 목표이다. 그들이 기독교 신앙을 비웃는가? 우리가 그리스도의 이름으로 제의한 것을 그들이 알았다면 좋았을 텐데! 그들이 믿음에 대해서 적당히 존중하지만 "지적인 어려움"을 가장한 도덕적 영적 어려움을 가지고 "가장자리"에서 맴돌고 있는가? 만일 그들이 있는 곳에 그들이 그대로 있다면 결코 만족을 얻지 못하리라는 것을 그들에게 말해 주라. 생수를 마시면 그들은 참으로 살게 될 것이다. 그 메시지에서 지금까지 볼 수 있는 것에 그들이 관심을 가지는가? 예수님이 바로잡아야 하는 은밀한 태도와 죄들이 있다. 그들은 그를 하나님의 말씀을 가진 사람(a Man)으로 생각하는가? 그렇다면 그에게 귀를 기울이라!

그들은 내적인 지식이 없는 외면적인 의식주의자들인가? 하나님이 없는 종교를 믿는 자들인가? 하나님과 만남이 없는 영적 혹은 유신론적 이론을 가지고 있는가? 당신이 알고 있는 그 그리스도를 선포하라. 그러나 그가 이 성경의 그 그리스도이신 것도 또한 확신하라. 또는 목사의 방문이나 다른 수단으로써 그들이 문자적 질서에 관심이 있는지 아니면 자연적인 질서에 관심이 있는지를 찾아내라. 영적 진리를 설명하기 위하여 그것을 사용하라. 그런 다음 진리의 단순성을 납득시켜라.

V. 설교 개요

제목: "물주둥이의 불충분"(혹은 도시의 물 공급과 관련된 어떤 개념).

도입부

예레미야 2:13을 인용하여 설명한다. "내 백성이 두 가지 악을 행하였나니 곧 생수의 근원되는 나를 버린 것과 스스로 웅덩이를 판 것인데 그것은 물을 저축지 못할 터진 웅덩이니라." 그들의 삶에는 하나님이 전혀 계시지 않고 사람이 만든 실패만 있다. (이것은 행위로 의롭다 함을 받는 것을 포함하는가?) 왜 신약 성경이 아직도 "새" 것인가? 어떤 사람은 지금쯤은 신약 성경이 낡은 것이라고 생각할지 모른다. 신약 성경은 "신선하다"는 점에서 "새" 것이다. 그리고 항상 새 것일 것이다. 성경은 늘 생수 곧 살아 계신 그리스도를 증거하고 있는 것이다.

A. 동일시된 생수

요한복음 7:38-39은 생수가 곧 성령을 의미한다는 것을 보여 준다. 그리스도인의 경험에서 우리는 성령을 통해서 아들을 아는 것이다(엡 2:18; 요일 4:13-15; 3:24). 성자께서 뚜렷이 드러나도록 하기 위하여 성령은 자신을 드러내지 않는다. "그가 내 영광을 나타내리니"(16:14). 십자가 이전이든 이후이든간에 사도들이 말씀을 전하였을 때 성령보다는 그리스도에 대해서 먼저 말하였다. 그러므로 오늘날 "우리는 십자가에 달리신 그리스도를 전하며" 부활하신 그리스도를 전한다. 성령을 통해서 청중들은 그리스도를 현실적으로 대하게 되는 것이다. 그러므로 우리가 충실히 그리스도를 전할 때 성령을 통하여 (a) 진리의 계시가 있다는 것을 확신하게 된다. 그리스도께서 진리이시라면(14:6) 이것은 놀라운 것이 아닌데, 이는 성령께서 그리스도의 영이시기 때문이다. 그가 말씀하시는 것은 진실하며 그의 어떠하심은 현실이다. 우리는 여기서 그리스도에게서 성령을 "분리하지" 않도록 조심해야 한다. 성령은 말씀(the Word)과 분리되지 않는다.

동일한 성령을 통하여 (b) 생명의 증여 혹은 적어도 생명의 제공이 있다. 이것은 그가 단지 하나님에 관하여 "강의"를 하거나 그의 실체 안에서 청중에게 하나님을 제시하는 것만 하지 않는다는 것을 암시한다. 그에게는 사람에게 줄 선물 곧 생명이 있다. 그 생명은 그 자신과 분리된 것이 아니다. 성령을 통하여 그리스도 안에서 하나님을 아는 것이 생명이다(1:4; 14:6; 17:3).

그리스도의 영도 생명이시기 때문에 역시 (c) 생활과 봉사를 하도록 준비시킨다. "생명"을 받은 사람은 이제 세상에서 살아야 한다. 그는 유혹을 감수해야 하고 좌절과 슬픔을 참아야 하고 도전에 직면해야 한다. 그는 수행해야 할 임무가 있다: 성경 공부반을 지도하고 결석자를 심방하고 병든 자를 돌보고 교회 재정을 살피는 것과 같은 "교회 일"에 수반된 특별한 임무가 있다. 그리고 그에게는 모든 그리스도인에게 부여된 책임이 있다: 지속적인 생활과 증거. 이 모든 것에서 그는 성경에서 알려져 있고 성령에 의해 현실적이 된 살아 계신 그리스도를 의지할 수 있다.

B. 묘사된 생수

우리 인간의 본성과 육신의 연약함으로 인하여 우리가 "내려갔다 올라갔다" 하는 것이 사실이다. 즉 산꼭대기의 스릴과 계곡의 무거운 발걸음을 경험하고 있다. 성령의 열매가 희락이지만 바울은 "너희에게 눈물을 흘리며 말할" 수 있었다(빌 3:18). 우리가 늘 의지할 수 있고 결코 변하지 않으시는 분이 있다는 것을 안다는 것은 우리에게 위로가 된다. 그러므로 (a) 그는 일시적이 아니라 영구하시다. "다시 목마르려니와"와 "영원히 목마르지 아니하리니"를 대조하라. 또 그는 멀리 계시는 것이 아니라 가까이 계신다. "여기 오지도 않게 하옵소서"와 "신령과 진정(진리)으로"를 대조하라.

C. 얻은 생수

"나의 주는 물은 …"(참조. 3:16). 그를 믿고(3:16), 그에게로 오고(7:37), 그를 영접하고(1:12), 그를 따르는 자(1:43)는 실질적으로 똑같은 것을 경험할 것이다. 그것은 하나님의 선물이며(6:65) 아버지께서 그를 이끄신다(6:44).

결론

그러므로 생수의 이 더 발전된 그림에서 아버지는 당신을 이끄시고(억지로 끄는 것이 아니고) 당신에게 은혜를 받도록 권하시고 마실 것을 청하신다.

요한복음 제5장

장면이 바뀜

5:19. "아들이 아무것도 스스로 할 수 없나니 아버지께서 행하시는 그것을 아들도 그와 같이 행하느니라."

I. 역사적 배경

장면이 갈릴리에서 예루살렘으로 바뀐다. 양문 곁의 못에서 기적을 행하심으로 비판이 일어나고 그로 인하여 자연스럽게 우리 주님의 강화가 소개된다.

II. 용어 해설

베데스다는 종종 "자비의 집"으로 번역되는데, 칼빈은 그보다는 오히려 "쏟아 붓는" 곳으로 생각한다. 쿰란의 동판 두루마리에서 이것이 확인되었다. 요한이 이것에 대해서 아무런 설명을 하지 않으므로 함부로 영적인 의미로 해석하는 것은 삼가야 할 것이다. 그렇다 하더라도 "쏟아 붓고" 있는 것은 "자비"임은 분명하다. 3절 마지막 부분("기다리니")과 4절에 대한 사본의 증거는 유익한 것은 아니지만 그와 같은 삽입 내용은 7절을 이해하는 데 필요할 것이다. 그 물은 "미네랄"이었을 것이며 어떤 유럽 도시들에서 무척 좋아하는 "광천"과 같은 것일 것이다. 5절의 아무 소망이 없는 가련한 사람은 여러 면에서 구원을 필요로 하는 사람의 전형적인 모습이다. 그의 병은 고질병이었다. 우리도 그와 같은 경우이다: 죄가 어제 시작된 것이 아니었다. 그는 속수무책이었다("누운" — 5:6). 그는 친구도 없었다

(5:7). 그리고 온 인류 가운데서 우리를 구원할 자격을 가진 사람은 아무도 없다. 그는 소망이 없었다. 우리를 구원할 자격이 있는 사람이 우리에게 있는가? 우리에게 진정으로 격려해 줄 만한 사람이 있는가? 그는 생기가 없었다. 그는 포기하였다. 그는 눈에 총기가 전혀 없었고 아무런 기대도 없었다. 그는 물음에 "예"라고 대답할 기쁨이라고는 전혀 없다. 비록 불안하게 육체의 삶에 매달려 있지만 그는 허물과 죄로 죽은 사람의 전형적인 인물이다.

이 불행한 사람은 복을 구하지 않았는데 복이 찾아왔다. 우리 주님은 그 사정을 금방 아셨다(5:6). 긴 세월이 놀라운 "지금"으로 끝났다. 도움이 있었다. 친구가 있었다. 오늘날 우리는 우리 주님의 이 세상의 얼굴의 온화한 표정을 되찾을 수 없다. 그것은 "그리스도를 육체대로 아는 것"일 것이다 (고후 5:16). 우리에게는 십자가와 성령과 격려자가 적절히 있다. 이러한 지식과 경험을 가진 우리는 예수님께서 이 사람 속에 소망을 다시 불러일으키셨다는 것을 의심할 수 없다. 그리고 예수님은 그의 의지에 말씀하셨다. 디 엘 무디(D. L. Moody)의 말에 의하면, 의지 속에 싸움이 일어난다. 의미를 느끼지 못하는 그 마음에, 생기 없는 그 마음에 그리스도께서 그의 이해심 있는 말씀을 하셨다. 그 말씀은 소스라쳐 놀라게 하는 단호한 명령 "일어나!"가 아니라 "일으키는" 부드러운 말씀이었다. 그것은 의지력의 문제가 아니었다. 그로 하여금 다만 해보도록, 움직일 마음을 가지도록 하는 것일 뿐이다. 나머지는 다 주께서 하셨다. 그가 다 맡기고 아주 조금 순종할 시도를 한 순간, 은혜가 힘을 주었다. "일어나서", "네 자리를 들고", "네 걸음을 다시 시작하라."

오늘날에는 안식일 준수를 다른 아홉 가지 계명과 나란히 놓지 않으면 우리가 안식일을 어기는 것에 따르는 책임의 심각성을 깨닫지 못한다. 유대인은 비난을 하였는데, 자리를 들고 가는 것을 "집을 이사하는" 것처럼 생각했던 모양이다. 그 사람은 정확히 책임을 예수님에게 돌렸지만(사도행전 5:29은 아주 비슷한 것은 아니다) 예수님이 누구인지는 밝히지 못하였는데, 그가 예수님의 이름을 몰랐던 것이 분명하다. 그런데 예수님은 성전에서 그를 만나(왜 그가 성전에 있었을까?) 그에게 이르시기를 나았으니 더 심한 것이 생기지 않게 다시는 죄를 범치 말라고 하셨다. 죄와 고통(눅 13:1-5)을 항상 관련시켜서는 안 되지만 여기서는 예수님이 그렇게 관련을 시키셨다. 그 사람은 유대인들에게 가서 자기를 고친 사람이 예수라고 말하였다. 그리고 이야기에서 사라진다. 처음에는 여기서 거의 남을 뒤에서 욕하는 위선적인 고자질쟁이를 보는 듯한 느낌을 가지지 않을 수 없다. 그렇게 많은 호의를 입었는데 그럴 수가 있단 말인가! 그러나 이 불쌍한 사람은 전혀 예의를 모르고 아직 그의 새로운 규범을 배우지도 않았다. 신학적으로 말하자면 그는 의롭게 되었지만 아직 성화되지는 않았다. 그는 내적인 어리석음이 있는 우둔한 사람이며 요한복음 9:30-33의 쾌활하고 확고한 인물과 전혀 다르다. 그러나 바울은 "그 어리석은 사람을 사모하였고" 그것은 우리로 하여금 신약 성경의 도움을 받아 오순절 이후에 그가 어찌 되었을지를 상상하도록 하는 유익한 영적 훈련일 것이다. 그 사람은 예수님이 안식일에 이러한 일들(이 치유는 다른 치유의 전형이었다)을 하고 있었다는 것 때문에 유대인들에게 핍박을 받도록 만들어 놓고는 무대에서 퇴장하여 버렸고(5:15), 예수님이 주목의 대상이 된다.

하나님은 안식일에 쉬셨다(창 2:2-3; 출 20:11). 처음 창조의 일은 끝났다. 그러나 하나님은 어떤 의미에서 우리가 하나님께서 쉬신다고 말해도 좋고 일하신다고 말해도 좋도록 그것을 아주 쉽게 끝내신다. 그러므로 우주를 유지하심에 있어서 하나님께서 쉬실 때조차도 하나님은 일하신다. 여기서 우리 주님이 어떤 갈등을 느끼신 것이 아닐까 생각하거나 하나님께서 구약 성경을 "수정하고" 계셨다고 생각할지 모르겠다(5:17). 자연 법칙은 안식일에도 쉬지 않으며, 또 가끔 "엄격한 양심의 교구 밖으로 산책하기"를 바라는 찰스 램(Charles Lamb)의 소원에도 불구하고 양심의 법칙도 쉬지 않는다.

유대인들은 예수님을 죽이려고 하였다(5:18). 그는 안식일을 느슨하게 함으로써 안식일을 폐지하고 있었다(비록 기독교 안식일은 속박하는 것이 아니라 자유롭게 하는 것이지만 말이다). 그는 하나님이 그의 친아버지라고 말하고 있었고 그렇게 함으로써 스스로 하나님과 동등으로 삼았고 랍비의 생각에 따르면 그 자신을 하나님과 독립된 것으로 만들었다. 하나님은 그의 친아버지이시다. 우리는 그렇게 주장하지 못한다. 만일 우리가 신자라면 하나님은 우리 공동의 아버지이다. (그 말에 대해서는 사도행전 4:32을 참조하라.) 심지어 한 사람일 때에도 그리스도인은 "우리 아버지"라고 말한다(마 6:6, 9).

예수님은 하나님과 동등이시다(참조. 10:33). 그러나 예수님은 하나님과 관계 없는 것이 아니다. 이것은 머리말을 떠올리게 한다(1:11-18). 그에게는 아버지가 없이는 아무것도 할 수 없다(5:19). 그러나 이것은 삶이 특색 없다는 것을 암시하는 것이 아니라 완전한 계시(20절의 "다"에 주의하라)를 암시한다. 아버지가 아들을 사랑하고 아들이 아버지를 사랑할 때 어떻게 될까(5:20과 14:31)? 예수님은 의지가 있지만 아집은 전혀 없다(5:21, 30). 똑같이 공경을 받게 하는 심판장으로서의 예수님의 사역조차도(5:22) 아버지의 뜻과 판단을 나타낸다(5:30).

이 복음서에서 영생의 길에 대한 다양한 표현에 주의하라. 여기서(5:24)는 예수님의 말씀을 듣고 아버지를 믿는 것을 말하고 있다. 그리고 이 구절과 바울의 칭의의 오버랩을 주의하라. 바울은 심판과 무죄를 말한다. 요한은 "심판에 이르지 아니하나니" 하고 말한다. 어떤 차이가 있는가? 사람들을 부르시는 분은 살아 계신 그리스도이시다(5:25). 그리스도는 그들에게 무엇을 말씀하시는가(참조. 고전 6:11)? 아버지와 아들의 영원한 관계는 26절에서 한 말보다 도저히 더 간단하게 혹은 더 심오하게 말할 수 없다. 인자로서 그리스도의 직분과 자격(참조. 히 4:15; 2:14)과 권세는 부활(5:28-29) 때에 심판하시는 것이다(5:27). 이것은 행위에 의한 칭의가 아니라 역사하는 의롭다 하는 믿음이다(참조. 갈 5:6; 빌 2:12-13). 지금(5:25)과 그때(5:28)에 사람들이 그의 음성을 들을 것이라는 것을 주의하라. 당신이 전한 그의 말씀을 들을 때 그들이 듣는가(5:24)?

끝으로 우리 주님은 사람들의 구원을 위하여 세례 요한을 언급하실 수 있으시지만 자신의 정당함을 입증하기 위하여 "사람"으로부터 증거를 취하지 않으신다. 그는 자신을 위하여 증거하거나(5:31) "사람에게" 영광을 취하지 아니하신다. 그를 증거하는 것은 아버지(5:32, 37)와 구약 성경 (5:39)과 아버지께서 그에게 하라고 하신 그 자신의 일(5:36)이다. 왜 그들은 믿지 않는가?

III. 교리적 의의

관련된 것으로 생각해야 할 교리는 다음과 같다: 죄와 그 결과; 창조자이실 뿐만 아니라 유지자이신 하나님; 예기적(칭의)이고 궁극적인 심판과 그리스도의 승천과 영화와 연결될 수 있는 아들의 결과로서 생기는 공경 (5:23); 기적과 성경, 그리고 특별히 구약 성경에 대한 기독교 해석.

IV. 실천적 목표

우리 주님은 또 한 스승 곧 인류에게 영향을 끼쳤던 위대한 역사 인물들 중의 한 사람이 아니라는 것을 분명히 해야 한다. 우리에게는 더욱 확실한 말씀이 있다(벧전 1:19-21). 그는 비길 데가 없다. 그의 말씀에 귀 기울이라!

V. 설교 개요

제목: **"장면이 바뀜."**

도입부

왜 사람들은 그들의 관심을 예수님에게 집중해야 하는가? 그것은 그의 어떠하심과 그의 말씀과 그의 행동 때문이다. 왜 그는 말씀하셨고 말씀하신 대로 행동하셨는가? 그것은 사색의 결과였는가? 아니면 타고난 천재였는가? 아니다. 그에게서 우리는 또렷하게 살아 계신 하나님을 보는데, 왜냐하면 아들이신 그는 새로운 주도권으로 시작하지 않으시기 때문이다. 영원 속에서 그가 아버지에게서 보았던 것이 우리도 볼 수 있도록 시간 속에서 그 아들에게서 구현되었다. 이렇게 본문에서는 아들 안에서 아버지의 "재현"을 요약하고 있다. 골로새서 1:15와 비교해 보라. 거기서는 하나님의 참 형상이 예수이심을 보여주고 있다. 이 예증은 조금도 기계적이고 독창성 없는 모방이거나 판박이가 아니라 인격의 범주에 속하는 것임에 틀림없다: 아버지와 아들은 서로 사랑하며 똑같이 공경을 받고 생명이 있다. 따라서:

A. 아버지는 아들에게 아버지가 하시는 일을 다 보여주신다.

그리고 아들도 그 일을 한다. 이것은 (a) 계속적이고("보이시고", "보이사") (b) 전부("다")이다. 하나님의 독특한 활동이 21절에 실례로 나타난다.

B. 아버지는 당신이 생각하시는 모든 것을 아들에게 보여주신다.

그리고 아들도 그렇게 생각한다. 이것은 간단한 말이지만 모든 심판은 태도를 분명히 보여준다. 따라서 아들에게 (a) 심판(이론이 아닌 생활의 경험에 바탕을 둔, 5:27)을 다 맡기시고 (b) 공경을 다 받도록 하셨다(5:23). 심판에 이르지 않는 사람도 있으므로(5:24-25) 이것은 특별히 마지막 심판과 관련이 있다(5:28-29). (참조. 5:22, 30).

C. 아버지는 당신이 하려고 하시는 모든 것을 아들에게 보여주신다.

그리고 아들도 그것을 하려고 한다. 아버지는 구원하려고 생각하신다(3:16-17). 아들도 구원하려고 생각하고(5:34) 그 뜻을 실행한다(4:42). (참조. 엡 1:1-14과 2:4-5). 복음서에 의해 목적의 통일성의 예증에 대해서는 누가복음 15:20, 23, 32(이 순서대로)을 보라. 아버지와 아들은 죄인들을 똑같이 맞아들이고 환영한다. 그러나 그것은 하나의 환영회이다: 아버지는 그리스도 안에서 그들을 맞아들인다.

결론

유일하게 자격과 권세를 가진 구주가 여기에 있다. 오늘날 모든 사람이 그를 앙망하기를 바란다(참조. 사 45:22).

요한복음 제6장

체험적 종교

6:63. "살리는 것은 영이니 육은 무익하니라. 내가 너희에게 이른 말이 영이
요 생명이라."

I. 역사적 배경

예루살렘에서 갈릴리 바다(6:1)와 가버나움(6:24, 59)으로 장면이 옮겨
갔다. 유월절이 가까운 때였고(6:4; 참조. 2:13; 11:55; 19:31-37) 수난의
빛이 그 위에 반짝이고 있다.

II. 용어 해설

"축사하신 후에"(6:11; 참조. 6:23)는 엄숙한 "감사의" 말씀이며 53절의
내용과 같은 표현과 함께 이 사실은 드러내 놓고 말하지는 않지만 분명히
주의 만찬을 언급한 것이다. 학자들은 한 극단에서 루돌프 불트만(Ruldolf
Bultmann)으로 대표되는 다른 극단에 이르기까지 성례에 대한 해석을
충분히 하였다. 불트만은 요한 사도가 성급하게 성례로 생각하는 것을 삼
갔다고 주장한다. 어느 견해를 취하든 복음주의적 결과는 명백해질 것이
다. 그리스도 안에서 하나님의 좋은 선물의 규모를 상징하는 5천 명을 먹
이신 일 뒤에(6:1-13), 물 위로 걸어가시는 일이 나타난다(6:14-21). 해설
(6:14)은 신명기 18:15, 18을 언급하고 있다. 사도행전 3:22-23과 7:37을
참조하라. 주님은 빌립보서 2:6에서 그의 세상 창조 이전의 영광에서 "취
하셨던" 것처럼 세상에서 왕으로 삼으려고 하는 사람들에게서 "취하지"
(6:15) 않으실 것이다. 마태복음 4:8-10을 참조하라. 그는 어둠(6:17; 참

조. 1:5)과 바다(6:19; 참조. 1:3; 시 95:5)를 다스리시는 분이셨다.

우리 주님의 강화 첫 부분(6:22-40)에서 군중의 동기가 나타나는데 (6:26), 사마리아 여인처럼 그 동기가 물질적인 데 있었다(6:26). 그 역설을 주의하라: "… 위하여 일하지 말고 … 위하여 하라. 이 양식은 인자가 너희에게 주리니"(6:27). 물질의 양식은 썩지 않고 영생으로 귀착하는 것의 표적에 불과하였다(4:14을 참조하고 그의 창조적 활동[1:3]과 그의 은혜[1:14, 16]를 상기하라). "그가 떡을 가지고 축사하신 때는 봄철이었고 그가 떡을 나누어 준 때는 추수기였다."

"인"은 믿을 수 있음을 증명한다: 문서에 찍힌 인은 "이것이 진짜이다"라는 것을 말한다. 이것에서 또 요한복음 1:14, 17, "은혜와 진리"를 떠올리게 된다. 동일한 비유가 요한복음 3:33에서 다른 방식으로 사용되었다. 하나님께서 요구하신 "일"(6:28)은 "행위"가 아니라 예수를 믿는 믿음이다(6:29; 참조. 행 2:37-39; 롬 3:28). 유대인들은 "보고 믿을 수 있게" 하는 표적을 구한다(6:30; 참조. 막 15:32). 그들은 앞서 5천 명을 먹이시던 것을 보았다는 것을 넌지시 말한다: 이것은 새로운 것이 아니다(6:31)! 우리 주님의 답변의 시제(6:32)와 참 떡에 대한 언급을 주의하라(참조. 6:27). "주는"(33절): 그것을 받아들였는가? 그들은 그것을 요구하지만 (6:34) 6:26과 4:15을 비교하라. "오는"과 "믿는" 사이에 의미심장한 유사가 있다(6:35). 그리고 우리는 그 순서에 주의해야 할 것이다: 오는 것과 환영과 안전 보장(6:37-39). 40절은 우리에게 진정으로 "보고 믿는" 것을 보여준다. (참조. "내가 불가사의한 십자가를 바라볼 때 …").

유대인들은 "수군거리고" 예수님은 그 주제를 전개하신다(6:41-51). "그에게 오는 것"은 하나님의 선물이며(두 가지 의미에서: 37절과 65절) 하나님이 유도하신 것이며(6:44) 하나님의 가르침으로 말미암은 것이며 (6:45), 이것은 듣고 배우는 것에 대해 더 발전된 생각을 하게 한다. 이사야 54:13을 인용한 것이다. 만일 유대인들이 성경을 알고 있었다면 예수님께서 사용한 서로 얽힌 주제가 그 구절에서 가까운 이사야 55:1-3을 상기시키고 있다는 것을 알았을 것이다: 그 예언서에서 자주 나오는 다음의

낱말들에 주의하라: "나아오라, 먹되, 수고하느냐, 청종하라, 귀를 기울이고, 나아와, 들으라, 살리라."'다윗에게 허락한 확실한 은혜"는 떡의 실체를 말한다. 모든 은유를 제거해 버린 47절의 엄숙한 진술 곧 신자에게 영원한 생명이 있다는 진술을 주의하라. 그리고 현재 시제에 유의하라. 이 구절은 전체 장에서 결정적인 것이다. 만나를 먹든 성찬의 떡을 먹든 그것만으로는 충분치 않다(6:49). 참 떡은 하늘로서 내려온 떡이며, 살아 있고 생명을 주며, 그의 몸이다(6:51). 이것은 조작된 생각이 아니라 나타나신 그리스도 즉 "말씀이 육신이 되신"(1:14), 역사에서 사람이 되셔서 사람의 조건에 매여서 사셨던 하나님의 영원하신 아들을 의미한다. 참 예수를 말한다.

  이것은 6:52-59을 위한 길을 예비하는데, 거기서는 유대인들이 "수군거렸을" 뿐만 아니라 서로 "다투었다." 살을 먹고 피를 마심으로써(6:53) 영생을 가지게 되고 확실한 운명이 보장되고(6:54) 서로 함께 거하게 된다(6:36). "피"에 대한 유월절의 빛은 우리 주님께서 십자가를 바라보고 계신다는 것을 나타낸다(참조. 고전 5:7). 그러나 그것은 문자적인 살과 피가 아니다: 그는 "나"라는 뜻으로 말씀하신다(6:57; 참조. 5:26). "먹고 마시는 것"은 개인적·인격적 전유의 심오한 형태를 말하며 이것은 오직 믿음으로 가능하다(참조. 47절). 6:60-71에서 3:19에서 이야기한 체질 함 혹은 심판을 본다. "그의 살을 먹는다"는 구절에도 불구하고 그는 육이 무익하고 전혀 가치가 없다고 말씀하신다(6:63). 이것에서 우리는 잠시 생각해 보아야 할 것이다. 갈라디아서 5:2에서 바울의 두려운 표현과 비교하라. 열두 제자가 남아 있는 것(6:67)과 유다의 불신앙(6:64 — "이는")을 주목하라. 그것은 육신이 아니라 영생(참조. 고후 3:6; 막 8:27-30)을 뜻하는 말씀(the Word)이신 그분의 말씀(words)이다(6:63, 68).

  그 다음에 이 장이 성례를 말하는 것이 아니더라도 우리는 우리 주 예수 그리스도 안에 영생이 있다는 것을 안다. 만일 이 장이 성례를 말하는 것이라면 성례가 믿음이 전혀 없는 사람에게는 무익하다. 그것은 유다에게 아무런 도움을 주지 못한다. 어느 경우든 믿음이 전혀 없으면 생명도 전혀 없다. 그러나 믿음이 있으면 생명이 있다. 참 양식은 기록된 말씀을 읽을 때, 전파된 말씀을 들을 때, 신자들이 나누는 대화에서 엿들었을 때 믿음으로 받아들인 하나님의 말씀이다. 또는 기도의 교통이나 주의 만찬에서 경험한 하나님의 말씀이다. 그러나 그것은 주의 만찬에 제한되어 있지 않다.

III. 교리적 의의

반드시 생각해야 할 중요한 요소는 은혜의 경륜과 주의 만찬의 준수에 있어서 믿음의 자리이다. 이 장에서(그리고 전체 복음서에서) 생명과 영생에 관련된 것을 공부하고 그것을 달성하기 위한 갖가지 방도에 대해서 공부하라. 예를 들면, "그에게 오는 것"은 "그를 믿기 시작하는 것"을 돌려서 말한 것인가? 그 다음에 계속해서 "살을 먹고" "피를 마시는" 것이 성찬에 참여하는 것이 구원에 유일한 길임을 암시하는 확정적인 것인가 하는 문제를 생각해 보자. 이것은 "생생한" 문제이다. 만일 이러한 접근 방법을 받아들이지 않으면 우리 주님의 명령에 대해서 순종하는 문제가 있다는 것을 잊어서는 안 될 것이다. "이 말이 … 되느냐?" 만일 칭의에 대한 바울의 가르침이 옳다면, "행위"는 구원으로 "간주"되는 것이 아니라 구원으로부터 나오는 것이다. 마찬가지로 성찬에서 그에게 복종하는 것은 구원으로 "간주"되는 것이 아니라 참된 믿음의 자연스러운 표현이다. 유다는 기계적인 준수 혹은 믿음이 없는 준수에 대한 영구한 경고이다.

IV. 실천적 목표

개괄적인 목표는 찰스 시므언(Charles Simeon)이 말한 대로 "죄인을 겸손하게 하고 구주를 존귀케 하고 거룩을 장려하는 것"이라 할 수 있다. 좀더 엄밀하게 말하면 우리는 성령께서 한두 가지 방도를 사용하여 사람의 마음을 열기를 바라면서 영생에 대한 방도를 다양하게 표현한 것을 이용할 수 있다. 주린 자를 겨냥하라: 문자적으로 비유적으로 결핍을 느끼고 의지가 되는 것이 없다는 느끼는 자를 겨냥하라. 조셉 파커(Joseph Parker)는 "위로를 전하라. 그러면 반드시 회중이 있게 될 것이다"고 말하였다. 그들에게는 선물과 환영과 안전이 필요하다. 활동적인 자를 겨냥하

라: "우리가 해야만 하는 것이 무엇인가?"란 물음으로 대표되는 자들을 겨냥하라. 그들을 나아오라고 하라. 인생의 여행자를 겨냥하라. 보기를 원하는 자를 겨냥하라. 그에게 보고 믿으라고 하라(6:40). 두려워하는 자를 겨냥하라. 신자들이 그리스도 안에서 확실한 소망이 있다는 것을 그들에게 말하라. 사무적인 사람을 겨냥하라: 당신이 원하는 그때에 그리스도께 올 수 없다. 그리스도께서 부르실 때 오라. 지금 오라.

V. 설교 개요

제목: "체험적 종교."

도입부

해군 고위 장교로 퇴역한 한 사람은 비극적인 환경에서 자기 아내를 잃었다. 그에게는 내적인 자원이 전혀 없었다. 그의 "종교"는 지금까지 형식적이며 겉으로만 규례를 지키고 점잖게 행동하는 것이었다. 한 진실한 신자가 그를 방문하여 거실에서 기도하였다. 그가 알고 있던 분에 대해서 하나님께 말씀드렸다. 그래서 창문을 열고 그 해군 장성은 그가 전에 한 번도 꿈꾸지 못하였던 생명과 믿음을 보았다. 당신의 종교는 위로와 소망이 있는가? 활기와 힘이 부족한가? 의식적으로 하나님의 마음에 들려고 하지 않고 또 그와 사귐을 가지지 않는가? 그렇다면 참된 것을 노력해 보라!

A. 육

이것은 무익한 것이다. 우리 주님께 적용되었을 때(1:14) "육(육신)"은 인간의 조건하의 인간의 삶을 의미한다. 덜 가치 있게 적용되었을 때 육신은 하나님에게서 떠난 인간의 삶을 말한다. 이와 같이: (a) 성령의 조명이 없는 성경 공부(참조. 5:39). 서기관과 율법사들이 성경에 정통하였다. 오히려 세자들이 성경을 잘 몰랐다(눅 24:25-27, 32, 44-47). "문헌으로서 성경은 충분하지 않다." (b) 무의미하고 부활이 없는 예수님의 생명. 첫단계로서 "역사적 접근 방법"은 정확하다. 그러나 믿음 없는 역사가의 연구는 "육(the flesh)"이다. 마찬가지로 우리로 하여금 고난을 회상시키는 어떤 사순절 설교들은 이미 떠나고 안 계신 그리스도 곧 이제는 우리가 더 이상 "육신대로" 알지 않는(고후 5:16) 그리스도의 연구에 대해 거의 위험스러울 수 있다. 수난에서 그는 무엇을 하였는가? 그는 지금 어디 계신가? (c) 신자가 아니면서 "떡을 먹는 것"은 무익하다. 그리고 위험하다(고전 11:27-30; 눅 22:21-22). 그것은 단순히 "육"이다. 성경, 수난, 성찬식 — 나는 아직도 무엇이 부족한가?

B. 영

생명의 수여자. 성령은 신생의 장본인이시다(3:5, 6; 참조. 행 2:17). 그는 진리의 영이시며(14:17) 선생(14:26)이시며 예수를 증거하시는 분이며(15:26) 예수님처럼 전혀 "주도권"(5:19, 30)을 쥐고 있지 않으신 분으로 모든 진리 가운데로 인도하는 분(16:13-14)이시다. 그는 (그리스도에게서) 듣는 것을 말하며 그리스도를 영화롭게 한다(16:14). 거듭나서 성령이 자기 속에 거하는 자는 성경과 수난과 성찬식에 관한 그의 의도를 알고 있다(롬 8:5). 주님께서 생명을 주시는 분이기 때문에 성경 구절, 우리 주님의 사역에 관한 기록, 예배의 형식이 활력 곧 생명을 준다(보충 연구를 위해서 다음을 참조하라. 롬 8:1-11; 고전 2:10; 고후 4:13; 갈 3:3; 5:17). 어떻게 그가 이것을 할까: 그것은 다음과 같은 이유 때문이다:

C. 말씀

이것은 영이고 생명이다. 성령이 우리 안에 있으므로 우리가 그리스도께서 우리 안에 거하시는 것을 안다(요일 3:24). 우리 안에 거하시는 그리스도를 영화롭게 하시는 선생이신 성령으로 인하여 우리는 그가 말씀하신 그 말씀이 단지 읽히고 기억되어야만 하는 것이 아님을 깨닫는다. 우리 안에 계신 생명이신 그리스도(14:6)는 그의 말씀을 우리에게 거듭 말씀하신다. 그러므로 그 말씀은 그의 살아 있는 음성으로 다가오며 그 말씀은 생명을 주는 것이다. 그 말씀은 녹음 테이프에 기록될 수 없는데, 이는 그 말씀은 영적인 것이기 때문이다. 그러나 그 말씀은 듣는 사람에게 생명을 말한다: 그 말씀은 영이며 생명이다.

요한복음 제7장

전도의 실패

7:46. "그 사람의 말하는 것처럼 말한 사람은 없었나이다."

I. 역사적 배경

갈릴리에서 계속된 "행보"(7:1)에서 이루어진 일 가운데 기록되지 않은 것이 많다(21:25). 결국 예수님은 장막절 절기를 위하여 예루살렘으로 올라가신다(7:10, 14). 요한의 글은 미묘하고 암시적이므로, 우리는 주의해야 한다. 가령 4절에서 우리 주님의 형제들은 주님께 세상에 자신을 드러내시라고 한다. 거룩한 성 예루살렘이 세상으로 언급된 것이다. 세상은 예수님을 미워한다(7:15, 18). 요한이 그처럼 재치 있는 태도를 전달할 수 있다면, 아마 우리는 이 절기에서도 비밀스런 표시를 역시 볼 수 있다. 장막들(레 23:33-43; 신 16:13-15) 혹은 "오두막"은 우리 가운데 "거하신"(1:14) 말씀을 상기시킨다. 하나님은 보이지 않으시나 예수님은 보이신다. 그러나 말씀은 믿음이 아니고는 볼 수 없다. 믿지 않는 유대인과 빌라도와 그 밖의 사람들은 말씀을 "보지" 못했다. 그처럼 참으로 성육신이라도 보이지 않는다(참조. 8:19; 14:22). 요한이 1-13절에서 이 점을 암시하는 것 같다. 우리 주님이 만인 앞에서 가르치시는 때라도, 믿지 아니하고 말씀을 "보지" 못하는 자들이 있다.

II. 용어 해설

알려지기를 바라는 사람이 은밀히 행하지 않는다는 근거로, 믿지 않는 형제들은 예수님께 "마을로 가실" 것을 권한다. 의심할 나위 없이 그들은 주목끌기를 좋아하고(참조. 5:35) 자신을 즐기기(7:1-5)를 원했다. 그러나 주님의 "때"는 아직 이르지 않았다(참조. 2:4). 그들은 하나님의 인도에 순종하는 일에 구속받지 않으므로 그들의 때는 언제나 그들에게 있다. 주님은 필요없이 위험을 초래하는 일을 하지 않으신다(7:6-7). 그러므로 예수님은 그들에게 절기에 가라고 명하신다. 하지만 예수님은 아직 가지 않으신다. 권위 있는 훌륭한 사본에는 "아직"이라는 말이 생략되어 있기도 하지만, 그럴지라도 "나는 올라가지 아니하노라"는 말씀은 형제들의 충고를 거부하는 것이지 최종적 의도를 말씀하시는 것은 아니다. 당연히 아버지께서 자신의 뜻을 아들에게 아직 알리지 않으셨을 것이다(7:8-9).

결국 우리 주님은 은밀히 올라가셨다(참조 말 3:1). 사람들이 예수님을 찾으면서 예수님에 관하여 수군거렸다. 예수님이 누구신지를 말하지 않는다면(7:10-13), 예수님을 "좋은 사람"이라고 부르는 것으로는 충분치 않다(막 10:17-18).

요한은 이 "은밀한" 참가에서 세상이 알지 못하는 그분의 명백한 임재에 대한 그림을 보는가? 예수님은 절기 중간에 성전으로 올라가셨고(참조. 1:11), 그분의 백성들은 그분을 영접하지 않았다. 단지 그들은 "이" 사람이 우리 식으로 말하면 대학도 가지 않았는데도 학식이 높은 것에 경탄했을 따름이다. 어떻게 그분이 랍비들의 근거지에서 랍비들을 대항하실 수 있는가? 어떻게 그분이 신학적 질문을 능력 있게 다루실 수 있는가?(7:14-15). "내 교훈은 내 것이 아니요……"(7:16; 참조. 1:11-2; 고전 1:17)의 히브리적 색채에 주목하라.

"사람이 하나님의 뜻을 행하려 하면 이 [앞에서 언급한] [나의] 교훈이 하나님께로서 왔는지 내가 스스로 말함인지 알리라"(7:17; 참조. 5:19). 하나님의 뜻은 무엇인가? (6:29을 보라.) 그러므로 사람이 예수님을 믿으면, 그는 우리 주님의 가르침이 하나님의 가르침임을 깨닫게 될 것이다. 그는 믿고 알게 될 것이다. 이는 합리적 주장으로 입증될 수 없고 믿음으로 들음에서 알려진다(참조. 살전 2:13; 롬 10:12-17; 요 6:69). 창조적인 문필

가가 누구라 하더라도 말의 풍부한 창의성은 그 자체의 영광을 추구한다. 예수님은 하나님의 영광을 구하시며 따라서 말과 행동으로 나타난 하나님의 계시는 믿을 만하다(7:17-18).

특별히 계명으로서의 율법은 하나님의 뜻을 나타낸다(참조. 마 22:36). 그들은 그리스도를 믿지 아니하듯이 율법을 순종하지 않는다. 그러므로 어떻게 그들이 주님의 가르침의 기원을 깨달을 수 있는가? 어떻게 그들이 말씀을 "볼" 수 있겠는가? 그들은 그분을 죽이려고 한다(참조. 5:18; 8:59; 10:31). 물론 그 사실을 부인하지만 말이다. 그러나 예수님은 자신의 말을 증명하신다. 그들은 예수님의 이적을 보고 놀랐다(5:1-9). 그러나 옛 율법의 성취에 왜 놀라는가? 모세 혹은 족장들(창 17:9-12; 레 12:1-3)은 그들에게 할례를 명했는데, 이 할례는 안식일에도 시행하는 예식이다. 그들은 주님이 안식일에 완전한 치유를 베푸시므로 분노하는 것인가? 외모로 판단하는 일을 당장에 그치라. 공평한 판결을 내려라(7:21-24).

그러나 비밀은 누설된다. 그들(복수형에 주의하라. 20절의 단수 관계대명사가 아니다)은 지금 그분을 죽이려고 하고 있다. 그러나 그분의 사역은 계속된다. 분명 다스리는 자들은 그분이 그리스도이시라는 참된 정보를 받아들이지 않았는가? 그러나 우리는 그리스도의 근본과 다른 그의 근본을 안다. 예수님은 이렇게 말씀하신다. 물론 너희는 내 "근본"을 안다. 그러나 그것은 나의 궁극적 근본이 아니다. 너희는 나와 달리 나를 보내신 자를 알지 못한다. 그들은 예수님을 붙잡고자 했지만, 자제하였다. 그분의 때가 아직 오지 않았던 것이다(7:25-30).

많은 사람은 많은 표적을 인하여 믿었다. 그 표적은 더 많아질 것인가? 아니면 달라질 것인가? 사람들이 그분을 체포하러 왔지만 예수님은 체포 당하지 않으실 것이다. 유대인들은 영적으로가 아니라 "물질적으로" 이해한다(참조. 3:4; 4:15). 물론 물질적으로 아는데도 어려움은 있다. 그분은 이방인에게 가시려는가(7:31-36)?

절기가 끝날 무렵 예수님은 종교적인 의식의 용어로 말씀하신다. 요한복음 4:14에서 진전된 것임을 주목하라. "샘"이 다른 사람들에게 복음 전도

의 복과 아울러 "강"이 되었다(참조. 10:10). 그분은 십자가 사건 이후에
주실 성령에 관하여 말씀하고 계셨다(7:37-39). 그분의 감동적인 말씀 때
문에 무리가 나누어진다(참조. 신 18:15, 18; 삼하 7:12; 미 5:2). 참으로
그들은 그리스도께서 어디로부터 오실 것을 알고 있었던 것이다(7:40-44).

　그들은 우리 주님을 체포하지 못했다. 우리는 바리새인의 회의주의와 그
들의 영적 지적 속물성을 주목해야 한다. 47, 48, 52절에 나오는 그들의 질
문은 부정적인 대답을 기대한다. 그리고 그들은 갈릴리가 선지자를 배출할
수 없다고 잘못 알고 있었다: 열왕기하 14:25을 보라.

Ⅲ. 교리적 의의

　이 복음서의 교리는 축적적이다. 그러므로 한 장에 제시되어 있는 모든
교리를 여기서 주의해야 할 필요가 있는 것은 아니다. 우리는 무력한 인간
지성의 어둠을 보아야 한다(참조. 고전 2:14; 고후 4:4). 인간의 부패에 대
한 교리는 설교자를 위하여 실제적 결과를 갖는다. ("쟁론"이 있었다 —
7:43.) 어떤 사람들은 말씀을 "보지" 못한다. 그러나 어떤 사람은 볼 것이
다. 이는 사람이 자신이 원한다고 생각할 바로 그 때에 "보거나" "올" 수
없다는 사실과 연관되어 있다. 우리는 부패가 좌우간 항상 추한 것은 아님
을 기억해야 한다. 여전히 죄인이면서 즉 믿지 않으면서 사회적으로 덕망
있는 사람들이 아주 많다.

Ⅳ. 실천적 목표

　때때로 설교자들은 믿지 않는 청중에게 몰래 다가가 그들이 알아차리기
도 전에 그의 방어벽에 생긴 틈을 뚫으려고 한다. 하지만 이 경우, 직접적
인 공격은 왜 안 되는가? 전체 기독교 신앙이 당혹스럽다고 말하는 사람
을 목표로 삼아라. 그의 말 인용: "당신의 설교가 무엇을 지향하고 있는지
난 알 수 없어요"(그리고 당신이 항상 그렇게 평이하게 말하는지 확인하
라). 그가 그렇게 말한 최초의 사람이 아니라고 말해 주라. 이미 인용한 이
장 저 장에서 왜 그가 "볼" 수 없는지 보여주라. 성령께 기원하라. 그리고

그에게 말씀을 전하라.

V. 설교 개요

제목: "전도의 실패."

도입부

설득당하여 지시를 받은 대로 체포하지 않은 경관 이야기를 들은 적이 있는가? ("경관, 나는 당신의 부하가 아니오.") 이 장에서 "추적 대상이 된" 사람은 설득하려고도 하지 않으셨다. 그들은 그분이 말씀하시는 것을 들었다. 그리고 그것으로 충분했다. 비밀이 무엇인가? 그것은 다 알 수 없는 것이지만, 다음의 것을 포함한다.

A. 자신의 미래에 대한 확신

사역자로서, 불신자가 큰 슬픔으로 소망 없음을 나타내는 무덤가에 있는 장면을 기억하라. 믿음 가운데 죽으며 동일한 믿음 안에서 영생의 확실한 소망 가운데 슬퍼하는 자들의 고요한 확신과 비교해 보라. 그들의 확신은 자기의 미래에 관한 주님의 확신으로부터 나온다. (a) 그 확신을 주목하라.

또한 (b) 그 신비를 주목하라. 유대인들은 "그가 어디로 갈 것인가?" 하고 서로 이야기했다. 그들이 믿기 전에는 결코 알지 못할 것이다. 그리스도 안에 있는 자들에게는 하나님 나라의 비밀을 알도록 그 비밀이 베풀어졌다. 그리스도는 그 자신이 길이다(14:6).

그분의 미래는 또한 (c) 견고함이 있다. "너희가 나를 찾아도 만나지 못할 터이요 나 있는 곳에 오지도 못하리라." 그들은 하늘의 도성을 달려갈 수 없을 뿐만 아니라 그것을 알 수도 없다. 바르트부르그 성에 은둔하였던 루터를 생각하라.

마지막으로 (d) 그분의 미래의 신성을 생각하라. "나를 보내신 이에게로 돌아가겠노라." 그들은 하나님을 발견할 때 예수님을 발견하게 될 것이다. 그러나 하나님께로 가는 유일한 길은 예수님을 통한 것이다. 우리는 골로새서 3:3을 생각하는 것이 유익할 것이다. "너희 생명이 그리스도와 함께 하나님 안에 감추었음이니라." (참조. 요 7:33-36).

B. 그분의 제안에 관한 확신

(a) 그 제안의 보편성을 목격할 때 "하속들"의 생각을 상상해 보라 - "누구든지 목마르거든……." ("거기에 내게 포함된다.") (b) 그 단순성에 호소력이 있다 — "내게로……." ("나로도 그것은 할 수 있다.") (c) 그 충만함 안에 끌어당기는 힘이 있다 — "생수의 강." ("나는 그것을 좋아하지 않을 수 없다.") 이 사람들에게는 (d) 그 테스트에 권위가 있었다 — "성경에 이름과 같이." (그러므로 틀림없이 그것은 옳다.") (7:37-38)

C. 무리를 사로잡는 힘

우리 주님의 말씀은 (a) 사로잡는 힘을 나타내었다. 듣는 이가 동의하지 않아도 듣지 않을 수 없었다. 이는 무미건조하지 않았다. 예수님은 "인기 있는 설교자"이셨다: "백성이 즐겁게 듣더라"(막 12:37). 이는 "많은 무리가 즐거워하며 그의 말씀을 들었다"로 번역하는 것이 더 낫다.

더 나아가 이것은 (b) 분열시키는 능력을 보여 주었다. "무리 중에서 쟁론이 되니"(7:43; 9:16; 10:19). 쟁론의 사실은 지지자들을 얻는 힘을 의미한다. 그 메시지에 "예"라고 말하는 사람들이 있다.

그의 말씀은 (c) 명령하는 능력 곧 사람들에게 두려움 없이 연설할 수 있는 권위를 나타냈다. 그는 "그들에게 기탄없이 말씀"하실 수 있었다: "너희 중에 율법을 지키는 자가 없도다"(7:19).

D. 내적 자원의 실재

이러한 것들은 지적이고 영적인 것이다. 우리 주님은 (a) 진리를 아시며 이로 말미암아 그의 청중에게 유익한 말씀을 들려 주실 수 있다. 그렇다 하더라도 그 진리는 추상적인 것이 아니고 인격적인데, 이는 그가 진리를 아는 것은 (b) 그가 그의 본성과 뜻과 그의 인도에서 친밀히 알고 있는 하나님을 아는 지식이기 때문이다. "세상이 아버지를 알지 못하여도 나는 아버지를 알았삽고"(요 17:25). 이와같은 내적인 자원으로부터 그의 외적인 말이 나온다. 이 말은 그를 잡으러 온 자들까지도 사로잡는다.

결론

바로 이 예수님이 지금도 회중에게 말씀하고 계시다는 것을 지적하라. 그가 말씀하시고 그가 제공하시고 사람들로 하여금 반응하도록 하시는 것이 무엇인지를 보여주라. 그들이 "귀를 기울이고" 있는가?

요한복음 제8장

그리스도인의 자유

8:36. "그러므로 아들이 너희를 자유케 하면 너희가 참으로 자유하리라."

I. 역사적 배경

사건은 여전히 예루살렘을 중심으로 이루어지고 있다. 1, 20, 59절을 보라. 7:53-8:11의 단락은 위치를 정하기가 어렵다. 중요한 사본들에서는 그것이 완전히 빠져 있다. 이 단락을 요한복음의 여기에 포함시키고 있는 어떤 사본들은 그 정확한 자리에 대한 불확실성의 표로서 이 단락을 별표로 표시하고 있다. 필기체 활자로 된 페라르(Ferrar) 그룹은 이 단락을 누가복음 21:38 뒤에 포함시킨다. 그것은 요한복음 8:15을 설명해 주며 귀중한 자료를 담고 있다.

II. 용어 해설

예수님과 ("그에게로 나아왔던") 백성들에 의해 처음 시작한 뒤에 우리 주님의 가르침은 방해를 받았다 — 한 무례한 침해, 또 하나의 무정한 침해(8:1-4; 참조. 고전 13:5). 그들은 모세의 율법에 호소하였지만(레 20:10; 신 22:22-24) 그 사람은 어디에 있었는가? 그들의 동기는 정치적이거나 종교적일 수 있으며 또는 두 경우 다일 수도 있다(8:5-6). 예수님이 "손가락으로" 무엇을 쓰셨는지 모르겠지만 신명기 9:10을 살펴보자. 처벌을 할 때에는 증인들이 먼저 손을 대도록 하였는데(신 17:7) 예수님은 무리 중에서 죄 없는 자가 먼저 돌로 치라고 명하신다(참조. 롬 2:1). 우리 주님 자신이 그렇게 하실 수 있는 자격을 갖춘 유일하신 분인데도 그렇게 하지 않으신 것을 주의하라. 양심에 의해 정체가 드러난 사람들이 하나씩 하나씩 물러갔는데, 그들 각자의 양심이 저마다 다른 속도로 작용한 것이 분명하다. 어른들이 먼저 떠났다: 더 오래 살수록 더 많이 죄를 지었고 이 경우에는 양심이 더 빨리 움직였다. 예수님만 홀로 남으셔서 우리의 주의를 끌고 계시며, 깊이 생각에 잠긴 그 여인이 다 떠나고 없는 고소자들 "가운데" 곧 고소자들이 떠나고 없는 고소 현장 "가운데" 남아 있었다. 정중하게("여자여": 참조. 2:4; 4:21; 19:26) 우리 주님은 정죄하지 않으신다(참조. 8:1).

"또"(8:12)는 거슬러 올라가서 7:51과 관련이 있다. 예수님께 더 가까이 갈수록 빛은 더욱더 강해진다 — 이것이 우리가 그를 "따라야" 하는 이유이다. 그러나 그 빛은 단순히 밝혀 주는 정도가 아니다("이것 좀 비춰 주시겠습니까?"). 그것은 빛인 생명이다(1:4). 생명이 사람에게 부여되었고(6:33) 그 생명은 믿음으로 받는다(3:16). 그것은 마음과 영의 새로운 활력일 뿐만 아니라 그의 십자가로부터 나오는 모든 복이기도 하다(6:51). 이 본문에서 "세상"이란 말의 실재를 주의해야 한다(참조. 요일 1:7; "빛"에서 "피"로 신속하게 나아간다). 이 구절들에서 좀 친숙한 주제가 반복된다: 증거와 기원과 운명; 그러나 바리새인의 태도는 "육"에 의해 결정되었다(참조. 고후 5:16). 우리가 앞서 3:4과 4:15과 7:35에서 보았던 것처럼 그것은 영적이라기보다는 "물질적"이다. 이 구절들 외에 8:19, 22을 추가하라.

반복("다시", 21절)은 강조하는 것이다. 왜 그들이 죽을 것인가? 그들의 불신앙 때문이다(8:24). 이 불신앙으로 인하여 진노를 받게 된다(3:36). 그는 이 세상에 속한 것이 아니라 하늘로부터 오신 영원하신 분이다(참조. 8:58; 17:5; 계 22:13). 그들이 그의 정체를 묻지만(8:25) 아버지를 가리켜 말씀하신 줄을 깨닫지 못하였다(8:27). 바울은 우리에게 정확히 우리 주님께서 "사람의 형체"로 오셨다고 말한다(빌 2:7). 주께서 또한 사람들과 "같지 않게" 오셨다고 말하는 요한의 기록(8:21-27)에 바울은 동의할 것이다. 두 사람 다 하나님의 아들이 참으로 사람이시라는 것에 동의한다.

28절은 어려운 구절이다. "너희는 인자를 든 후에 내가 그인 줄을 알고 …." 중요한 언급은 십자가에 대한 것이며(3:14; 12:32-34), 이 십자가를 경험함으로써 그는 영화롭게 될 것이다. 그리고 존귀케 될 것이다(또 다른 의미에서 "들림"). 요한은 십자가에서 조롱하는 군중이 알 것이라는 뜻으로 말하지 않는다. 십자가가 우리 주님에게 귀 기울이는 자를 포함한 모든 사람들(12:32)을 "이끈다"는 뜻으로 요한은 말한다. 우리는 오순절 날에 성취의 시작을 본다. 베드로는 예수님이 표적과 십자가에 달리심과 부활하심과 높이 하나님의 우편에 앉으심(들리심)으로써 증명되었다는 것을 말하였다(행 2:22-24, 32-33). 어떤 일이 일어났던가? 3천 명이 그 말씀을 받아들여 세례를 받고 교회에 "더하여"졌다(행 2:37-42). 실질적인 가치가 있는 시작이다! 이 오순절 군중 가운데 우리 주님에게 귀 기울인 자들이 있었던가? 요한은 많은 사람이 그를 믿었다고 말한다(요 8:30).

그러나 어떤 사람들은 믿었지만 회심하지는 않았다(8:31). 만일 그들이 그의 말씀 안에 거한다면(참조. 15:7, "내 안에 거하고"; 어떤 차이가 있는가?) 진리가 그들을 자유케 할 것이다. 그들은 그를 믿었다기보다는 그의 말을 믿었고 "육체적으로" 아브라함의 후손임을 주장하였고 종이 된 적이 없다고 말하였다(8:33). 그들이 애굽을 잊어버렸던가? 그들이 율법에서 자유로웠던가(행 15:10)? 또는 그들 자신으로부터 자유로웠던가? 죄로부터 자유로웠던가(참조. 벧후 2:19)? 죄를 범하는 자마다 죄의 종이다(8:34). 이제 아브라함의 집안에 종은 머무르지 못한다. 하갈과 이스마엘은 그 가족의 나쁜 가지이다. 아들은 집안에 머무른다: 진정한 가계는 이삭으로 말미암는다(참조. 갈 4:21-31, 특히 24-25과 "종 노릇"; 창 21:10-12). 그 아들은? 물론 아브라함의 참 자손은 그리스도이시다(갈 3:16). 그렇다면 만일 아들이 당신을 자유롭게 하면 당신은 외관상이 아니라 실제로(참조. 롬 8:2-8) 자유롭게 될 것이다. 그들은 육신으로는 아브라함의 후손이지만(그들이 비록 그의 말을 믿었지만! 8:31) 그의 말씀이 그들 속에서 전혀 향상이 없기 때문에 그들은 아들을 죽이려고 한다. 그들은 가족과 닮은 생김새를 가졌지만 참 아들들이 아니다(8:40). 그들의 진짜 아버지는 아브라함이 아니라 즉 하나님이 아니라 마귀이다(8:41-45). 그들은 그 말씀을 "보지" 못할 뿐만 아니라(7:1-13) 그 말씀을 "들을" 줄 모른다(8:43, 47). 그들은 그를 죄로 책잡을 수 없다(8:46). 그리고 그는 전혀 귀신 들린 것이 아니다. 그는 아버지를 알고 있을 뿐만 아니라 공경한다. 그는 아버지에 의해 영화롭게 된다. 그는 아브라함보다 더 크신 분이며 그의 말씀을 지키는 자들에게 생명을 주신다(8:48-55). 참으로 그들의 조상 아브라함은 그의 날을 보고 기뻐하였다. 그들은 악의적으로 그가 아브라함을 보았느냐고 묻는다. 숭고하고 간결한 대답에 대해서 레위기 24:10-16에 따라 돌을 들어 그를 치려고 한다(참조. 10:31). "아브라함이 나기 전부터 내가 있느니라"(출 3:14; 참조. 18:6; 히 13:8). 역사적 예수는 다름 아닌 늘 계셨으나 (아브라함과 달리) 한 번도 "되신 적"이 없는 영원하신 말씀이시다(1:1; 1:14; 8:56-59; 참조. 눅 4:30).

III. 교리적 의의

간음중에 잡혀 온 여인의 이야기는 죄의 사실을 생각하게 한다: 죄의 실재와 사죄와 죄를 멀리함. 그것은 로마서 8:1에서 바울의 "결코 정죄함이 없나니"에 대한 멋진 설명이며, 그리스도의 죽으심과 사심(ㄱ 순서에 주의하라)과 그의 지체들의 "금욕"(골 3:1-8)에 대한 멋진 설명이다. 또 회심의 계속적인 "분위기"에 대한 훌륭한 설명이다(골 2:6). 그리고 기독교 윤리에 대한 멋진 설명이다(8:11, 39). 또 다음과 같은 주제들이 있다: 믿음의 다양한 "수준"(8:30-31), 그리스도의 인격, 하나님의 부성. 마지막의 것이 "보편적인" 것인지 생각하고 유대인에 대한 물음을 생각하라: "너희 아버지가 둘이냐?"(8:41, 44). 끝으로 그리스도인의 자유.

IV. 실천적 목표

이 장은 로마서 7장과 관련이 있으며 자유를 자랑하는 사람들을 겨냥하고 있다. 그리고 자유를 갈망하는 사람들을 겨냥하고 있다. 과연 자유가 무엇이며 어떻게 무슨 이유로 그 자유를 상실하였는지 그리고 어떻게 그 자유를 다시 얻게 되었는지를 보여주고자 한다. 정치적 경제적 자유와 영적 자유의 차이를 보여준다.

V. 설교 개요

제목: "그리스도인의 자유."

도입부

이 대륙에서 우리는 네 가지 자유로 인해서 하나님께 감사하거나 감사해야 한다: 빈곤으로부터의 자유, 공포로부터의 자유(해방), 언론의 자유, 예배의 자유(참조. 대서양 헌장). 불충분한 영적 빈곤이 있는가: 사람들이 하나님을 두려워하는가: 우리의 언론이 높은 수준에 있는가: 사람들이 정기적으로 예배드리는가? 탐구되지 않은 다섯째 자유가 있는가: 그 모든 것보다 더 중요한가?

가능한 "자유들"을 생각하고 현저하게 다른 참 자유, 그리스도인의 자유를 주의해서 보라. 예를 들면 다음과 같다.

A. 부적당한 자유 – 외관상의 자유

(a) "특권"의 자유가 있다. "우리가 아브라함의 자손이라"(8:33). 다른 사람들은 다른 방식으로 그들의 "특권"을 표시한다. 사회적 지위와 물려받은 세력 등의 특권이 있다. 아주 경직된 전체주의 체제에서나 아주 자의식이 강한 민주주의 체제에서 독재자나 대통령의 자식이 되는 것은 특권이다. 적어도 그는 국가의 지도자들에게 접근할 수 있다. 그와 같은 사람들은 흔히 죄인이라고 불리는 것을 좋아하지 않는다. 그러나 사람들 가운데서 누리는 그들의 특권 때문에 그들이 하나님을 믿게 되는 것은 아니다.

(b) 정치적 자유가 있다 — 참으로 소중한 것이다: 그것은 노예에서 해방을 뜻할 수 있다(참조. 8:33). 투표할 권리는 경솔하게 포기해서는 안 된다. 그러나 정치적인 투표로 영적인 하나님 나라에 들어갈 수 있는 것이 아니다. "자유로운 시민"이 반드시 하늘의 시민은 아니다(빌 3:20).

(c) 경제적 자유가 있다. 사람에게 살 만한 재산이 있는 것은 좋은 일이며 그리하여 시시한 관료에게 괴롭힘을 당하지 않을 수 있을 것이다. "자립"은 크게 칭찬받을 일이다. 그러나 사람이 부유해도 그의 생명이 그의 재산에서 나오는 것이 아니다(참조. 눅 12:15).

(d) 체계적이지 않은 자유가 있다 — "너 좋을 대로 하라"는 자유. 이러한 자유가 요한복음 8장에서 어떻게 표현되었는지 자세히 보라: 어둠에 다니고(8:12); "아래에" 곧 이 세상에 속해서 살고(8:23); 하나님께 기쁨을 드리지 않고(8:39); 마귀를 모방한다(8:44). 소원의 다수와 함께 어떤 일이 일어나는가? 어느 것이 최대의 영향력을 가지고 있고 그 이유는 무엇인가? 열등한 소원이 이기는가? 이 모든 것의 결국은 바로 죽음이다 (8:21, 24).

B. 참 자유 — 그리스도인의 자유

(a) 근본적인 자유는 죄책으로부터의 해방이며 그리고 하나님께 가까이 가는 것이다. 예수의 피가 깨끗케 한다(요일 1:7). 죄책이 그리스도로 말미암아 제거되었고 그로 말미암아 우리는 두려움 없이 하나님께 가까이 나아간다(롬 5:2).

(b) 이러한 경험에서 율법주의로부터의 자유가 나온다: 그리스도인들은 사람을 죽이는 문자의 노예가 아니라 그리스도 안에서 그리스도인들을 살리시고 양자의 영을 주시는 하나님의 아들들이다. 그들은 율법 아래 있지 않고 은혜 아래 있다(롬 6:14; 8:15). 그들은 그리스도 안에서 하나님께서 노예 감독이나 집요한 법률가가 아니라 사랑이 많으신 아버지이심을 깨닫게 되었다.

(c) 살아 계신 그리스도를 통하여 그들은 좌절에서 벗어나 자유를 누린다(롬 6:12-18). 그와 같은 그리스도인의 자유는 다양하게 설명될 수 있다. 이전에 침몰된 한 배가 그 강철로써 지나가는 배의 나침반을 끌어 당겼다. 그와 같이 사람을 그의 행로에서 벗어나게 하는 "끌어 당김"이 있다. 그리스도인의 자유는 이와 같은 끌어 당김에 대항한다. 또는 볼링 게임에서 공

이 똑바로 가지 않고 벗어나게 만드는 사행(斜行)이 있다. 다시 한 번 그리스도인의 자유는 이런 사행을 바로잡는다. 그리스도인의 자유는 비현실적인 완전주의가 아니라 그리스도 안에서의 능력이다.

C. 자유의 길

(a) 첫째 사람은 "그의 말에 거해야" 하며(8:31) 또 "그 안에 거해야" 한다(15:7). 맨 처음에 그는 "그 안에서 안식해야" 한다. 그런 다음 그는 "그 안에 머물러야" 한다.

(b) 이와 같이 그가 그리스도 안에 거하면 그에게서 참 제자됨이 나타날 것이다. 제자는, 그의 스승에게서 가르침을 받고 일하시는 스승을 지켜보고 그의 스승과 함께 일하고 지내는 도제를 의미한다는 것을 기억하라. 여기서는 그런 생각을 지워 버려야 한다. 왜냐하면 그리스도 안에서 "스승의 정신"은 "살지만 그러나 살지 않고 선생이 그 안에서 사는" 도제에게 임하기 때문이다(참조, 갈 2:19-20).

(c) 그와 같은 사람은 진리를 알 것이고 진리가 그 사람을 자유케 할 것이다(참조, 8:32; 14:6). 비록 생각의 힘이 위대하지만 이것은 추상적인 진리가 아니다. 그것은 예수 안에 있는 진리 더 정확히 말하면 예수인 진리이다.

결론

자유를 소중히 간직하라. 기대해서는 안 되는 것을 자유에게 기대하지 말라. 대서양 헌장은 훌륭한 것이지만 사죄나 영생을 약속하는 것이 아니다. 그것은 유혹에서 해방을 약속하거나 죄에서 승리하는 것을 약속하지 않는다. 하나님의 아들이 사람들을 죄에서 건지시기 위하여 오셨다. 그는 당신의 쇠사슬을 끊을 준비가 되어 있다. 그를 믿어라. 그러면 그가 당신에게 자유를 줄 것이다.

요한복음 제9장

어느 편에?

9:16. "피차 쟁론이 되었더니."

I. 역사적 배경

우리 주님께서 성전을 떠나셨지만(8:59) 틀림없이 예루살렘에 그대로 남아 계셨는데, 그곳에서는 계속 큰 "쟁론"이 벌어지고 있다. 이 쟁론은 소경이 앞 장의 유대인들에게 진술한 그 기적에서 기인한 것이다.

II. 용어 해설

"날 때부터 소경"은 우리의 타고난 영적 상태(참조. 고전 1:18; 고후 4:4; 눅 4:18)를 상징한다. 제자들은 원인에 관심이 있었다: 소경됨이 그의 부모에 기인한 것인가 아니면 그의 전생에 기인한 것인가? 예수님은 소경에게서 하나님의 포괄적인 목적의 성취를 보신다(참조. 11:4; 눅 13:1-5). 그것은 독특한 히브리적 접근 방법이며, "하나님께서 그를 소경으로 만드셨다"(9:1-3)는 것을 지나치게 간략하게 말하는 것이다. 때가 아직 낮이매 즉 그가 여기 계시매 나를 보내신 이의 일을 우리(정확한 해석에 주의하라)가 하여야 하리라.

비록 예수님이 혼자서 기적을 행하시지만(참조. 14:12) 은혜로 예수님은 제자들을 자기와 연합시키신다(9:4-5). 상징적인 뜻이 암시되어 있다: "진흙"은 물기가 있는 질척한 흙 또는 젖은 땅이며 창세기 2:7을 상기시킨다. 그러므로 우리가 창조적인 행동을 한다. 침은 그 자신의 것으로, "세상의 생명을 위한"(6:51) 그의 피를 예견한다. 씻으라고 명하시는 것은 순종을 요구하시는 것이며, 이것은 믿음의 요소이다(롬 1:5; 10:16). 구원은 믿음으로 받은 그리스도의 선물로 말미암은 하나님의 창조적인 행동이다. 만일 "실로암"이 "보냄을 받았다"는 것을 의미하면 그것은 "보냄을 받은 이"와 적절하게 관련이 있다(9:6-7).

그 사람의 대답으로 인하여 거기에 쟁론이 생기기 시작한다. 그들은 "누구?"로 쟁론을 시작하여 "어떻게?"로 발전해 간다(9:8-12). 그리스도인은 다음의 두 가지를 대답할 수 있다: 나의 증거와 나를 위하여 그리고 내 속에서 하신 내 구주의 일. "입장의 차이"가 크다: 안식일을 어기는 자는 죄인이다: 그와 같은 치유자가 죄인이 될 수 없다(9:13-16).

바리새인들은 일어난 일을 설명하도록 하기 위하여 예수에 관한 그 사람의 "의견"을 묻는다. "선지자니이다." 그 결과 그들은 그의 부모에게 묻고서야 비로소 그가 소경으로 있다가 회복된 것을 믿었다. 부모는 자기들이 소경의 부모임과 소경이었다가 보게 된 사실은 인정하지만 두려워서 "어떻게?" 혹은 "누구인가?" 하는 것은 생각하기를 싫어하고 그들의 심문자들을 아들에게만 귀착시킨다(9:17-23). 거기에 여전히 그들의 아들이 "변화된" 것을 인정하지만 그 변화 속에서 그리스도의 능력을 볼 수도 없고 보려고도 않는 부모가 있다.

그들은 소경되었던 그 사람을 다시 불러 그에게 "하나님께 영광을 돌리라" 즉 진실을 말하라고 요구한다(참조. 수 7:19). 이 소경은 예수님이 죄인인지 아닌지 논란하기를 거부하는데, 이것은 본질적으로 그가 선지자라고 하는 그의 견해와 모순되지 않는다(참조. 사 6:5). 그는 그가 알고 있는 사실에서 주장하고 그로 인하여 그는 담대히 말하게 된다. 용기와 교훈에 있어서 그의 장성을 주목하라(참조. 행 4:20). "다시"(9:27)는 이렇게 번역해도 된다: "… 당신들은 귀담아 듣지 않고 왜 다시 듣기를 원하는가?" "당신들도 그 제자가 되려 하나이까?"는 "아니다" 하는 대답을 예상하는 것이다. 그 말에는 심한 풍자가 들어 있다. 이 사람과 그의 부모가 대조를 이룬다(9:22). 그는 바리새인의 욕설에도 불구하고 공세를 취한다: "… 당신들이 … 알지 못하는도다"(9:30). 증거하는 것은 상쾌한 것이지만 그와 같은 반대 심문을 받으면 그 사람의 한창 자라는 믿음에 있어서 증거하는 일이 지루해지게 된다. 그는 이제 우리의 주님이 죄인이 아니라(9:25과 대조하라) 경건하며 하나님의 뜻을 행하며 하나님의 말씀을 들으시며 하나님에게서 오신 분이라는 것을 깨닫는다. 이것은 초등 신학이지만 시작이다. 바리새인들은 그의 도덕성을 심하게 정죄하고 거만하게 그의 "가르침"을 거부하고 그를 쫓아낸다(9:24-34).

제자됨과 그 신학이 깊어진다. 예수님께서 들으시고 그를 찾으시고 그에게 물으신다. 바리새인의 말을 잘 듣지 않음(9:34)과 무감동(9:30-33)과는 대조적으로 그는 지금 예수님에게서 기꺼이 배우고자 하며(9:36) 예수님을 믿고 그에게 경배한다(9:38). 날 때부터 소경된 그 사람에게 "네가 그를 보았거니와"(9:37)라는 말씀에 관하여 주의하라. 그는 그의 육체적 시력을 회복하였고 믿음으로(9:35-38) 그 말씀을 보았다(참조. 7:1-13: 8:19: 14:22).

우리 주님은 "쟁론"을 요약하신다. 그는 심판하기 위하여 곧 분리가 생기도록 하기 위하여(두 개념이 암시되어 있다) 세상에 오셨다(참조. 3:19-21). 사람들은 두 부류로 나누어진다. 소경은 보게 되고(이 사람처럼 또한 그 말씀을 "보게" 된다) 보는 자들은 (이 바리새인들처럼) (말씀에 대해서) 소경임이 드러난다(참조. 눅 12:51-53: 마 10:34-36). "우리도 소경인가?" 만일 너희가 길잡이가 없는 소경이었다면, "율법이 없을 때에는 죄를 죄로 여기지 아니하겠지만"(롬 5:13) 너희가 본다고 한다. 즉, 너희가 원하는 모든 길잡이가 있다고 하고 그 결과 세상의 빛을 배척하니 그 진노가 머물러 있는 것처럼 너희 죄가 그저 있다(3:36: 참조. 9:39-41).

III. 교리적 의의

다양한 "강도"로 제시된 교리들은 다음과 같다. 인간의 무능력을 포함한 죄(9:32)와 책임과 최종의 운명; 은혜의 주도권과 은혜의 현재 제공과 기회; 이것에는 그 기적과 섭리와 함께 성육신이 포함된다(9:3). 그 다음에 그리스도인의 본분과 순종과 예배; 그리고 기도와 하나님의 응답.

Ⅳ. 실천적 목표

그리스도께서 활동하시는 곳에 분열이 있다; 그리스도께서 전파된 곳에 그리스도께서 활동하신다. 그러므로 그리스도께서 전파된 곳에 분열이 있다. 그러므로 그리스도를 전파하면 듣는 사람은 반드시 태도를 취해야 한다. 그는 그리스도를 어떻게 생각하는가? 그는 그리스도에 관하여 어떻게 하려고 하는가? 그는 지금 어떻게 할 것인가? 그는 지금 "어느 한 쪽"을 택해야 한다. 중간 지대는 결코 없다.

Ⅴ. 설교 개요

제목: "어느 편에?"

도입부

겨울과 "결빙기"가 다가오면 몬트리올 항구의 선장은 할 수 있는 동안 서둘러 닻을 올리고 바다로 나간다. 자유로이 높은 파도를 향하여 나아간다. 그렇지 않고 그대로 머물게 되면 겨울 동안 꼼짝 못하게 된다. 한 선장이 40톤 화물을 위하여 "결정을 뒤로 미루었고" 그리고 그 결정은 너무 늦었다. 결정을 뒤로 미룸이 이미 결정이었다. 그리스도에게 "예" 아니면 "아니오"라고 해야 한다. 이 장에서 두 그룹에 관하여 설교를 준비하라.

A. 불신자들.

이 장에는 불신을 묘사하는 데 필요한 자료들이 풍부하다. 설교자는 몇 가지 요점을 취하여 그것을 좀더 상세하게 검토해도 좋을 것이다. 한편 설교자는 한두 가지 요점으로써 지금까지 회개하지 않은 사람에게 감명을 주어서 그에게 그가 실제로 어떠한가를 보여줄 것을 기대하고 요점들을 모두 조사해 보는 것도 가능할 것이다. 여기에는 적어도 열 개의 특징이 있다.

(a) 맨 먼저 그들은 "어떻게?" 하고 묻는다(9:15, 19, 26). 이런 질문은 완전한 무지에서 묻는 물음일 수 있다. 그러나 여기에서는 회의주의의 질문이다. 그들이 대답을 들었다고 확신하였는가? (b) 그들은 그 기원을 모

른다(9:29). "불가지론의"라는 거만한 말 대신에 "무지한"이라는 말을 하라. 그리고 사도행전 17:23과 요한복음 4:22을 참조하라. (c) 그들은 신적 기원을 부인한다(9:16). 이것은 앞의 요점과 일치되는가? (d) 그들은 거짓말을 한다(9:24). 그들은 예수님의 선하심을 보지 못하는가? 이것은 마음의 일반적인 눈멂의 전형인가? (e) 그들은 마지못해 증거를 믿는다(9:18). 소위 "지적인 고충" 때문에 명백한 사실을 무시하는가? "내가 소경으로 있다가 지금 보는 그것이니이다"고 하는 것을 그들은 실제로 어떻게 설명하는가? 도덕적 영적 영역에서 "환각"은 불충분한 설명이다.

(f) 그들은 지탱하기 위하여 사회적 압력을 가한다(9:22). 그들의 불신앙은 호전적이다. 진리를 막는 사람들에 대해서는 로마서 1:18을 참조하라. 요한복음에서는 그들이 사람의 증거를 억누르려고 하고 있다. (g) 그들은 욕하기까지 한다(9:28). 만일 이것도 논증이라고 한다면 논증치고는 보잘것 없는 논증이다. (듣고 있던 사람들이 불신자들이었다면 이때에 그들이 스스로 인정하기 시작하고 있는가? 그들에게 물어보라.) (h) 그들은 난폭하게 된다(9:34). 사람들은 로마 가톨릭 교회의 박해 정책에 대해서 비판하되 정확히 비판한다. 세상도 역시 핍박하는 것을 잊어서는 안 될 것이다. 듣는 사람들 중에 누가 그들 이웃의 믿음 때문에 그 이웃을 조롱하는가? 혹은 듣는 사람 중에 누가 직장 동료의 증거 때문에 그 동료를 조롱하는가? (i) 그들은 마음을 닫고 있다(9:34). "네가 우리를 가르치느냐?" 그들이 누구의 말을 들을 것인가? 이 점에서 설교자는 그들을 촉구할 수 있을 것이다. 그가 이처럼 그들에게 말하는데 그들은 무슨 권리로 반대하고 묻는가? 그에게 그의 부르심을 간략히 말하고 "여호와께서 이같이 말씀하신다"라는 것을 덧붙이라고 하자. (j) 그들은 그들의 필요에 대해서 무감각하다(9:40). 이것은 "마음의 완고"의 한 형태이다. 바울이 그리스도인들을 위하여 기도하였을 때(빌 1:9) 성령께 그들의 마음을 감동시켜 달라고 호소한다.

이 어두운 그림과 대조를 이루는 다음을 보도록 하자:

B. 신자.

(a) 신자는 순종한다(9:7). 이것은 바울이 "믿어 순종케 함"이라고 불렀던 것이다(롬 1:5; 6:15-18). 믿음과 순종이 어느 정도까지 일치하는지 생각해 보라. (b) 신자는 자기에게 일어난 것을 알고 있다(9:11, 15). 이것은 자신들이 그리스도인이라고 생각할 뿐인 사람들에게 자극제가 될 수 있다. 그리스도께서 당신을 위하여 하신 것(십자가)과 당신 안에서 하신 것을 구별하라. (c) 신자는 기꺼이 고백한다(9:9). 이것은 "당신의 결정을 다른 사람에게 말함"으로써 중대한 결의를 하는 심리적인 가치를 가지고 있지 않은 "은밀한 제자의 신분"과는 다른 것이다. (d) 그는 선지자를 인정한다(9:17). 우리는 때때로 예언적인 사역에 대해서 말한다. 전파된 하나님의 말씀을 듣기를 즐거워하고 예언적인 언급을 인정하는 것은 신실한 신자의 표시이다. (e) 그는 그의 경험에 대해서 확신한다(9:25, 30). 마가복음 4:16-17과 대조하라. 그는 알고 있을 뿐만 아니라(b를 참조하라) 물러서지도 않는다. 참으로 (f) 그는 심문을 받으면서도 활기가 있다(9:27, 30).

때때로 아주 정확하게 "너희가 알고 있는 그리스도를 전한다"는 말을 듣는다(참조. 행 19:13-16). 그러나 그리스도인의 생활과 메시지는 반드시 체험에만 바탕을 두고 있는 것은 아니다. 하나님의 말씀이 있다! 그러므로 (g) 그는 그의 교리를 넓히고(9:31) 그리고 (h) 새로운 소망을 선포한다(9:32). 이것은 어쩌면 하나님의 말씀에 대한 명백한 언급이 아닐지 모르지만, (i) 그는 여전히 말씀이신(1:1, 14-18) 그리스도에게서(9:36) 배우고자 한다. (j) 그가 믿고(a를 참조하라) 경배할 때(9:38) 바퀴가 빙 돌아 제자리에 온다.

결론

두 "그룹"에 대해서 요약해 보도록 하자. 사랑을 가지고 각자의 운명을 보여주도록 하자. 듣는 이가 어느 그룹에 속하는지 정확하게 물어보라. 그리고 그들 모두 바른 쪽으로 합치도록 초청하라. 어떻게? 그가 했던 것처럼 순종에 의해 이렇게 될 수 있게 하라: "주여, 내 눈을 뜨게 하옵시고, 내 죄를 깨끗이 도말하시고 지금 내 마음에 들어오시옵소서!"

요한복음 제10장

소리와 말씀

10:41. "요한은 아무 표적도 행치 아니하였으나 …"

I. 역사적 배경

장면이 바뀌지 않고 그대로 계속된다. 22절은 수전절을 말하고 있다. 장소는 예루살렘과(10:23) 성전이었다. 나중에는 장소가 베뢰아에 있는 "요단 강 저편"이었다(참조. 1:28; 11:7-8). 수전절에 대해서는 마카베오 1서 4:36-59와 마카베오 2서 10:1-8을 보라. 수전절은 11-12월경 "겨울"이었다(10:22).

II. 용어 해설

이 목가적 이미지에서 우리는 한 그림보다는 연속된 그림을 본다. 설교자이신 우리 주님께서 목자와 양의 개념에서 모든 가능한 생각을 끌어내고 있는 것을 관찰하는 것은 흥미로운 일이다. 이와같이 목자가 문으로 들어가고(10:2), 나중에는(10:7) 그 자신이 문이다.

목자는 양에게 평화스럽게 다가갈 수 있는 권리가 있다(10:1-3). 문지기는 신원을 확인하지 않으면 안 된다. 그의 문을 "여는 것"은 목자를 위한 올바른 입구를 의미한다. 교회를 영적으로 주장하려는 다른 사람들은 폭력 외에는("강도") 전혀 권위가 없다("절도"). 이것은 목회자들을 말하는 것이 아니라(21:15-17; 엡 4:11; 행 20:28; 벧전 5:2-4) 교회를 강탈하려고 하는 자들을 말하는 것이다. 목자는 자신의 말을 "듣게" 할 수 있다. 요한

복음에서 "들음"은 거의 전문적인 의미가 있다는 것을 기억하기 바라며 8:43과 10:6과 대조하라. 하나님의 백성은 그 말씀을 "들을" 수 있다 (10:3). 목자는 그 양을 인정하고 잘 구별한다. 그는 그 양 하나하나를 알고 있다("이름을"). "그 이름 안으로" 세례받는 것은 세례받는 사람이 그의 소유가 되는 것을 의미한다(참조. 딤후 2:19). 목자는 자기 양을 밖으로 인도한다. 교회의 "울타리"는 가두는 것이 아니라 큰 자유와 육성이다(참조. 8:36). 목자는 그의 양의 지도자이다(참조. 요이 9절, "지내쳐 거하지 아니하는 자마다"). 목자는 또한 잘 구별한다: 그들은 그의 음성을 알고 그를 따른다. 다른 지도자는 낯설며 전혀 제자되는 것을 고무시키지 않고 도망가게 만든다. "한 주"가 계신다(엡 4:5). 참된 교회는 그에게 귀소 본능이 있으며 그 안에 "거한다"(10:1-6).

목자 자신이 문이다. 여기서(10:7)에서 예수님은 자신이 양을 인도해 내는 문이라고 생각하고 계신다(참조. 10:1). 모든 목회자는 자신에게는 아무런 권위가 없다: 그는 우리 주님을 통하여 그의 양떼를 보고 갈 수 있을 뿐이다. 8절은 선지자들을 말하는 것이 아니다. 그것은 우리 주님의 독특한 지위를 강조하는 주님의 생생한 방법이다: 유일하신 주. 그는 9절에서 생각을 좀더 확대한다. 거기서 그는 양들이 이용하는 문이다(참조. 14:6). 그 문으로 말미암아 구원이 있고(참조. 엡 2:8), 행동의 광범함이 있고(참조. 121:8; 요 15:19; 16:33; 17:11-19), 생명을 유지한다(6:51). 많은 사람이 열린 문과 그 열린 문에 기대고 누워서 잠을 자는 목자의 그림을 잘 알 것이다.

도둑, 거짓 목자, 강탈자, 박해자는 빼앗고 죽이고 파괴하기 위한 부정적인 목적에서 온다(참조. 3:16). 반대로 선한 목자는 긍정적인 목적으로 온다: 주기 위하여, 생명을 주기 위하여, 풍성히 주기 위하여. 댐에 의해 물이 흘러 넘치는 거대한 저수지가 된 큰 골짜기를 생각해 보라. 도시의 급수의 관점에서 그것은 풍부하다. 그리스도인은 단순히 족한 정도 이상으로 풍부하다(참조. 엡 1:7-8).

선한 목자는 요한복음 13:4에서 그의 겉옷을 벗듯이 자기 생명을 버린다(참조. 요일 3:16). 삯꾼은 양보다는 삯에 더 관심이 있다. 늑대를 보면 도망한다. 늑대는 양 몇 마리를 늑탈하고(참조. 10:28) 그 나머지는 헤친다. 속성과 행동의 일관성을 주의하라: "저가 삯꾼인 까닭에"(10:13). 목자와 양의 서로 아는 것과 아버지와 아들이 서로 아는 것을 생각하고 마태복음 11:27과 비교하라. 하나님을 충분히 알고 나타내려면 그리스도가 필요하고(그리스도만이 유일한 분이시다) 그리스도를 충분히 알려면 하나님이 필요하다(하나님만이 유일하신 분이시다). 양은 여전히 계속해서 배울 수 있다(참조. 17:3). "다른 양"은 이방인으로서 유대인의 "우리"에 들지 않는 자들이다. 그들이 올 때 한 양떼가 될 것이다(참조. 엡 2:18). 이방인 선교가 여전히 우리 주님의 일이라는 것을 유념하라. "하여야"의 요점이 무엇인가?(10:11-16).

그리스도의 죽으심은 더 큰 힘 때문이 아니다. 그의 때가 이를 때까지 이전의 공격이 실패하였고 계속 실패한다(17:1). 아버지의 권세로써 우리 주님은 만천하를 호령하신다(참조. 13:12; 행 2:23; 빌 2:9-11). 사람들과의 관계에서 그의 죽으심은 "스스로" 버리시는 것이며 하나님과의 관계에서 그의 죽으심은 권위에 의한 것이다. 다시(참조. 7:43; 9:16) "분쟁"이 일어난다(10:17-21).

그는 실제로 "그들의 마음을 의혹케 한" 것이 아니었다(10:24). 4:26, 29 외에도 그의 일은 계속해서 증거하는 것이다. 사람들이 믿지 못한 이유를 살펴보라. 우리 주님은 현재의 소유와 계속적인 안전과 최종적인 운명을 허락하신다. 29절은 정하기가 매우 어렵다. 만일 "내 아버지는 … 만유보다 크시매"이면 그들이 안전한 것은 아버지의 크심 때문이다. 만일 "아버지께서 내게 주신 것이 만유보다 더 크매"라면 그들이 안전한 것은 아버지께서 그들을 그 밖의 다른 것보다 더 중요하게 간주하시기 때문이다(참조. 행 15:14; 엡 1:3-5; 5:25-33 ― 그리스도의 신부. 그리고 하나님께서 모든 것〈롬 8:32〉을 주신 이들인 "신자들의 특권"에 대해서 묵상하라). 각 경우에 다음을 주의하라: "내 손에서"; "아버지 손에서". 이것은 아버지와 아들이 "하나"이시기 때문이다 ― 영원한 존재에서, 서로의 사랑에서, 우주적인 목적에서(10:22-30).

돌로 치려고 한 것에서 우리는 33절의 "요한의 풍자"를 재미있게 관찰해야 할 것이다. "네가 사람이 되어 자칭 하나님이라 함이로라." 그 반대가 진리이다: 그는 하나님이셨고 하나님이시다(1:1). 그는 스스로 사람이 되셨다(1:14). 주님은 그들 자신의 성경적 근거에서 그들을 물리치셨는데(참조. 시 82:6), 이것은 더 깊은 수준으로 반복되다가 마침내 다음과 같이 되었다: 하나님의 말씀이 이제 그들에게 오셨다! 이 말씀이 파멸할 수 있겠는가(참조. 7:16)? 만일 여러분이 그리스도의 인격으로 확신하지 못한다면 그의 일을 통하여 그에게 접근하라(10:31-39).

세례 요한이 "소리"였던 것을 유념하고 10장에서 어떤 방법으로 요한의 말이 진리임을 보여주고 있는지 생각하라(10:40-42).

Ⅲ. 교리적 의의

이 장을 가지고 설교할 때 우리는 조만간 다음을 생각해야 할 것이다: 아버지와 아들의 일체성: 그리스도의 십자가와 단 하나의 중보: 그리스도인의 경험의 확실성: 궁극적 견인: 교회의 통일성: 목회론: 기독교의 "관용".

Ⅳ. 실천적 목표

기독교 신앙을 믿어야 하는 이유가 무엇인가? 무엇보다도 그것이 진리이기 때문이다. 그렇다면 (이 특별한 문맥에서) 그리스도 이전에 세례 요한이 말한 것이 진리라는 것을 보여주는 것을 목표로 삼고 그리스도 이후에 여러분 자신의 증거에 의하여 그 진리를 확증하는 것을 목표로 삼아라. 스펄전(Spurgeon)은 설교자인 우리가 일인칭을 사용하지 않는다면 우리의 능력 절반을 잃어버린 것이나 다름없다고 말하였다.

Ⅴ. 설교 개요

제목: "소리와 말씀."

도입부

몇 년 전에 나는 영국을 방문했다가 캐나다로 돌아오고 있었다. 우리는 대서양을 가로질러 사우샘프턴(Southampton)을 떠난 뒤에 프랑스의 르하브르(Le Havre)에 기항하였다. 정경을 보기 위하여 편안한 자세로 난간에 비스듬히 기대고 있는데 그 순간 부표(浮漂)가 눈에 띄었다. 기묘한 생각이 내 머리에 떠올랐다: 부표가 되면 얼마나 따분할까! 항상 같은 장소에서, 결코 아무 데도 가지 못하고 아무것도 할 수 없으니! 그러나 부표는 신실하게 장소를 표시한다. 몇 시간 배로 달린 뒤에 우리는 남부 아일랜드의 코브(Cobh)에 기항하였다. 거기서도 어둠 속에서 또 다른 부표가 외로이 불침번을 서고 있었다. 참으로 따분하겠다는 생각이 다시 들었다. 그러나 부표는 충실하게 빛을 비추었다. 대양의 여행을 며칠 동안 한 뒤에 우리는 캐나다의 노바 스코티아(Nova Scotia) 주의 핼리팩스(Halifax)로 다가갔다. 여기서도 일련의 부표가 있었다. 더욱 지루하겠다고 나는 생각했다. 그러나 그 부표들은 죽 늘어 서서 배가 정박할 수 있도록 안전한 가항(可港) 수로를 표시해 주었다.

세례 요한을 그렇게 생각해도 될 것이다. 그는 여행자를 고향으로 실어다 주는 배는 아니다. 그러나 그는 위치를 표시하고 빛을 비추며, 그는 수로를 표시하는 일련의 예언자들 중 마지막 예언자이다(5:33-35). 그는 전혀 기적을 행하지 않았다. 그러나 그가 예수님에 관하여 말한 것은 모두다 사실이었다. 그는 그 말씀이 아니라 목소리였다. 설교자는 요한이 말한 것을 생각하고 그리스도 안에서 그 진리를 보여주어야 하며 자기 자신의 증거를 덧붙여야 한다. 이 소리는 무엇을 말하였는가?

A. 그는 하나님의 어린양을 말하였다(1:29, 36).

(a) 요한은 다음과 같이 말하였다. "하나님의 어린양을 보라." 이 사람은 죄를 없애는 것에 대해서 말하고 위험에서 보호받는 것에 대해서 말한다. 이 사람은 다음과 같이 말씀하신 (b) 우리 주님에 의해 확신한다: "선한 목자는 양들을 위하여 목숨을 버리거니와"(10:11, 15, 17-18). 이 이미지는

어린양에서 목자로 바뀌었지만 그 진리는 지속된다. 또 다른 관계에서 우리 주님이 제사장과 제물이듯이, 여기서도 그는 목자와 양이시다: 그는 죄를 제거하시고(히 10:10-14) 위험에서 보호하셨다(3:16). (c) 구주를 예고하는 "세례 요한"과 같이 스스로 소리인 설교자는 그의 자신의 경험을 덧붙인다: "그는 나를 위해 죽으셨다. 그는 내 죄를 도말하셨다."

그는 위험에서 나를 건지기 위하여

그의 보혈로 중재하셨다.

B. 그는 하나님의 아들을 가리켰다(1:34)

(a) 요한은 말하였다: "내가 보고 그가 하나님의 아들이심을 증거하였노라." 이것은 엄청난 주장이지만 (b) 우리 주님께서 그 주장을 다시 하셨다. "나는 하나님의 아들이라"(10:25, 29-30, 36-38). 여기서 설교자는 (c) 아들 되심을 주장하여야 할 뿐만 아니라 학문적인 말로 그의 자신의 종교적 의식이 확인되었다는 것도 증거해야 한다. 하나님의 아들이신 예수님은 그의 필요를 충족시키셨는데, 이것은 어떤 "신"도 하였거나 할 수 없었던 것이다. 그는 나의 예배의 대상이었다. (만일 그가 하나님의 아들이 아니라면 나는 우상 숭배자이다. 왜 나는 양심에 전혀 거리낌이 없는가?) 나의 지성은 그의 것이고 나의 마음도 그의 것이다. 그러므로 빌립보서 2:6-11을 생각할 때 내가 어떻게 모든 것을 포기하지 않을 수 있겠는가?

C. 그는 만물의 소유자를 가리켰다(3:35)

(a) 그리스도에 대한 세례 요한의 마지막 증거에서 우리는 다음을 읽을 수 있다: "아버지께서 만물을 다 그 손에 주셨으니." "만물"의 어떤 것이 이 장에서 그리스도에 의해서 표현되었다. "내가 아버지를 안다"(10:15); "내가 저희에게 영생을 주노니"(10:28); (그들은 그의 손 안에서 영원히 안전하다 — 28절) "풍성한 생명"(10:10); "나는 버릴 권세도 있고"(10:18)(참조. 마 11:27). (c) 설교자는 크게 기뻐하며 이렇게 덧붙일 수 있다. "그 안에서 나는 나의 모든 것을 찾았다"(참조. 롬 8:32).

D. 그는 뛰어나신 분을 가리켰다(3:30)

(a) 요한은 다음과 같이 말하였다: 그는 흥하여야겠다. 이러한 일이 실제로 일어났다. 그의 크심은 변화산에서 분명하게 나타났다(벧후 1:16; 마 17:5); 그는 우리의 대제사장으로 나타나셨다(히 4:14; 10:21); 그의 크심은 부활과 오순절에 제자들에게 드러났다. 그의 통치가 확대되었다 ― "하나님의 말씀이 점점 왕성하여"(행 6:7; 19:20). 그의 제국은 항상 왕성해지고 있다: 진정한 교회의 회원은 결코 줄어들지 않는데, 죽어가는 신자들이 여전히 그에게 속해 있다(롬 14:7-9). (b) 그리스도께서 다음과 같이 말씀하셨다: "나는 … "(이런 표현의 사용은 연구할 만한 가치가 있다.) (c) 설교자는 이렇게 말한다: "나는 그가 문이신 것을 곧 큰 생명이신 것을 발견하였다(요 10:9); 목자(10:11); 나까지도 아시는 분 ― 이름을 부름(10:3).

결론

요한은 전혀 기적을 행하지 않았다. 설교자도 전혀 기적을 행하지 않았다. 그러나 그들이 그리스도에 관하여 말한 모든 것은 진실한 것이었다. 당신은 어떤 태도를 취하고 있는가?

요한복음 제11장

부활과 생명

11:25. "나는 부활이요 생명이니."

I. 역사적 배경

예수님은 아직 "요단 저편에" 계시지만(10:40) 유대(11:7)로, 베다니 (11:1, 18)로 돌아오신다(11:7). 이것은 1:28과는 다르다. 나사로가 살아난 뒤에 예수님은 베다니를 떠나 빈들 가까운 곳인 에브라임 동리로 가셔서 (11:54), 그곳에서 마지막으로 숨어 기다리신다 — 유월절과 그의 때를 위하여(참조. 12:1; 13:1).

II. 용어 해설

나사로가 살아난 것이 1:4과 5:21에 대한 생생한 설명으로 간주될 수 있다. 그것은 또한 마지막 날의 전조이다. "총연습"이란 말로는 좀 부족하다. 그것은 나중에 거대한 규모로 채워지게 될 초벌 그림 그 이상의 것이다. 2절은 12:3을 기대한다. 가정은 자매 관계의 메시지의 기초가 된다: 그것은 그 필요를 충분히 진술할 만하다(3절). 빌립보서 4:6과 대조하라. 병의 결국은 죽음이 아니라 하나님의 영광이다(참조. 10:30과 11:40). "예수께서 … 사랑하시더니 … 더 유하시고"(5-6절). 기도의 응답이 때때로 지연된다. 그러나 어떠한 결과를 가져왔던가! 이사야 65:24과 대조하라. 제자들은 예수님께서 다시 위험에 뛰어드시려는 생각에 움츠러들지만 낮이 계속되는 동안 (예컨대, 그의 때가 이르기까지) 예수님은 "실족하지" 않으실 것을 확신하신다. 그의 현재의 안전 속에서 우리 주님은 그의 다가오는

"때" 곧 (잠시 동안) 세상의 빛이 빛을 발하지 않는 그 밤을 보신다(11:7-10).

그는 그 소식을 부드럽게 말씀하신다: 나사로가 자고 있다(참조. 행 7:60, 인간의 폭력의 신성한 측면). 예수님은 제자들에게 밝히 말씀하셔야 하지만 그가 그곳에 계시지 않은 것을 기뻐하신다. 그들의 믿음이 일보 더 전진할 것이다. "그에게로 가자" — "그 시체에게로"가 아니다. 더욱이 "그 것에게로"가 아니다. 기독교 장례식 전에 죽음을 당한 사람을 방문할 때 사역자들에게 교훈이 되는 것이 여기에 있다(참조. 11:34과 20:2). 도마는 마음이 둔하고 상상력이 부족하지만 충성스럽다. 그의 생각은 둔한 편이지만 그의 마음은 따스하다. 뛰어난 재기는 차가울 수 있지만 성실함은 그 자체의 따스한 빛이 있다(11:11-16).

우리 주님의 능력을 주목하고 그것을 "영성화하라". 그는 세 종류의 죽은 자를 일으키실 수 있다: 장례식에 앞서(눅 8:40-56; 야이로의 딸); 장례식 때(눅 7:11-17: 나인 성); 장례식 후(나사로). 어느 경우도 어려운 것이 아니다. 대조적으로 유대인의 "위로"는 우리가 보게 될 것처럼 결말이 있을 것이다. 마르다와 마리아가 주인공 역할을 한다(참조. 눅 10:39-40). 마르다는 과거와 미래와 관계가 있는 믿음이 있다. 그러나 그 믿음은 불명확한 아니 차라리 어쩌면 판에 박힌 믿음이다. 그의 오라비는 마시막 날에 살아날 것이다(11:17-24).

그러나 어떤 의미로는 "마지막 날"이 앞당겨졌다. "나는 부활이요 생명이니"(참조. 행 17:18). 다음을 주목하라: 그는 "내가 되리라"고 말씀하지 않는다. 곧 그들이 그들의 눈 앞에서 그 사실을 보게 되어 있다. 죽어 (관에 넣어져 장례를 치른) 신자가 살아날 것이다; 믿음으로 말미암아 생명을 받은 그 사람(3:16)은 결코 멸망하지 않을 것이다: 그는 그 복된 손 안에 그대로 있다(10:28). 마르다는 이것을 믿는다: 그녀는 "믿음을 얻었다"(11:27). 마르다는 인상적인 말로써 마리아를 부른다: "선생님[마가복음 6:34에서 선생과 목자의 관련을 주목하라]이 오셔서 … " 동사(파레스틴)는 명사 "파루시아"에 대응한다: 이것은 작은 재림이다. 마리아는 재빨리 일어나서 마을 밖에 있는 예수님에게로 간다(11:25-30).

마리아가 다시 주인공 역할을 하면서(눅 10:39) 마르다가 한 말 그대로 하고 있다(11:21). 그 유대인 "위문자들"과 데살로니가전서 4:13을 연결하라. 그들은 친절한 마음에서 위로하고자 하지만 그들은 그 위로가 헛되다는 것을 알고 있다. 그들은 그녀가 애곡하기 위하여 무덤으로 가는 것으로 생각하고 따라갔고 그리고 울었다. 그 울음이 인사치레의 슬픔이었던가 아니면 억제할 수 없는 슬픔이었던가? 어느 경우였든 그들의 "위로"에도 불구하고 소망이 없다.

우리 주님은 "맨 마지막 원수"에 대하여(고전 15:26), 불완전한 믿음에 대하여, 후퇴하는 모습에 대하여 분노하시며 "호통치셨고" 그리고 동정하여 우셨다. (예수님의 눈물에 대하여 공부하라. 예수님의 눈물은 하나님의 눈물이다. 그리고 예수님의 기뻐하심에 대하여 공부하라.) 그를 어떻게 사랑하였는가! (시제에 주의하고 11:3과 13:1과 15:9을 참조하라.) 그래서 부활과 생명이 무덤에 찾아온다(11:31-38).

"벌써 냄새가 나나이다." 마르다는 틀림없이 모든 수다쟁이의 수호 성인일 것이다! 뻣뻣한 죽음과 그 다음의 부활과 비교할 때 그 냄새는 얼마나 하찮은 것인가! 그 냄새가 예수님이 담당하신 죄들의 불쾌한 냄새와 비교될 수 있을까? 그녀는 바로 지금 하나님의 영광을 볼 것이다. 예수님의 기도를 마가복음 11:22-24과 비교해 보면 좋을 것이다. 기도는 기적들의 설명("설명"이 가능한 한)으로 간주할 수 있다. 자기 양들의 이름을 불러서 인도해 내시는 그분이 "나사로야 나오라" 하고 큰소리로 부르셨다. 디 엘무디가 아주 재미있게 말한 것처럼 만일 우리 주님께서 "나사로"를 부르시지 않았다면 그곳에 부활한 사람들로 가득 찼을 것이다.

44절의 "기적 속의 기적"을 주목하라. 수족이 묶인 그 사람이 걸어 나왔지만 풀어 주어야 했다(11:39-44). 비록 쟁론이라는 말은 나오지 않지만 다시 한 번 쟁론이 일어났다. 공회가 모였지만 속수무책이었다. "이 사람이 … 행하니 우리가 어떻게 하겠느냐(아무것도 할 일이 없다!)?" 만일 저를 이대로 두면 그를 따르는 사람들에 대해서 로마인들이 의심할 것이고 그러면 로마인들이 와서 우리 땅(예컨대, 성전)과 민족을 빼앗아 갈 것이다. "그 운명의 해"의 대제사장 가야바는 아주 가차없고(11:49) 저도 모르게 예언을 하고 있다(11:50). 여기에 역설이 있다. 그는 정치적 암살과 민족의 생존을 의미하고 있다. 그 결과는 반대였다: 죄에 대한 완전한 희생과 민족의 멸망(A.D. 70년). "하나님의 자녀"가 누구인지 생각하고 그리스도께서 경제에 영향을 미치는 꼭 그대로 정치에 영향을 미치는 것을 주의해서 살펴보라(행 16:16-21). 그 반대가 결정되었다(11:45-53).

III. 교리적 의의

여기서 주된 교리적 관심은 종말론이다. 이것은 "실현된 종말론"을 말하는 것이 아니다. 나사로의 이야기는 마지막 날의 표상이다. 요한복음 11장과 데살로니가전서 4:13-5:11의 유사한 점을 주의해서 살펴보라.

요한복음11장		데살로니가전서1장
28절	파루시아	4:15
9-10절	낮	5:2-8
20, 29-30절	영접	4:17
11절	잠	4:13-15; 5:10
23-25절	일어남	4:16
43절	명령하는 외침	4:16
12절	구원	5:8-9
25-26절	생명	5:10
19, 31절	위로	4:18; 5:11
4, 40절	영광	빌립보서 3:20-21
		디도서 2:13
		베드로전서 4:13; 5:1

IV. 실천적 목표

여기서 그리스도인을 위로하는 것을 찾아내라. 그리고 그들이 다시 믿음에 확신을 가지고 그 믿음 위에 굳게 서도록 지도할 방법을 모색하라(살전 5:11). 불신자들을 촉구할 길을 찾아라. 세속적인 "복음들"은 아주 공허하고 일시적이며 "큰 분쟁"이 있게 된다.

V. 설교 개요

제목: **"작은 파루시아: 지금은 확신 가운데, 그때에는 영광 가운데."**

도입부

마지막 날과 현재의 회심으로써 그 유사점(III을 참조하라)을 간단히 보여 주어라(롬 6:5, 13; 골 2:12; 3:1). 서문 다음에 이렇게 하라: "핵 전쟁을 두려워하는가? 나사로에게 그 날에 필요한 메시지가 있다. 그리고 지금 당신에게 필요한 메시지가 있다." 그 다음에 대강을 계획하고 다음을 생각하라:

A. 그리스도는 부활과 생명이시다. 그때,

(a) 비록 그리스도는 그의 백성과 항상 계시지만(마 28:20) 진정한 의미에서는 그는 따로 계신다(고후 5:6-8). 이것은 빌립보서 3:20과 같은 기대에 대한 표현들 이면에 있는 생각이다: "구원하는 자 그리스도를 기다리노니 …." 그러나 (b) 그는 임재하실 것이며 공공연하게 권위를 나타내실 것이다. 우리 청중 대부분은 "원정" 경기를 하는 팀이 겪는 핸디캡을 잘 알 것이다. 데살로니가전서 4:17의 "공중"은 마귀의 본거지로 간주할 수 있다(엡 2:2). 그러나 영광의 주께서는 이곳까지도 다스리시는 지배자이시다. (c) 잠자는 자들이 일어날 것인데, 이것은 슬픔을 당한 그리스도인들에게 위로가 되며 두려움이 있는 그리스도인들에게 소망이 된다. (d) 살아 있는 자들도 간과되지 않을 것이다. 잠자는 자나 깨어 있는 자나 모두 다 그에게로 끌어올림을 받을 것이다. 그리하여 (e) 우리는 영원히 주와

함께 있을 것이다. (청중들에게 이것에 대한 그들의 태도의 의해 그들의 제자 됨의 질을 시험해 보라고 하라: 주와 영원히 함께 있을 것을 생각하면 기쁘고 흥분이 되며 그것을 기대할 때 마음에 기쁨이 가득해지는가?) (f) 소망이 만족을 얻을 것이며 기쁨이 영광 가운데 영원히 계속될 것이다.

설교자는 여기서 마르크스주의자들의 세속적 종말론에 주의를 끌어도 괜찮을 것이다. 마르크스주의자들은 신이 없는 그들의 왕국이 올 것으로 굳게 확신하고 있다. 그리스도인이 더 확실한 소망과 확신을 가지고 있으며 더 분명하고 더 풍부한 종말론과 인격적인 주를 가지고 있다는 것을 지적하지 않을 이유가 있겠는가? 우리에게는 교회가 수행하고자 하는 계획이 있을 뿐만 아니라 또한 위대하신 주인이 친히 가장 확실하게 나타날 장엄한 피날레가 있다. 다시 한 번 그는 불화가 생기게 하실 것이다.

B. 그리스도는 부활이요 생명이다. 지금.

파루시아 때에 일어날 것과, 나사로가 살아났을 때 일어났던 것과, 회심할 때 일어나고 지금 일어날 수 있는 것 사이에는 유사점이 있다. (a) 그리스도께서 임재하시지 않는다 ― 불신자 가운데. 그러나 (b) 그는 임재하신다 ― 또 다른 방법으로 그는 그의 밖에 있지만 거기 계신다(참조. 계 3:20). (c) 그는 자는 자들을 부르신다 ― 마지막 날에 부르실 것처럼 그리고 나사로를 부르셨던 것처럼(참조. 엡 5:14) "잠자는 자여 깨어서 죽은 자들 가운데서 일어나라." (d) 그는 깨어난 자들에게 관심이 없으신 것이 아니다. 그는 회심하지 않은 자들을 부르실 뿐만 아니라 끊임없이 반복해서 그리스도를 제것으로 삼는 그의 백성들도 부르신다. (이것은 되풀이하여 중생되는 것이 아니라 경험의 증대이다.) (e) 그에게는 항상 낮이다: 죽은 자 가운데서 살아나신 그리스도는 더 이상 죽지 않으신다(롬 6:9). 그러므로 회심하여 "죽은 자 가운데서 살아난" 자들은 이제 그리스도의 빛 가운데 걸으며 그와 함께 있다(요일 1:7). (f) 그는 자신에게 속한 자들에게 아주 관심을 쏟으셔서 그들을 위하여 기도하며 하나님께서는 그의 기도를 들어주시므로 회심으로 부활한 뒤에 그들은 마지막 날까지 그리고 그 후에도 지켜 주심을 받는다. (g) 그의 구원의 복은 이제 제공되었고 믿음으로 받았다. 그래서 다시 한 번 거기에 분열이 있다: 믿는 자들을 위한 생명과 영광: 그리고 다른 자들을 위한 … ?

결론

디모데전서 4:8 — 긴 안목으로 보아라. 그때 부활을 준비하면서 지금 부활을 보아라!

요한복음 제12장

아주 철저한 단절

12:31. "이제 이 세상의 심판이 이르렀으니."
12:48. "곧 나의 한 그 말이 마지막 날에 저를 심판하리라."

I. 역사적 배경

우리 주님이 베다니로 돌아오신다(12:1). 그 후에 예루살렘으로 들어가신다.

II. 용어 해설

유월절 엿새 전에 예수님을 위한 잔치가 베풀어졌는데, 거기에 나사로도 함께 배석하였다. 거기서 우리는 새롭게 성숙한 두 자매의 성격을 보게 된다. 마르다는 "일을 보고"(12:2; 참조. 눅 10:39-40) 마리아는 주님의 발에 향유를 부었다. 그녀의 행동이 처음으로 충분히 묘사되었는데(12:3) 우리는 유다가 그 행동을 저지하는 것과 우리 주님께서 "저를 가만 두어 나의 장사할 날을 위하여 이를 두게 하라"(12:7)고 하시면서 참견하신 것에 대해서 생각해 보아야 한다. 어떤 점에서 장례의 과정은 유다로 시작되는데, 그는 바야흐로 예수님을 배반하려 하고 있다(12:4). 우리 주님께서 "그의 고난 가운데 거하고 계셨던" 것이 분명하다. 마리아는 예수님을 기름 부음을 받은 왕으로 생각하였는가(참조. 12:13)? 유다는 삯꾼보다 더 못하다(10:13). 요한은 그를 보고 도둑이라고 한다. 그가 예수님에게서 훔치고 있었던 것이 무엇인가? 우리 각자의 마음에 유다와 같은 마음이 없는가? (참조. 막 14:19). "… 하나씩 하나씩 여짜오되 내니이까?" "장사"에 대해서 말씀하실 때 나사로는 어떤 생각을 하고 있었을까? 그는 지금 무리의 호기심과 대제사장의 음모의 대상이다. 예수님을 믿는 것에는 먼저 "떠나는 것"이 필요하다는 것을 주의하라. 무엇으로부터 그리고 누구로부터? 야고보 5:20처럼 우리가 시작해야 할 것이다(12:1-11).

무리가 보여 준 자발적인 환영은 그들이(혹은 제자들이, 16절) 깨달았던 것보다 더 깊은 진리를 설명한다. 우리 주님은 왕이시지만(1:49) 그와 그의 나라는 더욱 높은 차원에 속해 있다. 그 차이는 이러하다: 천상의 기원(18:36); 세상의 증거(18:37; 14:6); 평화로운 사역(12:14-15; 16:33; 6:15); 세상의 정복(16:33; 12:19).

종려(12:13)는 승리의 상징이다(참조. 계 7:9). 오늘날 우리는 국기를 흔들 것이다. 17-18절은 두 무리를 암시한다. 바리새인들은 저도 모르는 가운데 가야바처럼 선지자 노릇을 하고 있다(12:19; 11:51). 세상은 하나님에게 사랑을 받았지만(3:16) 세상은 예수님을 미워한다(7:7). 세상은 지금 예수님을 환호하고 있다(12:13). 조만간 그 환호 소리는 정죄하는 외침이 될 것이다(18:40; 19:6). 그러나 "그 세상"은 전세계적인 사명을 증거하며, 그 사명의 성취는 헬라인들이 나아옴으로써 시작되었다(12:20). 아마 가장 훌륭한 주석이 마가복음 16:15일 것이다(12:12-19).

어떤 점에서 헬라인들은 예수님을 "볼" 수 있는가(참조. 3:3)? 예수님께서 그들이 요구하는 바를 들으실 때 그의 마음에 가득한 생각을 나타내신다. 첫째는 십자가요 그 다음은 사명이다(참조. 32절). 제자는 그의 주님보다 크지 못하다(13:16; 마 10:24); 그러나 여기(12:25) 주님은 그의 제자보다 크지 못하시다: 그는 자기 생명을 사랑하지 않아야 한다(마 10:39); 그는 그들에게 요구한 것과 똑같은 시험을 받고 있다. 만일 한 사람이 그를 섬긴다면 그 사람은 그를 따르지 않으면 안 되며 그가 계신 곳에 그도 있어야 한다. 어떤 점에서는 이것이 불가능하다(13:33, 36). 그러나 또 다른 점에서는 불가능한 것이 아니다: 그들은 십자가까지 그를 따랐을 것이다(막 14:50). 예수님의 긍휼로(참조. 18:8) 그들의 생명이 "그리스도와 함께 하나님 안에 감취었다"(골 3:3). 이것은 참으로 영광스러운 일이다

(12:26; 12:20-26).

27절은 "요한적인 겟세마네"라고 불리었다. 그것은 다음과 같이 표현해도 될 것이다: "무슨 말을 하리요? 아버지여 나를 이 때로부터 구원하여 주옵소서." 그러나 그는 이 때를 위하여 오셨다(10:17-18). 이것은 그의 영광이며(12:23), 따라서 그의 아버지의 영광이 되기도 한다(12:28). 하늘에서 들린 소리는 돌이켜 11:40을 생각케 하고 13:31을 살펴보게 한다. 신적인 계시에 대한 세 가지 태도가 언급되었다: 명백한 물질주의("우레"); 부분적인 영성("천사": 참조. "서구 문명의 영적 가치"); 완전한 승인("예수께서 … ").

이것은 심판 곧 분리인 십자가의 결과를 예상한다(3:19-21; 9:39-41): 그것은 끌어오든지 아니면 물리치든지 하게 된다(고전 1:18-31). 이 세상 곧 계획적으로 하나님을 믿지 않는 사회의 통치자가 지금이라도 쫓겨나게 되어 있다(참조. 눅 10:18). 폐위된 통치자를 좇아서 감옥으로 가지 말라! 십자가 위에서(12:32-33) 그의 승귀로 말미암아(3:14; 8:28) 그는 모든 사람을 이끄실 것이다. 이 본문에 대한 뛰어나고 아주 유명한 요점이 있다: 이기주의, 자성(磁性), 낙천주의. 그 "이끄심"은 항상 조용하고 부드럽기만 한 것이 아니다: 그 말은 거친 표현법으로 사용될 수 있다(행 16:19; 21:30-32). 어떤 사람들은 십자가를 처음에는 부끄럽게 느끼고 그 다음에는 지적 도덕 영적으로 힘을 상실케 하는 것으로 느낀다(12:27-33).

헬라인들에게 이와 같이 대답하셨다. 무리가 반대한다. 바리새인들이 옳았다: 그것이 세상이었다(12:19)! 그들은 세상의 빛을 원치 않았고(8:12; 9:5; 11:10) 그리하여 "심판을 받았다"(12:31; 3:19-21). 어둠이 바다 안개처럼 다가온다(12:34-37). 요한은 여기서 이사야 53:1의 성취를 보면서 참으로 그들이 믿음을 가질 수 없다는 것을 생각한다(사 6:9-10이 대략적으로 인용되었다: 참조. 행 28:26-27). 누가 그들을 소경으로 만들었는가? 바울은 "이 세상 신"(고후 4:4)이 그렇게 했다고 말하는데 틀린 말이 아니다. 요한과 바울은 "심판"을 암시한다. 로마서 1:24, 26, 28을 참조하라. 그들은 말씀을 "볼" 수 없다. "마음"은 우리보다 히브리인들에게 훨씬 더 광범하게 의미가 있다. 완고한 마음이라는 것은 그들의 생각이 (콘크리트처럼) 아주 굳어져서 새로운 생각을 받아들이지 않는 것을 말하며, 그들의 의지가 아주 확고하여서 결정을 돌이키지 않는 것을 말하며, 그들의 감정이 빙산과 같아서 그리스도의 사랑에도 무감각하여 따스한 반응을 보이지 않는 것을 말한다. 이사야는 여호와의 영광(사 6:1, 70인경)을 보았기 때문에 이렇게 말하였다(참조. 10:30; 빌 2:11).

그러나 어떤 사람들은 그들의 믿음을 드러내지 않고 믿었다(참조. 7:48; 9:22). 심지어 많은 "관원들"도 종교적인 공적 의견을 두려워한다(12:38-43). 31절과 47절은 함께 역설을 만들어 낸다. 그가 심판하러 오신 것은 아니었지만 심판은 결과로서 생긴다. 태양이 비치면 빛을 밝히지만 그로 인해 그림자도 생긴다. 하나님의 말씀의 빛 속에서 심판 곧 분열이 지금 시작되었고 마지막 때에 더욱 뚜렷하게 드러날 것이다. 영생이 빛을 좋아하는 사람들이 즐기는 탐닉이 아니라 하나님의 명령인 것을 주의하라. 사람들에게는 빛을 "좋아하는" 지각이 없고 하나님께서 그의 자비하심으로 명령하시는 것이다.

Ⅲ. 교리적 의의

나사로가 살아난 것은 결과적으로 기적의 증거로서 가치가 있다. 승리의 입성은 예수님의 메시야 되심을 생각하게 한다. 헬라인들이 찾아왔을 때 우리 주님이 하신 말씀은 십자가의 필요성을 암시한다. "겟세마네" 구절은 그의 인성을 나타내며 그와 함께 우리는 아버지와 아들의 일체성을 기억해야 한다. 무엇보다도 심판을 기억해야 한다.

Ⅳ. 실천적 목표

이제 마지막 공적 사역으로 나아가고 있다. 이미 우리는 "분열"을 보았다(요 9장). 이제 우리는 그 분열이 영구한 것이 된다는 것을 보여주도록 해야 한다. 바울이 "십자가의 말씀"이라고 말한 그 말씀은 그 틈이 절대적이고 최종적이 될 때까지 말씀을 듣는 청중을 가르는 영향력을 미치고 있다(히 12:17).

Ⅴ. 설교 개요

제목: "아주 철저한 단절." (참조. 히 4:12-13).

도입부

예수.

그의 죽으심: 그의 영광. 12:23.

그의 성실하심 12:25

그의 순종 5:30

그의 권세 10:18

그의 승리 12:27

그의 선물: 그를 섬기도록 하기 위해: 더 친절한 주인은 없다. 12:26

그를 따르도록 하기 위해: 더 현명한 지도자는 없다.

그와 함께 있도록 하기 위해: 더 강한 보호자는 없다.

어디에? 골로새서 3:3 — 지금

3:4 — 그때에.

귀히 여기기 위해: 더 높은 곳은 없다. 12:26; 14:6

이 단락 자체는 금방 굳어 버리는 시멘트에 넘어진 사람의 이야기와 같은 것을 예로 들어서 "시작"해도 좋을 것이다. 거기에 그가 그대로 있었다. 그래서 처음에 영향력이 행사되었을 때 둘로 나뉜다. 다음으로 심판 때에 둘로 나뉜다. 그리하여:

A. 말씀의 영향력

(a) 첫째 그룹은 나사로와 그의 누이들로 구성된다. 우리는 그 잔치에서 (12:2)에서 그리스도에 대한 빚을 시인하는 것을 볼 수 있다. (i) 그때에 나사로는 즐거이 은혜의 빚을 지고 있다. (ii) 마르다는 이전처럼(눅 10:40) 여전히 일하고 있다(12:2). 마르다의 봉사에 이전보다 어떤 새롭고 더 깊은 요소가 포함되어 있는지 생각해 보라. (iii) 마리아는 이전과 똑같

은 자리에 있는 것을 본다(눅 10:39; 요 11:32; 12:3) — 예수님의 발에. 마리아는 똑같은 헌신을 나타내고 있지만 그 헌신은 이전보다 더 열렬하고 더 큰 희생을 감수한다.

(b) 유다는 둘째 그룹의 지도자로서 그의 기차에 대제사장들과 군중들을 태우고 있다. (i) 유다가 예수님에게서 훔쳐 가는 것을 말한다(12:6). 그가 무엇을 훔쳤으며 그것을 언제부터 훔치기 시작한 것인지 우리로 하여금 자문하게 만든다. 그가 의문이 생기기 시작하고 그 다음에 의심하기 시작하고, 그러다가 그의 주님을 비판하기 시작하였다고 할 수 있을 것이다. 그렇게 하다가 결국 배반하게 되었다. 그것은 그가 돈을 훔치는 것으로 상징되었다. 그는 우리 주님의 말씀에 대한 신뢰와 그의 지혜에 대한 확신과 그의 구원하시는 능력에 대한 믿음을 철회하였다. 그로 인하여 결국 그가 어디로 갔는지 보라! (ii) 이제 대제사장들의 반대가 심하여졌다. 그들은 이미 예수님을 죽이기로 모의하였다(11:53). 이제 그들은 나사로까지 죽일 계획을 하였다(12:10). (iii) 백성들은 변덕스러웠고 물질주의자들이었고 단지 부분적으로 "영적"이었다. 아무튼 이 모든 것은 반대 방향으로 이끌고 갈 것이었다: 백성은 그들 자신의 증거와 그들 눈 앞에 아주 생생하게 전개되었던 장면을 잊어버렸다(12:17). 그들은 예수님이 무덤에서 나사로를 불러내시는 소리를 들었지만 그 소리를 무시하였다. 그들은 하늘로부터 들려오는 소리를 듣고 그 소리를 곡해하였다(12:28-30). 그들은 빛을 외면하였다(12:35-36). 왜냐하면 그 빛이 그들의 행위를 드러내었기 때문이다(3:19-21). 그들은 명령을 불순종하였다(12:50). 그리고 그와 같은 사람들은 오늘날도 하나님의 이끄심을 거부한다(12:32).

B. 분열의 영구성

12:44-50에 비추어 당신의 상상력을 동원하여 마지막 날을 그려보라. 그때에 이 두 그룹은 마지막으로 뚜렷이 분리되어 각자 건널 수 없는 깊은 구렁에 의해 구분될 것이다. 각자가 이전에 선택한 것을 계속 받게 될 것이라는 것을 주목하라. 그리하여 (a) 첫째 그룹: 나사로는 우리 주 예수

그리스도의 은혜를 여전히 기뻐할 것이며 그가 은혜를 입고 있는 것을 더욱 선명하게 기억할 것이다. 마르다는 더욱더 폭넓게 즐거이 봉사하는 일을 계속할 것이다("열 고을 권세를 차지하라" — 눅 19:17). 그리고 마리아는 그리스도의 학교에서 배우고 그와 더불어 경배하면서 여전히 "예수의 발에" 앉아 있는 것을 보게 될 것이다. 그리고 각자 또한 다른 사람의 은혜와 봉사와 경배에서 배우게 될 것이다.

(b) 화목케 하신 하나님과 화목하지 않은 다른 그룹은 그들의 여러 가지 선택을 고집할 것이다. 마음을 단단히 하고 굳어진 습관을 고집하는 그들은 은혜를 반대하고 은혜를 이론적으로 생각하여 은혜를 훔치는 정신을 유지할 것이다. 시멘트는 금방 굳어 버린다!

결론

당신이 "그들에게 그리스도를 이야기하는 것"에 대한 그 반응이 그대로 지속될 것임을 분명히 알게 하라.

요한복음 제13장

그리스도의 주권

13:3 "… 예수는 아버지께서 모든 것을 자기 손에 맡기신 것과 … 아시고."

I. 역사적 배경

공사역이 끝났다. 우리 주님은 예루살렘에서 그의 적은 무리인 제자들과 함께 계신다(참조. 18:1). 13-17장에서는 만찬과 발을 씻기시는 것과 마지막 말씀과 대제사장으로서의 기도가 기록되어 있다. 우리는 이 장면을 다음과 같이 간단히 요약할 수 있을 것이다: 다락방.

II. 용어 해설

떠나실 "때"가 되었을 때 시간은 재촉하고 아직 더 가르쳐야 할 중요한 것들이 남아 있었는데, 우리 주님은 "자기 사람들을" 사랑하시되 끝까지 즉 극도로 사랑하셨다. 어떤 노학자가 말한 것처럼 그들을 "단념하시지 않고" 사랑하셨다. 마귀나 우리 스스로나 성령에 의해서 우리 마음에 어떤 생각이 일어날 수 있다(참조. 눅 21:14). 지금 하시는 행동과 전체 십자가가 약함에서 나온 것이 아니라 의식적인 강함에서 나온 것임을 주목해야 한다: 성부께서 그의 손에 모든 것을 맡기셨다. 예수님은 잠시 후면 그의 생명을 버리실 것과 마찬가지로 그의 옷을 벗으신다(10:11, 15, 17-18; 요일 3:16). 발을 씻기시는 것은 겸손의 행동이시며(참조. 삼상 25:41) 따라서 모범이며(13:14; 딤전 5:10) 십자가를 설명하는 상징의 행동이다. 이것이 거룩한 땅인 것을 기억하면서 우리는 더욱 그 상징의 적합성을 깨달아야 할 것이다: 그것은 불결한 것을 정결케 하는 것이었다 — 그리고 사람들의 죄는 여전히 더욱더 불결하다. 그는 씻기셨고 그리고 닦으셨다. 그러나 지금은 그 집을 가득 채우는 향기가 전혀 없다(12:3; 참조. 벧전 2:24; 막 15:34). 시몬 베드로는 거절한다. 만일 베드로가 공적인 연단에서 그렇게 거절하였다면 그것은 만장의 갈채를 받았을 것이다. 그러나 그러한 거절의 말은 행위에 의한 칭의처럼 피상적이고 의심스러운 것이다. 그런데 그는 반드시 씻음을 받아야 하며(13:8) 그리고 여전히 발의 상징을 충분히 이해하지 못하고 손과 머리도 씻겨 달라고 하는데, 이는 발과 함께 상징적으로 포함된 것이다. 발을 씻기시는 것이 완전한 정결 곧 그의 영적 본성이 건전함을 암시한다는 것을 깨닫지 못하는 것은 제쳐놓고 그는 다시 한 번 그의 필요를 깨달았다. 내가 방문한 장소와 내가 한 행동과 내 마음에 간직한 생각에 대하여 나를 용서해주소서(13:1-9).

이 모든 것이 발을 씻기시는 것에 의해 상징된 하나의 정결케 함에 포함되었다. 거기서 강조하는 것은 발에 대한 것이 아니라 불결함에 대한 것이다. 따라서 (충실한 본문에 따르면) 우리 주님은 다음과 같이 말씀하신다: "이미 목욕한 자는 발 밖에 씻을 필요가 없느니라. 온 몸이 깨끗하니라." 십자가는 모든 것을 덮는다(13:10)! 그러나 다는 아니다. 유다의 발이 씻음을 받았지만 그는 깨끗하지 않다. 그리스도의 일은 반드시 믿음으로 받아야 한다 — 그렇지 않으면 받지 못한다. 그런 다음 우리 주님은 사신의 모범을 설명하신다: 그의 자의식(13:13)과 또 다른 복(13:17) 곧 "너희가 이것을 알고 행하면"이라는 것에 주목하라. 이것은 의롭게 하는 "행함"이 아니다(참조. 빌 2:12-13; 요 13:10-17).

이제 그 생각은 유다에게 더욱더 집중된다. 거기에는 전혀 실수가 없다: 성경은 성취될 것이다. 그는 주의 떡을 합당하지 않게 먹었다(고전 11:27; 참조. 6:63, 70-71). 이것을 미리 앎으로써 유다가 그의 일을 끝냈을 때 그들이 계속 믿을 수 있었다. 그들이 사도로서 말씀을 전파하기 시작하여 환영을 받게 될 때 그리스도와 그의 아버지께서도 역시 환영을 받으실 것이다(참조. 10:30). 그는 그의 사역자들에게 성실하시다(13:18-20).

배신자의 출현으로 긴장이 감돈다. 그들이 근심하지 않도록 하기 위하여

(14:1) 예수님이 "민망하셨다"(13:21). 유다는 떡 "한 조각"에 의해 은밀히 정체가 확인되었다. 한 조각을 받은 뒤에 사단이 그를 주장하였다(참조. 13:2; 고전 11:29; 행 2:23; 요 19:11). 그 긴장을 살펴보라: "네 하는 일을 속히 하라." 이전의 손짓 언어 때문에(13:24-26) 제자들은 알지 못하였다. 유다는 이해하고 밖으로 나갔다. 그리고 유월절 달빛으로는 그의 악한 마음 속까지 비추어 주기에는 역부족이었다(참조. 3:19-21). 유다는 세상의 빛이신 예수님과 "함께" 있었지만 그는 "예수님에게로 오지 않았다." 그는 "빛으로 오지 않았다." 요한의 상징은 시종 일관되다(13:21-30).

그러나 십자가를 지실 때 더 강한 빛, 하나님의 영광 자체가 한층 더 드러나게 된다. 하나님의 영광은 그의 존재와 그의 속성과 그의 장엄하심과 그의 권능의 계시이다. 그리고 하나님의 임재의 표시이다. 이 모든 것이 십자가에서 나타났고 예수님은 그 영광을 공유하고 계신다. 제자들은 유대인들과 마찬가지로 예수님과 함께 가지 못한다. 십자가까지도 함께 가지 못하고 아직은 아버지께로 가지 못한다(참조. 7:33-34; 8:21; 막 14:27). 오직 그만이 권세(10:18)와 개척자의 즐거운 인내를 가지고 계시다(히 12:2). 서로 사랑하라고 하시는 계명(참조. 레 19:18)은 "아버지께서 나를 사랑하신 것같이 나도 너희를 사랑하였던" 것처럼 본질상 새로운 것이다(15:9). "원수를 사랑하라"는 것과(마 5:44) 형제 그리스도인을 사랑하라(참조. 갈 6:10)는 것의 차이를 생각하라(13:31-35).

베드로는 자기 과신이 아주 많았고 그리하여 십자가의 성격을 바꿔 놓으려고 한다(13:37과 10:11, 15-18을 대조하라). 그러나 그는 닭 — 닭 한 마리가 — 이 울기 전에 예수님을 부인할 것이다: 예정된 새가 아니라 어떤 새든지 맨 처음 밤의 정적을 깨고 본디오 빌라도가 사도신경에 들어갔던 것처럼 역사에 들어가게 될 것이다.

III. 교리적 의의

여기서 우리는 인간의 죄(13:10), 특히 교만과 자기 과시를 보게 된다(13:8, 37). 그 다음에 하나님의 부성과 아버지와 아들의 일체성을 보게 된다. 이것 외에도 하나님이신 아들의 인성을 생각해야 할 것이다(13:21, 27). 성육신(1:14)은 그리스도의 사랑을 나타낸다(13:1). 그리고 기독론에 대한 부가적인 공헌으로서 그리스도의 자의식을 주목하라(13:13, 19). 인간의 상호 작용과 사단의 세력이 하나님과 그리스도의 주권하에 있다(13:2-3). 기독교 윤리는 기독교 신앙에 바탕을 둔다(13:12-17, 34-35).

IV. 실천적 목표

우리가 이 장을 설교를 위하여 어떻게 사용할지라도 우리는 발을 씻기심을 단지 겸손을 가르치는 구체적인 실례로만 다루어서는 안 된다. 물론 그런 뜻도 있다. 그렇지만 그것은 더욱 중요한 가르침인 십자가로 말미암은 것으로, 의도적으로 "그의 영광의 때"에 선택되었다.

V. 설교 개요

제목: "그리스도의 주권."

도입부

한 실례로써 시작한다. 어떤 군대가 힘이 있어도 퇴각할 수 있을 것이다. 어떤 사람이 권세를 가진 위치에서 반대자를 부드럽게 대할 수 있을 것이다. 따라서 여기서 우리 주님은 낮은 데로 오시는데, 이는 그가 그렇게 하지 않으면 안 되었기 때문이 아니라 그가 그렇게 되기를 원하셨기 때문이다. 이것은 우리아 힙(Uriah Heep)의 "겸손"이 아니라 힘을 충분히 보유한 주권이다.

A. 그리스도께서 자신에 대해 아심

(a) 신적인 기원

(b) 신적인 운명

(c) 신적인 능력 — 모든 것을 소유하심: (3절)

(d) 선생과 주(13절)

B. 그리스도께서 사람에 대해 아심

(a) 그는 유다를 알고 계셨다(11, 26절)

(b) 그는 유다에게 허락하셨다(27, 30절)

(c) 그는 유다를 보호하셨다(28절).

(d) 그는 열한 명을 진단하셨다(유다와 마찬가지로! 33절)

(e) 그는 베드로를 끝까지 붙드셨다(38절)

(f) 그는 부인할 것을 예언하셨다(38절)

C. 그리스도의 사람들에 대한 태도

(a) 그는 자기 사람들을 사랑하셨다(1, 34절).

(b) 그는 미래에 대한 계획을 하셨다(7, 19, 35-36절)

(c) 그는 한 장소를 제공하셨다(8절)

D. 그리스도의 사람들에게 베푸신 행동

(a) 그는 겉옷을 벗었다

(b) 그는 스스로 겸비하셨다

(c) 그는 더러움을 제거하셨다

결론

비록 요약된 형태이긴 하지만 A, B, C, D에서 자료가 아주 충분하다. 설교자는 어떤 일정한 설교에서 그가 그 자료를 얼마나 많이 사용할 것인지를 스스로 알아서 결정할 것이다. 그러나 결론으로서 설교자는 요약하고 대비를 뚜렷이 나타낸 뒤에 초청을 해도 좋을 것이다. 그러므로:

이 성육신하신 주권적인 주님은 자신을 알고 계셨고 사람들을 알고 계셨고 그들을 사랑하셨고 그들에 대한 그의 사랑을 한 위대한 행동으로 집약적으로 나타내 보이셨다. 그것은 발을 씻기시는 그의 행동에서 우리에게 나타났다. 발을 씻기시는 것은 그 자체 이상의 의미가 있다. 그것은 우리를 위하여 그의 위대한 집중된 행동인 십자가를 예표하고 십자가의 대요를 "설명한다." 이 성육신하신 주권적인 주님이 그의 겉옷을 벗으셨고 그의 생명을 버리셨다 — 우리를 위하여. 수건을 취하시고 천한 일로 간주되었던 일을 하심으로써 그는 자신을 낮추셨다. 그와 마찬가지로 십자가에서 자신을 낮추셨다. 그는 하늘로부터 땅에 오셨다. 그것은 내려오신 것이었고 큰 걸음이었다(참조. 고후 8:9). 그러나 그는 여전히 더 낮은 데로 가셨다. "시민권"을 포기하심으로써 그는 자발적으로 "권리"가 없는 자가 되셨다. "하나님의 본체"이시던 그가 어떻게 "종의 형상"을 취했는지 빌립보서 2:6-8에서 살펴보라. 그는 결코 종이 아니셨지만 스스로 종과 같이 되셨다: 그는 인간의 권리 없이 견디셨다. 그는 스스로 낮추어 아들로서 죽기까지 복종하셨다. 그러나 더욱더 낮아지신다: 십자가의 그 모든 고통과 수치와 함께 십자가에서 죽으심.

로마 시민의 몸에서뿐만 아니라 로마 시민의 상상력, 눈과 귀에서까지도 십자가의 이름 자체를 멀리해야 한다고 키케로는 말하였다. 우리의 주권적인 주님은 더러움을 제거하셨다. 그리고 십자가에서 그는 그 죄를 처리하셨다. 이것은 루퍼트 브룩(Rupert Brook)의 "더욱 풍성한 먼지"가 아니라 더욱 치명적인 불결이다(참조. 요일 1:7). 하늘과 땅의 주권자이신 주님이 우리를 대신하여 죄를 삼으셨다(참조. 고후 5:21).

그러므로! 요약 뒤에 초청:

(a) 그리스도인들: (i) 창조주와 구주의 은혜가 헌신을 요구한다. 언제 이와 같은 "낮추는" 사랑이 있었던가? 여러분의 서원을 새롭게 하라. 여러분의 서약을 강화하라. 더욱 충심으로 여러분의 충성을 다하라. 여러분의 믿음이 활기차게 되도록 하라. (ii) 그의 모범은 모방을 요구한다: 그분의 성도들의 발을 씻겨라. 서로 사랑하라.

(b) 불신자들: 주권자이신 주께서 여러분에게 새로운 논쟁을 제시하신다. 주로서 그분은 명령하실 수 있다. 십자가에서 고난당하신 분으로서 그는 더욱 장중한 목소리로 명령하실 수 있다. 사랑의 풍부한 어양과 은혜의 강력한 화음으로 그는 여러분에게 회개하고(참조. 행 17:30-31) 그에게로 돌아오라고 부르신다. 그분은 왕이시지만 여러분에게 구원을 넘겨 준다. 불결한 사람이 그 구원을 취할 수 있을까?

요한복음 제14장

도달하는 길이지만 여행하는 길이 아니다

14:6. "예수께서 가라사대 내가 곧 길이요 진리요 생명이니."

I. 역사적 배경

앞에서처럼 장면은 다락방이다.

II. 용어 해설

병치가 인상적이다: 네가 나를 부인하리라(13:38). 너희는 마음에 근심하지 말라(요 14:1). 27절을 참조하라. 우리는 다음과 같이 표현할 수 있다: 하나님과 나를 믿으라(참조. 막 11:22). 혹은 너는 하나님을 믿으니 또 나를 믿으라. 후자의 경우 유대교의 단일신론이 기독교 신앙에 짙게 깔려 있다. 어쨌든 우리는 아버지와 아들의 일체성을 본다(10:30). "거할 곳"은 영구한 "주소"이다(참조. "내 안에 거하라" 15:4). 그 집은 넓고("많도다") 영구하고 예비되어 있고 개인("내게로")의 것이다. 신자들은 지금 "그리스도 안에" 있다(참조. 바울이 이 용어를 사용한 것). 그리고 그와 함께 지금 "하나님 안에" 있다(골 3:3). 하늘은 이것의 복된 연속이자 결실이다(계 14:13). "그렇지 않으면 너희에게 일렀으리라." 그것이 암시하는 것은 다음과 같다: 우리는 가장 좋은 것뿐만 아니라 가장 나쁜 것도 알고 있다(고전 2:9 — "예비하신"; 그리고 10절의 "보이셨으니"). 그가 다시 오실 것이다: 부활로; 오순절에; 재림 때에 — 더 정확히 말하면 마지막 강림 때에! 그 동안 그는 오고 계시며 제자들은 그 "방법"이 아닌 그 길을 알고 있다. 그러나 그들이 알고 있는가(14:1-5)?

우리 주님은 아버지에 대한 그 자신의 길이시다. 그는 직접 아버지께 나아가신다. 우리가 나아가는 것은 말하자면 간접적인 것이다. 그리스도 중보자를 통해서 나아간다. (그러나 10:30을 잊지 말라.) 우리는 길(the Road)이신 그리스도께서 그때에는 뒤에 남게 될 그 길(the road)보다도 더 복된 곳으로 인도하신다는 것을 신중하게 생각해야 한다. 신자는 결코 이 길(the Road)을 떠나서는 안 된다. 그리스도는 진리이시지 거짓말이 아니시다. 절대적인 분이시지 상대적인 분이 아니시다. 신뢰할 만하신 분이시지 믿지 못할 분이 아니시다. 실체이시지 단순히 현상이 아니시다. 그는 생명이시며 생명을 주시는 분이시다. 참된 배타성과 이것의 "불관용"을 주목하라. 아버지께로 가는 다른 길은 없다. 그리스도를 아는 것이 아버지를 아는 것이다(14:6-7).

빌립은 하나님의 현현(顯現)을 원하지만 그들이 늘 그 현현을 보고 있었다는 것을 깨닫지 못하고 있다(14:8-11; 참조. 12:45, 49; 10:25, 38). 신자가 우리 주님보다도 더 큰 일을 할 것이다. 우리 주님께서 그렇게 말씀하시지 않았더라면 우리는 이것을 결코 믿지 못하였을 것이다. 이것은 십자가와 기도의 능력과 성령의 은사 때문에 가능한 것이다. 그 일은 규모에 있어서 훨씬 더 크다. 팔레스타인에 국한되는 것이 아니라 전세계적이다. 또 우리 주님이 사역하시던 시대에 그지는 것이 아니라 시대를 통하여 계속되는 일이다. 그 반응에 있어서도 복음서에 나오는 제자들이 아니라 오순절의 삼천 명(행 2:41)이며 이끌림을 받은 "모든 사람들"이었다(12:32).

보혜사의 표징을 주목하라. 그는 또 다른 대언자이시다(참조. 요일 2:1). 예수님처럼 우리 속에서 고소자 사단에게 응수하신다. 예수님과 같이 그도 참되시다. 그는 하나님의 영원하신 선물이시다. 그는 세상이 영접하지 않았고 알지 못하였고 보지 못하였다. 아버지와 아들 사이에 일체성이 있는 것처럼(10:30) 아들과 성령 사이에도 일체성이 있다: "내가 너희에게 오고 있다." 그리고 성령께서 예수님의 후임자가 아니라 우리와 함께 그리고 우리 안에 임재하시는 것처럼, 예수님의 임재는 아버지의 임재를 뜻한다 (참조. 14:23 — "우리": 14:8-18).

　세상이 아닌 제자들에게 두 가지가 나타날 것이다. 그들은 예수님이 부활하신 뒤에 잠깐 보게 될 것이다(참조. 행 10:41). 이것은 친밀한 사귐의 시작일 것이다(14:19-20). 그리고 사랑으로부터 흘러나오는 순종은 아버지와 아들의 사랑을 입게 될 것이며, 아버지와 아들은 오셔서 그와 같은 제자들과 함께 거처를 잡으실 것이다. ("저와 함께", 14:23. 기독교 신앙은 개인적이다.) 하나님께서 제자를 사랑하시게 되는 그 제자의 그리스도에 대한 사랑도 먼저 사랑하신 하나님의 사랑에 대한 응답이다(3:16). 그리스도를 사랑하지 않는 것은 그와 아버지께 대한 불순종을 의미한다(14:19-24).

　이것은 그가 그들과 맨 처음 "거하시는" 동안 하신 말씀이다(14:25). 그의 재림 동안(참조. 14:16-18: 상기의 내용과 14:23을 잘 살펴보라) 성령께서("그것"이 아닌 "그"이다) 가르치고 상기시킬 것이다 — 이로 인하여 우리의 복음서가 나오게 되었다. 성령께서는 결코 예수님께서 가르치신 것 이상을 가르치시지 않는다는 것을 우리가 반드시 기억해야 한다. 그는 늘 말씀과 연결되어 있고 그의 증거(롬 8:16)도 그 말씀(14:26)과 연결되어 있다. 그리스도의 유산은 화평이다: 하나님과 화평이며 우리 양심과 화평이며 우리 환경과 화평이다. 세상이 어떻게 주는가? 성실치 못하고 무능력하고 딴 목적을 가지고 있다. 그러나 그리스도는 그렇지 않다(참조. 엡 2:14: 갈 5:22: 14:27). 그의 떠나심과 그의 돌아오심으로 그들이 기뻐하게 되고 그들의 믿음이 새롭게 될 것이다(14:28-29). 그의 고난에 대하여 말을 많이 하지 않으실 것이다. 세상의 통치자 사단은 그에게 요구할 권리도 없고 그를 지배할 권력도 없다(14:30). 그는 아버지에 대한 그의 사랑을 세상에 보여주고 아버지께 순종하기 위하여 행하신다(10:18). 그러므로 깨어서(롬 13:11) 이 세상과 구별되게 계속 우리의 길을 가자. 왜 "우리"인가? (참조. 마 26:38, 40 — "나와 함께": 요 14:2-3; 히 6:20; "앞서 가신 예수": 12:2 "주" — "개척자")(14:25-31).

Ⅲ. 교리적 의의

나타나는 교리는 다음과 같다: 하늘; 재림(그것이 개인적인 것을 주목하라: 14:3. 참조. 살전 4:17); 중보; 하나님의 계시와 지식; 구원; 세상에 있는 교회; 성령; "영적인" 종교와 기독교 윤리.

IV. 실천적 목표

여기서 모든 것이 그리스도 안에서 발견되어야 한다는 것을 보여주는 것이 목표가 되어야 한다. 우리는 그를 통해서 뿐만 아니라 그 안에서 아버지를 발견한다. 그리고 성령께서는 예수께 더하시는 것이 아무것도 없다. 예수 안에 모든 것이 충만하다.

V. 설교 개요

제목: **"도달하는 길이지만 여행하는 길이 아니다."**

도입부

어떤 주들에는 내륙의 수로나 강이나 운하가 있다. "숲속"에서 길을 잃고 갈증으로 허덕이는 사람은 수로에 도착하기만 하면 된다. 수로의 어떤 지점이든지 도움이 될 것이다. 그는 효과가 있기 위하여 수로를 여행할 필요가 없다. 일단 강에 도착하기만 하면 그의 갈증은 해소된다. 예수님에게도 이와 같다. 우리가 하나님을 발견하기 위하여 이 길을 어느 정도까지 여행해야 하는 것이 아니다. 우리가 길이신 예수님께 도착하기만 하면 우리는 하나님께 도달하게 된다. 이 길의 특징에 유의하라. 이 길은 다음과 같다.

A. 접근할 수 있는 길

"내"(6:37; 마 11:28). 우리는 때때로 어떤 사람의 "영적 순례"에 대하여 이야기하는데 그것은 이해할 수 있다. 그는 "찾고" 있다. 그는 예를 들면 학문, 문학, 정치, 윤리적 사회 또는 너무 터무니없는 종파나 사교를 통하여 해결해 보려고 한다. 그는 그의 "순례"의 마지막에 그리스도를 발견하기까지 만족을 얻지 못한다. 그러나 이것은 처음부터 끝까지 그리스도를 구할 수 없었다는 것을 말하는 것은 아니다. "말씀이 네게 가까와"(롬 10:6-8). 이용할 수 있는 기록된 말씀이 있다. 전파된 말씀이 있다("교회에 오라"). 때때로 심지어 거리의 자동차들에도 말씀이 광고로 이용되어 붙어 있고 우리 문화 자체가 기독교 상징들로 가득 차 있다("세인트 루이스": "샌프란시스코": "로스앤젤스". "세인트" 혹은 "샌"은 무엇을 말하는가? "앤젤스"는 누구인가? 정지하게 대답한다면 당신은 진리에 가까이 있다.) 살아 계신 그리스도가 멀리 계신 것이 아니다.

B. 실재하는 길

환영이나 신기루가 아니다. (a) 참으로 그 길은 세상에는 보이지 않지만 신자에게는 보이는 길이다(14:19: 히 12:2). 그것이 교회가 논증하기보다는 항상 증거해야 하는 이유이다(히 11:27). (b) 그와 같이 실재하는 길은 폭풍을 만날 수도 있지만 동시에 "근심"이 없다. 1, 27, 29절을 연구하고 "근심"하게 되는 폭풍에서 막아 주는 수단을 유의하라. 믿음과 화평의 유대를 유의하라(참조. 롬 5:3-5).

C. 참된 길

(a) 그 이정표는 믿을 만하다. 그 이정표는 "아버지에게로"라고 되어 있다. 그러나 그 이정표는 우리의 대로에서 "50마일"이라고 표시된 것처럼 그런 것을 덧붙이지 않는다. 실제로 더욱더 가까이 가서 살펴보면 우리는 엑스표가 되어 있는 "으로(to)"라는 단어를 발견한다. 이 이정표는 신자가 가고 있는 "곳"을 가리키는 것이 아니라 신자가 있는 "곳"을 가리킨다. (b) 그곳의 환영은 확실하다 ― 거기에는 "못 들어온다"는 표시가 전혀 없다. 예수님께서 하나님의 은혜로 인도하시는 것이 아니라 그가 하나님의 은혜이다(참조. 1:14, 16-18). (c) 그 길은 우리의 길처럼 고쳐야 할 필요가 없다. 그 길은 시간을 뛰어넘어 계속되지만 신자에게 "즉시 도달"하게 해준다(참조. 14:2-3, 9-11, 20, 23).

D. 생명일 뿐만 아니라 생명을 주는 길

(a) 그 길은 자유의 길이다. 그 길은 포로 수용소로 통하는 아름다운 길이 아니다. 아들은 참으로 자유케 하신다(참조. 8:31-36). (b) 그 길은 거룩한 길이다. 이 길에 있다는 것은 하나님을 위하여 구별된 것이다. (c) 그 길은 구원의 길이다. 그 길은 이런 목적으로 "지어졌다"(눅 5:32). 그 길은 골짜기에 다리를 놓고 산을 뚫고 소택 위로 지나간다. 그 길은 구원을 위하여 만들어졌다. 그 길의 중요한 계획은 그 길이 "막다른" 데 이르지 않게 하는 것이다(참조. 3:17; 5:32-34; 10:10; 12:47).

결론

이 길을 밟아라. 조롱하며 "진리가 무엇이냐"(18:38)고 묻고 "대답을 기다리지지 않았던" 빌라도를 닮지 말라. 이 길에 거하라. "내 안에 거하라." 그는 유일한 길이시다. 그리고 그는 명하신 길이다(행 17:30-31). "나를 통하지 않고는 … "

요한복음 제15장

절대 확실한 피난처

15:4. "내 안에 거하라."

I. 역사적 배경

다시 한 번 더 다락방이 장면이 되고 있다.

II. 용어 해설

참 포도나무는 예수님이지 애굽에서 가나안으로 출애굽하였을 때 옮겨 심겨진 이스라엘 나라가 아니다(참조. 시 80:8). 농부인 아버지가 궁극적인 권위자이시다(참조. 14:28). 열매 맺지 못한 가지는 그가 잘라 버린다(그러나 고전 5:1-5을 참조하라). 열매 맺는 나무는 "깨끗케 되었다" 즉 더 많은 열매 맺기를 기대하는 그에 의해 전지되었다(참조. 히 12:5-6). 제자들은 이미 깨끗케 되었다 — 미리(참조. 요일 1:7). 우리는 그가 말씀인 바 그 말씀에서 그가 말씀하신 그 말씀을 분리해서는 안 된다(1:1; 참조. 6:63; 13:10). "내 안에 영구히 거하고 내가 너희 안에 영구히 거하는 것"으로써 그 적용은 분명하게 되었다. (가지는 포도나무에 붙어 있고 포도나무의 생명은 가지를 통하여 흘러 나온다.)

이것이 어떻게 이루어졌는가? 그에게 오고 그를 믿음으로써 혹은 그에게 우리 자신을 "맡김"으로써: 믿음은 "우리 자신을 그에게 의탁한다"는 것을 뜻한다. 그 말에 대해서는 2:24을 보라. 우리가 어떻게 "그 안에" 머무는가? 기도와 기록된 말씀에 대한 공부와 모든 은혜의 방도로. 이것은 "체험의" 종교이다: "포도나무"는 이스라엘이나 교회가 아니라 예수님이시다. 오직 그 안에 거함으로써 우리는 성품과 거룩과 영혼을 그리스도에 게로 인도하는 열매를 맺을 수 있다. 만일 우리가 그 안에 계속 거하지 않 으면 … : 6절에서 어떻게 사람이 점차 글자 그대로의 "마른" 가지가 되어 서 "불에 던짐을 당하는지" 주목하라(참조. 고전 3:13-15) (15:1-6).

실제로 유력한 기도는 그리스도 안에 거하고 그리스도의 말씀이 그 안 에 거하는 사람으로부터 비롯한다. 그와 같은 사람은 많은 열매를 맺고 거 의 그리스도의 제자가 되고 있는 것이 입증됨으로써 하나님을 영화롭게 한다. "그 안에 거하는 것"은 아버지께서 그를 사랑하신 것처럼 그들을 사 랑하시는 그의 안에 거하는 것이다. 그의 사랑 안에 거하는 것은 그의 안 에 거하는 것을 뜻하며, 그의 사랑을 깨닫는 것이며(참조. 롬 5:5), 그것은 의식적인 노력이 필요하다. 그것은 그의 명령이다. 우리는 제시된 대로 은 혜의 방편(기도, 예배, 성경 공부, 사귐)을 이용하고 그의 명령을 지킴으로 써 그에게 순종해야 한다. 불순종은 우리에 대한 그의 사랑을 파괴시키는 것이 아니라 잠깐일지라도 우리가 그의 사랑을 느끼지 못하게 된다. 비록 그 사랑에 대한 느낌을 회개함으로써 다시 느낄 수 있지만 말이다. 그는 우리의 모범이시다. 그는 완전하신 순종으로 그의 아버지의 사랑을 계속 느끼셨다(15:7-10).

그가 이와같이 말하는 목적은 그들에게 그의 기쁨을 충만히 주기 위함 이다. 이것은 종교에서 따스함이 "감상주의"로 몰려 백안시되는 이러한 냉 혈의 시대에 소중한 증거이다(참조. 14:15-18; 갈 5:22 "희락"). 그의 명령 (지금은 단수이다)은 서로 사랑하라는 것인데(참조. 13:34), 만일 이것이 진실하다면 모든 사람에게 흘러 넘칠 것이다. 그러므로 로마서 13:8-10의 말씀이 있는 것이다. 사랑은 포괄적이다. 사랑은 명령하신 것이라는 것을 주목하라. 기독교 사랑은 단순한 감정 이상이다. 비록 온정이 있는 마음은 전혀 방해를 받지 않지만 사랑은 다양한 환경에서 적용되어야 하는 행동 원리이다(15:11-12).

친구를 위하여 자기 목숨을 버리는 것보다 더 큰 사랑은 없다. "너희가 나의 친구라." 그가 그의 백성을 위하여 자기 목숨을 버리신 사실을 우리가 잊을 수 있겠는가(10:11, 15-18; 13:4; 요일 3:16)? 그리고 그는 우리가 그의 백성이기 전에 그렇게 하셨다: 3:16 ("세상" — 이 세상은 그리스도를 미워한다: 15:18); 로마서 5:8, 10("원수"). 벗으로 사귐에는 양편이 있다. 그는 우리의 친구이다. 만일 우리가 그가 우리에게 명하시는 것을 계속 행한다면 우리는 그의 친구이다. 우리를 종이라고 부르기를 거부하는 우리 주님의 사랑(이것은 은혜이다)과 "그리스도 예수의 종"(롬 1:1)이라고 주장하는 바울의 사랑과 헌신 사이에는 전혀 근본적인 모순이 없다. 그는 "우리를 계속 어둠에 두지" 않으시기 때문에 우리를 친구라고 부르신다. 어떤 진리는 그들이 아직 감당할 수 없지만(16:12) 그들은 감당하게 될 것이다(16:13). 그리스도 안에 있는 계시는 완전하다(히 1:1-2과 여기저기를 참조하라). 제자됨의 기초는 "종교에 대한 타고난 성향"이 아니라 신적인 선택과 그리스도 안에서 성부의 영원한 선택(엡 1:4)과 성부의 영원한 선택을 나타내는 그리스도의 현세적("일시적인" 것이 아니다) 선택이다. 그와 같은 선택에는 특권과 책임이 따른다(15:13-17).

지금 우리 주님은 사도들로 하여금 앞으로 겪게 될 시련에 대비하게 하신다(16:1). 세상은 하나님을 미워하고 하나님을 모르기 때문에 핍박한다. 이제 제자들은 그들의 주인이 겪은 것을 경험하게 된다. 다시 "분열"과 박해하는 것과 말씀을 지키는 것이 있을 것이다(15:20; 참조. 7:43; 9:16; 10:19). 그의 오심은 전혀 죄를 야기한 것이 아니라 죄를 공개적으로 드러내고 그 죄를 다시 논하여 죄책이 있음을 다시 밝혔다(15:22; 9:41; 16:9; 롬 5:12-14). 다시 한 번 아버지와 아들의 일체성을 유의하라(15:23-24). 사람들이 죄의 유일한 처방을 거부하기 때문에 죄가 "새롭게 거론되었다": 병이 더욱 깊어지고 죄책이 늘어났다. 성령과 사도들이 함께 증거하는 것을 유의하라(참조. 행 5:32). 그는 아버지와 아들에게서 보냄을 받았다. 우리 주님도 증거하시되(3:11; 18:37) 그의 영과 그의 교회의 증거로 그렇게 계속 증거하실 때 우리는 그의 마치신 사역(19:30)과 그의 마치지 않으신 사역을 구별해야 한다. 구속은 이루어졌다: 복음 전도는 계속해야 한다.

III. 교리적 의의

여기서 비중 있게 다루어야 하는 교리로는 다음과 같은 것들이 있다: 아버지와 아들의 일체성: 그리스도와 교회. 교회는 그리스도에 의해 사랑을 받고 선택되고 친구가 되고 명령을 받고 그리스도와 연합하고 세상과 구별되었다. 그리스도와 교회의 "유기적" 연합을 생각할 때 그것이 너무 지나치게 생각해서는 안 되는 은유("포도나무와 가지")임을 기억하라. 또 다른 은유들도 있다: 양떼, 성전, 신부. 그리고 우리가 "가지"를 생각할 때 인간의 문제들을 잊어서는 안 될 것이다. 교회는 말씀으로 탄생되었고 말씀은 깨끗케 한다(즉, 속죄와 신자의 생활에서 사랑과 기도와 같은 속죄의 결과). 여기에서 성령에 대한 가르침이 나온다: 하나님의 영, 그리스도의 영, 진리의 영, 증거의 영. 그리스도 안에서 받고, 성령 안에서 계속 받게 된 하나님의 계시를 생각하라. "아버지와 아들로부터" 성령의 "이중 발출"의 교리가 실제로 중요한 것은 무엇인가? 오늘날 복음 전도에서 사람들에게 미치는 성령의 감화는 예수님의 감화이다.

IV. 실천적 목표

"그의 손에" 있는 것과 "그 안에" 거하는 것의 차이를 생각해 보라. 전사는 우리의 감정과 관계 없이 객관적인 사실이며, "그 안에 거하는 깃"은 그가 우리에게 그렇게 하라고 명하시는 것이다. 그러므로 계속 교회 회원으로 있는 것에 반대되는 것으로서 개인을 겨냥하여 그에게 그리스도 안에 거하는 것이 무엇을 의미하는지 보여 주려고 노력하는 것이다. 교회가 관계되었지만 우선권을 바로 이해하자. 그가 그리스도에게 왔는가? 그가 그리스도 안에 거하기 위하여 어떤 노력을 하는가?

V. 설교 개요

제목: "절대 확실한 피난처."

도입부

토론토 시에서 시민들이 공습으로부터 피할 수 있는 장소임을 알 수 있도록 하기 위하여 조그마한 대피호를 건설하였다. 여기 그리스도 안에는 또 다른 종류의 피난처가 있다. 제이 알렉산더 핀들레이(J. Alexander Findlay) 교수가 한 번은 "내 안에 대피하라"고 번역해도 좋을 것이라고 말하였다. 그 말씀에서 이런 찬송을 떠올리게 된다.

> 나를 위해 갈라진 만세 반석,
> 만세 반석 열리니 내가 들어갑니다.

그것은 그의 아들 그리스도 안에서 성부 하나님께서 "주의 낯은 악행하는 자들을 향하시느니라"(벧전 3:12)에 대해 주신 대답이다. (베드로 사도가 인용하고 있는) 시편 34:16의 히브리 전치사를 문법 학자들은 "적의의 베트그"라고 부른다. 그 다음에 신자들의 피난처이신 그리스도는 여러 방식으로 묘사될 수 있다: 그는 다음과 같다:

A. 적절한 장소

(a) "나는 포도나무요 너희는 가지니." 그렇다면 그 가지들이 달리 어디에 있을 수 있겠는가? 또 (b) 잘려 나간 가지들은 절대로 열매를 맺지 못한다. 둘 다 그리스도인이 되는 것이 "자연스러운(natural)" 것임을 암시한다. 이 그리스도인이 "육(natural)"에 속한 사람과 함께 할 일은 아무것도 없다. ("자연스러운(natural)"이라는 이 모호한 단어의 의미를 조사해 보라.)

B. 정화하는 장소

(a) 그리스도 안에는 죄책이 말끔히 씻겨진 최초의 정화가 있다. (b) 거기에는 또한 매일의 정화가 있는데, 그 속에서 (마치 우리가 매일 다시 완전히 회개해야 했던 것처럼) "맨 처음 믿음"에 따른 최초의 정화가 반드시 반복된 것이 아니라 새롭게 되었거나 재확인되었다. 그는 우리의 죄를 영원히 도말하였다. 그렇지만 우리는 여전히 (우리가 마지막으로 깨끗케 된

이래 범한) "우리 죄를 사하여 주옵시며" 하고 기도한다. 이것은 신자들이 끊임없이 그 나라의 안팎에서 실패하고 있다는 것을 의미하지 않는다 (15:2-3).

C. 깊은 사랑의 장소(15:9)

만일 우리가 그 안에 거하지 못할지라도 그는 여전히 우리를 사랑하신다. ("에브라임이여 내가 어찌 너를 놓겠느냐?" — 호 11:8) 우리가 그 안에 거할 때 우리는 그 사랑을 깨닫는다. 개인적인 기도와 성경 공부를 태만히 하고 있는 것이 아닐까 하고 "생각하는" 사람들에게 물어보라. 그와 같은 태만은 종종 소위 "지적인 어려움"에 대한 무관심에 의해 활발한 믿음에서 떨어지는 첫단계이다. 그의 사랑에 관하여 논하기 전에 그의 사랑 안에 거하라.

D. 거대한 시야의 장소(15:7, 16)

삶이 "무단 침해를 당하고 감금당하고 제한받는다"고 누가 불평하는가? 누구든지 공감할 수 있다. 그러나 그들이 이용할 수 있는 것을 이용하고 있는가? 거하라 그리고 구하라. 그 책의 깊이와 사귐의 범위와 기도의 무한한 가능성으로 인하여 그리스도 안에 있는 사람은 "넓은 장소"로 가게 될 것이다.

E. 만족케 하는 기쁨의 장소(15:11)

기쁨은 우리 주님의 우선권의 목록에서 상위에 있다. 기독교 신앙은 그것이 하늘로 가는 유일한 길이기 때문에 참아야 하는 필요악이 아니다. 그리스도에게 온전히 맡기는 것은 그의 기쁨 곧 우리의 가장 풍성한 기쁨으로 나아가는 것이다. 판단 기준의 눈금을 작성하라: 물질(그러나 당신은 초콜릿에 물리게 될 것이다); 사교적 모임(그러나 당신은 사람들 특히 깊이가 없는 사람늘에게 섬차 싫증을 느낄 것이나); 시적 예술적 추구(좀더 지속이 되지만 중심에 인격이 없을지 모른다); 불쾌해지거나 무미건조해지는 것이 없는 기쁨은 그리스도이시다.

F. 완전한 지식의 장소(15:15; 21절과 대조하라)

이것이 함축하고 있는 것을 생각하라. 그것은 시험이 불안하게 다가올 때 학생들이 맥이 빠질 수 있는 것을 뜻하지 않는다. 그것은 우리가 그리스도 안에서 그에 대하여 지금까지 배운 모든 것을 못쓰게 만드는 더 나중의 하나님의 계시가 절대로 없을 것이라는 것을 뜻한다.

G. 선택된 장소(15:16; 참조, 14:2-3)

그것은 당신이 좋아하는 어떤 장소가 아니다. 그의 백성은 그에 의하여 그를 위하여 선택되었다; 그 자신도 선택된 자이다(눅 23:35). 선택된 자와 선택된 자들이 함께 오는데, 선택된 자들은 하나님께서 계획하신 대로 선택된 자 안에 있다. 이것 때문에 그들의 신앙이 확실하게 되고 강한 성품이 될 것이다. (이런 교리는 불신자들을 위한 것이 아니다.)

H. 정선된 장소(구별된 — 15:19)

그리스도 안에 있게 되는 것, 그리스도 안에 거하는 것은 세상 "밖"에 있는 것이며(비록 우리가 세상 "안"에서 매일을 살아야 하지만) 세상에 속한 것이 아니다. 다른 의미에서 세상은 자기 것이 아니라고 말하고 미워한다. 그와 달리 그 안에 있는 것은 그에게 속한 것이며 그가 인정하고 사랑하는 것이다. 선택된 장소!

I. 상쾌한 장소(15:18; 참조, 행 5:41)

박해로 인하여 우리는 우울해지고 분개할 수 있다. 그러나 때때로 복음 전도자들이 그리스도를 위하여 일하면서 겪는 모험과 위험에서 더욱 흥이 날 수 있다. 우리는 그리스도인의 생활의 매일의 "일과"에서 "선교의 전율"을 찾아야 한다.

결론

이러한 점들의 반대를 생각함으로써 요약하고 질문해 보라. 예를 들면:

(a) 당신은 생활에서 나쁜 장소에 있다고 느끼는가?

(b) 당신은 너무 감당하기 힘든 오염의 장소에 있는가?

(c) 당신이 있는 곳에는 사랑이 너무 없는가?

(d) 당신은 궁지에 몰렸는가?

(e) 당신은 불만스러운가?

(f) 당신은 "계속 어둠 가운데" 있다고 느끼는가?

(g) 당신은 "당신이 있는 이 장소를 결코 선택하지 않으려고" 했다고 불평하는가?

(h) 그곳은 더러운가?

(i) 지루하고 재미없는가?

그 다음에 회중에게 "피난하는" 방법과 "피난처에 계속 있는" 방법을 보여주라. 그들을 얻으려고 노력하고 설득하고 주의 이름으로 그들에게 명하라!

요한복음 제16장

영구한 반전(反轉)

16:20, 22 " … 너희 근심이 도리어 기쁨이 되리라 … 너희 기쁨을 빼앗을
자가 없느니라."

Ⅰ. 역사적 배경

다락방.

Ⅱ. 용어 해설

종교의 구실 아래 세상의 미움은 파문하고 죽일 것이다 ― 새로운 희생
이다! 비록 "종교적"이지만 그와 같은 박해자들은 아버지와 아들에 대해
서 무지하다. 그들은 그들의 "때"가 있는데, 그 때를 당하게 되면 제자들은
주님의 말씀을 기억하게 될 것이고 그 "때" 주님께서 떠나시기 전날 그들
에게 말씀하신 것이다. 주님이 제자들과 함께 계신 동안에는 아직 말할 필
요가 없었다. 17:12과 18:8-9을 참조하라(16:1-4).

그는 이제 바야흐로 십자가를 통하여 아버지께로 가시려고 한다 ― 왜
냐하면 그의 때가 이르렀기 때문이다(13:1). 세상의 증오의 거무칙칙한 그
림 때문에 그들의 마음은 슬픔에 빠져 이제 예수님께서 가시는 곳에 대해
서 묻지도 않았다. 물론 그들이 한 번 물은 적은 있었다(13:36; 14:5). 그
는 이제 복음 진리를 덧붙여 말씀하신다: 그는 떠나가시는 것뿐만 아니라
그의 떠나가심으로 그들이 유익하게 될 것이다. 그가 떠나가시면 대언자의
선물이 임하게 될 것이다. 결코 십자가도, 성령도 아니다. 세상은 성령을
보지도 알지도 영접하지도 않지만 성령은 세상의 정체를 드러내실 것이다

(14:17). 세상의 정체를 드러내는 일은 말씀을 전파함으로써 발생하게 될 것이다. (광범한 의미에서 말씀 전파에는 성경 공부반과 개인적인 증거도 포함된다.) 고린도전서 14:24-25을 참조하라. 성령께서 폭로하시는 것의 주제는 죄와 의와 심판일 것이다. 이런 일을 하심으로써 성령께서는 그리스도의 사역을 계속하고 계신다: 죄에 대하여는 15:22(9:41)을 참조하고, 의에 대하여는 5:30과 7:24을 참조하고, 심판에 대하여는 3:18-20과 5:22-30과 8:16과 12:31, 48(16:5-8)을 참조하라.

성령은 죄를 폭로하실 것이다. 성령의 능력으로 말씀이 전파되었을 때 (성령이 없다면 "말씀 전파"는 강연이나 선전에 불과할 것이다) 믿기를 거부하는 자들은 그들 스스로 죄인됨이 드러나게 된다. 하나님의 어린 양이 죄를 제거하신다(1:29): 그들은 죄가 제거된 것을 원치 않는다(참조. 8:21-24). 성령께서 예수님의 의의 문제로써 세상의 정체를 폭로하실 것이다. 예수님은 고통스러운 십자가를 통하여 아버지께로 가려고 하고 계시기 때문에 참으로 의로우시다. 어쩌면 여기서 가장 훌륭한 설명은 누가복음 18:9-14과 비교가 되는 로마서 3:27의 "자랑할 데가 어디뇨?"와 그 문맥이다. 의로운 것은 세상이 아니라 예수님의 십자가에 의해 입증되었듯이 예수님이시다(참조. 행 24:25). 성령께서 심판의 문제로 세상의 정체를 폭로하실 것이다. 그가 올 때까지는 십자가가 그 강력한 사역을 마칠 것이며 (12:31; 14:30), 사람들은 생사(生死)의 선택을 해야 한다. 다시 한 번 우리는 분리 곧 심판을 생각하게 되며 다시 한 번 "분쟁"을 생각하게 된다 (16:9-11).

성령께서 완전히 새로운 것을 가르치는 것이 아니라 예수님이 가르치신 것만 가르치실 것이다. 물론 제자들과 함께 계시는 동안에 예수님은 제자들이 그 모든 것을 다 깨달을 수 없다는 것을 아셨다. 진리(14:17; 15:26)의 영("그것이" 아닌 "그")은 예수님과 같고(14:6) "새로운 것"을 가르치지 않으실 것이며, "자의로 말하지" 않으실 것이다(참조. 5:19, 30; 7:16-18; 12:49; 14:10). 성령은 그들에게 예수님에게서 "들은" 것을 "보고"하거나 "발표"할 것이다: 그것은 모두 아버지의 재산으로서 또한 진리와 본체이신 아들의 재산이기도 하다. 그리하여 그는 예수님을 영화롭게 하실 것이다. 예수님이 "진리"이시라는 사실을 유의하라(14:6). 성령께서는 제자들로 하여금 장래를 대비하게 하신다(16:12-15).

제자들이 성령의 사역이 필요할 것은 분명하다. 그들은 주의 말씀을 깨닫지 못한다(16:16-18). 그는 그들이 그에게 묻고 싶은 것을 인지하였다. 그리고 그는 현저하게 대조하여 묘사하였다: 그들은 울고 슬퍼할 것이나 세상은 기뻐할 것이다. 그러나 진통하는 산모의 (육체적) 고통처럼 그들의 (정신적) 고통은 기쁨으로 변할 것인데(참조. 20:20), 이는 그가 그들을 다시 볼 때 기뻐하게 될 것이고(16:22) 이 기쁨을 그들에게서 빼앗을 자가 없을 것이다(참조. 눅 24:52; 갈 5:22; 살전 4:13; 시 16:11). 이것은 그렇게 되어야 한다(14:28). 그 날에 그들은 그에게 묻지 않을 것이다(참조. 15:15; 16:13). 그러나 아버지께서 그들의 요구를 들어주실 것이다.

응답을 받는 것뿐만 아니라 간구하는 것도 기쁨의 일부인가(16:16-24)? 그 날에는 더 이상 비유나 은밀한 속담이 없을 것이다: 성령을 통하여 말씀하실 때 그는 아주 분명하게 말씀하실 것이다(참조. 롬 8:15-16; 딤전 4:1). 마지막 본문에 나오는 "밝히"는 희랍의 수학자들이 "무리수"에 대립하는 "유리수"에 대해서 사용한 말이다. 성령을 통한 우리 주님의 아버지에 관한 가르침은 이해될 수 있는 말로 되어 있다(16:25). 그 날에 그들은 요청할 것이다 — 예수님이 대언자로서 그의 직분을 부정하고 있는 것이 아니라 15:14-15의 사귐에 아버지를 포함하고 있다(16:26-27).

28절에서 그는 제자들이 인정하듯이(16:29) 그의 성육신과 떠나가심에 관하여 "분명하게" 말씀하신다. 그는 분명하게 밝히는 목적에 대해서 전혀 의심을 받을 필요가 없다. 그들은 이제 그를 믿는다(16:30). 그러나 그들의 믿음은 여전히 보강되어야 할 필요가 있다: 그들은 조만간 그분만 아버지와 함께 있게 내버려두고 뿔뿔이 흩어질 것이다(16:31-32). 사도행전 1:8, 2:46-47과 대조하라(16:25-32).

이와같이 우리 주님은 제자들이 이 세상에서 당하는 고통에도 불구하고 그 안에서 평안을 가질 것이라고 말씀하셨다(참조. 15:18). 그러나: "용기

를 내라!" 그가 세상을 이기셨다. 어떤 점에서? 오늘날 세상은 공격적인
것 같다. 만일 그의 백성이 "그의 손에" 있다면 그리고 그들이 "그 안에
거한다"면 세상은 그들을 해치지 못한다: 그들은 영원히 안전하다. 또 다
른 점에서 그는 원칙적으로 세상을 패배시켰다. 밴팅(Banting)과 토론토
의 유능한 의사들이 합동으로 인슐린을 발견하였을 때 그들이 당장 모든
환자를 치유한 것은 아니었다. 그러나 그들은 이렇게 말할 수 있었다: "우
리는 당뇨병을 정복하였다."

III. 교리적 의의

교리들이 새로운 것은 아니지만 반드시 반복되어야 한다. 인간의 무능
력, 하나님에 대한 무지. 성부; 예수 그리스도: 그의 성육신과 죽으심과 부
활과 중보; 성령: 그의 인격과 사역; 교회와 신자들의 특권: 아들됨, "사
귐", 평안.

IV. 실천적 목표

그의 백성을 위한 그리스도의 사랑을 강조한다. 그리고 그 사랑을 나누
도록 모든 사람을 초청한다. 그의 떠나가심(과 그로 인한) "유익"과 "시온
의 자녀들이 아니고서는 아무도 알지 못하는 견고한 기쁨과 영구적인 보
물"을 보여준다. 사람들의 기쁨이 어디에 있는가? 그것은 지속적인가?

V. 설교 개요

제목: **"영구한 반전**(反轉)**"**

도입부

전혀 즐거움이 없다니? 아무런 감동도 없다고? 한때 모든 노력을 기울
였지만 이제는 만족스러운 것이 아무것도 없다고? 당신을 고통스럽게 만
든 최근의 슬픔은? 전혀 소망이 없다? 슬퍼하며 울고 애통하는 이 사람들
을 보고, 예수 그리스도께서 그들을 위하여 하신 일을 보라. 그는 당신을
위해서도 그 일을 하실 수 있다.

무엇으로 인하여 그들이 영구히 기뻐하게 되었는가?

A. 그의 역사적인 부활.

    (a) 내가 다시 너희를 보니   16:22
    (b) 아무것도 내게 묻지 아니하리라   16:23, 30
    (c) 응답받는 기도   16:23
    (d) 밝히 말함   16:25
    (e) 아버지의 사귐   16:27
    (f) 용서받은 흩어짐   16:32; 20:19-23; 21:15-19
    (g) 확인된 그의 말씀   16:33
    (h) 정복된 세상   16:33; 참조. 16:1-6

이것은 계속되고 재확인되었다.

B. 경험을 가진 영.

    (a) 그들의 말씀 전파를 복되게 함   16:7-11
    — 예수님을 영화롭게 함   16:14
    (b) 그들의 생각을 지도함   16:12-13
    — 진리이신 예수님과 똑같이 안다 14:6; 16:19, 30; 20:24-27
    (c) 미래를 예견함   16:13
    — 예수님이 하신 것처럼   14:29; 16:1-6

사도들에게 유효한 것은 여전히 비슷하게 유효하다. 우리가 단 한번의 역사적인 부활에 대한 증인들인 사도들이 결코 될 수 없다는 것은 분명한 사실이다. 그러나 동일한 주님이 그의 살아 계신 능력으로 그의 백성들의 삶 속에서 동일한 방식에 따라 활동하신다. 따라서 우리는 A와 B를 검토하여 그것들을 적용할 수 있다. (독립된 단락 C와 D에서 우리가 하는 것처럼 할 수도 있다. 그러나 설교자는 A의 (a)에서부터 A의 (h)까지 그리고 B의 (a)에서부터 B의 (c)까지 해나가는 것이 오히려 나을 것이다.)

C. 지금 살아 계신 그리스도.

(a) 만일 우리가 기도를 게을리하거나 다른 죄에 빠질지라도, 그가 우리에게서 영원히 떠나신 것은 아니다. 우리는 여전히 "그를 다시 본다." (b) 우리의 이해력으로는 묻고 싶은 것이 많다. 그러나 근본적으로 신실한 그리스도인의 태도는 신뢰하는 태도이다: "아무것도 묻지 않는다." 우리는 "링컨 씨가 해결책을 알고 있을 것이다. 그와 함께 있으면 안전하다"고 말하는, 당황한 에이브러햄 링컨(Abraham Lincoln)의 충실한 추종자를 떠올릴 수 있다. 그리스도인은 지적으로 고난의 문제에 관하여 관심을 가질 수 있고 대학의 수준에서 복음 전도의 목적에 관하여 관심을 가질 수 있다. 그는 궁극적으로 우리 주님만이 아시는 대답이 있다는 것을 알고 있다. 이것은 위로부터 억누르는 것이 아니라 아래로부터 확신하는 태도이다.

(c) 그 약속은 취소되지 않았다. 기도는 여전히 그의 이름으로 응답된다. (d) 그는 여전히 그의 사랑의 의미를 분명하게 밝히신다. 그의 복음에는 애매함이 전혀 없다. 우리는 실제로 결정을 내리는 일에 있어서 당황할 수 있다. 그는 그의 은혜에 관하여 전혀 의심을 남기지 않으신다. 그의 언행에서 "밝히 말하지" 않은 것이 없다. (e) 그를 앎으로써 우리는 신성의 비밀을 간파하게 되었고 하나님이 우리의 아버지와 친구되심을 알게 되었다. (f) 우리가 그를 잊어버리고 우리 자신의 관심으로 "흩어졌을" 때 그는 우리를 용서하시고 우리를 다시 모으셨다. (g) 그의 말씀은 우리 삶에서 확인되었고 우리가 그의 은혜와 지식 가운데 자랐을 때 우리는 점점 그가 항상 옳다는 것이 드러날 것을 기대하게 되었다. (h) 세상은 조롱하거나 핍박할 것이다. 그러나 스펄전(Spurgeon)이 말한 대로 비록 몸이 물에 빠져 있더라도 그 머리가 물 위에 있으면 무엇이 문제이겠는가? 세상은 그리스도를 해치지 못한다. 그리고 거기에 우리의 승리의 확신이 있다(고전 15:57).

D. 지금 경험이 있는 성령.

(a) 우리가 설교자일 수도 있고 아닐 수도 있다. 그러나 우리는 하나님께서 그의 말씀을 전파하는 것을 공공연하게 복 주시는 것을 즐거워한다.

만일 여러분이 메마른 신학과 공허한 교회 안에서 자랐다면 여러분의 눈은 이 복음 전도의 시대에 힘써 복음을 전하고 복음 전도에 응답하는 거대한 무리에 대해서 눈을 크게 떠서 보고 기뻐해야 할 것이다.

(b) 성령은 여전히 그리스도인의 생각을 지도하고 계신다. (i) 두 세대 전에 교단간의 벽이 높고 엄청났다. 이제 그리스도인들은 서로 이야기한다. 우리 각자에게는 우리가 깨달았던 것보다 더 많은 친구들이 있다. (ii) 복음주의 학문의 르네상스가 있었다. 진리는 불변한 채 남아 있지만 그리스도인들은 그 깊이를 다시 재고 있다. 우리 각자에게는 우리가 깨달았던 것보다 하나님의 계시가 더 많이 있다.

(c) 성령께서 여전히 장래를 예상하신다. 그는 무엇이 오고 있는지 알고 있다. 그러므로 우리는 (i) 하나님께서는 아직도 그의 말씀으로부터 쏟아져 나오는 빛과 진리를 더 많이 가지고 계시다는 것과 (ii) 그의 교회와 개인의 인도가 미래에 대한 충분한 지식에서 비롯된 것임을 알게 되는 기쁨을 누린다. 우리는 참으로 그를 신뢰하지 않으면 안 된다.

요한복음 제17장

예수님과 그의 백성을 거룩하게 하심

17:19. "저희를 위하여 내가 나를 거룩하게 하오니 … ."

I. 역사적 배경

여전히 다락방이 배경이며, 우리 주님께서 제자들에게 하시던 "말씀"을 끝내셨다. 이 장에서 우리는 "예수님이 고난받으시기 전에" 예수님의 대제사장으로서의 기도를 기록하였다.

II. 용어 해설

예수님의 첫 말씀에 유의하라: "아버지." 이것은 비록 "주기도"가 태생이 아니라 은혜로 아들들이 된 사람들을 위한 것이지만 하나님께 말씀드리는 가장 친밀한 형태인 누가복음 11:2을 상기시킨다(참조. 롬 8:15; 갈 4:6; 막 14:36; 눅 18:15-17). "때가 이르렀사오니." 공사역이 끝났다. 우리 주님은 초연하게 공사역을 회고하시면서 그의 현재의 기도와 당면한 과제에 전념하고 계신다. 그는 아버지께서 하나님의 아들이 정말로 하나님의 아들이심(단순히 십자가에 못박힌 사람이 아니고)과 의로우심과 엄위로우시고 전능하심과 그 안에 신격이 있음을 나타내시기를 기도하였다. 그리고 모든 것이 십자가를 경유하는 것을 나타내시기를 기도하였다. 이것은 인간의 가치를 바꾸어 놓는다: 그는 단순히 희생된 사람이 아니고 하나님의 아들이시다. 그는 엄위롭고 경배받으셔야 하는 분이지 조롱을 받으실 분이 아니다. 그는 약함을 나타내지 않는 강한 분이시다. 그리고 그 속에는 하나님이 계신다. 이 모든 것은 아버지께서 그에게 모든 사람을 영원히 다스리는 권세를 주셨다는 사실과 일치한다(참조. 5:27; 마 28:18). 어떻게 아버지께서 이것을 나타내실까? 부활과 승천 혹은 승귀되심으로써(참조. 행 3:13; 벧전 1:21). 그의 기도의 목적은 이와같이 아들이 아버지의 존재와 속성과 위엄과 능력을 알고 계심을 보여주기 위함이다. 영화롭게 하심은 이처럼 상호적이다. 아버지의 권세의 선물을 주신 주된 목적은 아들이 전체로서 취한 이차적인 선물을 형성하는 모든 신자들에게 영생을 줄 수 있도록 하기 위함이다(17:1-2).

무엇이 영생인가? 유일하신(전혀 경쟁자가 없는) 참(전혀 대리자가 없다 ― 우상은 대리 신이다) 하나님과 하나님을 통하여 하나님께서 보내신 이 예수 그리스도를 깊이 아는 것이다. 거기에 참으로 "바랄 수 있고 신뢰할 수 있는 생명"이 있다(참조. 행 16:31). 그러나 신약 성경에서 믿음(고후 10:15)과 은혜와 지식(벧전 3:18) 가운데 자라가라고 말하듯이 여기 본문도 지식 가운데 자라가는 것을 암시한다(17:3).

이미 아버지께 시인한 것처럼(앞에서 말한 것을 보라) 그에게 맡겨진 일을 완수함으로써 그는 아버지를 영화롭게 하였다. 그 단계에서 요구된 모든 것이 성취되었고 십자가의 과업도 틀림없이 성취될 것이다(19:28-30): 말하지 않고 두는 것은 말이 아니며, 감추고 있는 것은 증언이 아니며, 보류된 것은 은혜의 사역이 아니다. 그는 아버지와 함께하는 세상 창조 이전의 영광을 위하여 기도한다(1:1): "십자가의" 길의 마지막에 놓여 있는 승귀를 위하여 기도하신다(17:4-5; 참조. 빌 2:9).

그는 아버지의 이름을 "사람들이 인식하도록" 하셨다. 즉, 그 아버지는 그 자신으로 계시는 분이 아니라 나타나셔서 사람들과 관계를 맺으시는 분이시다. 사도들은 아버지의 소유이며 그의 선물이다(참조. 17:2). 그들은 우리 주님의 구원의 메시지를 받아 간직하였고(참조. 6:68-69) 아버지 안에서 예수님에게 주신 그 선물의 기원에 대해서 그리고 하나님으로부터 오시고 하나님께 보내심을 받은 예수님 자신의 기원에 대해서도 인정하였다(참조. 히 3:1). 믿음과 지식의 결합에 유의하라(17:6-8).

번역: "나는 그들을 위하여 간청하고 있는 것이지 세상을 위하여 간청

하고 있는 것이 아니다." 그는 정규적인 습관을 언급하고 있는 것이 아니라 현재의 활동을 언급하고 있다. 그는 세상을 배척하는 것은 아니지만(참조. 3:16) 제자들에게 관심을 쏟고 있다(그는 누가복음 23:34에서 "세상"을 위하여 기도하였다). 그와 아버지는 제자들에게 똑같은 "관심"을 가지고 계신다(17:9-10; 참조. 갈 1:24).

비록 세상이 그들의 기쁨의 무대(기쁨의 원인은 아니다)이어야 하지만 그들이 세상에 속하지 않기 때문에 그들을 미워하는 세상에 그는 그들을 버려두고 떠나신다(참조. 15:11). 그는 자기가 그들과 함께 있을 동안 지켰던 것처럼 아버지께서 그들을 지켜 주시기를 기도하신다. "이름"은 나타나신 하나님을 뜻한다(참조. 14:7-10; 10:30). 만일 그들이 그리스도 안에 거하면 그들은 그들이 아버지의 손 안에 있다는 것을 알게 될 것이다(10:28-29). 만일 그가 그들을 지켜 주시면, 그들은 의식적으로 그 안에 거하면서 그 유일한 손 안에 있으며 그에 의해 "우리가 하나된 것처럼" 하나가 된다: 제자들의 통일성은 목적에 대한 수단 이상이다. 오직 길잃은 한 사람은 "멸망의 자식"이다. 즉, 그 사람의 운명은 멸망하게 되어 있고 멸망의 길에 있어서 성경을 응하게 한다(17:11-16).

그는 아버지께서 그들을 거룩하게 해주시라고 기도하신다: 그들을 그의 일을 위하여 구별시켜 달라고 기도하신다. 이렇게 하는 수단은 그가 말씀하셨고 영원히 있는(1:1) 진리이며(14:1) 그리고 말씀과 진리이신 그가 세상에서 하나님의 일을 위하여 그들을 구별시키신다. 그리스도인으로서 그들은 다른 그리스도인들이 하는 것처럼 하나님을 섬기게 되어 있다: "성도로 부르심을 입은 모든 자"(롬 1:7); 사도로서 그들은 세상에 속하지 않고 세상에서 복음을 전해야 한다(마 28:18-20; 막 16:15). 그 자신도 똑같이 세상에 보내심을 받음으로써 하나님의 일을 위하여 "구별되셨다": 이제 그는 자신이 희생하시려는 것을 위하여 그들을 대신하여 자신을 구별하신다: 그들이 거룩하게 되어 하나님께 가까이 나아가서(히 12:14; 10:10) 섬기는 일에 적합하게 되도록 하기 위하여(17:17-19) 그는 그 일에 자신을 바치고 계속 아버지께 순종하신다(10:18).

또한 그는 그들의 전파로 말미암아 그를 믿는 믿음을 가지게 되는 사람들을 위해서도 기도하신다: 그들이 신적인 일체성에 어울리는 통일성("합병의 계획"이 아닌)을 가져서 계속 아버지와 아들을 믿고 그 안에서 거하도록 하기 위하여 기도하신다(참조. 10:16; 갈 3:28; 엡 2:14). 그 이상의 목적은 그와 같은 통일성이 세상에 영향을 주도록 하려는 것이다(참조. 16:33). 그리스도 안에 있는 하나님의 임재가 그리스도의 선물에 의해 교회 안에 있는 하나님의 임재가 되고 교회에 완전한 통일을 이루게 하고 세상으로 하여금 아버지께서 그리스도께 위임하신 것과 교회에 대한 그의 사랑을 믿고 알게 할 것이다(17:20-23; 참조. 고전 14:25).

"원하옵나이다": 마음대로 하는 것이 아니라 축도하는 것이다(참조. 5:30; 6:38-40; 14:3). "나의 영광을 저희로 보게 하시기를 … ": 놀라서 입을 떡 벌리도록 하려는 것이 아니라 찬양과 감사로 받고 누리도록 하기 위함이다(17:24). 신자가 계속해서 아는 것이 무엇이며 누구로 말미암으며 그들이 소유하는 것이 무엇인가? 고린도전서 1:21과 대조하라(17:24-26).

III. 교리적 의의

17장에서 생각해야 할 교리들을 표로 만들면 다음과 같다.

하나님: 계시의 하나님: 6, 11-12, 26절;

섭리의 하나님: 11절.

예수님: 인성: 보내심을 받음: 8, 18, 21, 24절; 기도: 1절 이하.

신성: 영원하심: 5, 24절; 영광: 1절 이하; 권세: 2절;

"소유": 10절.

사역: 4절

영생: 영생이 무엇인가 ― 선물: 2절;

어떻게 그것을 얻었는가: 3절.

아버지와 아들의 일체성: 10, 21, 24절.

교회: "전투하는 교회": 14-15절.

교회의 통일성: 11, 21-23절.

교회의 특권: 기쁨: 13, 26절; 영광: 24절;
성경: 12절.
교회의 속성: 20절.
"위치": 21, 24절.

IV. 실천적 목표

거룩이란 "하나님께 구별되는 것"임을 명심하고서 어떻게 이 거룩이 우리 주님을 위한 그리고 주님을 통하여 그의 백성을 위한 "계획"이 되었는지 보여주도록 하라: 만족을 주는 그 위대함과 힘.

V. 설교 개요

제목: "예수님과 그의 백성을 거룩하게 하심."

도입부

신학교 졸업식에서 한 연사가 그의 사역 초기에 한 구멍가게에 들어갔을 때 그 주인이 무엇을 슬며시 감추는 것을 보았다고 말하였다. 자연히 호기심이 생겨서 그 주인에게 뭔지 좀 보여 달라고 계속 졸랐더니 얼굴을 붉히면서 그것을 보여주는데 다름 아닌 자기 사진이더라는 것이었다. 그의 말인즉 이러했다: "저는 계산대 위에 이 목사님 사진을 놓고서 제가 손님에게 거스름돈을 속이거나 다른 속임수를 쓰고 싶은 생각이 날 때마다 보는데 그러면 마음을 고쳐 먹게 됩니다." 그 다음에 졸업반 학생들에게 이렇게 말하였다: "그들을 위하여 저는 저 자신을 거룩하게 합니다." 목사(와 전체 교회)의 의무는 우리 주님에게 그 원형이 있다.

예수님은 그의 백성을 위하여 자신을 거룩하게 하셨다. 이것은 영원함에 그 기원을 두고 있다. 설교자는 다음을 지켜야 할 것이다:

A. 예수님을 거룩하게 하심.

(a) 그 거룩은 영원한 속성으로 계시되었다. 그는 아버지의 사랑을 받으셨고(17:24) 그는 아버지를 아신다(17:25). 아버지는 그를 영화롭게 하셨

다(17:5, 24). 그는 완전하게 신적인 "소유"를 공유하셨다(17:10). 그는 권세를 받으셨다(17:2). 여기서 우리는 사람의 말로써 지극히 거룩하신 분이신 하나님과 예수님의 하나되심을 설명한다.

그러나 우리 주님에게 (b) 거룩은 하나님의 일에서 수행되어야 하는 이 세상의 계획이기도 하였다. 그것은 참으로 "그들을 위한" 것이었지만 그럼에도 불구하고 하나님의 일을 위한 것이었다. 이리하여 그는 "보냄"을 받되(17:8, 18, 21, 23, 25) 아버지에게서 보냄을 받았다. 그가 영원한 속성으로 가지고 있었던 거룩은 이제 그 앞에 성취해야 할 목표로 설정되었다. 그리고 이 세상에서의 제한과 반대와 유혹에서 그는 그 거룩을 이루었다. 이처럼 그는 결코 의무에서 면제되지 않았다(17:4). 그는 그의 권세를 행사하실 때 십자가를 택하셨고(10:18) 예정 시간에 그는 준비가 되어 있었다(17:1). 큰 괴로움에 직면하였을 때에도 그는 여전히 그의 백성을 생각하고 그들을 위하여 기도할 수 있었다(17:9). 그는 그들을 아버지께서 지켜 주시기를 부탁하였다. 그 자신은 그들을 자신의 사역 동안에 지켰다(17:11-12). 그들을 위하여 그는 진정으로 자신을 거룩하게 하였다.

아버지의 목적을 반영하는 그의 목적은 그의 백성들을 거룩하게 하는 것이며 그렇게 함으로써 그들이 하나님께 가까이 나아갈 수 있고 "하나님을 영화롭게 하고 그를 영원토록 즐길" 수 있게 하였다. 그러므로 우리는 받는 쪽을 바라보지 않으면 안 된다.

B. 그의 백성을 거룩하게 하심.

이것에는 두 가지 측면이 있다. (a) 무엇보다도 그들은 그들의 구원의 목적을 위해 거룩하게 되어야 한다. 이 거룩의 원천은 하나님의 사랑이다. 그의 백성을 위한 아버지의 사랑이 예수님에게서 나타난다(17:23, 26). 그들은 아들에게 하나님의 선물인데(17:2, 6), 이 아들은 그들에게 하나님의 선물로서 영생을 가지신 분이다. 그는 그들에게 말씀을 주셨고(17:6, 8, 14, 25-26) 이것은 영생을 의미한다(17:2-3). 그와 같은 영생 안에는 기쁨(17:13), 그의 기쁨, 세상의 "사회 공동체"의 연합을 초월하는 통일성이 있

다: 그 통일성은 아버지와 아들의 일체성과 같은 신적 질서를 따른 통일성이다(17:11, 21-23). 그들이 아들의 "다스림"을 받아야 하는 것은 적절하다(17:2). 설교자는 그들에게 주신 그 말씀이 "십자가의 말씀"이라는 바울의 말에 요약되었다는 것을 분명히 해야 한다. 부활과 오순절 뒤에 점차적으로 그들은 그 말씀, 그 십자가가 그들을 거룩하게 함에 있어서 무슨 의미가 있었는지를 깨달았을 것이다.

(b) 구원을 위해 거룩하게 된(바울은 "의롭다 하심을 받은"이라는 말을 쓰곤 하였다) 그들은 이제 일을 위하여 거룩하게 되어야 할 필요가 있다. 그리스도는 그들을 위하여 기도하시고(17:9) 사도들의 말씀 전파로 믿음을 가지게 될 다른 신자들을 위해서도 기도하신다(17:20). 그들을 위해 기도해 주시는 것뿐만 아니라 도덕적으로 영적으로 위험한 곳에 있음에도 불구하고(17:15) 그들을 보전해 주신다(17:11). 그들은 사명을 받았으며, 우리 주님은 너무 겸손하신 나머지 그 자신과 그의 제자들을 대비하신다. 아버지께서 아들을 보내신 것처럼 또한 아들이 제자들을 보내셨다(17:18, 20). 그리고 그는 그들을 믿으신다: 그는 사람들이 그들의 말을 통하여 믿을 것이고 그들이 전파할 것이라는 것을 확신하신다. 게다가 그들은 그가 계신 그곳에 그와 함께 "있게" 되었다(17:24). 이것은 그들에게 영광임에 틀림없으며 영광이다(17:22).

그러므로 그들은 자신들을 위한 기도를 받았고 보전되었고 사명을 받았고 신뢰를 받았고 "함께 있게 되었고" "영화롭게 되었다." 어떻게 그리스도인들이 교회에서 승객일 수 있는가? 더러는 정말 연약하여(롬 15:10) 필연적으로 승객들이다. 그러나 그와 같은 역사는 반드시 튼튼한 신자가 되도록 가르쳐야 한다.

결론

우리 주님의 거룩은 그의 속성이자 그의 성취이다. 이것에도 불구하고 그것이 그에게는 "용이한" 일이었다고 우리가 말해서는 안 될 것이다. 은혜의 길은 그의 십자가로 이어져 있었고 우리는 그의 채무자들이다.

그의 백성의 거룩은 그의 선물이며 우리는 사람들에게 그들이 얼마나 값비싼 것을 받았는지 물어 보아야 할 것이다. 더욱이 어떤 점에서는 그 거룩이 일을 위한 거룩인 한에서는 성취라고 불러도 될 것이다. 그리스도의 선물 없이는 우리가 절대로 거룩해질 수 없다; 우리의 충성스러운 노력 없이는 우리가 절대로 거룩해지지 않을 것이다. 당신의 종교가 당신의 스포츠나 당신의 정치만큼이나 진지한 문제인가? 만일 그런 적이 한 빈도 없었다면 그 선물을 받고 시작하라. 그 다음에 ― "나를 따르라."

요한복음 제18장

혼합되고 정해진 잔

18:11. " … 아버지께서 주신 잔을 내가 마시지 아니하겠느냐?"

I. 역사적 배경

우리 주님이 다락방을 떠나(18:1) 동산으로 가셔서, 거기서 붙잡히신 뒤에 안나스에게로 끌려가신다(18:12-13). 안나스에게서 가야바에게로 끌려가셨다가(18:24) 총독의 관정으로 끌려가셨다(28:28). 요한이 "장면을 바꾸는" 솜씨를 주의해서 보라(18:15, 19, 25, 28).

II. 용어 해설

기도 뒤에 싸움이 있다. "군대"(코호르트)는 로마 군병을 암시한다; "하속"은 틀림없이 성전 경찰이다. 비록 그 말이 경멸적인 의미로 사용되었지만 말이다. "세상"이 공세를 취하는 것 같지만 실제 주도권은 예수님에게 있다. 예수님은 "나가시고"(18:1), "다 아시고" 물으시고(18:4) 명하신다(18:8; 참조. 17:12; 6:39). "훌륭한 목자"는 스코틀랜드 사람들이 "보니 패처(bonnie fechter)라고 부르곤 하던 것이다(참조. 10:14-15). 등과 홰(18:3)와 유월절 보름달로는 하나님의 말씀이신 세상의 빛(8:12)에 빛을 더할 수도 희미하게 할 수도 없다(1:5, 9; 18:1-9).

베드로는 그의 주님보다 "더욱 많이 아는 것" 같고 스스로 더 지혜롭다고 생각하는 사람이지만 무모할 뿐이다. 그는 "그의 길을 가야"만 했다(18:8; 참조. 막 8:32-33; 행 10:14). 그 역시 실수하는 사람인가? 오른손에 칼을 들고 똑바로 내리쳐서 오른쪽 귀를 자르는 것을 상상해 보라. 오직 의사 누가만이 귀를 치료한 사실을 기록하고 있다(눅 22:51). 그것은 요구받지 않은 몇몇 기적들 중의 하나이다(참조. 눅 13:12). 성육신과 구속의 모든 계획된 사건은 "요구받지 않은 것"이었다. 심지어 여기서도 예수님은 여전히 명령하신다(18:11; 참조. 10:18; 18:10-11).

예수님은 체포되어 가야바의 장인 안나스에게로 끌려가셨다(참조. 11:49-53). 요한은 가야바의 "예언"에 담긴 훨씬 더 깊은 의미를 암시한다. 그 "편의주의"에서 누가 이득을 얻을까?(18:12-14). 베드로와 "또 다른 제자 하나가" 예수님을 따라간다. 한 제자는 안면이 있는 관계로 예수님과 함께 들어가기를 허락받고 또 다른 제자 베드로도 나중에 들어가는 것을 허락받는다. 문지기 여종이 비록 베드로에게 대답을 기대한 것은 아니지만 베드로로 하여금 대답할 말을 찾게 하는 질문을 한다: "너도 이 사람의 제자 중 하나가 아니냐?" 유혹은 우리로 하여금 대답할 말을 찾게 한다. 여종은 다음과 같이 물을 수도 있었을 것이다: "너도 제자이지?" 이것은 훨씬 덜 함정에 빠뜨리는 물음일 것이다. 그러나 베드로는 함정에 빠졌고 세상의 한 패가 되어 자신의 몸을 따스하게 하였다(18:12-18).

예수님은 심문을 받으시는 동안 그를 심문하는 자들에게 그의 말씀을 들은 자들에게 물어보라고 하신다. 그는 회당과 성전에서 세상을 향하여 공공연하게 가르치셨다! 그렇게 하심은 그를 미워한 자들에게 시사하는 바가 있다(7:7; 15:18). 현재의 종교에 대한 판정을 내리시는 것이다: 그리고 보편적인 복음을 시사하는 것이다(3:16). 사실에 대한 호소를 폭력으로 대답하였다. 이것은 나쁜 논증이다. 여기서 경멸하여 손으로 쳤는데, 이것은 여종이 말로써 보여 주었던 것을 행동으로 보여 주는 것이다. 어떤 사람들은 결코 만족하지 않을 것이다(참조. 8:13; 마 11:16-19; 눅 7:31-35). 우리 주님의 요구(18:23)는 묵살되었다: 안나스는 예수님을 가야바에게로 보냈다. 그리고 베드로는 남아서 불을 쬐고 있었다 — 보통은 악의 없는 행동이지만 그렇게 남아 있음으로 해서 공격의 대상이 되었다(참조. 히 12:1 "무거운 것"). 여러분의 동료들과 그들의 억측을 주시하라: "네가 제자가 아니냐?" 베드로는 기회를 한 번 더 얻었다: "네가 그 사람과 함께 동산에 있던 것을 내가 보지 아니하였느냐?" 그 질문은 "그렇다. 네가 나를 보았다"는 대답을 기대하는 것이다. 그러나 베드로가 그 대답을 하기에는 너무 늦었다. 처음 단계가 아래로 향하는 것을 주시하라! 새벽을 알리는 닭의 울음소리가 그 죄인에게 그가 그 자신의 밤을 만들었다는 것을 깨닫게 한다(18:19-27).

예수님은 가야바에게서 총독의 "관정"으로 끌려가셨다. 부정을 피하기 위하여 유대인들은 들어가지 않았다(참조. 출 12:15-20). 야고보서 1:27의 정결한 의식에 대한 묘사와 대조하라. 동유럽을 여행한 한 사람이 어떤 난폭한 사람들이 사순절에 고기를 먹는 것을 광신적으로 거부하면서도 여러분의 돈주머니를 빼앗기 위해서는 서슴없이 여러분의 목을 벤다는 이야기를 들려 주었다. 실체가 없는 의식을 경계하라. 그들은 예수님에 대한 고소를 상술하지 않고 그들이 처벌할 권이 없다고 하면서 그들 스스로 예수님을 심판하기를 거부한다. 돌로 치게 되면 로마의 십자가에 못박는 것처럼(18:28-32) 들려야 하리라는 주님의 말씀(12:32-33)이 성취되지 않았을 것이다.

관정에서 빌라도는 다음과 같이 묻는다: "네가 유대인의 왕이냐?" 이 말은 빌라도 자신의 통찰인가 아니면 보고인가? 이것은 어떤 의미에서 "왕"이 사용되었다는 것을 보여 줄 것이다. 그것은 통찰이 아니다. 빌라도는 이런 문제를 이해할 수 있는 유대인이 전혀 아니다. 그것은 예수님을 빌라도에게 넘겨 주는 실무 보고이다. 예수님은 무엇을 하셨는가? 그것은 이 세상에 근원을 둔 왕권이 아니다. 만일 그랬다면 베드로는 책망을 받지 않고(18:11) 칭찬을 받았을 것이다. "그러면 네가 왕이 아니냐?" 하고 빌라도는 묻는다. 우리 주님은 조심스럽게 그 칭호를 부인하지 않으시고 그 칭호의 뜻을 밝히신다: 그는 이 세상 밖에서 진리를 증거하기 위하여 오셨다(참조. 14:6). 왜 빌라도는 — 다른 사람들과 함께 — 그의 음성을 "듣지" 않는가?(참조. 10:3). 무엇이 "진리"인가? 빌라도는 로마의 실용주의자로서 철학이라고 생각되는 것에는 그다지 관심이 없었다. (고대의 위대한 기술자인 로마 사람들이 헛된 것은 아니었다. 철학자들은 바로 그리스인들이었다.) 자기 앞에 진리가 서 계신다는 것을 그가 깨닫기만 하면 좋았을 텐데! (18:33-38). 빌라도는 기다리고 있는 유대인, 부정하게 되지 않은 유대인에게로 나갔다! 그동안 그들은 무슨 대화를 나누고 있었을까? (참조. 막 7:20:23). 그는 아무 잘못도 찾지 못하고 아마 유대인의 생각을 "간파하고" 있을 것이다. 그러나 그는 결코 헌신적인 그리스도인도 아니고 강한 성격의 소유자도 아니다. 그가 무죄한 자("아무 죄도 없는 자")를 놓아 주었어야 했을 때에 그는 유대인의 왕을 놓아 주어야 하지 않겠느냐고 묻는다. "더럽힘을 받지 아니한" 자들이 강도 바라바를 놓아 달라고 소리질렀다.

III. 교리적 의의

육신이 되신 말씀의 인성과 역사성을 주의하라. 그는 명하고 계시지만 붙잡히시고 묶이셨다. 하나님의 주권이 인간의 자유와 서로 얽혀 있다. 그 자유는 도덕적 책임을 충분히 확보할 수 있는 자유이다. 이것은 8:32-34과 모순되지 않는다. 죽음을 향한 자발적인 움직임, 그리고 죽음 그 자체는 "우리를 위한" 것이었다: 속죄. "세상"과 유혹의 교묘함의 개념을 자세히 살펴보라. 그리고 자족의 불충분과 회개의 예증된 필요를 관찰하라(3:3). 마지막으로 참된 그리스도의 나라를 관찰하라.

IV. 실천적 목표

다음의 사실을 분명하게 드러내도록 하라.
  a. 우리 주님은 어쩔 수 없이 죽게 되신 것이 아니었다.
  b. 그는 자살하신 것이 아니었다.
  c. 그는 아버지의 자애로운 뜻을 즐거이(히 12:2) 순종하셔서 인간의 파멸적인 세력에게 순순히 굴복하셨다.
  d. 그는 우리의 사랑을 위하여 그렇게 하셨다.

V. 설교 개요

제목: "혼합되고 정해진 잔."

도입부

늘 블랙 커피를 마셔? 설탕 없이? 그 다음에 "쓰지?" 하고 물어 본다. 그 다음에 백만 배로 그 쓴 맛을 증대시켜 갈보리가 우리 주님에게 어떤 의 미였던가를 설명하라: 선택되었고 남김없이 다 마셔야 하는 쓴 맛.

A. 그 잔 속에 있는 혼합물.

a. 유다는 적의를 가지고 관찰하였다(18:2) — 고의적인 악이다. 유다가 처음부터 악한 계획을 했다고 말할 수 없지만 그가 우리 주님의 습관과 움직임을 관찰하여 그것을 기억하였던 것은 분명하다. 그 다음에 그는 세력을 모았다(18:3); 즉, 그는 악에서 도움을 찾았다. 아마 그는 충돌을 두려워하였던 것 같다. 베드로가 검을 뽑아 들고 한 행동은 이런 것을 확증해 준다고 할 수 있다(18:10). 어쩌면 그는 가능한 대로 책임을 전가하고 싶었을 것이다. 그의 악과의 관련은 여전히 존속한다. 왜냐하면 그가 원수와 함께 서 있었기 때문이다(18:5). 그는 악을 부끄러워하지 않았다. 이 사람은 용서받을 수 없는 죄에 대해서 어떤 태도를 취하는가?(막 3:29). 부끄러움 때문에 살짝 가버렸어야 할 것인데 그는 숨지 않고 그대로 있었다 — 그리고 "제 곳으로" 갔다(행 1:25).

b. 가야바는 악을 냉소적으로 조언하였다(18:14). 그의 목적은 정치적인 기대였으나 그것은 나쁜 정책이었고 더욱 나쁜 종교였다.

c. 안나스는 사실과 도리와 대화를 단념하였다. 그는 악을 범하도록 하기 위하여 폭력의 경멸적인 사용을 묵인하였다(18:22-23). 악이 때때로 "무심결"에 하는 것처럼 보이기도 하겠지만 여기서는 의도적으로 눈을 감고 들으려고도 하지 않는다. 참으로 그는 악에서 동무를 찾는다(18:24).

d. "유대인"은 의식에 관한 율법을 지켰지만 그들의 종교를 악한 것으로 만들었다(18:28). 만일 마음에 적대감을 버리지 않고 가지고 있다면 악수하는 것(이것은 의식이다)은 아무런 의미가 없다.

e. 빌라도는 유대인을 "꿰뚫어 보았지만" 예수님의 말씀을 "듣지"는 못

하였다(18:37) 그리고 그는 약하여서 스스로 악의 도구 노릇을 하였다(18:38:40).

B. 그 잔을 주는 자.

그 잔은 사람들에 의해 혼합된 것이 분명하며 그 내용물은 사람의 악한 계획과 행동이었다. 왜 우리 주님은 그 잔을 마셨는가? 본문에서는 아버지께서 아들이 그 잔을 마시도록 주셨다는 것을 보여 준다. 이 잔이 이미 그의 손에 있었다는 것을 주의하라. "아버지께서 주신 잔"(완료 시제)은 "내가 지금 들고 있는 잔"(현재 시제)이라는 의미이다. 이 엄숙한 사실에 비추어 하나님의 속성을 분명하게 하는 것이 중요하다.

(a) 아들에게 이 잔을 주신 분은 아들을 사랑하신 분이시다(이것을 주목하라). 3:35과 10:17과 15:9와 17:23-26을 참조하라. 아들 또한 아버지를 사랑하셨다(14:31).

(b) 또 아버지께서 그 제자들을 사랑하신 것을 주목하라(17:23). 잔을 주는 것에는 틀림없이 어떤 동기가 있다.

(c) 아버지께서는 또한 세상을 사랑하셨다(3:16). 교인들의 관심을 사로잡기 위하여 설교자는 다시 한 번 동기의 문제를 제기할 수 있다.

(d) 이 모든 것에서 아버지는 어둠이 아니시고 빛이시다. 그리고 아버지는 예수님과 같으시다(14:9).

C. 그 잔을 마시는 자.

이 분은 하나님의 아들이요 하나님의 말씀이신 예수님이시다. (a) 그는 임무를 맡으셔서(18:37) 그 임무에 헌신하셨다: 그는 전혀 싸우려고 하지 않으신다(18:36). 이분은 그 나라를 잃으실 것이다(참조. 마 4:8-10). 어쨌든 이 세상은 지나갈 것이다(요일 2:17). (b) 말씀과 행동의 이 계시에 하나님의 말씀이신 예수님이 또한 하나님의 어린양이시라는 사실이 있다(1:29, 36). 이것은 칭호일 뿐만 아니라 해야 할 임무이기도 하다. 또 (c) 그는 자신의 사람들을 돌보셨고(18:8-9) 그리고 참으로 모든 사람을 사랑하시는데, 이는 그가 세상 죄를 지셨기 때문이다(1:29). 그는 하나님의 사랑을 구현하신다(롬 5:8; 8:39).

결론

이처럼 아버지는 아들을 사랑하시고, 그리고 그 아들을 보내셨다. 아들은 아버지를 사랑하시고, 그리고 그 아들은 오셨다. 아버지는 길잃은 사람들의 세상을 사랑하시고, 그리고 그들을 구원할 길을 모색하셨다. 아버지와 하나이신 아들은 그 앞에 놓인 즐거움을 위하여 오셔서 순종하셨고 그들을 구속하셨다. 사람들은 그 잔을 혼합하였다. 아버지께서 그 잔을 제공하셨고, 아들은 그 잔을 마셨다. 이것은 친구를 위한 것이 아니라 원수를 위한 신적인 사랑이었다. 선한 사람들을 위한 것이 아니라 경건치 못한 사람들을 위한 것이었다. 이런 사랑이 지금까지 있었던가?

요한복음 제19장

그리스도의 완성된 사역과 미완성된 사역

19:30. "다 이루었다."

I. 역사적 배경

이 장에서 수난의 이야기가 마무리된다. 무대는 계속 관정에 집중되어 있다가 골고다(19:17)와 무덤으로(19:38-42) 옮겨 간다.

II. 용어 해설

무죄한 사람에게(18:38) 채찍질을 하는 것은 엄청난 불법이었다: 빌라도의 우유부단함의 표시이다. 면류관과 자색 옷은 절하는 것과 마찬가지로 조롱이 어우러진 왕권을 표시한다. 그러나 그들은 경의를 표하는 대신 손바닥으로 때렸다. (자색 옷은 로마인의 낡은 관복이었는가?) 요한은 예수님의 참된 왕권을 본다. 빌라도는 그의 무죄를 주장하고(19:4) 그의 "이 사람을 데리고 너희에게 나오나니"는 "예수님이 이끌려 나오시는" 것이 아니라 "예수님이 나오시는" 것이 된다: 여전히 예수님이 왕으로서 차려입으시고 지배하신다. "보라 이 사람이로다"는 다음을 말한다:

a. 가련한 친구: 왕이라구?!

b. 참 사람(참조. 1:14; 8:46).

c. 옷을 기억하라 — 그는 실제로 왕이다.

d. 그의 기원을 기억하라(참조. 19:9).

요한은 이 모든 것을 마음에 간직할 것이다(19:1-5).

대제사장들의 고함소리는 성직자들로서 바람직한 행동이었는가? 빌라도는 책임을 전가하려고 애쓰며, 그들은 레위기 24:16을 넌지시 암시한다. (그들의 고소를 주목하고 5:18과 10:33을 참조하라.) 그는 자신을 하나님의 아들로 "만들지" 않았다. 그러나 그는 "사람이 되었다." 빌라도는 정치적 혹은 미신적인 이유로 놀라서 예수님께 그의 기원에 관하여 묻는다. 아무 대답도 듣지 못한다. 18:38과 대조하라. 이것은 "제왕의 침묵"으로 불리었다. 베를린의 근처 엘리베이터에서 독일 황제를 보고 그에게 말을 걸었던 예일 대학교의 한 영어 교수의 이야기를 참조하라. 그러나 그 엘리베이터는 침묵 가운데 올라가기만 할 뿐이었다!

빌라도는 놀라서 그의 권세("권능"은 아니다)를 엄숙하게 내세운다. 이 권세는 예수님께서 하나님께 돌리신 것이다(참조. 롬 13:1). 빌라도는 책임이 있지만 여전히 어떤 점에서 하나님의 대리인이다. "나를 넘겨 준 자"에 의해 더 큰 죄가 범해졌다. 이 동사는 18:2과 그 밖에서 유다에게 사용되었다. 그리고 18:30, 35에서 유대인에게 사용되었다. 단수형은 대제사장을 암시한다. 유다만이 간접적으로 우리 주님을 빌라도에게 넘겨 주었다. 그러나 두 사람 다 그 책임이 있다. 빌라도는 예수님을 풀어 줄 궁리를 하지만 가이사를 "반역하는 것"을 두려워한다(19:12; 19:6-12).

심판석에 누가 앉았는가? 그 동사는 빌라도가 (예수님을) 그 자리에 앉혔다는 것을 의미할 수도 있다(참조. 1:20); 혹은 빌라도가 그 자리에 앉았다는 것을 의미할 수도 있다. 두 의미 다 뜻이 잘 통한다. 누가 실제로 그 자리에 앉았는가? 만일 빌라도가 앉았다면 그것은 위임받은 권세이다(참조. 19:11): 예수님이 주님이시다: 만일 예수님이시라면, 그 조롱은 빌라도가 꿈꾸었던 것보다 진리에 더욱 가깝다: "보라 너희 왕이로다"라고 할 때와 꼭 마찬가지로. 빌라도는 여전히 주저하는데(19:15) 유대인들은 가이사를 그들의 유일한 왕이라고 주장한다 — 그들의 최후의 배교이다(참조. 삿 8:23; 삼상 8:7; 막 12:17). 빌라도는 돌이켜서 예수님을 십자가에 넘겨주고 그렇게 함으로써 유대인의 죄책에 가담하게 된다: 로마를 포함한 온 세상이 하나님께 책임이 있다(롬 3:19). 로마서 9-11장도 기억하면 좋을 것이다(19:13-16).

유약한 관리가 광신자들의 뜻에 꺾여 십자가에 못박는 두려운 일이 일어나게 된다. 비록 유대인들은 가이사 외에는 왕이 전혀 없다고 했지만 십자가에 "패(title)"를 그대로 남겨 두는 것으로써 그가 당한 것에 대한 설욕의 기회로 삼는다. 우리는 여기서 압도적인 섭리를 보게 된다. "패"란 말은 그리스도와 그의 십자가가 구약 성경 계시의 완성이자 그리스인의 지적 추구이자 로마인의 실용성과 능률성이라는 것을 암시한다. 십자가에는 사람들에게 보이지 않는 또 다른 "패(title)"가 있었다(참조. 골 2:14). 우리 주님께서 자신의 십자가를 지고 가시는 것(19:7)과 우리의 십자가를 지고 가시는 것과 우리가 분명히 주님의 십자가가 아닌 우리의 십자가를 지고 가는 것(눅 14:27)의 차이를 생각하라(19:17-22).

군인들은 자기들도 모르는 사이에 시편 22:18을 이루고 있다. 십자가에 둘러선 무리들은 세 마디로 요약되었다: 동정; 혐오; 냉담. 이런 말들은 누구를 묘사할까? (심지어 마지막까지) 자기 사람들을 사랑하신 예수님의 사랑을 주목하라(19:26-27).

유월절 주제를 주의하라. 우슬초에 대해서는 출애굽기 12:22을 참조하라. 문에 대해서는 요한복음 10:7과 19:14, 36을, 하나님의 어린양에 대해서는 1:29, 36과 히브리서 9:19을 참조하라. 모든 것이 다 "이루어졌을" 때(19:30) 예수님은 "그의 마지막 숨을 거두신 것"이 아니고 그의 영혼이 돌아가셨다: 그는 여전히 명령하고 계신다(참조. 눅 23:46); (19:28-30).

"예수와 함께 십자가에 못박힌" 자를 주목하고(19:32) "그와 함께 십자가에 못박혔던" 두 사람을 생각해 보라(19:18). 그런 다음 어떤 점에서 바울이 "그리스도와 함께 십자가에 못박혔다"고 말할 수 있었는지 생각해 보라(갈 2:19). 어떤 의미에서 하나님의 자비에 의해 우리가 그와 함께 십자가에 못박힌 것이 아니었다. 요한복음과 서신서들에서 물과 피가 나온 곳은 어디인가? (19:34). 다음에 대해서 생각하라.

  a. 목격자의 정체(그는 보았던 사람이다)

  b. 강조적인 "그"의 정체("그는 알고 있다")

  c. 증거의 본질

   d. 증거의 목적(참조. 출 12:46; 민 9:12; 시 34:20; 슥 12:10)(19:31
      -37)

   많은 향료는 그 장례가 제왕다운 규모에 적절하다는 것을 보여 준다. 그
것은 또한 다음의 부활을 위해 필요함을 보여준다. 왜냐하면 부활을 제쳐
놓고 우리는 헌신과 복음이 없는 종교의 제자가 되기 때문이다. 역사의 예
수를 기억하는 것에 너무 매달린 나머지 경험의 그리스도를 잊어버리지
않도록 조심하라. 에덴 동산과 비교하고 대조하는 것은 있음직한 것이다.
환경은 아담에게 도움을 주지도 못하였고 예수님을 방해하지도 못하였다
(19:38-42).

III. 교리적 의의

   우리는 이미 왕권과 완전한 인성과 우리 주님의 신성의 교리를 잘 알고
있다. 유월절 테마는 우리에게 구약 성경이 신약 성경에 대한 일종의 사전
이라는 것을 상기시킨다. 이것은 구약 성경 계시의 의미의 모든 문제를 제
기한다. 구약 성경의 종교는 기독교로 "진화하지" 않았다. 육신이 되신 말
씀에 대한 요한의 모든 증거는 구약 성경을 배경으로 하고 있다. 구약 성
경의 종교가들은 예수님을 십자가에 못박은 자들로 "진화하였다"는 것을
믿기 위하여 하나의 그럴 듯한 경우가 만들어질 수 있다. 이것은 범주의
적용을 천거하는 것이 아니다. 새로운 요소는 그 나라의 신학이다. 결국 그
리스도의 "완성된 사역"은 어떤 것에 존재하는가?

IV. 실천적 목표

   우리는 사람들의 구원을 위한 우리 주님의 사역이 결코 변경되지 않는
다는 것을 사람들에게 분명하게 밝히도록 해야 할 것이다: 행위나 믿음에
의해 더해지거나 마치 그 목적이 실패한 것인양 삭감되는 것이 아니다. 그
는 어떤 것을 하고자 착수하셨다. 그리고 그는 그것을 하셨다. 거기서부터
교회는 세상 속으로 들어가서 시작하는 것이다.

V. 설교 개요

제목: "그리스도의 완성된 사역과 미완성된 사역."

도입부

우리 주님이 하신 일이 무엇인가?

A. 다 이루신 사역 — 십자가에서,

a. 그는 그 이름을 나타냈다. 17:6

말씀들과 그 말씀을 주었다. 17:8, 14

영광을 주었다 17:22

b. 그는 삶을 사셨다.

윤리적인 완전함

종교적인 헌신(아버지께 기도하고 예배함)

c. 그는 죽음을 죽으셨다 — 순종하는 자의 완전한 예물.

어린양의 희생.

B. 다 이루신 사역 — 십자가 후에,

a. 부활의 모습과 가르침(행 1:1-11).

b. 하나님의 우편에 승귀하심 — 우리를 위하여:

하늘에서 중보(요일 2:1)

c. 성령의 선물

A는 완벽한 대속을 말한다.

B는 하나님께서 재가하신 대속을 말한다.

우리 주님은 우리의 "바깥"에서 그의 일을 하셨다. 하나님이 의롭게 되시고 동시에 예수 믿는 사람을 의롭게 하시는 분이 되는 것이 이제 가능하다(롬 3:26). 어떤 점에서 그리스도는 복음을 전하셨다. 그러나 좀더 깊은 의미에서 그는 오셔서 우리를 위한 그의 사역에 의해서 복음이 전파되는 것이 가능하도록 만드셨다. 그것은 객관적인 사실이고 또한 사도들과 관계된 것이었다. 그의 영의 선물은 그의 백성에게 능력을 부여하였다. 그러나 부활도 오순절도 승귀도 구속하는 희생을 더해 주지 않았다.

C. 그 사역은 여전히 미완성인 채로 계속되었다.

설교에서 이것은 아주 조심스럽게 표현되어야 한다. 그것은 여전히 우리 주님의 "사역"이지만 그것은 그의 희생의 사역의 일부가 아니다. 그것은 "돈 없이 값없이" 이용할 수 있다는 것을 사람들로 하여금 알도록 하기 위하여 그의 구원의 은혜로운 목적에서 나오는 사역이다. 그러므로 그의 이 활동은 여전히 계속되고 다음과 같은 것으로 되어 있다:

(a) 교회를 세상 속으로 보내는 것은 닫힌 문 뒤에 있을 수 있는 교회 자신의 예배 생활을 하도록 하는 것뿐만 아니라 그의 완성된 사역의 복음을 사람들 가운데 전파하도록 하기 위하여 "중앙으로 모이는 점"으로부터 나가도록 하기도 하는 것이다(행 2:1; 2:44, 47). 사람들은 먼저 그에 대하여 듣지 않고서는 구주의 이름을 부르지 못할 것이다. 그리고 그들은 말씀을 전파하는 자가 없이는 듣지 못할 것이다. 말씀을 전파하는 자는 보냄을 받지 않고서는 가지 못할 것이다(참조. 롬 10:14-17). 여기 "전파"에는 복음의 초청과 경건한 책자의 사용과 일반적으로 기독교 문헌과 라디오 등이 포함된다.

(b) 설교자에게 그 말씀을 주어서 소유하게 함. 만일 "전파자"가 강연이나 정치 연설의 원고문을 상세히 설명하는 사람과 똑같다면 빠진 것이 있을 것이다. 그러므로 설교자는 반드시 자신이 신자가 되어야 하고 동시에 말씀을 준비하고 전할 때 성령 곧 그리스도의 영의 감화를 받아야 한다. 또 전파된 말씀이 청중에게 영향을 미칠 때 도움을 받지 않은 상태에 있는 청중의 인간적 의지는 거의 반응하지 않을 것이다. 그러므로 성령은 말씀을 자기 것으로 소유하고서 설교자뿐만 아니라 청중에게도 말씀하신다. 이처럼 살아 계신 그리스도는 성령을 통하여 다음과 같이 그의 활동을 계속하신다:

(c) 청중을 부르심. 설교자가 전한 말씀을 사용하심으로써 말씀을 듣는 자가 하나님께서 그에게 말씀하고 계신다는 것을 아는 회심의 분명한 사

례들이 있다. 아무도 그 속에서 성령의 활동이 없이는 거듭나지 못한다.

(d) 회심 뒤에 무슨 일이 일어나는가? 기록된 말씀과 기도와 예배로써 그 사람을 거룩하게 만드시는 활동을 그 사람 안에서 계속하시는 것은 거룩하게 하시는 분이신 성령의 일이다. 이 모든 것(a-d)은 그리스도의 계속된 일의 일부이지만 그는 십자가에서 다시 죽지 않으신다.

D. 미완성이지만 대망하는 사역이다.

"내가 다시 오리라"는 것은 성경의 가르침의 일부이며 교회가 계속 대망하는 것이다.

결론

여러분 자신의 "행위"로써 우리 주의 희생 사역에 덧붙이려고 하지 말라. 그것은 완성된 것이고 그는 헛되이 죽지 않으셨다. 그것이 미완성이고 따라서 불완전하고 성공하지 못한 것이라고 함으로써 주의 희생 사역을 손상하지 말라. 믿음으로 그의 구원을 받아들이라. 그를 영접하라.

이것이 일단 이루어졌다면 여러분의 새로운 믿음이 증거의 사역과 영적인 성장과 거룩과 교회의 모든 사역의 지지에서 나타나야 할 것이다. "선행"은 여러분의 구원에 대해서는 중요하지 않다. 그러나 선행은 중요하다! 선행은 여러분이 참으로 여러분의 마음 속에 주를 영접하였다는 표이며 그리스도를 위하여 여러분을 용서하신 하나님께 인정되었다는 표이다.

요한복음 제20장

어린양에서부터 목자까지

20:19. "… 예수께서 오사 가운데 서서 …."

I. 역사적 배경

무덤(20:1); 문들이 닫혀 있는 곳(20:19, 26).

II. 용어 해설

안식일이 아무런 의미도 없는 듯이 지나갔다: 요한은 부활에 이르기를 간절히 소망한다! 마리아에 대해서 예수님은 여전히 "주"와 "그"이신 것을 주목해야 한다(참조. 11:34). 19:38-40에서 "시체"라고 말하는 것은 적절하며 그것은 그의 죽으심의 실체를 강조한다. 19:42에서 요한이 "예수"라고 쓴 것은 기대였는가? 그 "다른 제자"(마리아를 생각하지 않고)가 먼저 무덤에 갔다; 무덤 안으로는 베드로가 먼저 들어갔다(충동적인 베드로?). 그 다음에 그 "다른 제자"도 들어가 "보고 믿었다." 수의를 주목하라 (11:44과 대조하라: 나사로는 다시 죽을 것이다): 수의가 놓인 위치는 설명을 요구한다. 이것은 거룩한 근거이며 우리가 반드시 경의로써 이론화하여야 한다. 수의는 그의 몸을 두르고 있던 꼭 그대로 놓여 있었다(폭 가라앉은 채). 주님은 옷을 벗는 사람처럼 일어나셔서 수의를 벗으신 것이 아니었다. 그의 영광을 입으신 몸(새로운 특질을 가진; 참조. 20:19, 26)은 수의가 마치 공기인양 그 속을 빠져 나왔다. 비록 어떤 현대인이 말하는 것처럼 이것이 몸의 "증발 건조"를 의미해야 하는 것으로 받아들여야 하는 것은 아니지만 말이다. "수건"은 개켜 있었다. 즉, 그것은 머리 모양 그

대로 하고 있어서 오목하게 반구(半球) 모양을 하고 있었다. 그것은 수의
와 "별도로" 놓여 있었다. 그 사이의 공간은 그의 얼굴이 차지하고 있었다
(20:1-10 ; 참조. 시 16:8-11 ; 행 2:24-31).

천사에 대한 마리아의 대답을 주목하라(20:13). 그것은 그들의 종교를
추억에 한정시키려는 합리주의자들의 대답이다. 마리아는 아직 미명에 그
녀의 눈물로 인하여 예수님을 알아보지 못하였다(20:1). 정부를 이끌어 내
기 위한 것이 아니라 우리로 하여금 이야기하도록 하기 위하여 신적인 질
문을 하신 것이라고 할 수 있을까? "… 생각하고"(참조. 눅 2:44). 충성스
러운 제자는 불가능한 일을 시도하려고 한다: "내가 가져가리이다." 마리
아에게 그럴 만한 힘이 있었던가? 예수님은 그녀에게 "마리아야" 하신다.
지금까지는 요한이 헬라어 형태인 마리아를 사용하고 있었다(20:1, 11):
예수님은 히브리어 형태인 마리암(구약 성경의 미리암)을 사용하신다. 그
것은 십자가 전에 친숙한 사귐에서 사용된 친근한 말이다. 남편이 아내에
게 깊은 애정을 느낄 때 친밀한 정을 나타내는 이름으로 아내를 부를 것이
다. 또는 가족이 오랫동안 헤어져 있다가 만나게 될 때 어린 시절의 별
명을 부르면 즐거운 추억을 떠올리게 될 것이다. 사귐이 다시 시작되거나
깊어질 때 옛날에 하던 투의 말이 나오게 된다. 여기서도 그와 마찬가지다.
바로 그 이름으로 말미암아 아주 정겹던 옛시절을 떠올리게 된다(눅 8:1-
2). 예수님이 돌아오셨다 — 바로 그 예수님이(히 13:8). 부활은 역사적 사
실이며 또한 영적 사귐이다. 그녀는 기쁨으로 그를 알아보았다(20:11-16).

예수님은 자기가 아직 아버지께로 올라가지 않으셨다는 이유로 그녀에
게 "나를 만지지 말라"고 말씀하신다. 이 본문에서 우리는 부활과 승천을
같은 것으로 생각지 않게 된다. 예수님이 도마보고 만져보라고 하셨을 때
에는 승천하셨던가(20:27)? 예수님이 마리아에게 만질 필요가 전혀 없었
다는 것을 깨닫게 해줄 뜻이었다고 생각하는 것이 좀더 타당한 것 같다:
그는 아직 승천하지 않았다. 그녀가 가서 메시지를 전달한 뒤에도 그는 여
전히 거기 계실 것이다. "나는 승천 중에 있다." 그 길은 죽으심과 부활과
승천으로, 그 각 단계는 다 영광이 있다. "내 아버지 하나님" — 본래: "너

희 아버지 하나님" — 은혜로. 그 차이를 주목하고 8:42-44과 히브리서
8:8-13, 특히 10절을 참조하라. 마리암(20:18)은 제자들에게 간다: 친근한
사귐이 다시 시작되었다 — 새로운 조건하에서(20:17-18).

주의 영광스럽게 된 몸에 대해서는 빌립보서 3:21을 참조하라. 그 몸은
"물질적인" 것이지만 물질에 제한을 받지 않는다. 그것은 물질을 "포함하
면서" 물질을 초월한다. 그러므로 그 몸은 육체로부터 분리된 영혼 이상의
것이다. "너희에게 평강이 있을지어다"(20:19, 21)는 이제 깊은 의미를 가
진 전통적인 인사가 되었다(참조, 빌 4:7). 그는 그들에게 명령하시고 그들
을 향하사 숨을 내쉰다(20:22): 창세기 2:7을 참조하라. 이것은 창조적인
행동이다. 성령이 교회의 생명이다. 만일 "불어넣는 것"이 플룻에 어울린다
면, 여기서 교회로부터 감미로운 음악을 끌어내시는 성령을 볼 수 있을 것
이다. 그 음악을 망치지 않도록 하자!(참조, 고전 13:1; 갈 5:22). "성령을
받으라." 유월절 선물이 활기를 준다. 오순절의 선물(행 2장)이 부여된다.
사면의 힘은 오직 선언적이다(참조, 막 2:7). 웨스트콧 감독은 그 선물은
그리스도인의 사역에 대해서가 아니라 그리스도인 사회에 대한 것이라고
주장하였다. 물론 자연스럽게 사역자들이 그것을 더 자주 행하는 것은 사
실이지만 말이다. 결코 요한일서 1:9을 잊어서는 안 된다. "만일 우리가 우
리 죄를 자백하면 …"(20:19-23).

우리 주님께서 다시 오셨을 때(20:26) 도마와 그의 불신앙에 관하여 들
은 바 없이도 알고 계셨다(20:27)는 것을 깨달아야 한다. 이것에 대해 숙
고함으로써 제자들은 오순절까지 그들의 상태에서 승천을 받아들일 준비
가 되었을 것이다. 주님의 말씀에서 도마는 아주 최고조에 달하였는데 —
"나의 주시며 나의 하나님이시니이다" — 어쩌면 이것은 이 복음서의 절
정일 것이다.

1:1, 14을 참조하라. 하나님은 "나의 하나님"이 되셨다: 복된 경험이다.
보지 못하는 것의 복(20:29)과 보는 것의 복(눅 10:23-24)의 차이를 생각
해 보라. 도마는 참석하지 못하여서 성령의 선물을 받지 못하였는가
(20:21-23)? 고린도전서 12:3을 참조하라(20:30-31).

III. 교리적 의의

여기서는 부활과, 부활과 밀접한 관계가 있는 교리가 두드러진다. 부활로 말미암아 그리스도의 삶이 재가되었고, 희생의 죽음이 하나님께 인정되었고 이전의 사귐이 다시 시작되었고, 성령께서 임하셨고, 종교가 확실성이 있게 되었고, 교회가 사명을 받았다.

IV. 실천적 목표

여기서 우리의 최고의 목표는 우리 주님의 부활이 "책에서 나오는" 교화하는 이야기 이상이라는 것을 반드시 보여 주는 것이어야 한다. 바로 그것이다. 그러나 그것은 훨씬 더 많은 것을 보여 주는 것이어야 한다. 그리스도는 살아 계시고 이용할 수 있는 분이시다. 그는 추억으로 끝나시는 분이 아니다. 그는 살아 계신 분이다(계 3:20).

V. 설교 개요

제목: "어린양에서부터 목자까지."

도입부

희생 제물이 되신 하나님의 어린양(1:29, 36)은 그의 백성을 기억하셨고 닫혀진 문은 그를 못 들어오게 할 수 없다(10:3). 이것은 그들과 여러분에게 무엇을 의미하였는가?

A. 확인된 신원.

비공식과 친밀을 주목하라. 탐정은 어떤 사람을 알아볼 때에 얼굴로 알기보다는 그의 어깨나 등을 보고 안다고 한다. "가운데"는 이것을 고려한다. 제자들은 반드시 그 주위에 있어야 한다. 게다가 거기에는 결코 없어져서는 안 되는 상처의 증거가 있다(계 5:6, 12) (참조, 마리암, 20:16).

B. 고취된 평강의 기쁨(20:19, 20).

닫혀진 문은 웅변적으로 말해 준다. 안식일을 안전하게 보낸 유대인들이 제자들을 언제 공격할지에 대해서 누가 말해 줄 수 있을까? 스승을 제거한 그들이 그의 제자들을 박멸하려고 하였을 것이다. 그러나 그와 같이 되지는 않았다. 부활하신 스승이 그들에게 돌아오셨다. 그는 그들에게 마음에 근심하지 말라고 하셨다(14:1). 이제 그는 오셔서 "너희에게 평강이 있을지어다"고 하시는 그의 독특한 인사와 함께 그들을 그에게로 맞아들이신다. 그의 임재로 그들의 두려움이 사라진다. 그들은 또한 그의 임재로 기뻐할 수 있었다. 그들은 일찍이 그의 가르침을 깨닫지 못하였다(막 9:32). 그리고 그들에게 그의 죽으심은 끝장났다는 말이었다. 이제 그가 돌아오셨다. 그가 예기치 않은 가운데 갑작스럽게 돌아오심으로 인하여 그들은 기뻐서 어쩔 줄 몰랐을 것이다. 비록 오늘날 그리스도인은 그 이야기의 결국이 어떻게 될 것이라는 것을 알고 있어서 덜 그러키는 하지만 영원토록 살아 계시는 그에 대한 아주 확고한 기쁨을 느끼지 않을 수 없다. 그리고 부활절은 항상 그런 새로움을 불러일으킨다.

C. 정해진 목적(20:21).

부활하신 주님이 오시기 전의 제자들은 우리에게, 소식이 오지도 않을 "공습 경보 해제"를 기다면서 피난처에 뒤죽박죽 모여 앉아 있는 사람들을 연상시킨다. 그들의 주의를 끌 만한 역동적인 목적이 아무것도 없다. 그들을 움직이게 할 큰 목표가 그들 눈에는 전혀 보이지 않았다. 그들은 비탄에 잠겨 있었고 낙심하였고 목표가 없었고 좌절하였다. 그가 오심으로 그들은 목표를 갖게 된다. "아버지께서 나를 보내신 것같이 나도 너희를 보내노라." 말씀을 전하는 자는 주께서 자기를 어디로 보내시고 무슨 목적을 위해 보내시고 어떻게 "준비시켜서" 보내시는지 자문해 보아야 한다.

D. 보증하신 임재(20:22).

예수님이 "숨을 내쉬는 것"은 성령의 은사를 상징한다. 그는 이제 그들의 무딘 마음에 활기를 불어넣으신다. 오순절에 부활하신 주님의 생명을 주시는 임재, 영구한 임재가 있게 될 것이다. 예수님은 그의 영으로써 그의 백성 안에 임재하신다. 아주 정확하게 신학은 성 삼위일체를 말하는 것이다. 성령의 임재가, 자기를 내세우지 않는 영에 의해 영광을 받으시는 예수님의 임재를 뜻한다는 것을 경험으로 알게 된다. 따라서 주님은 그들을 보내시고 그들과 함께 가심으로써 그들에게 목적을 주신다.

E. 확실한 약속(20:23).

이제 그들이 무엇을 해야 하기에 보냄을 받았는가? 그들의 사명은 사람들로 하여금 예수를 믿고 그것에 의해 영생을 받도록 하는 것이다(20:31). 만일 예수를 믿지 않으면 그들은 그들 죄 가운데 죽게 된다(참조. 8:21-24). 그러므로 그들은 그의 이름으로 사죄를 선포해야 한다. 그것이 효과가 있을까 아니면 그것이 충분히 근거가 있는 말인가? 만일 그들이 진정으로 그리스도를 선포하고 사람들이 그를 진정으로 믿으면 확실히 믿은 그대로 사죄를 받게 된다. 그것은 "하늘의 협동"의 측면이다: "제자들이 나가 두루 전파할새 주께서 함께 역사하사 … 말씀을 확실히 증거하시니라"(막 16:20; 참조. 히 2:4).

결론

예수님의 부활은 믿어야 하는 이야기이다. 그러나 그것은 믿어야 하는 것 이상이다. "귀신도 믿고 떠느니라"(약 2:19). 그것은 차지하고 있어야 하는 영역이다 — "우리가 믿음으로 서 있는 이 은혜"(롬 5:2); "내 안에 거하라"; 바울이 말하는 대로 "그리스도 안에." 그 이야기를 믿어라. 그리고 그 인물을 믿어라. "바로 이 예수"는 여전히 여기 계셔서 그때에 그의 사람들에게 주셨던 것을 여러분에게 주신다. 그는 여러분을 위하여 죽으셨고 여러분을 위하여 살아나셨다. 그는 여러분의 안식 없음에 대하여 여러분에게 평강을 주시고 여러분의 삶을 위한 만족 없는 추구와 방향과 활동 대신에 기쁨을 주시고 여러분 안에 그리고 여러분과 함께 그가 친히 영구히 계시며 공허한 예감 대신에 확실한 섭리를 주신다. 그에게로 오라!

요한복음 제21장

세 번 부인, 세 번 나타나심, 세 번 물음

21:14. " … 세번째로 …."

I. 역사적 배경

디베랴 바다(21:1)와 그 해변(21:4).

II. 용어 해설

20장 다음에 고기잡이는 점강법(漸降法)같이 보인다. 요한은 어떤 모순을 느끼지 못하고 있고 일의 존엄성과 같은 원칙과 관계없이 "그들은 돈이 필요하였을지" 모른다. 교회는 아직 사역을 지지하기 위하여 조직되지 않았다(참조. 고전 9:14; 행 18:3). 침착성이 없는 시몬 베드로가 선두에 선다. 부활하신 그리스도는 예루살렘에서 굳게 닫힌 문 안에서 꼼짝 않고 있던 그들을 아시며(20:19), 또한 그들이 갈릴리 바다로 가는 도중에 있는 그들도 아시고, 갈릴리 바다에 있는 그들도 아신다. 그는 해변에서 그들을 부르시고 그들에게 그물을 던지라고 말씀하신다. 이것은 누가복음 5:4-11과 조심스럽게 비교해 보면 좋을 것이다. 동일하신 예수님이시다(참조. "마리암" 20:16). 베드로가 고기를 잡으러 가자고 하였다. 그러나 예수의 사랑하시는 그 제자가 맨 먼저 주님을 알아보았다(참조. 20:6-8). 베드로는 종교적인 행동을 할 목적으로 겉옷을 (벗는 것이 아니라) 두르고 있다. 그리고 해변까지 열심히 헤엄쳐 간다. 이전에는 "엄숙한" 사실 앞에서 그는 주께서 떠나시기를 청하였다(눅 5:8; 참조. 사 6:1-5 — 하나님의 차별성). 지금은 바로 그 회개하는 죄인이 빠르게 "예수님께 갔다"(21:1-8).

그들은 그들을 기다리고 있는 숯불과 음식을 본다. 그러나 주님은 그들에게 잡은 생선을 좀 가져오라고 하신다. 베드로는 (다시!) 앞장서서 그물을 해변으로 끌어올린다. 베드로의 이런 두드러진 점을 기록함으로써 요한은 우리로 하여금 15-23절에 대한 대비를 하게 한다. 우리의 요란하게 회개하는 사람들은 그것에 의해 주리고 참회하는 마음을 숨기고 있는가? 주님은 그들에게 조반을 먹으라고 하시고 이 때에 제자들은 모두 그를 알아보았다. 그들이 감히 묻지 못한 것은 겁많은 두려움이 아니라 종교적인 경외이다: "감히 묻는 자가 없더라."

주님은 "너희들이 먹으라"고 하시지 않고 주님께서 친히 음식을 가져다가 그들에게 주신다(21:13). 그것은 우리 주님이 그의 백성 각자와 가지시는 친밀하고 개인적인 관계를 암시하는가? 이것은 예수님이 제자들에게 세번째로 나타나신 것이다(이것은 마리아〈20:14-18〉, 특히 18절의 "제자들"은 셈에 넣지 않고 말하는 것이다). "세번째"(21:14)는 21:25에 비추어 볼 때 "이 책에서 세번째"라는 의미임에 틀림없다(21:9-14).

저희들이 조반을 먹은 후에 예수님은 "시몬 베드로야" 하시지 않고 "요한의 아들 시몬아"라고 부르신다(참조. 1:42). 그는 항상 그의 이름에 걸맞는 생활을 동요하지 않고 확고하게 하지 못하였다. 세 가지 가능성을 주목하라: 네가 나를 사랑하느냐:

  (a) 이 사람들보다 더(참조. 13:36-38; 막 14:29)

  (b) 이것들(고기잡이)을 사랑하는 것보다 더

  (c) 네가 이 사람들을 사랑하는 것보다 더

첫째(a)는 그에게 그의 자랑을 생각나게 하는 것이다. (b)는 만일 참회하는 베드로가 주님께서 그를 더 이상 쓰시지 않을 것이기 때문에 어부로 돌아가야만 한다고 생각하고 있다면 격려가 되는 것이다. 그리고 (c)는 베드로의 삶에서 실로 누가 첫째가 되는가 하는 것을 생각하도록 하는 권유이다(참조. 막 10:28-31). 부활하신 그리스도께서 베드로에게 소망을 불러일으키신 것이 확실하다(벧전 1:3). 세 번의 질문으로 세 번 부인한 것을 천천히 떠올리게 된다. 베드로는 "더 사랑하느냐"에 대해서 대답하지 않으려고 하지만 "그러하외다" 하고 대답하게 되고 만다. 그는 주님에게 자기 심중에 있는 것을 말한다: 내가 주를 사랑하는 줄 주께서 아시나이다. (그리고 그는 이렇게 덧붙였을지도 모른다) "나의 죄를 나에게 돌리지 마옵소서"(고후 5:19; 참조. 요 8:11). 베드로는 세상과 친구가 됨으로써 주님께서 그에게 맡기신 것을 전혀 생각지 않는다. 하나님과 그리스도의 "다시 기억지 아니하심"을 공부하라(21:15-17; 히 8:12).

베드로는 젊음의 활기에 찬 자유를 알고 있었다. 그러나 늙어서는 그는 팔을 벌릴 것이다. 늘 깊은 어둠 가운데 붙잡을 것을 찾으면서(참조. 행 13:11) 옷은 다른 사람이 입혀 주고 자기가 원하지 않는 곳으로 끌려가는 늙은 맹인에 대한 그림을 주시해 보라. 그러나 바로 그 그림에 더욱 깊은 의미가 담겨 있는데, 특히 우리가 그 그림을 보통과 반대로 생각한다면 더욱 그러하다. 그는 십자가에 끌려가서 손을 벌려 묶이게 되고 그리하여 그의 죽음으로써 하나님을 영화롭게 할 것이다. 그와 같은 순교는 사람들의 그리스도에 대한 사랑의 반응에서 일어난다(21:15-17 고전 13:8). 계속 나를 따르라(21:18-19).

베드로는 사랑하시는 그 제자가 "따르는" 것을 보는데, 이것은 그것이 문자적으로 "뒤를 따른다"는 것이 아니라 영적인 따름을 보여 준다. 그리고 그 제자의 상래가 어떠할 것에 대해서 묻는다. 예수님께서 슬쩍 그 실문을 회피하시는 데서 우리는 옛 말씀을 생각하게 된다. "너는 말씀의 일꾼이다: 네 일에 신경을 쓰라." 같은 주님에 대한 봉사의 형태는 다양하다(고전 12:4-11). "너는 나를 따르라"(참조. 막 1:16-17; 눅 5:10-11). 23절은 쓸데없는 억측과 오해에 대한 경고이다. 가정의 진술은 반드시 단정적이 되어서는 안 된다(21:20-23).

"이 사람"은 사랑하시는 그 제자이며 증인이며 기록한 사람이며 그의 증거가 확증된 것을 "우리가 아노라" — 누구에 의해? 에베소 교회의 장로들에 의한 것일 가능성이 크다. 그 복음은 하나님의 백성들에게 받아들여지고 참인 줄로 인정된 것이 확실하다. 그러나 선택한 것만 기록되었을 뿐이다: 예수의 행하신 일이 이 외에도 많으니 만일 낱낱이 기록된다면 엄청난 상상력을 가지고서 실제로 붓을 든 그는 이 세상이라도 이 기록된 책을 두기에 부족할 줄 "알고 있다" — 복음의 이루 혜아릴 수 없는 보고를, 측량할 수 없는 그리스도의 풍성을 말하는 그의 행복한 표현 방식이다 (21:24-25; 엡 3:8).

III. 교리적 의의

실제의 이야기 속에 뚜렷이 인식된 신학적 교리, 특히 부활의 교리가 있을 수 있다. 그것은 기록이 아니라 출현이며, 단순한 출현이 아니라 관계이다: 대화와 어떤 것에 대한 요구와 그 요구를 받아들임(21:10)과 지시 (21:6)와 명령(21:15-17)과 예언(21:18-19)과 부르심. 거기에는 계시에 관한 교리가 암시되어 있다: 이미 유대인들은 그의 아들 안에 있는 하나님의 계시를 오해하여 대적하였다. 지금 우리 주님의 말씀(21:22-23)은 오해될 수 있다. 이러한 구절들은 또한 우리로 하여금 파루시아 혹은 재림의 교리를 생각하게 한다. 그리고 24-25절은 종말론이 "교회의 임무"에서 반드시 한 부분을 차지해야 한다는 것을 암시한다. 이것은 사도의, 교회의, 개인의 증거이다. 끝으로, 우리는 하나님의 계시의 무한히 풍성함을 그리스도에게 집중시켜야 한다. 즉, 인격과 말씀과 사역에서의 역사적 그리스도에 집중시켜야 한다.

IV. 실천적 목표

20장을 다시 읽고 거기서 부활하신 주님께 베드로가 거의 무시되었던 것을 주목하라. 기껏해야 그는 무리 중의 한 사람이다. 틀림없이 그는 그 복에 참여하였다. 그러나 그는 만일 주님께서 개인적으로 그를 전혀 상대하지 않는 것에 대해서 의아하게 생각하고 있는가? 그 다음에 21장으로 돌아가서 "세번째"에 대하여 생각해 보라(참조, 눅 22:34). 이것이 베드로가 열심히 해변까지 헤엄쳐 간 것을 설명하는 단서인가? 주께서는 그를 위하여 무엇을 하시는가? 그 줄거리를 사용하여 회중 가운데 있는 어떤 사람의 문제를 설명하라: 주님은 나를 위해 무엇을 하시는가? 그리고 그 질문에 대답하라!

V. 설교 개요

제목: "세 번 부인, 세 번 나타나심, 세 번 물음."

도입부

교회에 좀처럼 출석하지 않는 사람들처럼 당신도 늘 "아무도 나에게 말하지 않았다"는 생각이 드는가? 하나님께서 당신에게 말씀하지 않았고 어쩌면 당신을 위하여 아무것도 하지 않았는가? 베드로와 부활하신 주님의 만남을 주목하라. 그 장면에서 보면 그리스도께서 한 사람에게 말씀하시며 그의 소망을 불러일으키시며 그의 죄를 용서하시는 것이 나타난다.

A. 부활하신 주님께서 물으신다: 네가 나를 사랑하느냐?

(a) 이 사람들보다 더?

그렇다면 너 자신을 부인하라(눅 9:23).

자기 주장하는 자아를 억제하라(고전 13:4-8)

(b) 이 고기잡이 도구보다 더?

그렇다면 내가 너를 위해 일하였다

(c) 이 사람들보다 더?

그렇다면 나에게 전념하라(21:22)

나를 기쁘게 하는 자가 되기를 힘쓰라(고후 5:9)

— 비록 그는 그의 주님을 부인하였지만.

B. 부활하신 주님은 말씀을 전파하는 자에게 명령하신다: 내 양을 먹이라.

(a) 그들이 내 양이기 전에는(눅 5:10): 복음 전도.

(b) 그들이 내 양일 때에는(벧전 2:2): 양육.

(c) 그들이 자랐을 때에는(히 5:12-14): 성도들을 먹임.

— 비록 그는 그 말씀을 부인하였지만(막 8:32-33) 말씀으로(고

전 1:18).

C. 부활하신 주님은 목자에게 권위를 주신다 : 내 양을 치라.

베드로전서 5:1-4과 함께 21:16을 참조하고 같은 동사를 사용하고 있는 점에 주의하라("하나님의 양 무리를 치되"). 회복된 목자가 그의 주인의 가르침을 다른 사람들에게 전하고 있는가?

(a) 의무감에서가 아니라 즐거움에서

(b) 받기 위해서가 아니라 주기 위해서
    (삶의 수치스러운 이유 때문이 아니라(요 10:12-13) 여러분의 눈 앞에 있는 악과 싸우는 간절함에서)

(c) 지배하기 위함이 아니라(막 10:42-45) 모범을 보이기 위하여
    — 비록 그가 목자의 확고함을 보여주지 못하였지만(마 26:31-35, 40; 히 13-17장).

결론

여러분이 목회자가 될 수 없을지 모른다. 그러나 여러분은 어떤 영향력을 행사할 수 있을 것이다. 여러분은 전혀 설교하지 못할지도 모른다. 그러나 어떤 이야기는 해줄 수 있을 것이다. 여러분은 그를 사랑하는가? 요한 일서 4:19; 누가복음 7:36-50; 히브리서 13:20-21.

사도행전

랄프 지 턴불 (Ralph G. Turnbull)

머리말

사도행전을 설명하고 해석하는 것은 혼신의 힘을 쏟아서 해야 할 일이다. 신약 성경에서 사도행전은 어떤 책보다도 오늘날의 교회로 하여금 최초의 교회를 고찰해 보고 싶도록 마음을 끄는 책이다. 우리는 어떻게 그리스도 주께서 그의 교회를 통하여 세상과 맞서서 그의 복음으로써 사람들을 정복하였는지 일세기부터 더듬어 살펴볼 것이다.

사도행전에 관해서 쓴 주석들은 아주 다양하다. 그 주석들에는 원문과 언어와 배경과 저자와 비평과 탐구하는 마음에서 일어난 물음에 의해 제기되는 문제에 대한 논의가 들어 있다. 이 권위 있는 주석들에서 그와 같은 연구와 설명을 찾으려는 자들은 도움을 얻을 수 있을 것이다. 현설교 개요적 작업은 주석이 아니다. 이것은 메시지 선포에 중요한 주석과 해석 방법을 제공하는 것이나. 이 메시지는 현시대에 관련이 있고 우리 삶에 적용될 수 있도록 전파되어야 할 것이다.

요컨대, 다음의 요소들은 주석을 쉽게 사용하지 못하는 사람들을 위하여 제시하였다.

I. 사도행전의 중요성

A. 기독교 초기 사도 시대를 알기 위하여.

B. 복음과 서신의 관계.

C. 바울 서신을 이해하는 데 도움이 됨.

D. 어떻게 기독교가 유대교를 대신하게 되었는가 하는 것을 설명함.

E. 사도의 가르침과 신경을 아는 데 도움을 줌.

F. 풍부한 전기적 역사적 가치.

　　G. 교회의 사역 방법과 설립과 메시지.

II. 저자

　　A. 역사가 — 참조. 1:1-4. 누가복음과 동일한 저자.

　　B. 의사 — 참조. 골로새서 4:14. 사도행전에 나오는 의학 지식.

　　C. 바울의 동역자 — 참조. 디모데후서 4:11; 빌레몬 1:24.

III. 출처

　　A. 목격자 — 참조. "우리" 부분. 16:1-17; 20:5-15.

　　B. 바울 자신의 짤막한 기록, 연설, 사건, 보존된 일기(?).

　　C. 바울의 편지(비록 사도행전이 독립적으로 기록되었지만).

　　D. 바나바의 도움, 빌립(21:8), 고넬료(10:1), 마가(골 4:10). 여러 사
　　　　람들 — 참조. 1:1-4 그리고 누가복음의 서두.

IV. 연대

바울이 풀려 나기 이전 로마에서 바울과 함께 있던 A.D. 63년쯤일 것이
다. 예루살렘 함락에 대한 언급이 전혀 없는 것으로 보아서 A.D. 70년 이
전일 것이다.

V. 목적

　　A. 실제로 사도들의 활동이 아니다.

　　B. 초기 기독교의 모든 역사가 아니다.

　　C. 교회의 전진을 통한 믿음의 진보를 보여주기 위하여 사건의 스케
　　　　치 혹은 발췌. 참조. 1:1. "행하시며 … 시작하심부터." "제자들을
　　　　통하여 성령에 의한 부활하신 주님의 활동."

VI. 해결의 열쇠

사도행전 1:8이 하나님의 계획의 윤곽을 제시한다.

VII. 분석과 해설

　　A. 예루살렘의 교회 — 유대인의 증거 — 교육. 사도행전 1-7장.

　　B. 팔레스타인 교회 — 변천 — 확장. 사도행전 8-12장.

　　C. 세상에 있는 교회 — 이방인 증거 — 복음 전도. 사도행전 13-28

장.

서두 1:1-4에 의해 두 가지가 의도되었다:

(a) 기독교가 부활이라는 이 사건에 의해 서거나 넘어지기 때문에 그리스도의 부활의 확실성을 제자들에게 확신시키기 위하여.

(b) 제자들에게 하나님 나라에 관하여 가르치기 위하여. 사도행전 1:3, 6, 7을 참조하라.

사도행전에서 우리는 "불규칙의 규칙"을 살펴본다.

사도행전은 한 자리에 앉아서 약 2시간 30분 가량이면 다 읽을 수 있다. 사도행전은 전율을 느끼게 하는 이야기이며, 현저한 성격 묘사가 있고 강력한 성취가 있다.

랄프 지 턴불(Ralph G. Turnbull)

차례

사도행전 제1장 교회의 사역 ··· 161

사도행전 제2장 예수 그리스도의 인격 ······························ 165

사도행전 제3장 예수 그리스도의 이름으로 ······················ 170

사도행전 제4장 기도와 사귐 ··· 176

사도행전 제5장 심판 아래 있는 교회 ································ 181

사도행전 제6장 교회 질서 ·· 187

사도행전 제6, 7장 기독교 순교자 ····································· 193

사도행전 제8장(1) 증거하는 교회 ····································· 199

사도행전 제8장(2) 필연적인 것을 전도함 ·························· 206

사도행전 제9장 한 경건한 사람의 회심 ···························· 212

사도행전 제10장 한 군인의 회심 ······································· 218

사도행전 제11장 사도의 사역 ··· 224

사도행전 제12장 전체주의 아래 있는 교회 ······················· 231

사도행전 제13장 전혀 선교회가 없음 ································ 238

사도행전 제14장 희생적인 전도 ·· 244

사도행전 제15장 역사의 전환점 ·· 250

사도행전 제16장 그리스도인의 다양한 경험 ····················· 256

사도행전 제17장 기독교와 문화 ·· 262

사도행전 제18장 그리스도인의 사귐 ································· 268

사도행전 제19장 복음 전도와 사회 활동 ·························· 275

사도행전 제20장 주를 섬김 ··· 281

사도행전 제21장 아무도 잊혀지지 않는다 ⋯⋯⋯⋯ 287

사도행전 제22장 기독교 신앙을 변호함 ⋯⋯⋯⋯⋯ 294

사도행전 제23장 그리스도인의 양심 ⋯⋯⋯⋯⋯⋯ 300

사도행전 제24장 법과 복음이 충돌할 때 ⋯⋯⋯⋯⋯ 306

사도행전 제25장 교회와 국가의 분리 ⋯⋯⋯⋯⋯⋯ 312

사도행전 제26장 거의 그리스도인이 될 뻔했던 사람

혹은 완전히 그리스도인이 된 사람? ⋯⋯⋯⋯ 318

사도행전 제27장 위기와 확신 ⋯⋯⋯⋯⋯⋯⋯⋯ 324

사도행전 제28장 사명의 성취 ⋯⋯⋯⋯⋯⋯⋯⋯ 330

사도행전 제1장

교회의 사역

1:8. "오직 성령이 너희에게 임하시면 너희가 권능을 받고 예루살렘과 온 유대와 사마리아와 땅 끝까지 이르러 내 증인이 되리라 하시니라."

I. 역사적 배경

이것은 사도행전의 서론의 일부이다. 의사 누가인 저자는 지금 그의 이름을 나타내는 복음서를 이미 기록하였다. 사도행전은 성령의 능력으로 행하시는 예수님의 사역의 속편이다. 제자들은 능력을 부여받게 되는 오순절까지 40일 동안 예수님의 명령을 기다렸다. 그 능력을 힘입어 그들은 교회에서 예수님의 일을 계속하였다.

II. 용어 해설

희랍어에서 "능력"이란 단어를 주목하라. 여기서 사용된 것은 엑수시아(권세)가 아닌 두나미스(동적인 힘)이다. "성령"은 사도행전의 범위를 "성령을 통하여 부활하신 주님의 활동"으로서 소개한다. 성령의 가르침이 핵심이다. "증인"은 진리를 증거하는 사람인 순교자가 되는 것을 가리킨다. 지명된 장소들은 중심으로부터 땅 끝까지 복음의 전파 범위를 가리킨다.

III. 교리적 의의

중요한 교리는 성령에 관한 것이다. 이 책에서 성령의 신적인 계시와 그의 활동에 대한 언급을 공부하라. 예컨대 세례, 충만함, 부어 준다, 선물, 받다 등등으로 사용된 특별한 표현에 따라 행하여진 사역을 주의하라. 다른

교리들로는 회심과 교회와 온 세상에 대한 선교적 관심에 대한 것들이 있
다.

Ⅳ. 실천적 목표

개개인 그리스도인에게 증인이 되도록 능력을 주기 위함이다. 그리스도
를 증거하는 일은 사람의 힘으로 할 수 없는 것이다. 그렇게 하려면 하나
님께서 능력을 주셔야 한다. 이 능력은 우리를 위해 무엇을 하는가? 삶에
서 어떤 자질이 생기는가?

Ⅴ. 설교 개요

제목: "교회의 사역."

도입부

부활의 40일과 승천 사이에 그리스도의 제자들은 그들의 인생 과업을
시작하기 전에 성령이 오시기를 기다리라는 말씀을 들었다. 그들은 주님께
사명을 받았고 그들의 사역에 임명되었다. 그 계획과 목적은 주님께서 그
의 선택하신 개인들과 세상의 특별한 지역과 약속된 능력을 통하여 영향
을 끼치실 것을 알고 계셨다는 것을 나타냈다.

A. 증거의 주체

"내 증인이 되리라." 사도행전 전체에서 이것이 강조점이다. 그리스도의
인격이 중심이다. 기독교 복음의 메시지는 여기에 기초를 두고 있다. 그리
스도가 비기독교 세계에 대한 복음의 핵심이다. 개인은 반드시 살아 계신
그리스도를 만나야 한다. 교회가 자기 메시지를 희석시키거나 자기가 맡은
사명을 타협한다면 교회가 그리스도를 무시할 각오를 하는 것이다.

B. 증거의 범위

"예루살렘과 유대와 사마리아와 땅 끝까지."
지도에서 우리는 이 명령의 범위를 볼 수 있다. 일세기에는 전로마 지역

이 이 범위였다. 오늘날 우리는 지금 우리가 알고 있는 전세계라는 점에서 생각한다. 증인들이 세기마다 온 땅 구석구석까지 나아간 만큼 기독교의 확장을 더듬어 볼 수 있다. 여전히 복음화하여야 할 지역이 남아 있는가? 계속 확대되는 영향의 범위를 더듬어 확인해 보라. 이러한 정책은 항상 보편적인 적용의 원칙으로서 정당하다. 교회 중심인 예루살렘에서 전세계를 향하여 나아간다. 사도행전은 이러한 것을 실제로 그리고 있다. (a) 예루살렘에 있는 교회, 1-7장; (b) 유대와 사마리아에 있는 교회, 8-9장; (c) 로마 세계에 있는 교회, 10-28장.

C. 증거의 비결

"성령이 너희에게 임하시면 너희가 권능을 받을 것이다."

우리 주님은 이것을 약속하셨다. 제자들이 알 수 없는 어떤 것이 있었지만(1:7) 그들이 알 수 있었던 유일한 것은 능력을 입는 경험이었다. 성령은 약속된 능력이시다. 일에 필요한 무장은 이런 능력 부여로 되었다. 이것은 동적인 에너지였고 "아버지의 약속하신 것"이었다(1:4). 우리 시대에는 사람의 힘을 뛰어넘는 자연의 에너지인 원자력에 관하여 많이 알고 있다. 눈에 보이지 않는 그 에너지는 항상 우주에 존재하고 있었지만 오늘날이 되기 전까지 그것을 동력화하지 못했었다. 마찬가지로 제자들이 다락방에서 기다렸을 때 그들과 함께 그것은 있었다. 그 힘은 거기 있었지만 발표하기로 약속된 날까지 그들은 그 힘의 유익을 이해하지 못하였다. 그 시간까지 그들은 지식의 한계가 있었다. 그러나 이제 그들은 그들의 과업을 위한 무한한 힘을 경험하게 될 것이다.

사도행전은 교회를 통한 성령의 활동을 기록한 책이다. 초자연적인 힘이 증거하라고 하시는 그리스도의 명령에 순종하는 제자들 가운데 임재하신 성령에 의해 마련되었다. 증인은 증거를 가지고 있는 자이다. 맨 먼저 제자들이 증인이 되었다.

이처럼 교회의 사역은 이 본문과 사도행전 전체에서 분명하게 나타난다. 그 사역은 모든 그리스도인을 위한 것이다. 그것은 온 세상을 위한 것이다.

그 사역은 성령과 함께 하는 초자연적인 사역이다. 교육의 영역에서, 사회 개혁에서, 정치적 영향에서 교회는 능동적이었다. 그러나 교회의 주된 임무는 그리스도의 사역을 영속시키고, 그리스도의 메시지를 늘 실천하고, 그리스도의 복음을 전파하는 것이다. 사도들은 그들의 가장 좋은 소식을 위하여 그리스도의 삶에서 가장 비극적인 사건을 붙잡았다. 부활하신 생명의 힘에서 하나님의 능력이 교회에 부어졌다. 돈과 사회적 지위와 정치적 영향력이 없어도 교회는 폭풍과 반대를 물리치고 승리하였다. 그 당시의 세계를 복음화하였다. 사도행전은 변화하여 가는 경험을 기록하고 있으며 그것은 이 본문에서 시작하고 있다.

사도행전 제2장

예수 그리스도의 인격

2:22. "이스라엘 사람들아 이 말을 들으라 너희도 아는 바에 하나님께서 나
사렛 예수로 큰 권능과 기사와 표적을 너희 가운데서 베푸사 너희 앞에
서 그를 증거하셨느니라."
2:23. "그가 하나님의 정하신 뜻과 미리 아신 대로 내어준 바 되었거늘 너희
가 법 없는 자들의 손을 빌어 못박아 죽였으나."
2:24. "하나님께서 사망의 고통을 풀어 살리셨으니 이는 그가 사망에게 매여
있을 수 없었음이라."

I. 역사적 배경

유월절 이후 50일이 지나 오순절이 되었다. 오순절은 유대인에게 초실
절이었으며 여호와 앞에 요제를 드리는 때이다. 새로운 수확을 거두게 될
것이었다. 그 백성의 농경 생활에 중요한 의미가 있었던 것이 이제 영적
추수의 계기가 되었다. 하나님의 때가 이르러 많은 영혼들을 세상 들에서
추수하여 하나님 나라와 그리스도의 몸인 교회에 많이 들어오게 하였다.
이 일이 있기 전에 그리스도인들 혹은 제자들이 있었지만 이제 그들은 하
나로 통일되어서 신약 교회를 이루게 되었다. 이 무리 중의 한 증인으로서
베드로는 외부의 사람들에게 살아 계신 그리스도의 메시지를 선포한다.

II. 용어 해설

사도행전 2:22. "하나님께서 … 증거하셨느니라." 임명 또는 지명되었다
는 말이다. 여기서 하나님은 예수님의 가치와 인격을 증언하신다. "나사렛
예수"란 말은 예수님께서 그의 생애 과업을 준비하고 계셨던 침묵의 세월

을 포함한다.

사도행전 2:22. "큰 권능과 기사와 표적." 이 세 가지 단어는 비범한 힘 안에 있는 등급의 개념을 나타내기 위하여 쓰였다 ― (1) 사건이나 행동, (2) 이런 사건에 대한 사람들의 놀람, (3) 이러한 것의 이유나 의미.

사도행전 2:23. "내어준 바"와 "빌어". 관심이 신비한 점, 곧 십자가의 죽으심, 죄를 신인(神人)의 사랑으로 대하는 것에 집중되어 있다.

사도행전 2:23. "하나님"과 "법 없는 자들". 어떤 생각의 연결이 있는가! 하나님의 주권과 인간의 자유가 상호 작용할 것이다.

사도행전 2:24. "살리셨으니"는 이 책의 모든 선언에서 기본 요지를 강조한다. 부활과 승천이 결합되었다.

Ⅲ. 교리적 의의

베드로의 설교는 그리스도의 부활과 승천에서 계시된 하나님의 초자연적인 진리를 증거한다. 그 그리스도는 높아지셨고 초월적이며 주권을 가지고 계시고 통치하시는 분이시다. 이 단락과 사도행전 전체에서는 부활하시고 살아 계시고 영원하신 그리스도 곧 주로 나타나신 그리스도를 강조한다.

Ⅳ. 실천적 목표

그리스도를 배척한 죄에 대해서 양심의 가책을 느끼도록 하기 위함이다. 베드로는 그리스도의 죽으심에 대한 도덕적 책임이 그의 청중에게 있다고 주장한다. 그는 회개하고 복음에 순종하라고 요청한다. 그와 같은 전도는 마음에 가책을 느끼게 하여 구원에 이르게 하였다(2:40).

Ⅴ. 설교 개요

제목: "예수 그리스도의 인격."

도입부

오순절은 "역사의 대분수령"이었다. 그 때에 하나님은 전세계적인 규모로 영적인 능력을 방출하셨다. 세계 도처에서 온 사람들이 그들의 방언으로 이 생명의 말씀을 들었다. "크고 영화로운 날"(2:20)은 새로운 시대와 하나님의 구원의 날의 시작이었다. 이 모든 것은 구약 성경에 예상된 것이었다. 이제 예수 그리스도 안에서 새로운 날이 시작되었다. 그러므로 베드로는 생명과 믿음의 중심이 이 사람에게 있다는 것을 강조한다. 그러나 어떤 사람인가? "당신은 그리스도를 어떻게 생각하는가?" 하는 것이 여전히 관련이 있다.

A. 자연적인 그리스도

"나사렛 예수." 예수님의 인간됨과 인성은 실재적이었다. 복음서와 지금 베드로의 설교는 이것이 역사임을 증언한다. 가현설(Docetism)이라 불린 옛날 한 이단은 우리 주님의 몸의 실재를 부인하였다. 아폴리나리우스주의라고 불린 또 다른 이단은 주님의 인성의 실재를 부인하였다. 참 사람이신 나사렛 예수님은 사람의 몸의 기본적인 자질을 다 소유하셨다. 성령으로 잉태되어 동정녀 마리아에게서 나셔서 그녀의 본질을 취하신 그는 참 몸과 이성적인 영혼을 가지시고 사람과 똑같이 사셨다. 그는 모든 사람과 똑같이 시험을 받으셨지만 죄는 없으셨다. 마침내 그는 고난을 당하시고 죽으시고 장사되었다.

B. 초자연적인 그리스도

"하나님이 증거하셨느니라." 정상을 초월하는 부대 사건들은 그리스도 안에 하나님의 능력이 충만함을 가리킨다. 그는 사람 이상이었다. 그는 또한 하나님의 아들이셨다. 하나님께서 그를 인정하셨다. 하나님께서 그를 따로 구별하시고 그의 독특하신 신분 곧 "사랑하시는 아드님" 그리고 "독생자"이심을 증거하셨다. 하나님께서 모든 사람이 알 수 있도록 예수님을 지적하셨다. "큰 권능과 기사와 표적"의 부대 사건들은 하나님의 능력 안에서 발휘된 세 단계를 말한다. 이러한 것들은 사람들에게 하나님께서 예수님과 함께 하신다는 것을 보여 주는 증거이다. 히브리서 6:5은 "내세의 능력"에 대해서 말한다. 여기에 사람 가운데 하나님의 선언이 있다. 에비온주의(Ebionism)와 아리우스주의(Arianism)라 불린 이단들은 주님의 신성의 실재를 부인하였다. 베드로는 그리스도의 신성을 증거한다.

C. 섭리의 그리스도

"하나님의 정하신 뜻과 미리 아신 대로 내어준 바 되었거늘 … ." 예수님은 그의 생애를 위한 하나님의 뜻을 아는 가운데 사셨다. "내가 이를 위하여 났으며 이를 위하여 세상에 왔나니 … "(요 18:37). 그는 사명감과 소명에 대한 의식이 있었다. 그는 하나님의 뜻에 따라 그 목표를 향하여 나아갔다. 하나님의 경영은 그 절정을 향하였고 거기에 맞추었다. 비록 악인들이 예수님을 대적하여 그들의 뜻을 행하였지만 하나님께서도 그의 뜻대로 지배하셨다. 십자가는 결코 우연이나 결과론이 아니었다. 그러므로 하나님께서 이러한 행동으로 그리스도 안에 계셨다는 것은 진리이다.

D. 십자가의 그리스도

"못박아 죽였으나 … ." 그리스도 없는 십자가나 십자가 없는 그리스도는 여기에 없다. "법 없는 자들의 손을 빌어 … 죽였으나"는 십자가에 못박히심으로 고난과 죽음을 당하시는 굴욕적인 경험을 말하는 것이다. 죄는 결백하고 죄 없으신 분에게 그 악한 뜻을 가한다. 신약 성경은 이 갈보리의 사실을 해석하려고 애쓴다. 그것은 증거를 요구하는 것이 아니라 설명을 요구하는 것이다. 대속은 신약 성경에서 해석된 사실이다.

E. 영광의 그리스도

"살리셨으니." 부활은 그 죽으심의 면류관과 영광이다. 십자가가 끝이 아니며, 장사 지냄도 끝이 아니다. 장례는 여기서 고난받는 죽으심의 실재와 사람의 생명의 종말을 말하였다. 그러나 예수님은 죽음에 사로잡히지 않으셨다. 죽음의 "고통"은 산고를 겪는 고통을 말하지만 이것은 감옥과 감옥의 놋쇠 빗장이 그리스도를 가두어 놓을 수 없다는 것을 가리키는 죽음의 "속박"일 수 있다. 그는 그것들을 박살을 내셨다. 부활과 승천은 하나님의 보좌 곧 권좌의 영광스러운 영역 안에서 하나이다.

베드로의 나머지 설교는 계속 승리를 노래한다. 하나님의 날이 오고 있는 것을 보았던 선지자들이 이 모든 것을 예언하였다. 이제 하나님의 기름 부음 받은 자 메시야와 사람의 유일한 구주이신 예수 그리스도에게서 그 날이 도래하였다. 설교 전체에서 그리고 사도행전 전체에서 부활하신 그리스도를 강조하고 있다. 끊임없이 계속하는 부활절 메시지는 증거하고 고백하는 교회의 증언이다.

사도행전 제3장

예수 그리스도의 이름으로

3:6. "예수 그리스도의 이름으로 걸으라."

3:14. "거룩하고 의로운 자."

3:15. "생명의 주."

3:16. "그 이름을 믿으므로 그 이름이 너희 보고 아는 이 사람을 성하게 하였나니 예수로 말미암아 난 믿음이 너희 모든 사람 앞에서 이같이 완전히 낫게 하였느니라."

Ⅰ. 역사적 배경

기독교가 세상에 소개됨으로써 사람들의 모든 필요에 대하여 도전을 제기하였다. 처음에 거기에 긍휼과 사랑의 행동이 있었다. 기적이 예수 그리스도의 이름과 능력으로 행해졌다. 오순절 후에 첫열매를 거두었다. 초대교회는 다른 사람들이 가입함으로써 흥왕하여져 갔다. 많은 사람들이 회개하였을 뿐만 아니라 인간의 몸의 필요도 충족되었다. 버림받은 이 사람에 의해 예시된 사회 상태는 매튜 아놀드(Matthew Arnold)가 그 시대의 전체를 충분히 서술한 것에서 또한 설명되었다.

> 그 힘든 이교 세계에 대하여 혐오하고,
> 헤아릴 수 없는 강한 혐오가 엄습하였다.
> 심한 권태와 넌더리나는 정욕으로
> 인간의 삶이 지옥이 되었다.

성전의 미문에 누워 있는 병자에 의해 표시된 사회적으로 버림 받은 자는 교회가 그때 마주쳤던 것과 모든 시대에 교회가 인간의 필요와 접촉할 때 마주쳤던 것의 한 본보기이다: 사회적으로, 육체적으로, 도덕적으로.

II. 용어 해설

기적에 대한 이야기의 문맥은 공부할 수 있는 어떤 사실을 분명하게 보여 준다. 성전과 미문을 알려면 예루살렘 성의 지도를 참조하면 될 것이다. 화려하고 아름다운 성전과 비참한 가운데 있는 그 사람과 대조가 된다. 두들겨 편 놋쇠로 만든 미문은 포도나무 형상으로서 그리스 양식으로 만들어졌는데 금빛 찬란하게 빛났다. 전혀 병이 없는 사람만 통과하게 되어 있었다(레 21:16-24). 사회적으로 버림받은 자는 전혀 환영을 받지 못하였다. 여기는 그리스도께서 영향을 미치는 곳이다.

"제 구시"는 우리로 하여금 어둠의 끝이자 빛의 시작인 십자가의 제 삼시를 기억나게 한다. "올라갈새"는 공적인 예배의 관습, 기도 시간을 말한다.

"베드로와 요한이." 여기서 우리는 어떤 새로운 것을 본다 — 실천적인 사람과 협동의 비법.

"은과 금은 내게 없거니와 내게 있는 것으로." 여기에 수단과 공급의 대조가 있다. 베드로는 가난함에 대해서 사과하는 것이 아니라 금보다 더 큰 어떤 것을 평가한다. 물질적인 것과 영적인 것의 상호 작용을 주목하라.

"나면서 앉은뱅이 된 자." 우리의 주의를 고난과 심신 장애의 삶의 문제로 돌리게 한다. 모든 고난이 다 개인의 죄로 인한 것이 아니다.

"발과 발목이 곧 힘을 얻고"는 제자리에 있지 않던 어떤 것들이 제자리를 찾는 것을 가리킨다 — 관절의 접합. 의사 누가는 의학 용어를 사용하고 있다. 그 사람은 걷기 시작하여 계속 걷고 반복해서 뛰기도 한다.

III. 교리적 의의

긍휼의 행동, 봉사의 방법, 치유하시는 그리스도의 능력이 여기에 있다.

새 삶의 선물이 아무 도움을 받을 수 없는 자에게 베풀어졌다. "모든 이름 위에 뛰어난 이름"의 능력이 중요하다. 기적이 일어난 뒤에 베드로가 그 일을 설명하고 있다. 이것에서 교회사의 최초의 기적은 믿음과 순종을 호소한다.

IV. 실천적 목표

사회의 개선으로 충분하지 않다는 것을 보여주기 위함이다. 사회 개혁은 구제나 양식을 제공하였지만 장애의 상태를 바꾸지는 못하였다. 사회는 버림 받은 자에 대해서 참고 견딘다: 그는 그 문까지 실려 갈 수 있었고 성전에는 들어가지 못하고 바깥에 남아 있었다. 사람의 태도를 변화시키는 복음의 영적 활동이 있기까지는 차별하는 일은 바뀌지 않는다. 이 사람은 예루살렘의 어떤 사람보다도 발목과 발에 관하여 많이 알고 있었지만 걸을 수가 없었다. 오늘날 사회 문제는 그리스도 안에 있는 새사람들에 의해 충족될 수 있다.

V. 설교 개요

제목: **"예수 그리스도의 이름으로."**

도입부

이 책은 예수님이 하시는 일의 속편이다. 모든 사람 가운데 계실 때 시작하신 일을 모든 생명의 전능하신 주님으로서 지금 계속하신다. 육체로 계시지 않고 영적으로 계시는 그는 교회 안에 계신 그의 성령을 통하여 사람들의 필요를 충족시키는 일에 열중하고 계신다. 그리스도는 삶의 모든 행보에 있어서 동시대적이다. 그는 죄인과 소외 계층과 종교인과 교육을 받은 자와 버림 받은 자의 필요를 충족시키신다. 모든 계층, 모든 처지의 사람들은 그가 그들의 영적 도덕적 안녕을 위한 해결책을 가지고 계신다는 것을 깨닫는다. 그 온전해진 사람은 육체적, 정신적, 사회적으로 새롭게 되었다. 모든 것이 "그 이름에" 요약되었다. 그 이름은 그 인물의 호칭이며 보이지 않는 능력의 표현이다. 그러므로 사도행전 3장에서 우리는 기적과 메시지의 관계를 설명한다. 기적으로 인하여 메시지가 준비된다. 메시지는 일어난 일을 설명하고 해석한다. 그리하여 사람들은 전체 삶의 구원과 헌신에 대해서 도전을 받게 되었다. 이 모든 것은 예수 그리스도에게 주신 이름들 혹은 칭호들에 요약되었다.

A. 구원하는 그 이름, 3:6

나사렛 출신의 그분은 그 이름과 칭호에 의해 알려졌다. "예수"는 그의 원래의 이름이다. "그리스도"는 하나님께서 주신 그의 칭호이다. "예수 그리스도"가 어쩌면 더 좋은 표현 방식일 것이다. 하나님의 기름 부음을 받은 구주이신 그는 우리가 직시하는 유일한 분이시다. 신약 성경에서 쓰인 그 이름의 용도를 전부 생각해 보라. 예수란 이름은 "구주"라는 의미이다(마 1:21). 히브리어 요수아에서 취한 그리스어 형태의 "예수"는 여호와가 나의 구주이시다 하는 뜻이다. 그는 자기 백성을 그들의 죄에서 구원하시기 위하여 오셨다. 신적인 계획에 의해 주신 이 이름은 하나님께서 기름 부으신 자의 전체 삶과 사역을 예언하였다. 그는 세상의 죄를 위하여 자기 생명을 버리려고 오셨다. 우리가 이 이름에 관하여 부르는 모든 찬송을 생각해 보자: "구주(Jesus)를 생각만 해도": "나는 갈길 모르니(Jesus, Saviour, pilot me)"; "비바람 칠 때와(Jesus, lover of my soul)"; "예수 부활했으니".

이 이름이 사용되었을 때 신약 성경의 많은 구절들이 금방 떠오른다. 성경 사전을 열람해 보면 깜짝 놀라게 될 것이다. 사도행전 자체가 예수의 이름이 믿음과 결정의 모든 문맥에서 사용되어 있는 풍부한 참고 문헌이다. 우리는 이 이름으로 기도하고 이 이름으로 찬송하고 이 이름으로 경배하고 이 이름으로 구제하고 이 이름으로 봉사한다.

B. 분리하는 그 이름, 3:14

"거룩하고 의로운 자." 놀라운 요소가 소개되었다. 예수님께서 사람들을 자신에게로 끌어오실 때에 어떤 사람은 제외시키신다. 죄인이 회개하고 그에게 가까이 올 수 있지만 회개하지 않는 자는 자신들이 그에게서 분리된 것을 깨닫게 된다. 거룩하고 의로운 분이신 그는 순전하고 진실하신 분이시다. 죄는 그에게서 거할 곳이 없다. 베드로는 이렇게 부르짖었다. "주여 나를 떠나소서 나는 죄인이로소이다"(눅 5:8) — 그가 실제로 어떤 사람인지 그에게 분명하게 보여 준 이 두려운 임재를 느꼈다는 것을 증명한다. 그리스도의 심판은 실재이며 결코 간과해서는 안 된다. 감상적인 그리스도를 다루는 것이 아니라 거룩한 사랑과 열정을 가지신 그리스도를 다루고 있다. 불순한 것을 정결케 하기 위하여 불이 타오른다. 부정함은 거기에 거할 수가 없다. 오직 마음이 청결한 자만이 하나님을 볼 것이다. 예수를 십자가에 못박은 자들은 구주보다 강도를, 자비로운 자보다 살인자를 더 좋아한다. 예수를 부인함으로써 그들은 하나님을 부인하였고, 따라서 가증한 죄의 책임이 있다. 거부함에 있어서 불신앙 혹은 믿지 못함은 최종적인 죄이다.

C. 개척하는 그 이름, 3:15

"생명의 주." 예수님에 대한 묘사는 다양하고 끝이 없다. 개정표준번역(the Revised Standard Version)은 이것을 "생명의 창시자"로 번역한다. 마팻(Moffatt)은 "생명의 개척자"로 번역한다. 물론 예수 그리스도는 생명의 창시자, 시조이시다. 그 안에 생명이 있고 그는 창조자로서 우리에게 생명을 주셨으며 또한 구주로서 영생을 허락하신다. 그렇지만 "개척자"란 말에 암시가 있다. 그는 새롭게 기초를 닦고 새롭게 개척하고 미지를 개척하는 분이시다. 예술이든지 과학이든지 지리학이든지 의학이든지 발명이든지간에 거기에는 개척자가 있다. 이렇게 생각할 때 예수님은 모든 생명의 열쇠이다. 그는 성부 하나님을 계시하시고 사람의 본질을 밝히시고 결코 무절제하지 않은 사랑을 나타내시고 믿는 모든 사람에게 하나님 나라를 설명하셨고 마지막으로 그는 내세를 가리키신다. 죽음의 골짜기와 내세는 구약 성경에서 이것을 거의 말하지 않았던 것처럼 신비스럽고 사람들에게 두려운 것이었다. 영원의 휘장을 살짝 걷어 우리에게 아버지의 집에 "거할 곳이 많음"을 잠깐 보여 주신 분이 우리 주님이시었다. 주님께서 그의 죽음과 영광스러운 부활로써 죽음을 폐하셨을 때 "너희를 위하여 처소를 예비하러 간다"는 것과 생명과 불멸의 약속 때문에 불멸이 복음을 통하여 드러나게 되었다.

D. 완전하게 하는 그 이름, 3:16

"그 이름을 믿으므로 그 이름이 … 성하게 하였나니 … 이같이 완전히 낫게 하였느니라." 그리스도께서 떠맡으실 때까지 생활이 불완전하고 불균형을 이루고 있다. 장애인은 모든 면에서 제한을 받았다: 사회적으로, 육체적으로, 영적으로. 온전케 된 그 사람은 그리스도의 이름의 능력으로 원기가 회복되었다. 기독교 신앙으로 그는 삶이 온전해졌다. 불균형은 사라졌다. 삶이 그리스도의 능력으로 변화되었을 때 실제로 이와 같이 되었다. 여기서 육체적 기적은 삶이 변화될 때의 영적 기적의 예증이다. 오늘날 교회는 사회 문제에 직면한다. 복음은 개인과 가정과 공동체와 관계하는 그 표현에 있어서 사회적이다. 기독교 선교사는 교회의 사귐과 마찬가지로 학교와 병원과 새로운 농업을 소개한다. 영국에서 사회 구제를 개척한 사람은 윌리엄 부스(William Booth)와 샤프츠버리 경(Lord Shaftesbury)이었는데, 그들은 사회주의자도 공산주의자도 아니었고, 인도주의자도 불신자도 아니었다. 복음주의의 복음은 복음주의의 양심을 만들어낸다. "성하게 되고 완전히 낫게 된" 그 사람은 믿음과 영적 구제의 성과이다. 한 사람의 모든 부분이 믿음에 의해 기독교의 삶을 통하여 조정되었을 때 점점 건강한 사회가 된다.

베드로의 메시지는 예수의 이름의 능력으로 나오는 기적을 해석하였다. 다음 장에서는 그것을 싫어한 자들에 관하여 이야기한다. 건강한 몸을 가진 건전한 정신을 모든 사람이 다 원하는 것은 아니다.

사도행전 제4장

기도와 사귐

4:23. "사도들이 놓이매 그 동류에게 가서."

4:24. "저희가 듣고 일심으로 하나님께 소리를 높여 가로되."

4:29. "주여 이제도 저희의 위협함을 하감하옵시고 또 종들로 하여금 담대히
 …."

4:31. "빌기를 다하매 모인 곳이 진동하더니 무리가 다 성령이 충만하여 담
 대히 하나님의 말씀을 전하니라."

4:32. "믿는 무리가 한 마음과 한 뜻이 되어 모든 물건을 서로 통용하고
 …."

Ⅰ. 역사적 배경

앞장에서는 치유의 기적으로 인하여 베드로가 그리스도의 이름에 응답
하는 사람들에게 어떻게 호소하였던가 하는 것을 보여 주었다. 이 이름의
능력은 치유의 기적을 달성하도록 작용하였다. 그러나 믿고 응답한 사람들
이 더러 있었던 반면 대다수는 이러한 행위가 하나님께로부터 온 것이라
는 것을 받아들이지 않았다. 4장에서 첫단락은 관원들 사이에 있었던 이
배척의 정신을 다루고 있다. 베드로와 요한은 치안을 교란하는 자들로 몰
려 감옥에 갇힐 뻔하였다. 사도들은 하나님이 보시기에 옳은 것은 반드시
이루어져야 한다는 자기들의 신앙의 확신을 굽히지 않았다(4:19, 20). 관
원들은 그와 같은 정신에 어찌할 도리가 없어서 그들을 놓아 주었다.

Ⅱ. 용어 해설

그리스도인의 사귐이 이 책 전체에 걸쳐 강조되었다. 이 단락에서는 그

들이 품었던 한 마음의 실례가 나타난다. 그들은 그들의 동역자들에게 갔다 — "그 동류에게." 실제로 "그들은 자기 사람들에게로 갔다." 우리가 속해 있는 동류가 우리를 알고 있다. "일심으로"는 교회의 통일성을 나타낸다. 이것은 모든 사람이 분담하였던 "한 정신과 열정"이었다. 기도가 일치하였고 한 마음으로 동의하였다. "담대함"은 그리스도인의 용기있는 마음이다. 이것은 말의 솔직함으로 표현되었다.

III. 교리적 의의

기도는 기독교의 생명력이다. 이 교리가 이 책 전체에서 나타난다. 교회가 쥐고 있는 유일한 무기가 "전천후 기도"라는 무기였다. 육체의 무기는 있을 수 없었다. 또 다른 중요한 교리는 사귐 또는 교통이다. 코이노니아(사귐)는 삶을 함께 나누는 믿음의 일치에 있는 교회의 가장 풍성한 경험이다.

IV. 실천적 목표

절망에서 용기를 불러일으키고 좌절에서 믿음을 불러일으키기 위함이다. 만일 초대 교회가 위협을 받았을 때 좌절해 버렸다면 세상은 기독교의 증거를 익입힐 수 있었을 것이다. 그들은 박해에 조금도 굴하지 않았다. 관원들이 그들 보고 잠잠하라고 하였지만 잠잠히 있기를 거절하였다. 모든 연령의 사람들이 이것을 알고 있었다. 오늘날 세계 도처에서 박해를 받고 있는 교회들이 많은데, 미국에 있는 우리는 거짓된 관용 때문에 쉽게 침묵하고 있다. 우리는 항상 그랬던 것처럼 지금 그리스도를 증거하기 위하여 거룩한 담대함이 필요하다. 또한 우리는 그리스도 안에서 우리가 하나됨을 증거하는 믿음과 삶을 공동으로 분담하는 은혜가 필요하다.

V. 설교 개요

제목: "기도와 사귐."

도입부

예루살렘의 교회가 커짐으로 인하여 필연적으로 하나님의 인도의 새로운 전개가 있어야 했다. 한 가지 문제는 교회가 공격을 받을 때 어떻게 대처할 것인가 하는 것이었고 또 다른 한 가지는 교회가 다양한 무리를 한 몸 안으로 흡수할 것인가 하는 문제였다. 세상에서 하나의 새로운 사회로서 개인 생활의 새로운 징후가 나타날 것이다. 그리스도 안에서 사는 이 새 삶의 징표는 어떤 것이어야 하는가, 특히 대중 가운데서 어떤 것이어야 하는가? 이것이 최초로 기록된 기도 모임이며 최초로 나타난 형제애이다.

A. 최초의 기도 모임, 4:23-31

이 경우는 분명히 외부의 적이 공격했기 때문에 모이게 된 모임이다. 내부에 있는 사람들의 자발적인 소원 때문에 모인 것은 아니었는가? 외부가 내부에 영향을 미쳤다. 나중에 교회가 12:5에서 기도했던 것처럼 사도들이 관원들의 심문을 받고 있던 동안에 기도하고 있었다는 기사를 읽지 못한다. 이때에는 사도들이 심문을 받고 돌아온 뒤에 교회가 기도하기 시작하였다.

그리스도의 사람들을 공격하는 세상과 기도 모임으로 대응하는 교회를 대조적으로 그렸다. 이것은 위협하는 마음과 정신을 가진 사람들에게는 어리석게 보였을 것이다. 그 기도를 주목하라, — "대주재여"(4:24). 시편 2편에서 취한 요점이 기도에서 그들의 소원을 표시하는 데 사용되었다. 실제로 주님은 창조자이실 뿐만 아니라 대주재로 이야기되었다. 하나님의 주권은 기도에서 확인되었으며 사람들의 행사를 주장하시는 그의 능력에 대한 확신이 표시되었다. 이러한 확신의 기도는 하나님께서 이미 말씀하신 성경에 뿌리를 둔 것이었다. 시편은 실제 상황과 관련이 있는 것으로 적용되었고 하나님을 대적하는 정신은 하나님의 기름 부음을 받은 자를 대적하는 적그리스도의 정신으로 알고 있다.

그 기도의 정신은 보복이 아니라 입증하는 정신이다. 사람들은 위협하지만(4:17, 21, 29) 그리스도인은 하나님께서 손을 내밀어 낮게 하실 것을 기도한다(4:30). 이것은 교회를 공격하는 자들에 대한 교회의 변함없는 대응이다. 복음으로 사람들은 나음과 구원을 받게 된다. 교회는 정죄하기 위한 것이 아니고 구원하기 위한 사명을 가지고 있다. 표적과 기사는 기적을 달리 말하는 것이며, 이러한 것들은 하나님께서 믿음의 기도에 응답하셔서 역사하실 때 기대되었다. 교회는 여전히 서서 하나님의 활동 가운데 하나님의 구원을 본다.

기도의 결과가 땅의 진동과 영혼의 진동으로 나타났다. 기도의 효과는 자연 과학의 관점에서 평가가 불가능하다. 어쩌면 교회가 함께 모였을 때 시편 2편을 노래하여 베드로가 그 시간의 비상 사태에 적용하였을 것이다. 성령이 충만해졌다는 것은 그들이 구한 담대한 정신을 받았다는 것을 암시하였다. 새롭게 받은 하나님의 능력으로 인하여 그들은 불가능한 일을 성취할 수 있었다.

B. 최초의 형제애, 4:32-37

이 새로운 그리스도인 사회에서 성령의 새로운 시대가 나타났다. 공통된 믿음으로 인하여 공통된 삶의 방식이 나타나게 되었다. 그들이 "회중"(무리)으로서 서로 물건을 통용하기 시작하였을 때 형제의 정신이 나타났다.

이 공동 사회의 생활 정신(4:32, 33)은 영적인 경험에 있었던 것이었지 물질적인 관심에 있었던 것이 아니다. 그들이 그리스도 안에서 이 영적인 하나됨 안으로 세례를 받았기 때문에 이와 같이 그 다음 단계로 나아가게 되었다. 그들이 공통된 믿음과 영적 생활의 공동체를 깨달았기 때문에 "그들은 모든 물건을 서로 통용하였다".

이런 공동체 생활의 표현(4:34, 35)은 마르크스와 러시아의 공산주의가 아니었다. 이것은 자발적으로 자기와 재물을 주는 것이었다. 전혀 강제가 아니었다. 이기적이 아닌 사랑이 동기가 되었다. 그 당시 그 행동은 특수한 상황을 위한 것이었고 특별한 필요를 충족시키기 위한 것이었다. 이것이 그리스도인의 생활의 표준이 되어야 한다는 암시는 전혀 없다. 시대마다 그리스도인들은 이런 "거룩한 경험"을 하려고 노력하였지만 큰 성공을 거두지 못하였다. 개인적으로 지금도 이런 일은 계속되고 있다.

바나바의 아낌 없는 마음씨가 이 문맥에서 두드러진다(4:36, 37). "위로의 아들"로 알려진 그는 성령께서 돕는 그대로 따라서 행하였다. 그는 연약한 자들에게 용기와 힘을 불어넣었다. 교회의 보고에 그가 자발적으로 재산과 그의 은사를 드린 것은 모든 시대의 귀감으로 우뚝 서 있다. 나중에 다른 사람들이 어떻게 드렸던가 하는 것도 보게 될 텐데 바나바와 같은 정신으로 드린 것은 아니었다. 그처럼 드리는 연보는 교회 안에서 이기주의와 탐욕과 탐심에 대한 교정 수단이다. 구제와 청지기의 문제는 항상 교회에 있는 문제이다. 어떻게 구제할 것인가? 만일 바나바의 정신이 그 교회에 이해되었다면 참으로 희생적인 행위가 기록되고 영적 생활의 승리가 성취되었을 것이다. 우리는 구제를 이런 것에 비추어 판단하고 시험하면 좋을 것이다.

되돌아보면 이때의 초대 교회는 세상의 맹공격에 대항하는 작은 집단이었다. 주변의 국가와 사회는 그리스도인들에게 전혀 동정심이 없었다. 많은 대적과 박해가 있었다. 교회는 그 시대의 도전에 대처하기 위하여 일찍이 기도와 사귐과 희생적인 구제를 통하여 하나님을 의지하는 것을 배웠다. 전혀 더 나은 수단이 발견되지 않았다. 기도는 하나님의 백성으로 하여금 하나가 되어 똑같은 소원을 가지게 한다. 사귐은 다양한 그룹을 삶을 함께 나누는 한 정신으로 결합시킨다. 구제는 희생에 참여하는 모든 사람의 이상과 시야를 변화시킨다. 그리하여 승리의 길이 교회 앞에 펼쳐졌다. 우리가 "성령 안에" 있을 때 우리는 기도에 의해 이런 사귐에 들어가게 되었고 그리스도인의 참된 통일이 성취되었다.

사도행전 제5장

심판 아래 있는 교회

5:1. "아나니아라는 하는 사람이."

5:2. "그 값에서 얼마를 감추매 … 얼마를 가져다가 사도들의 발 앞에 두니."

5:4. "사람에게 거짓말 한 것이 아니요 하나님께로다."

5:3, 9. "성령을 속이고 … 주의 영을 시험하려 하느냐."

5:11. "온 교회와 이 일을 듣는 사람들이 다 크게 두려워하니라."

5:13. "그 나머지는 감히 그들과 상종하는 사람이 없으나."

5:14. "믿고 주께로 나오는 자가 더 많으니."

Ⅰ. 역사적 배경

그 나라의 전체주의의 권력이 초대 교회의 무대를 지배하였다. 4장에서는 사도들이 그리스도를 증거하려고 하였을 때 위협을 당한 것을 이야기하고 있다. 베드로와 요한이 붙잡혔지만 예수의 이름으로 말하지 말라는 위협만 받고 풀려 났다. 그들이 해야 할 것으로 오직 한 가지가 남아 있었고 그것은 악인들이 어떻게 할 것이라는 것을 충분히 아는 터에서 옳은 것을 하는 것이었다. 예나 지금이나 그리스도인들은 그리스도를 부인하는 정책이나 정부나 사회의 요구에 굽힐 수는 없는 것이다. 소위 기독교라고 하면서 타락한 형태를 취하고 있는 나쁜 종교와 거짓 철학자들은 항상 자유를 위태롭게 한다. 이것은 5장에서 사도들을 두번째로 공격하는 장면이다. 이것과 관련하여 우리는 또한 외부에서 오는 것이 아니라 교회 내부에서 나타나는 방심할 수 없는 악과 위험을 주의하자.

II. 용어 해설

공언한 그리스도인들의 파멸을 상세히 설명하고 있는 이 단락은 참으로 시사하는 바가 크다. 이 사람들은 교회에 속해 있었지만 성령의 능력과는 무관하였는가? 예루살렘의 미숙한 사귐을 통하여 몰아치고 있는 이 갑작스런 악의 광풍을 어떻게 설명하는가? 인간성이 시험을 받았고 인간의 약점과 죄가 여기에 드러나 있다. 이 사람들은 바나바에 관하여 알고 있어서 그가 구제하는 것처럼 하고 싶었던 것 같다.

사도행전 5:1. "… 하는 사람이"로 구절이 시작되어 이전의 장과 끊어지지 않고 완전히 한 줄거리로 연결된다. 이것은 그 두 사람과 그들의 행동의 현저한 차이를 보여 준다. 이름과 인간성이 잘 결합되어 있다 — 위로의 아들 혹은 권위자인 바나바와 위선자 혹은 거짓말쟁이이며 행동을 가장하고 있는 아나니아.

사도행전 5:2. "얼마를 감추매 … 얼마를 가져다가 …"는 너무 흔한 그리스도인의 고백 같은 것을 강조한다. 그것은 "부분적인" 기독교이다. 그리스도는 부분적인 것이 아닌 완전한 헌신을 요구하신다. 도덕적으로 저급한 우리 시대에서는 사람들에게 거짓말하는 것이 용서가 되는 것처럼 보인다. 여기서 거짓말하는 것은 하나님께 죄를 짓는 것으로 간주되었다. 성령에게 거짓말하고 시험하는 것은 영적 생활의 닮은 꼴 죄이다. 이 점에서 우리는 거룩한 분을 근심케 하고 소멸시킨다. "두려워하더라"는 지금은 흔하지 않고, 그렇게 하는 것을 이상하게 여긴다. 교회가 순수하지 않기 때문에 그런 것일까?

사도행전 5:13-14은 아무나 교회에 가입이 허락된 것은 아니지만 진실한 경우에는 환영을 받았다는 것을 말해 준다.

III. 교리적 의의

하나님을 속이거나 하나님에게서 도둑질하는 것은 그리스도인들 사이에서 결코 인기 있는 주제가 아니다. 말라기 선지자는 도둑질에 관해 말하였다. 그러나 하나님을 속이는 것도 비슷하게 정죄를 받았다. 이 단락은 돈 문제에 있어서 하나님께 절대적으로 정직해야 함을 강조하며, 절제된 생활의 표준과 하나님의 심판에 대한 믿음을 강조한다. 심판은 하나님의 집에서 시작한다(벧전 4:17). 세상 앞에서 교회의 변호는 교회가 순결할 때에 비로소 가능한 것이다. 교회가 교회다울 때 능력이 있다.

IV. 실천적 목표

이렇게 함으로써 교회가 모든 수치와 위선을 깨끗이 제거할 수 있고, 또 우리 가운데 모든 비속한 것을 제거할 수 있다. 교회의 성공의 시금석은 과장된 통계치와 거창한 예산과 사회적인 위신에 있는 것이 아니다. 문제는 교회가 확신과 생활에 흠이 없고 그로 인하여 불신 세대에 영향을 미치는가 하는 것이다. 교회가 대적과 맞설 수 있는가?

V. 설교 개요

제목: "심판 아래 있는 교회."

도입부

이 책이 성령을 통한 교회 안의 그리스도의 생생한 임재를 다루고 있는 바와 같이 순결한 교회를 강조하고 있는 것이 분명하다. 교회가 작고 하찮고 부족한 것이 많을지라도 반드시 순결해야 한다. 그것은 오늘날 쉽게 발견되지 않는 이상이다. 하나님 외에는 아무도 그 중심을 들여다볼 수 없으므로 어떤 점으로는 순결한 교회와 같은 것은 없다. 가라지와 알곡이 함께 자랄 것이다. 가짜가 그리스도인의 고백을 가장하여 끼어들 것이다. 그럼에도 불구하고 이 순결이 강조되었다.

A. 위선은 폭로되었다. 5:1-2

우리가 이미 살핀 대로 모든 원수가 다 교회 밖에 있는 것은 아니다. 아나니아와 그의 아내는 교회의 일원이었다. 거짓말하고 속이는 이런 죄가 들어오게 된 동기는 무엇이었을까? 분명히 인간성이 금전에 대한 탐욕과 큰 욕심에 의해 유혹을 받았을 때 교회 안에서 그 인간성은 똑같다. 바나바는 활수하게 헌신적으로 내놓았다. 그의 정신은 건전하였고 사랑에 의한 것이었다. 그런데 아나니아도 그를 열심히 흉내내고자 하였지만 조건부였다. 그는 내놓고서 똑같은 칭찬 혹은 신용을 받으려고 애썼지만 바나바와 똑같은 희생을 하려고 하지 않았다. 바치는 것은 다른 것들과 나란히 평가되어서는 안 된다. 우리는 하나님께 바쳐야 한다. 동기에 의해 도덕이 결정된다. 바치는 것이 은혜에 의해서 복이 되거나 탐욕에 의해 잘못된다. 만일 교회의 기록들이 교회들의 회원들이 바치는 것에 대한 어떤 표시라면 현대의 교회에는 아나니아 클럽에 속한 회원들이 많다.

이 사람은 그의 아름다운 이름을 아주 쉽게 훼손하였다. 아나니아는 "하나님은 은혜로우시다"라는 의미를 가졌지만 이제 그 이름은 "위선자"의 대명사가 되었다. 아무도 자기 자식에게 아나니아란 이름을 붙이지 않을 것이다. 돈은 비도덕적인 물건이지만 그리스도인에 의해 사용되었을 때 돈은 도덕적이거나 비도덕적인 목적을 가지게 된다. 바치는 것의 가치는 바치는 양이 아니라 바치는 사람의 정신과 의도에 좌우된다. 위선은 교회 안에서 두려운 것이다. 원래 이 위선이란 말은 배우 또는 많은 역할을 연기한 사람을 의미하였다. 그리하여 그 변질된 의미는 이제 많은 역할을 맡은 사람 곧 거짓말쟁이이다.

B. 죄의 가증함, 5:3-4

하나님께 거짓말을 하거나 하나님을 속이고 하나님의 것을 탈취하는 것은 두려운 일이다. 그 당시 교회에서 드리는 헌금은 하나의 표현 방식이었다. 헌금은 헌신을 외적으로 나타낸 것이었고 따라서 교회가 드릴 영적 예배를 외적으로 나타낸 것이었다(참조. 롬 12:1). 그런데 아나니아는 그 표현 방식을 모독적으로 사용함으로써 그것을 훼손하였다. 그는 내지 않으면 안 되도록 강요를 받은 것이 아니었다. 이런 식으로 하나님을 시험하는 사람은 말라기에 따르면 하나님의 것에 손을 대는 것이다. "십일조와 헌물"은 그리스도인이 반드시 신중하게 다루어야 하며 율법주의적인 것으로 간과해서도 안 되고 또 일시적인 생각이나 공상에 의하여 끝났거나 끝나지 않은 어떤 것으로 간과해서도 안 된다. 사단이 베드로를 붙잡아 함정에 빠뜨린 것처럼 사단이 그리스도인의 마음 속으로 들어왔다(참조. 눅 22:31). 아무도 안전하지 못하다. 우리의 약점을 원수가 잘 알고 있다. 이것도 그 약점 중의 하나인가? 돈은 권력을 호리고 많은 사람이 권력의 부패에 말려든다. 오직 청지기직을 잘 감당하고 헌신적으로 바침으로써 우리가 안전하다.

C. 가슴이 찢어지는 것 같은 비극, 5:5-11

이 위선이라는 해로운 병은 한 생명으로 끝내지 않았다. 하나님의 심판은 한 가족에게 임하였고, 그 다음에 온 교회에 임하였다. 그렇다면 교회의 능력과 순결은 불결한 것이 남아 있어서는 안 된다는 그런 것이었다. 심판받은 자의 몸을 메고 나갔듯이 불결한 것은 밖으로 던져졌다. 교회가 크게 두려워하였고 또한 이 일을 들었거나 목격한 외부 사람들도 크게 두려워하였다. 죽음이라는 물리적인 심판이 하나님께서 무엇을 하시고 계신지를 아는 베드로의 지식과 통찰과 일치가 되었다.

8절에서 베드로는 아나니아가 둔 돈 더미를 가리켰을 것이다. 삽비라는 그 돈을 보고 그 돈이 무슨 돈인지 알았을 것이다. 그녀는 속임의 동조자였다. 죄는 개인적인 것이지만 어떤 죄는 공동으로 이루어지며 심지어 식구들이 가담하기도 한다. 그 교회를 통하여 가족의 죄는 어떻게 되나? 돈 문제에 있어서 그 가족은 청지기직에 실패한 것인가? 그리스도인 가족에서 드려야 할 것을 누가 결정하는가? 연보나 십일조에 대하여 가장에 의한 어떤 지도가 있는가(고전 16:1)? 또한 자녀들이 그들의 소득의 일부를 드리는 훈련을 받는가? 록펠러 가족은 그렇게 드리도록 훈련받았고 오늘날 무수한 것을 드리는 청지기들이다.

우리 시대의 교회는 재원이 부족하기 때문에 지장을 받는다. 교인들의 수입이 적은 것이 아니라 보통 평균 이상이다. 정직과 절약과 부지런함과 노동과 신뢰성, 이런 것들이 세상에서 사는 그리스도인의 일상 생활과 관련되어 있다. 만일 소득이 있는 모든 그리스도인이 자기 소득에 맞게 하나님께 드렸다면 보고에 절대로 부족할 리가 없다. 사치와 방종은 점점 증가하지만 헌물은 많이 늘어나지 않는다. 하나님은 그 교회를 심판하시는가? 어디에 우리의 능력이 있는가? 이런 영역에서 우리는 순수하지 못한가? 구약 성경의 아간과 신약 성경의 아나니아가 서로 대비가 된다.

결론

12-14절은 이 단락에 대한 주석이자 결론이다. 하나님의 심판의 결과로 교회 안팎의 사람들에게 두려움이 임하였다. 그 교회는 불순한 것에서 정화되었다. 주변 사회가 체질되어서 저울에 달려 부족함을 뵈었다. 신적인 금지에 의해 전적으로 헌신하지 않는 사람들은 교회에 연합하지 못하였다. 오직 온전히 헌신한 사람만이 그 사귐에 들어가게 되었다. 반대와 핍박의 폭풍을 지나서 앞으로 나아가기 위하여 교회는 다수에 의해서가 아니라 선택된 사람에 의해서 강화되었다. 이것이 교회이다라는 것이 사도행전에서 맨 처음 에클레시아라는 말이 사용된 11절에서 암시되었다. 이를테면, 하나님의 백성은 부름을 받아 하나님의 총회를 구성하는 자들로 보았다.

사도행전 제6장

교회 질서

6:1. "그 때에."
6:1. "제자가 더 많아졌는데."
6:2. "열두."
6:3. "이 일을 저희에게 맡기고."
6:4. "기도하는 것과 말씀 전하는 것."
6:5. "믿음과 성령이 충만한 사람 스데반."
6:6. "사도들 앞에 세우니 사도들이 기도하고 그들에게 안수하니라."
6:7. "하나님의 말씀이 점점 왕성하여 예루살렘에 있는 제자의 수가 더 심히 많아지고."

I. 역사적 배경

초대 교회가 커가고 발전함에 따라 지도력과 정치의 문제가 발생하였다. 오늘날 조직도 없고 복잡한 체제처럼 보이는 총체적인 책임도 없는 교회를 열망하는 이들이 더러 있다. 그러나 그렇게 하는 것은 심지어 맨 처음 교회도 때때로 가정들에서 모이는 모임으로만 남아 있을 수 없었다는 사실을 외면하려는 것이다. 하나님께서 외부 사회에서 신자의 수를 더하게 하셨기 때문에 증가로 인한 문제가 발생하였고 반드시 그 문제를 해결하지 않으면 안 되었다. 교회 안의 새로운 생활로 인하여 봉사의 계획이 확대되었다. 본의 아니게 사도들은 자신들의 보살핌을 받고 있는 과부들을 충분히 배려하여 공궤하지 못하게 되었다. 이 과부들이 매일 식량 배급에서 빠지게 되어 불평함으로써 이 단락에서 약술된 그러한 결과를 초래하게 되었다. 물질적인 사정으로 인하여 전체 교회가 새로운 영적 은혜를 받게 되었다.

II. 용어 해설

"그 때에"란 한 마디 말로 참으로 인상적으로 이 상황을 잘 소개하고 있다. 어떠한 때에? 그 때는 핍박 아래서 교회가 흥왕하고 있는 것을 기록한 5장의 때였다. 교회의 진행은 일곱 군데에서 요약하여 나타났다(행 2:47; 5:14-16; 6:7; 9:31; 12:24; 16:5; 19:20). 하나님의 심판으로 교회의 순결이 입증되었고 이제 교회가 증가하게 되었다. "제자"와 "열둘"을 비교하라. 제자는 초보자, 학습자, 학생, 학자, 회심자이다. 사도는 주께서 뽑으셔서 당신과 함께 있도록 하시고 그 다음에 교회의 전도 사역에 파송하신 열둘 중의 하나이다.

사도행전 6:3: "이 일." 경건한 사람들 중에 교회의 사무적인 측면을 도외시하는 경우가 종종 있다. 이것은 소위 영적인 것과 대조되는 것으로서 세속적인 것이 아니다. 크레이아는 "필요"나 "직위"를 의미한다. 예배를 희생시키는 것이 아니라 예배 외에 해야 할 일이 있다. 예배에는 봉사가 따른다. "기도하는 것과 말씀 전하는 것"은 사도로서 세움을 받은 자들의 특수한 임무를 간추려서 말하는 것이다. 도고와 말씀에 대한 해명은 함께 이루어진다.

사도행전 6:5. "택하여." 회중으로부터 일곱을 선택한 인간의 결정은 하나님의 뜻에 인도를 받았다. 오직 하나님께서 자격을 주시고 선택하신다.

사도행전 6:6. "사도들 앞에 세우니 사도들이 기도하고 그들에게 안수하니라"는 이 사람들을 직위와 직무를 위해 따로 세우는 데에 따르는 절차를 암시한다.

사도행전 6:7. "하나님의 말씀이 점점 왕성하여 예루살렘에 있는 제자의 수가 더 심히 많아지고"는 하나님의 뜻에 복종한 결과를 말한다. 하나님의 말씀에 근거를 둔 회심자들은 신적인 셈에 포함되었다.

III. 교리적 의의

사도행전 4:33은 "큰 권능과 큰 은혜"를 말하는데 이제 이러한 것들이 여기 6장에 나타난 것을 생산하기 위하여 작용하였다. 증거의 힘은 증가된 회심의 은혜를 가져왔다. 교회가 증가함으로 조직이 필요하게 되었다. 맨 처음에는 단순했지만 이 조직은 교회의 신약 성경 프로그램 내내 발전하였다. 심지어 신약 성경 이후에도 교회는 계속 조직되어 갔다. 교파마다 가지고 있는 독특한 조직의 어떤 근거가 여기에 그 뿌리를 두고 있다. 믿음뿐만 아니라 교회의 질서에서도 성령에 의한 교리의 발전이 있는가?

IV. 실천적 목표

과부와 고아와 같이 고통 가운데 있는 가난한 자들을 먹이고 소외된 자들을 돌보는 것이 세속적인 사역이 아니라 영적인 사역이라는 것을 보여주기 위함이다. 교회는 세속의 일과 연루되어 있다. 처음에는 교회가 사역자를 구별하여 세우는 것에 특별히 유의하였지만 각기 하나님의 복과 은혜에 의해 승인되었다. 우리가 실제적일 때 우리는 참으로 영적이다.

V. 설교 개요

제목: "교회 질서."

도입부

사도행전 9:41과 디모데전서 5:3, 9-11, 16은 교회의 여인들에 대한 배려의 발전의 배경을 제공한다. 일세기 사회는 여인들, 특히 과부에 대한 배려가 전혀 없었다. 기독교 윤리는 가난한 자와 불행한 자를 부양하였다. 이러한 상황에서 교회는 지금은 세계적으로 시행되는 자선 프로그램을 시작하였다. 이것에 비추어 볼 때 돌본다는 것은 더 이상 임시적인 말이 아니다. 과부와 고아와 노인과 병자와 가난한 자를 구제하고 원조하는 일을 개척한 것은 바로 교회이다. 어떤 정부 기관이 대신하기 오래 전에 병원과 자선 단체는 이런 정신에서 시작되었다. 이런 실천적인 활동에서 교회 생활과 사역에 필요한 새로운 질서와 지위가 탄생되었다는 것은 기묘하다. 특별히 집사에 대해서 생각하라.

A. 선택과 자질, 6:2-5

선택 방식에 관한 지시를 받았다. 교회가 모두 소집되었기 때문에 이것은 민주적인 절차였다(6:2). 그때에 사도들의 지도하에 선택될 만한 사람들을 생각하였다(6:3). "너희 가운데서 … 택하라"는 것은 교회 안에 있는 사람들만이 적임자라는 것을 암시하였다. 자질은 중요하였는데, 나중에 교회가 이 초기 단계에서 더욱 발전하였을 때 디모데전서 3장에서 바울이 이 문제를 이야기한다. 이 자질에 대해서 유의하라:

(1) 성실.

"선한 증거"는 평판이 좋은 것을 말한다. 나중에 바울은 "단정하고" 일구이언을 하지 아니하고 온화하고 절제하는 사람이어야 하는 것을 말한다. 돈을 바르게 사용하고, 마약 등에 취하지 않고 건전한 사회생활을 해야 한다. ― 이 모든 것이 중요하다. 자질을 갖추기 위하여 그리스도인으로서의 확신을 가지고 있는 겸손한 사람이어야 하고 신뢰성에 있어서 평가를 받아 입증이 되어야 하고 책망할 것이 없어야 한다. 만일 기혼자라면 그 당시의 풍습이 어떠하더라도 그는 반드시 한 아내의 남편이어야 하며 그 아내는 험담을 듣는 사람이어서는 안 되고 당황하지 않고 사역하는 자기 남편을 잘 보조하여야 한다.

(2) 현명함.

지혜가 여러 방식으로 해석되었다. 지혜는 어떤 정신적인 예리함과 이해뿐만 아니라 삶에 대한 상식적인 태도도 가리킨다. 이것은 의견이 다른 사람들을 대처하는 기지인가? 이것은 또 다른 관점을 보여 주고 결정해야 할 문제에 관하여 편견 없이 생각하는 능력인가? 이것은 사업적인 판단력을 시사한다: 현실적이므로 실천적인 방법으로 봉사하고 사람의 필요를 채워 줄 준비가 되어 있다. 사람은 경험을 통하여 많은 것에서 슬기로워지기 때문에 초신자를 임명해서는 안 된다.

(3) 영성.

"성령 충만"하게 되는 것이 필요하다. 사도와 교사는 이러한 영성을 부여받은 것으로 생각되었다. 그러나 사업가, 청지기, 안내인, 집사, 성직이 아닌 일로 교회를 섬기는 사람들은 반드시 그런 것은 아니다.

B. 안수, 6:6

회중이 선택한 뒤에 사도들이 교회의 집사 혹은 종의 직분을 위해 이 일곱 사람들을 구별하여 세웠다. 이 경우의 표준적인 태도가 이후의 교회 관례가 되었다(참조. 딤후 3:8-13). 안수식은 교회 질서에서 그룹마다 다양한 것이다. 회중이 투표로써 그들에게 직분을 맡겼다는 사실에 의해 그들의 새로이 임명된 직분자들을 충분히 인정하고 전혀 임직 예배를 행하지 않는 교단들도 있다. 만일 그렇게 되면 투표한 결과를 간단히 선언함으로써 직분에 임명된 것이 표시되고 그리하여 그 사람들은 이제 직분을 맡은 사람으로 인정된다. 그러나 회중 앞에서 직분에 임명하고 직분을 받은 사람들에게 성스러운 직분의 임무를 수행하기 위하여 공적으로 그들의 믿음을 고백하고 엄숙히 서약하게 하는 이 초기 사도적 관례를 신중하게 취하는 교단들도 있다.

(1) "사도들 앞에 세우니."

이것은 회중의 행동과 선택이었다. 사람들은 민주주의 방식으로 그들의 선택을 표시하였고 이것이 그들에 대한 하나님의 뜻이라고 믿었다. 사도들은 그들의 "기도하는 것과 말씀 전하는 것"의 특수한 사역 때문에 지도력이 있는 것으로 인정되었다. 집사들을 구별하여 세우는 것은 사도들의 행동이었다.

(2) "사도들이 기도하고."

기도가 임명식에서 중요하였다. 여기서 기도는 어떤 은혜를 주었던 것이 아니라 전체 교회를 대표한 사도들을 통하여, 안수 행위에서 전체 교회와 결합시켰다. 기도는 하나님께서 집사인 이 사람들에게 하나님의 은혜를 내려주시기를 간절히 비는 것이다. 기도는 하나님의 은혜와 능력이 없으면 그들이 헛되이 수고할 것이라는 것을 암시하였다.

(3) "그들에게 안수하니라."

이러한 행위에서 하나님의 주관하에 이 집사들이 이제 따로 세움을 받았다는 사실이 상징적으로 나타났다. 그들은 교회의 질서 속에서 하나님께 대하여 성별되었고 그들의 새로운 직분을 위하여 구별되었다. 교회 질서는 효과적인 전도와 교회 사역을 위하여 중요하다. 무질서는 하나님께 복을 받지 못한 것이다. 질서는 하늘의 최초의 율법이다. 안수하는 것은 어떤 은혜나 능력이나 공로가 어떤 전달하는 방식으로 베풀어졌다는 것을 암시하지 않았다. 그것은 단순히 이 사람들이 회중들에 의해 독특한 사역을 하게 되는 것으로 인정되어야 한다는 것을 의미하였다. 하나님이 택하신 것을 이제 그들이 받았다.

C. 훌륭한 교회 질서의 결과들. 6:7

하나님의 사람들을 택하심이 재가되었기 때문에 교회는 능력과 영향력이 증가하면서 전진하여 갔다. 복음의 진리인 하나님의 말씀은 널리 퍼져 나갔고 많은 사람들이 그 말씀을 받아들였다. 새로운 회심자들인 제자들이 신자의 사귐에 가입하였다. 교회가 더욱 커지고 그 사역이 예루살렘뿐만 아니라 팔레스타인 전체로까지 확장되었다. 그러나 예루살렘에서 유대인 지도자들 중에서 많은 사람이 믿었다는 것을 유의하는 것이 중요하다. 예수님께서 배척당하여 십자가에 달리셨던 그곳에서 이제 많은 사람들이 그의 이름을 믿게 되었다.

교회는 신적으로 인도를 받은 선택에 의해 신령한 집사들을 주었고 하나님은 증가된 회원의 고무적인 결과를 주셨다. 교회가 헌신적인 지도력에 의해 인도를 받은 곳에서는 어디서나 교회가 온 세상을 향하여 나아간다.

사도행전 제6, 7장

기독교 순교자

6:8. "스데반이."
6:8. "권능 … 큰 기사와 표적."
6:9. "각 회당에서 어떤 자들이."
6:10. "스데반이 지혜와 성령으로 말함을 저희가 능히 당치 못하여."
6:14. "우리가 들었노라 하거늘."
6:15. "다 스데반을 주목하여 보니 그 얼굴이."
7:1. "이것이 사실이냐."
7:2. "영광의 하나님의 그에게 보여."
7:6. "하나님이 또 이같이 말씀하시되."
7:8. "언약을 아브라함에게 주셨더니."
7:9. "하나님이 저와 함께 계셔."
7:30. "천사가 시내산 광야 가시나무떨기 불꽃 가운데서."
7:32. "나는 네 조상의 하나님."
7:37. "나와 같은 선지자."
7:38. "광야 교회."
7:38. "생명의 도."
7:44. "광야에서 … 증거의 장막."
7:48. "지극히 높으신 이는 손으로 지은 곳에 계시지 아니하시나니."
7:52, 56, 59. "의인 … 인자 … 주 예수여."

I. 역사적 배경

새로 임명된 집사들을 가진 교회는 예수 그리스도에 관한 모든 것을 증거하는 중이었다. 이것이 반대에 부딪혔다. 일곱 집사 중에 스데반이 있었다. 집사들 모두가 희랍어 이름을 가졌다. 회당에 헌신적인 유대인들이 새로운 운동에 반기를 들었는데 이는 이 운동이 그들이 물려받은 전통과 종교를 손상시켰기 때문이다. 기독교 신앙은 유대교가 꽃이 핀 것이며 히브리적 배경의 결과이지만 그 당시 유대인들은 메시야이신 예수 그리스도에게서 약속과 성취의 관계를 깨닫지 못하였다. 깨달은 자들은 제자가 되었다: 깨닫지 못한 자들은 교회와 상극으로 남아 있었다. 이러한 배경에서 스데반이 기독교의 대변인이 되었다.

II. 용어 해설

중요한 진리를 상세히 설명한 단락이다. 집사로 알려진 "스데반"은 이제 복음 전도자와 새로운 교회의 최초의 순교자이다. 한 인간으로서 그의 성품이 두드러진다. 그의 메시지는 분명하다. "기사"는 세 가지 방식으로 서술되었다. 발휘된 능력과 증거하는 사람의 기적과 하나님으로부터 오는 표적으로 서술되었다. 성전 예배를 대신한 "회당"으로 인하여 히브리인의 생활과 예배에 중요한 특징이 나타난다. 사람의 모임인 쉬나고게(회당)는 예배와 생활의 민주주의를 발전시켰다. 이후에 교회에서 회당 방식을 어느 정도 취하고 있다. "저희가 능히 당치 못하여"는 사람들이 하나님과 싸울 수 없다는 것을 발견하고 마침내 보이지 않는 신비한 다른 능력을 깨닫게 된다는 것을 암시한다.

"이 사람이 … 말하는 것을 우리가 들었노라." 소문이 압도하는 경우가 허다하다. 진실이 반드시 우리가 생각하는 것이 말해졌다는 것은 아니다. "이 나사렛 예수가 … 헐고 … 고치겠다." 마음에 편견이 가득하고 그로 인하여 악한 행동이 유발된다. 진리의 왜곡이 선전으로 이용되었다. 예수님은 생명을 더 풍성히 주기 위하여 바꾸고 파괴시켰을 뿐이었다. "그 얼굴"은 모든 사람이 보았던 광경으로 내적인 감정과 확신의 힘을 반영하고 있다. 사람들은 우리 안에서 무엇을 보는가? "이것이 사실이냐?" 이것은 토의와 논쟁을 시작하게 하는 유력한 질문이다. 당신이 말하고 믿는 바를 증명하라. "영광의 하나님." 하나님은 참으로 장엄하시다. 여기에 계시가 가정되었다. 하나님이 나타나셨다. 사람은 스스로 발견하지 못하였다. "가라사대." 진리가 계시되었고 하나님이 말씀하시는 가운데 행하신다. 말씀(The Word)은 규범적이다. "언약을 … 주셨더니." 하나님은 모든 세대에서 언약을 지키시는 하나님이시다. "하나님이 저와 함께 계셔." 신적인 섭리가 임재로써 인정되었다. "불꽃 가운데서." 불타는 가시나무떨기는 신적 임재의 상징이며 우리는 하나님의 본성의 거룩한 불로 소멸되지 않았다. "네 조상의 하나님." 모든 세대 사람들이 우리가 알고 있는 바로 그 하나님을 알고 있다. 과거와 우리의 영적 유산은 절대로 부인될 수 없다.

"선지자." 모세가 하나님이 보내신 하나님의 대변자였던 것처럼 그리스도도 그러할 것이다. "광야 교회." 즉, 에클레시아. 신약의 교회는 구약의 교회와 연결되어 있다. 성막을 빙 두르고 있는 그 총회는 이 세상 광야에 "거하시는" 그리스도를 중심으로 하고 있는 총회의 그림자이다(요 1:14). "생명의 도"는 기록된 영원하신 하나님의 말씀을 말한다. 살아 있는 성경 로기아가 하나님에 의해 계시되었고 생명으로 만들어졌고 구약과 신약 성경의 문헌 속에 새겨졌다. "증거의 장막." 이와같이 그것은 진리에 대한 증거를 지니고서 증거를 위하여 치고 있는 가죽 장막이었다. 거슬러 올라가서 이것을 언급해야만 신약 성경의 대부분 내용을 이해할 수 있다. "손으로 지은 곳에 계시지 아니하시나니." 하나님의 편재하심은 어떤 장소나 성소와 관계없이 영적 예배에서 받아들여진다. "의인 … 인자 … 주 예수여." 모든 이름 위에 뛰어난 그 이름에 대한 이해는 사람마다 많이 다르다.

III. 교리적 의의

그리스도인이 교회를 대적하는 자들과 최초로 논쟁한 것이 여기에 나타난다. 진리의 선포는 설교와 가르침에 의해 이루어졌다. 증거하는 사람은 이야기하는 사람이라는 뜻이다. 말씀이 없어서는 안 될 것이다. 그러나 진리에 대하여 논쟁을 하거나 변증을 하거나 옹호할 때도 있다. 더 최근의 예로 종교개혁을 생각하라. 그리스도인은 진리를 변호한다.

IV. 실천적 목표

그리스도인이 증거하는 목적은 모두 사람들을 회개시키기 위함이다. 증거에는 맨 먼저 죄를 깨닫게 되고 그리하여 그 증거를 들은 자는 자기가 그릇되다는 것과 진리가 자기에게 명령하는 것을 깨닫게 된다. 성령의 역할은 세상으로 "죄를 깨닫게" 하는 것이며(요 16:9) 여기 스데반의 연설은 그런 목적에 사용되었다. 만일 그가 회당에서 말하였고 사울과 거기 참석한 다른 사람들과 변론하였다면, 그는 충분히 충전되어 힘을 발산하는 전지와 같았다(6:10). 7:51에서 스데반은 있는 힘을 다해 그리스도의 원수들을 고소하고 있다. 그들은 진리에 순종하든지 아니면 반대하든지 해야 한다는 것을 깨닫게 되었다.

V. 설교 개요

제목: **"최초의 기독교 순교자."**

도입부

이 단락은 이 한 사람 스데반의 삶과 사역에 집중되어 있다. 전기(傳記)를 다루는 솜씨가 아주 뛰어나고 요점이 명확하다. 우리는 초기 삶이나 배경에 관해서는 거의 아는 바가 없고 단지 그가 그리스도인이었다는 것만 알 뿐이다. 그는 집사 혹은 교회의 종으로 선택됨으로써 "구제하는 일" 이상의 사역을 하게 되었다. 여기에 말하는 능력의 은사를 받아 그것을 사용한 한 사람이 있었다. 그는 그리스도를 증거하는 평신도이다.

A. 사람, 6:8-15

일곱 집사 중의 한 사람으로 교회에 의해 따로 세움을 받은 스데반은 이 한 가지 현저한 봉사에 특출함을 드러냈다. 그가 사람들 사이에서 행한 큰 기사와 표적에 대한 언급은 나오지 않고 다만 그의 믿음과 능력이 언급되었다. "믿음"은 여기서 은혜이어야 한다(개역 한글판에서는 "은혜"로 번역되었다 — 역자 주). 그것은 그의 믿음이 아니라 그의 생활에서 현저한 하나님의 은혜였다.

그는 믿음의 적들에게서 공격을 받았지만 흔들리지 않고 복음을 변증하였다. 그는 그의 적들이 그를 이기게 되면 참람하다고 정죄를 받든지 아니면 돌에 맞아 죽임을 당할 위험에 처하게 된다는 것을 잘 알고 있었다. 그에 대한 고소는 특별히 두 가지였다: 성전을 모독하는 것과 모세의 규례를 고치겠다는 것. 그는 이러한 고소에 대해서 죄가 있다거나 혹은 죄가 없다고 변명을 해야 했다(7:1). 스데반은 역사적인 방법으로 대답하였다.

B. 메시지, 7:1-53

우리가 대략 이 긴 연설을 살펴본 대로 이것이 통상의 회당 연설을 그대로 따르고 있는 것을 알 수 있다. 히브리 역사의 두 시대가 인용되었다: 족장 시대(7:1-8)와 이스라엘의 시대(7:9-50). 역사적 개관의 가치는 부인될 수 없다. 사건과 메시지로써 과거를 훑어봄으로써 진리를 두드러지게 드러낸다. 사람들은 사람들의 생각과 행동에 변화를 일으켰던 인과 관계의 사건으로부터 배운다. 역사는 신적 섭리의 전개이다. 사람들이 과거 시대의 사건에서 무엇을 보든지간에 그리스도인은 하나님의 손길을 찾아내고 우리의 유익을 위하여 역사하는 신적인 보살핌과 계획을 본다. 하나님은 주권자이시며 그 주권은 변치 않는다.

성경을 이렇게 능란하게 해석함으로써 스데반은 교회를 공격한 자들에게 자신과 자신의 믿음을 변호하였다. 역사를 요약함으로써 스데반은 하나님께서 이스라엘로 하여금 메시야를 기다리도록 하신 것에 대해서 주의를 환기시켰다. 그의 말을 들었던 사람이 모두 이해하였거나 분명하게 그의 말의 취지를 깨달았던 것은 아니다. 영광의 하나님, 아브라함의 하나님, 언약의 하나님, 모세의 하나님을 믿는 그의 믿음을 고백하였을 때 그는 참람하다고 고소한 것에 대해서 반박함으로써 시작하였다(7:2). 하나님의 주장하심이, 거듭거듭 그들의 언약에 대해서 진실하지 못하고 그들의 하나님께 불충하였던 히브리 백성의 사건들에서 나타났다.

C. 순교자, 5:54-60

메시지의 적용이 스데반에 의해 명백한 말로 이루어졌다. 그 말은 예리하여 골수까지 파고든다. 그의 청중들은 한 떼의 늑대처럼 이빨을 드러내고 그에게 으르렁거렸다.

스데반의 신앙은 위기시에도 확고하다. 그는 흔들리지 않는다. 협박에도 그는 굴하지 않는다.

그는 하나님의 우편에 계신 그리스도를 환상으로 보게 되었다. 그 주권으로 인해 그는 돌을 맞으면서도 견디었다. 돌에 맞아 죽은 그의 죽음은 영향을 주었다. 보았던 사람들 중에는 비록 돌을 던지지는 않았을지라도 연루되었던 다소의 사울이 있었다. 이것은 사울이 회심하기에 이르는 죄를 자각하는 긴 날들의 시작이었다.

순교자가 되는 것은 증인이 되는 것을 의미하였다. 순교자에 대한 개념이 바뀌어서 대의를 위하여 죽음을 당하는 사람을 의미하게 되었다. 그러나 처음에는 그렇지 않았다. 그때에는 한 사람이 순교자(증인)였기 때문에 죽었다. 그가 죽었기 때문에 순교자가 아니었다. 이것은 사도행전 1:8과 관련이 있는데, 거기서 예수님은 "증인 순교자들"이 되게 하기 위하여 그의 제자들을 보내셨다. 돌로써 진리를 침묵시키지 못한다. 박해로써 믿음을 없애지 못한다. 죽음으로도 증거를 없애지 못한다. 스데반의 희생으로 사울이 구원을 받게 될 것이다. "순교자들의 피가 교회의 씨앗이다"(터툴리안).

사도행전 제8장 (1)

증거하는 교회

8:1. "교회에 큰 핍박이 나서."

8:1. "사도 외에는."

8:1. "모든 땅으로 흩어지니라."

8:2. "스데반을 장사하고 위하여 크게 울더라."

8:3. "교회를 잔멸할새."

8:4. "그 흩어진 사람들이 두루 다니며 복음의 말씀을 전할새."

8:5, 25, 26. "빌립이 사마리아 성에 내려가 … 여러 촌에서 … 광야라."

8:5. "빌립이 … 그리스도를 백성에게 전파하니."

8:9, 13, 19, 21, 22. "큰 자라 … 시몬도 믿고 세례를 받은 후에 … 이 권 능을 내게도 주어 … 네 마음이 바르지 못하니 … 회개하고."

8:12. "빌립이 하나님 나라와 및 예수 그리스도의 이름에 관하여 전도함을 …."

8:14, 17. "하나님의 말씀을 받았다 함 … 성령을 받은지라."

I. 역사적인 배경.

"생각한 바를 말하는 본능이 없는 종교는 하나님으로부터 발생하지 않는다." 초대 교회는 교회의 지도자들이나 사도들이 그리스도의 증인이 되는 것으로 만족하지 않았다. 모든 교회 회원들이 복음 전도의 정신으로 가득 찼던 것 같다. 그러나 이러한 동인을 조성한 지역적인 사정들이 있었다. 원수들이 나시 공격적으로 박해를 가함으로써 교회는 새로운 지역을 개척하지 않으면 안 되었다. 그들은 예루살렘에서 쫓겨나서 사마리아와 다른 지역으로 흩어졌다. 이렇게 사도행전 1:8의 대사명은 신적인 주권하에 수행되었다.

II. 용어 해설

7장의 마지막 구절은 불길하다. "사울이 그의 죽임 당함을 마땅히 여기더라"는 그때에 팽배했던 반그리스도적인 정신을 단적으로 말해 준다. 그다음에 교회의 핍박에 관한 이야기가 나온다. "큰 핍박"은 일시적인 사건이 아니고 적들이 어린 교회를 쓸어 없애려는 철저히 계산된 것이었다. "교회를 대적하는 것"에는 "주와 그 기름 부음 받은 자"를 대적하는 정신이 있다(시 2:2). 나중에 사울이 회개하였을 때 그 자신이 이 사실을 깨닫게 되었다(행 9:5). 교회를 대항하여 싸우는 것은 바로 그리스도를 대항하여 싸우는 것이었다. "모든 땅으로 흩어지니라." 온 교회가 핍박을 당하여 모든 땅으로 흩어졌다. 지금까지는 주로 교회가 예루살렘에 있었지만 이제 그 교회가 흩어지게 되었다. "사도 외에는 다"는 하나님께서 모든 지체들이 복음을 전도하시기를 원하신다는 것을 암시한다. 전문적인 집단이나 계층이 이 사역을 맡아서 한 것이 전혀 아니었다. 선교의 신적인 전략이 여기에 있다.

그들이 "두루 다니며 말씀을 전할새"는 하나님께서 어떻게 환경을 이용하셔서 당신의 세계 선교의 목적을 이루시는가 하는 것을 나타낸다. 말씀은 수확을 가져오는 씨이다. 일찍이 예수님께서 수가 성에서 뿌린 씨가 곧 수확될 것이었다. "사람들이 스데반을 장사하고 위하여 크게 울더라 … 교회를 잔멸할새"는 악한 행위의 무서운 본성을 강조한다. 교회가 크게 울 때에 적은 더욱 공격을 가하였다. 교회가 종종 완전히 섬멸되는 것처럼 보인 때에도 견디어 냈다.

"성 … 촌 … 광야"는 다양한 영역에서 행한 복음 전도를 말한다. 그러나 어디서 전하든 그것은 동일한 메시지이다. "빌립이 그리스도를 백성에게 전파하니." 그리스도를 전파하는 것과 하나님 나라를 전파하는 것의 연결을 유의하라. 이 둘은 동일한 것인가? 어떤 요소가 다른가? 빌립은 사자로서 그리스도의 위격을 전파하고(에케루센) 복음 전도자로서 그 나라의 일들을 전한다(유앙겔리조멘). "자칭 큰 자." 교회에 들어와 세례를 받은 이 사람은 마음이 바르지 못하였다. 교회는 모든 사람이 실로 그리스도에게 속한 것인지 확신할 수 없다. "하나님의 말씀을 받았다 … 성령을 받는지라." 이것들은 똑같이 중요하다. 둘 중 하나만 있으면 온전한 그리스도인의 경험으로서는 부족한 것이다. 성령은 말씀을 조명한다.

III. 교리적 의의

하나님은 환경을 이용하셔서 교회를 위한 당신의 계획과 목적을 이루신다. 신적인 섭리는 스데반의 순교와 교회의 박해를 주관하시는 데에서 나타났다. 사람들은 하나님을 대적하여 계획을 세우지만 하나님은 그들의 시도가 수포로 돌아가게 하시고 하나님의 소유를 위하여 주권적인 은혜로써 일하신다. 복음의 승리는 이루어지고 있었던 것을 암시한다. 하나님은 스데반과 빌립 같은 사람들을 쓰시지만 또한 교회의 무명의 회원들을 쓰셔서 그들로 하여금 하나님의 말씀의 씨를 뿌리게 한다.

IV. 실천적 목표

스데반뿐만 아니라 온 교회가 "순교자" 곧 증인이라는 것을 보여주기 위함이다. 이 교회는 순교하는 교회 곧 증거하는 몸이다. 그 다음에 우리가 있는 곳에 한정되지 않고 온 세상에 복음이 전해져야 한다는 것을 보여준다. 그런 다음 하나님께서 어떻게 선으로 악을 이기시는가 하는 것을 보여준다. 비극은 하나님의 섭리에 봉사하게 되어 있다. 스데반은 부르심을 받아 갔지만 앞으로 사울이 등장할 것이다. 교회가 흩어지게 될 것이나 그로 인하여 복음이 온 세상에 뿌려질 것이다.

V. 설교 개요

제목: "증거하는 교회."

도입부

오늘날 세계 상황에서 그리스도인의 고난과 순교에 관해 문제가 제기된다. 많은 나라에서 우리는 교회를 공격하는 악한 영의 부활을 보고 있다. 이것은 특히 콩고와 남아메리카와 중국 공산주의 치하에 있는 어린 교회들의 현실이다. 사도행전은 초기 그리스도인들이 고난의 시련을 경험한 것에 대해서 적절히 밝혀 준다. 결과가 무엇이든 교회는 증거하는 사람으로 알려지고 나타나야만 한다. 그리스도인은 그리스도가 구주와 생명의 주이심을 증거한다. 이 메시지에는 절대로 타협이 있을 수 없다. 원수는 이것을 배척하고 반대할 것이지만 그리스도인들은 하나님의 때에 그 씨가 결실하여 추수하게 될 것을 알고 참고 견디면서 결과를 감수해야 한다.

A. 첫 선교 ─ 교회의 복음 전도, 8:1-8

예루살렘의 박해로 인하여 그리스도인들은 팔레스타인의 사방으로 쫓겨가게 되었다(8:1-4). 사마리아가 그 다음으로 복음을 받아들이고 있었다. 집사이자 복음 전도인 빌립이, 그의 주인이 일찍이 씨를 뿌렸고(요 4:35) 또한 버림받은 여인들이 씨를 뿌렸던 이 경시된 지역에서 추수를 하였다. "무리가 빌립의 말도 듣고 행하는 표적도 보고 일심으로 그의 말하는 것을 좇더라"(8:6). "그 성에 큰 기쁨이 있더라"(8:8).

이러한 일이 일어났을 때 거기에는 현대적인 선전의 방법도 전혀 없었고 환영 위원회도 없었고 지도자들에 의한 성심 성의의 접대도 없었고 소란과 시련만이 있었을 뿐이었다. 그 형편은 복음 전도에 도움이 되지 않았다. 아니 정말 그러하였는가? 암반이 분쇄되고 가시가 깨끗이 제거되지 않으면 안 된다. 그리고 어떤 종류의 토양에서는 신적인 씨가 풍성한 수확을 낼 수 있다. 예루살렘에서 사울과 다른 사람들이 집집마다 다니면서 그리스도인들을 잔멸하는 장면을 상상해 보라. 그들은 이 그리스도인들이 주님의 대사명을 수행하는 것을 망각하고 그 성에서 너무 오랫동안 지체하는 위험이 있었던 바로 그때에 각 집에서 마주쳤다. 그들이 너무 오래도록 늑장을 부렸는가?

복음 전도의 범위가 표시되었다(8:5, 25, 26). 나중에 우리는 빌립이 한 광야의 길을 외로이 가고 있는 한 사람에게 접근하는 것을 보게 될 것이다. 여기서 우리는 성과 촌락들에 복음이 침투하는 것을 본다. 신적인 전략에는 그 둘이 다 포함될 것이다. 빌립은 사도가 아니지만 집사와 복음 전도자로서 구원의 메시지를 전달한다. 그 또한 교사로 알려져 있었다 (21:8). 여기 보면 그는 그리스도의 전령(에케루센)이다. 그리고 하나님 나라의 일에 관하여 복된 소식을 이야기하는 사람(랄레산테스)이다. 그는 이것이 무엇이라고 해석하였는가?

사마리아인은 유대인에게 멸시를 받은 백성이었다. 종족적 종교적인 차이로 인하여 편견이 생겼다. 열왕기하 17장에 보면 BC 722년에 유대 민족의 북왕국인 이스라엘이 포로로 잡혀 간 사실이 나온다. 그들이 포로로 잡혀 간 뒤에 앗시리아는 그 땅에 포로로 잡은 이민족을 식민시켰고 그리하여 사마리아는 일부는 히브리인이고 일부는 이방인인 "혼합" 백성이 되었다. 이 백성을 복음화하는 것이, 서로에 대해서 전통적으로 매우 혐오의 감정이 있다는 것을 너무도 잘 알고 있는 지금은 그리스도인이 된 유대인에게는 가장 힘든 일이었다. 그러나 "그리스도 안에서" 모든 자를 화목케 하는 이것이 바로 복음의 일이고 복음 전도자의 일이다.

그 반응은 놀라웠다(8:6-8). 이것은 씨를 뿌리는 것일 뿐만 아니라 추수하는 것이었다. 모든 사람에게 이런 기쁨이 있는 것은 아니다. 빌립은 그의 선생이 자기보다 앞서 계셨다는 것을 알게 되었다. 사람들의 정신과 관심이 복음에 반응하였을 때 현저히 드러났다. 사람들이 "주의를 기울이지" 않으면 설득하기가 무척 어렵다. 여기에서 사람들은 준비가 되어 있고 기회를 열렬히 기다리고 있었다. 우리는 우리 주위의 모르는 사람들을 찾아가는 것을 주저해서는 결코 안 된다. 우리가 그들을 찾아갈 때 그들은 하나님에 의해 준비되어 있을 것이다. 믿을 것 같지 않은 사람, 사랑스럽지 않은 사람, 무시된 사람, 적대적으로 보이는 사람에게 나아가는 것이 우리의 목표가 되어야 한다. 교회는 도시와 시골을 복음화하여야 한다.

B. 알곡과 함께 있는 가라지, 8:9-24

이단자 혹은 가짜가 정체를 드러냈다. 그리스도를 믿는다는 신앙 고백을 한 사람 가운데 마술사 시몬이 있었다. 그의 배경은 마술과 미신의 종교로 그것으로 그는 많은 사람들에게서 돈을 착취하였다. 그는 사람들을 속이거나 호렸다. 이것은 결코 옛날에만 있던 것이 아니다. 우리 시대에도 "종교적인" 교사들과 사교를 창설하여 그것으로 부를 모은 자들에 의하여 비슷한 착취가 많이 발생하고 있다.

(1) 그의 고백(8:9-13). 시몬은 "큰 자"라는 평판을 들으면서 살았다. 빌립에 의해 나타난 하나님의 능력에 감동된 시몬은 더 많은 돈을 벌 기회가 생겼다고 생각하였다. 그는 하나님의 능력을 돈으로 살 수 있다고 생각하였다. 그가 이런 결정적인 단계에 이르기 전에 그가 그리스도를 믿는다고 고백한 그 고백은 순수한 것이었는가? 그렇지 않으면 종교는 모두 다 똑같은 것이라고 생각하고 기독교 신앙을 포용하는 것은 그에게 쉽게 속는 사람들에게서 그의 부당 이익을 얻게 하는 또 다른 증표가 될 것이라고 믿는 외관상 신자일 뿐이었는가?

(2) 그의 잘못(8:14-19). 시몬의 죄는 성직 매매의 죄이다. 사악한 사람들이 고백을 가장하여 교회로 들어온다. 연약한 자와 무지하여 쉽게 속는 자와 영적으로 희미한 자들을 이용하는 자들이 있다. 성직 매매의 죄로 인하여 기독교가 시대마다 괴로움을 겪었다. 은혜의 복음은 돈 없이 값없이 구원을 받게 하며 우리는 개신교도이든 로마 가톨릭 교도이든 봉사한 대가를 요구하는 사람들에 대해서 마땅히 의심해 보아야 한다. 돈이 "권세"와 결합되었을 때 우리는 모든 사교와 종파와 교단 혹은 값을 따지는 종교적인 복음 전도자들이나 지도자들에 대해서 조심하는 것이 좋을 것이다.

(3) 그의 정죄받음(8:20-24). 베드로와 요한이 살펴보기 위하여 왔을 때 하나님의 심판이 시몬에게 임하였다. 기독교는 마술과 미신을 대적한다. 베드로와 요한은 예루살렘 교회를 대표하였다. 한때 그들은 사마리아인들에게 하늘에서 불이 내릴 것을 주께 구한 적이 있었다(눅 9:54). 그러나 지금 그들은 사마리아인들 가운데서 그들을 보호하고 그들과 함께 사랑의 복음의 복을 나누고 있다. 시몬은 물로 세례를 받았다. 그러나 지금 성령세례와 성령을 영접하는 것이 더 중요한 것으로 나타났다(8:14-17).

거짓은 진실 앞에 꼼짝 못한다. 가짜는 진짜 앞에 꼬리를 감추게 되는 것이다. 기독교는 편견을 가진 사람들 가운데서, 도시와 시골에서 성공을 거두고 미신과 악을 정복한다.

사도행전 제8장(2)

필연적인 것을 전도함

8:26. "일어나서 … 가라 … 그 길은 광야라."

8:27. "일어나 가서 보니 에디오피아 사람."

8:27, 28. "예배하러 예루살렘에 왔다가 돌아가는데 …."

8:28. "이사야의 글을 읽더라."

8:29. "가까이 나아가라."

8:30. "읽는 것을 깨닫느뇨?"

8:31. "대답하되 지도하는 사람이 없으니 어찌 깨달을 수 있느뇨?"

8:32. "읽는 성경 구절은 이것이니."

8:35. "이 글에서 시작하여 예수를 가르쳐 복음을 전하니."

8:36. "내가 세례를 받음에 무슨 거리낌이 있느뇨?"

8:39. "내시는 흔연히 길을 가므로."

8:27, 31, 34. "사람 … 사람 … 타인."

8:4, 5, 12, 25, 35. "전하다"(여러 어미 변화가 있다.)

Ⅰ. 역사적 배경

복음이 사마리아와 팔레스타인으로 널리 전파됨으로 온 세상에 복음을 전파할 사명을 수행하는 초대 교회가 격려를 받았다. 복음 전도자 빌립은 사마리아와 성과 촌락에서 훌륭한 반응이 나타난 풍성한 선교를 시작하였다. 이 가운데서 뿌려진 씨를 수확하고 있는 때에 그는 갑자기 하나님의 성령에게서 떠나라는 말씀을 들었다. 이것이 그렇게 된 이유는 하나님의 전개의 비밀이다. 분명히 그것은 하나님의 종에게 시험이다. 군중과 그럴 듯한 성공을 버리고 떠난다는 것은 쉬운 일이 아니다. 사마리아에서 행한 그의 사역으로 거기 있는 교회가 친교와 기초를 다지게 된 것이 틀림없다. 그가 얼마 동안 머물러 있어야 할 필요가 있었지만 하나님은 다른 것을 명하셨다. 믿음은 하나님의 뜻에는 보상이 있다는 것을 알고 순종하는 것이다. 중요한 것은 장소가 아니라 종의 삶을 위한 하나님의 뜻이다. 남쪽에는 복음 전도자를 기다리고 있는 사람이 있었다. 그 사람 너머에는 검은 대륙이 복음을 기다리고 있었다.

II. 용어 해설

항상 지시하고 지도하는 하나님의 사자가 있다. 빌립은 그러한 지시를 받았을 때 당황하였지만 순순히 갔다. "일어나서 가라." "그리고 그는 일어나 갔다." 순종은 영적 계시의 신적인 기관(器官)이다. 하나님께서 모든 미지의 열쇠를 쥐고 계시기 때문에 믿음은 이유가 밝혀지지 않은 것을 믿는다. 빌립은 가사로 내려가는 길로 갔다. 팔레스타인에서 애굽으로 통하는 한 주요 도로상은 복음 전도와 선교 사역이 가망이 없어 보였다. "에디오피아 사람"이 거기 가고 있었다. 그의 지위와 신분이 자세히 언급되었다. 그의 영적 빈곤이 곧 드러났고 그 빈곤을 채워 줄 복음 전도자를 필요로 하였다. "예배하러 … 돌아가는데." 사람들이 진리와 하나님을 찾다가 실망하는 경우가 아주 허다하다. "이사야의 글 읽는 것"   복음적인 선지서는 복음으로 가득 차 있다. "나아가라"(콜레데티)는 달라붙거나 접합하라는 의미를 담고 있다. 복음 전도는 그리스도를 위하여 설득할 때까지 한 사람에게 달라붙어 있는 것이다. "깨닫느뇨?" 네가 안다고 생각하는 것을 아느냐(기노스케이스 하 아나기노 스케이스)? 사람은 모르면서 읽을 수 있다. 큰소리로 읽는 것은 그 당시 관습이었고 옛날 두루마리에는 단어끼리 전혀 떠어 있지 않았다. 그 이사야 두루마리는 구약 성경의 희랍어 역인 70인경 중의 하나였을 것이다. "지도하는 사람이 없으니." 그는 그의 공부 상대가 되어 줄 어떤 사람 곧 해석자(호덴게세이)가 필요하다. "읽는 성경 구절." 우리 모두에게는 해석이 필요한 특별한 구절이나 본문이 아주 많다. "이 글에서 시작하여 예수를 가르쳐." 모든 성경이 다 이러하다. 모든 성경은 그리스도로 시작하여 그리스도로 끝난다. "세례를 받음"은 깨끗게 됨과 믿음의 눈에 보이는 표이다. "흔연히"는 거듭난 신앙에서 일관된 요소이다 (참조. 8:8). "사람 … 사람 … 타인" — 한 병거에 세 사람이 있다. 한 사람은 진리를 추구하는 사람이고, 또 한 사람은 복음 전도자이고, 셋째 사람은 구주이다. "전하였다": (8:4) 말씀을 전할새(유앙겔리조메노이), 그리스도를 전파하니(에케루센), (8:12) 하나님 나라에 관하여 전도함(유앙겔리조메노), (8:25) 증거하여 전하니라(디아마르튀라메노이와 랄레산테스), (8:35) 예수를 전하니(유앙겔리사토).

Ⅲ. 교리적 의의

교회는 세상에서 그의 참된 사명을 알고 있어야 한다. 우리는 복음 전도에 관하여 이야기할 때 마치 복음 전도가 선교 모험심과 다른 어떤 것이었던 것같이 이야기한다. 그 다음에 어떤 사람은 선교에 관계하고 있는 교회에 관하여 이야기한다. 우리는 복음 전도나 교육에 관계가 있는 교회에 관하여 이야기해도 좋다. 실제로 교회는 사명이 있다. 우리는 해야 할 일이 있다. 그것은 모든 사람에 대한 복음 전도의 요점이다. 교회가 어떤 어려움에 처하거나 그럴 듯한 성공을 이루거나 할 것 없이 교회는 성 안에 있는 사람이거나 시골에 있는 사람이거나 도상에 있는 홀로 있는 사람이거나간에 개인에게 눈을 떼어서는 결코 안 된다. 무리를 상대로 하는 대중 전도도 필요하고 사회에서 가가호호 방문 전도하는 것도 중요하지만 결국 모든 복음 전도는 예수 그리스도와 마주치는 개인이다. 개인에 대한 전도가 교회의 임무이며 여기서 빌립이 그렇게 하고 있는 것을 본다.

Ⅳ. 실천적 목표

교회가 공격을 받고 핍박을 받았을 때 사람들이 교회에 역작용을 하는 정치적·사회적·군사적 상태에서 자신들의 생명을 구하는 것을 생각하고 있기 때문에 교회의 사역이 경시될 때도 있다. 그러나 그와 같은 때에 팽배한 격변과 긴장을 통하여 복음이 전파될 기회를 얻게 된다. 교회에 대한 공격이 있더라도 교회는 다른 사람으로 하여금 그와 같은 공격에도 어떻게 대항하여 믿음을 증거하는지 보게 할 것이다. 그리고 교회가 사회의 칭찬과 존경을 받을 때에 위험하다. 왜냐하면 우리가 아무도 복음 전도할 필요가 없다고 생각하는 위험에 빠지기 때문이다. 교회에 대한 관용과 반대가 없다고 해서 그 사회의 사람들이 교회의 메시지를 믿거나 받아들이는 것은 결코 아니다. 복음 전도는 여전히 "해야 하는" 것이다.

V. 설교 개요

제목: "필연적인 것을 전도함."

도입부

아무도 그리스도에게 승복되어 그를 섬기는 데 바친 단 한 생명의 가치를 평가하지 못한다. 아도니람 저드슨(Adoniram Judson)은 미국을 떠나 인도로 갔다가 미얀마로 갔다. 그는 불모지를 찾아들어가 거기서 여러 해 동안 한 사람의 개종자도 얻지 못하였으나 교회가 미얀마에 세워졌다. "광야"로 가라는 것에 그가 복종한 것은 보람이 있는 일이었다. 이 단락은 어떻게 빌립이 순순히 군중을 떠나 초대받지 않은 곳으로 가게 되었는가 하는 것을 이야기하고 있다. 복음 전도는 어디에나 그리고 모든 사람에게 차별없이 그리스도를 선포하는 일에서 시작하지 않으면 안 된다. 필연적으로 모든 사람이 복음에 직면하지 않으면 안 된다.

A. 최초의 아프리카인 개종자, 8:26-28

이 사람은 에디오피아 정부의 고위 관리였다. 그 당시 에디오피아 지역은 현재의 에디오피아가 아니라 대체로 이집트의 남부이다. 국가의 관리로서 그는 간다게 여왕의 국고를 맡은 사람이었다. 간다게라는 이름은 단지 파라오의 칭호를 가리키는 것뿐이다. 그의 종교적 관심은 명백하였다. 그는 영적으로 도움을 받기 위하여 예루살렘을 찾아왔다. 성전에서 예배를 드리고 유대교에 대한 상당한 개종자로서 교제를 나누고 계속해서 성경을 읽으면서 탐구하는 것은 그가 열렬한 목적이 있는 사람이고 또 성실한 사람이었음을 말해 준다. 예배(프로스퀴네손, 신약 성경에서 잘 안 쓰인 단어이다)는 목적을 암시한다.

그가 책을 읽을 때 그 당시 관습대로 큰소리로 읽고 있었던 것으로 추측된다. 성경 읽기는 하나님께서 사람들에게 접근하시는 한 가지 방법이다. 수백만의 사람들이 성경을 소유하고 있다. 그러나 모든 사람이 성경을 읽는 것은 아니다. 만일 성경을 읽게 된다면 복음 선도자를 원하게 되고 깨닫기를 원하는 것이 있게 될 것이다. 오늘날 많은 사람들이 영적으로 성경적으로 무지하다. 한 나라에서 잘 교육을 받은 이 지도자는 그 본문에 대해서 약간의 지식을 가지고 있었다. 그의 문제는 그가 이해하지 못하였다는 것뿐이었다. 그는 자신이 읽고 있는 것의 영적인 의미를 이해할 수 없었다. 많은 사람들이 그와 비슷하다. 그가 32절의 의미와 그 메시야에 대한 언급을 파악하지 못하였던 것은 당연한 일이다. 그리스도의 도래와 성령의 조명이 있기 전에는 많은 유대인들이 고난받은 하나님의 종이 메시야라는 것을 알지 못하였다. 그들은 이스라엘 나라를 그 종으로 생각하였다. 성령의 조명으로 인한 신약 성경의 해석만이 전체 진리를 제시하였다.

B. 복음 전도자의 가르침, 8:29-35

빌립의 열심은 그가 부지런히 병거와 나란히 달려가다가 그 에디오피아인이 올라 함께 앉으라고 권할 때 올라가는 것으로 나타났다. 예의와 재치와 붙임성 있는 정신이 복음을 전할 때 도움이 된다. 우리는 결코 한 개인의 프라이버시를 침해해서는 안 된다. 질문을 던짐으로써 접근하였다. 거기서 빌립이 그 사람이 큰소리로 읽는 것을 들었을 때 당연히 물을 수 있는 상황이었다. 빌립은 그 사람이 관심을 보일 만한 때 곧 두루마리를 읽고 있을 때에 접근하였다.

병거에 "가까이 나아가라"는 말은 빌립이 성령에게서 끈질기게 하라는 명령받았다는 것을 암시하였다. 즉 이 사람을 만나서 이 사람이 그리스도에게 승복할 때까지 떠나지 말라 하는 명령을 받은 것을 암시하였다. 그것이 영혼을 사로잡는 것이다. 너무 쉽게 그리스도인들은 자기 임무를 포기한다.

빌립이 말하였을 때 원문에서 보면 언어 유희가 있었다 — "당신이 다시 한 번 아는(읽는) 것이 무엇인지 아느냐?" "그 선지자는 누구에 대하여 말하느냐?" 모든 성경과 모든 복음 전도는 그리스도의 인격에 귀착된다. 그는 생명의 신비를 풀어서 그 문들을 열어서 충만한 생명으로 이르게 하는 열쇠이다. 그리스도는 구약 성경에서 그리고 구약 성경 처음부터 끝까지 찾으면 알아낼 수 있었다(참조. 눅 24:27; 벧전 1:11; 벧후 1:19-21).

C. 신앙 고백, 8:36-40

또 다른 사람이 그리스도의 교회의 회원으로 가입하였다. 또 다른 증인이 새로운 믿음을 위하여 살면서 말하기 위하여 준비되었다. 아프리카는 기쁨으로 고향에 돌아온 한 선교사를 영접하였다. 세례 베푸는 행위는 대사명과 제자로 삼는 것과 관계가 있다. 세대마다 교회는 회심자들에게 세례를 베풀었다. 이 의식에 대한 해석은 갖가지이지만 한 가지 사실은 분명한데 그것은 세례 베푸는 의식이 그리스도와 믿음과 관련이 있다는 점이다. 이것은 세례에 대한 유일한 언급이 아니며 그 주제는 좀더 광범위한 문맥에서 연구되지 않으면 안 된다. 이 단락에서 우리는 세례를 그리스도께로 돌이킨 자 편에서의 믿음과 순종의 자연스러운 결과라고 생각한다. 옛것은 지나가고 새 것이 시작되었다.

신앙 고백은 많은 방식으로 나타난다. 우리는 이런 일들에 있어서 성령께서 그리스도인들을 인도하시도록 맡겨야 한다. 빌립이 또 다른 지역으로 복음 전도하기 위하여 이끌려 간 것으로 이 이야기는 끝을 맺고 있다. 한편 아프리카인은 더 이상 실망하지 않고 그리스도와 복음에 헌신한 채 고국으로 돌아간다. 여러 세기에 걸친 아프리카 선교의 모든 사역을 생각해 보고 이것이 최초의 복음 침투였다는 것을 알라. 아프리카가 그 메시지를 받아들였을 것은 필연적인 것이었다.

사도행전 제9장

한 경건한 사람의 회심

9:1. "사울이 주의 제자들을 대하여 여전히 위협과 살기가 등등하여."

9:2. "그 도를 좇는 사람."

9:4. "사울아 사울아."

9:6. "행할 것을 네게 이를 자가 있느니라."

9:2, 8. "예루살렘으로 잡아 오려 함이라 … 사람의 손에 끌려 다메섹으로 들어가서."

9:10. "아나니아라 하는 제자가 있더니 …."

9:11. "유다 집에서."

9:11. "다소 사람 사울이라 하는 자를 찾으라 저가 기도하는 중이다."

9:13. "주의 성도."

9:15, 16. "내 이름을 … 전하기 위하여 택한 나의 그릇이라 … 그가 내 이름을 위하여 해를 얼마나 받아야 할 것을 내가 그에게 보이리라."

9:17. "형제 사울아."

9:19. "음식을 먹으매 강건하여지니라."

9:25. "밤에 광주리에 사울을 담아 성에서 달아 내리니라."

9:26. "사울이 예루살렘에 가서 제자들을 사귀고자 하나 다 두려워하여 그의 제자 됨을 믿지 아니하니."

9:27. "바나바가 데리고."

9:31. "그리하여 온 유대와 갈릴리와 사마리아 교회가 평안하여 든든히 서 가고 주를 경외함과 성령의 위로로 진행하여 수가 더 많아지니라."

I. 역사적 배경

예루살렘에서 어린 교회를 향하여 일어난 핍박이 스데반의 죽음 뒤에도 계속되었는데 이는 그 적에게 지도자가 있었기 때문이었다. 산헤드린의 일원이며 열광적인 히브리인인 다소 출신의 사울은 그리스도인들을 모조리 제거하는 것이 그의 종교적인 임무라고 생각하였다. 8:1은 사울이 교회를 말살하고자 했던 사실로써 시작하였다. 이제 9장에서는 그 이야기가 계속하여 진술되었다. 비록 8장은 사마리아 도처에 복음을 전함으로써 교회가 승리하고 있는 것을 나타내었지만 교회가 공격으로부터 안전한 것은 아니었다. 바로 이런 맥락에서 갑작스런 기적을 통하여 "최고의 대적"인 사울이 회심하게 되었다. 그리스도인들의 대적이 그리스도를 믿고 그의 모든 힘을 기울여 교회를 위하여 일하기 위하여 교회 진영으로 넘어 온다.

II. 용어 해설

사울이 어떻게 새 주인을 만나 새로운 삶을 시작하게 되었는지 우리가 아는 바대로 아주 상세하게 기술되었다. "사울이 … 여전히 … 등등하여." 이 사람은 그리스도인에 대한 공격의 고삐를 전혀 늦추지 않았다. 사마리아에서 복음 전도에도 불구하고 사울은 교회에게 맹공격을 가하였다. 그는 들짐승처럼 스데반의 피를 맛보고는 억제하지 못하였던 것 같다. 비록 그가 나중에 디모데전서 1:13에서 "내가 믿지 아니할 때에 알지 못하고 행하였음이라"고 고백하였지만 사도행전 26:11에서는 그에 대해서 "저희를 대하여 심히 격분하였다(미쳤다)"고 말하며, 그리고 사도행전 26:9에서는 그가 히브리 종교의 이름으로 행했던 것을 마음을 다하여 했다는 것을 말한다. 9:5은 그가 가시채를 뒷발길질하고 있었다는 것과 비록 그가 하나님을 대적하여 싸우고 있었지만 양심으로는 신적인 압박감을 받고 있었다는 것을 지적한다. "그 도." 이것은 반드시 그 깊은 뜻을 나타내기 위하여 굵은 글씨로 써야 한다. 그리스도의 제자들은 "내가 길이요 진리요 생명이니"(요 14:6)라고 말씀하신 그분의 생명의 새 길을 좇았던 그대로 그 도의 사람들이었다. "사울아 사울아." 개인의 이름이 이렇게 이중의 사용 또는 반복은 강조를 의미하며 그 사람을 환기시키는 것을 의미한다. 그리스도는 그를 택하셨다. "주여, 당신은 내가 무엇을 행할 것을 원하시나이까?"

(개역 한글판은 "행할 것을 네게 이를 자가 있느니라"로 되어 있음 — 역자 주). 새로운 삶에 대한 각성 뒤에 믿음의 순종이 있게 된다. 회개로 인하여 회복하게 된다. 회심으로 인하여 헌신하게 된다. 구원으로 인하여 섬기게 된다. "무론남녀하고 … 예루살렘으로 잡아 오려 함이라 … 사람의 손에 끌려 다메섹으로 들어가서." 여기에 정반대의 현상이 나타났다. 모든 일이 일변하였다. 사람의 계획들은 신적인 간섭에 의하여 철저히 바뀌었다. "아나니아라 하는 제자." 이 사람은 자기 이름에 걸맞는 명성을 유지하였고 또 다른 아나니아와 같이 자기 이름을 더럽히지 않았다(행 5:1-10). "유다 집" — 한 그리스도인 가정으로 제자들이 함께 모이는 중심지였고 그 유다라는 이름은 우리 주를 배반한 배신자의 이름에서 되찾은 이름이었다. "사울이라 하는 자" — 이 이름은 실패로 끝난 왕인 또 다른 사울의 많은 것을 떠올리게 하는 이름이다: 이 사울은 회복할 기회가 있다. "저가 기도하는 중이다." 이것은 새로운 그리스도인의 표이다. "주의 성도" 이 때에 이 말이 하나님의 백성에게 최초로 사용되었다. 이 말은 항상 복수로 사용되었다. 성도는 공동체와 가정을 이루고 산다. 바울은 증거하고 고난을 당하기 위하여 하나님의 선택된 도구 곧 "택한 그릇"이다. "형제 사울아." 이 말은 모든 장벽을 뛰어넘어 서로 사귐을 가지고 어울리는 교회에 다른 사람을 영접할 때 사용한 최초의 말이다. "음식을 먹으매 강건하여지니라." 기독교는 금욕주의나 광신주의가 아니라 영육이 조화로운 균형된 삶이다. "광주리에 … 달아 내리니라." 한때 그리스도인들을 찾아내어 몰살하려던 거만한 바리새인과 완전히 대조를 이루고 있다. 이제 그가 이와 같이 창피스런 방법으로 그리스도인으로서 자신의 생명의 안전을 위해 도망가지 않으면 안 된다. 하나님은 그의 목적을 위하여 아주 하찮은 수단을 사용하신다. "다 두려워하여." 처음에 악한 평판을 가진 그를 영접하지 않았던 것은 전혀 무리가 아니다. "바나바가." 위로를 잘하고 설득력이 있는 이 사람이 옆에서 격려하고 그를 신뢰한다(나중에 보면 그는 바울이 마가 요한을 받아들이려고 하지 않았던 때에도 마가를 기꺼이 받아들였다). 이것은 한 사람이 절망적일 때 보여준 그리스도인의 형제애이다. "온 … 교

회가 평안하여." 이것은 사울이 회개한 뒤에 일어난 과정의 요약이다.

III. 교리적 의의

회개는 사람의 삶의 실체이다. 모든 사람이 다 똑같은 것은 아니다. 그리스도인의 경험은 다양하다. 이 사울이라고 하는 경건한 사람은 8장의 내시나 16장의 장사하는 여인 루디아와 같은 방식으로 믿게 된 것은 아니었다. 사울로 하여금 회개케 한 것은 빛과 소리와 그리스도였으며 그때 사울은 땅에 엎드려졌고 눈이 멀었으며 그런 다음에 그리스도에게 복종하게 되었다. 대부분의 사람들은 눈에 보이는 어떤 징후나 비범한 현상 없이 회개하였다. 빛과 소리와 엎드러짐과 눈멂 — 이런 것이 없을 수 있다. 중요한 것은 그리스도를 알고 그의 뜻에 복종하는 것이다. 그와 동시에 또한 사울은 사도로서 부름을 받았다. 교회는 회개를 통한 그 선교로써 전진한다.

IV. 실천적 목표

회개가 다수의 경험이라는 것을 보여주기 위함이다. 이 사도행전을 쭉 살펴보면 회심한 다양한 사람들의 이야기가 기록되어 있다. 사울의 이야기가 세 번 기록되어 있고 따라서 이 이야기는 중요하다. 그의 증거와 의사 누가가 우리 주님 이후에 신약 성경에서 가장 중요한 인물로 기록한 것을 공부하는 것은 중요한 일이다. 그의 생애와 사역과 그의 글과 영향은 교회와 세상에 기여한 것으로 볼 때 타의 추종을 불허한다. 바울을 이해하는 것은 우리 곁에 그리스도를 가장 잘 해석하는 사람을 두는 것이다.

V. 설교 개요

제목: "한 경건한 자의 회심."

도입부

사울의 생애의 배경은 연구할 가치가 있다. 나중에 사울의 설교가 이 경험을 해석할 것이다. 처음에 다소의 사울이 그리스도를 대적하였다는 것은 그가 동의하였던 스데반의 죽음을 그에게 끊임없이 상기시키는 양심의 소리를 통하여 그의 영혼 속에 억눌려 있는 긴장이 표출되었던 것을 보여줄 때 매우 유익하다. 스데반이 그의 대적들을 용서하는 말을 하였을 때 사울이 갈보리 십자가에서 하나님의 아들이 한 바로 그 말을 기억했을까? 사울이 십자가를 목격한 사람이었는가? 그 분기점의 시간에 이르게 한 그의 내적 삶에서 일어난 심리적 영적 생각을 공부하는 것은 중요한 주제이다.

A. 회심. 9:1-9

그는 박해자였고(9:2) 그 당시 그가 한 모든 일은 교회를 대적한 것이었다. 나중에 그는 자신이 그리스도를 대항하여 싸우고 있었다는 것을 깨닫게 되었다. 교회를 해치고 있는 그는 그 교회의 주를 공격한다. 이 늑대가 변하여 그리스도의 양떼를 지키는 좋은 개가 될 것이다.

회심자로서(9:3-9) 전환점은 다메섹으로 가던 도중 하늘에서 발생하였다. 그 장면과 그 시간이 참으로 놀라웠다. 이것은 기독교 역사에서 획기적이었다.

(1) 환상. 그리스도가 깨달음의 눈으로 이해되고 알려진 것이 설명되었다. 사울은 심지어 땅에 엎드러진 때를 알고 있다.

(2) 소리. 다른 사람들도 그 소리를 들었지만 예수님께서 사울에게 말씀하실 때 무엇을 말씀하셨는지를 알지 못하였다. 그들은 그 빛을 의식하였지만 세상의 빛에 대해서는 알지 못하였다. 사울은 그의 영혼으로 들었고 그 마음 속에서 말하는 그 소리를 알았다.

(3) 부르심. 하나님께서 그에게 하라고 하시고 그가 되기를 바라시는 것은 그 후에 있었던 중요한 모든 것이었다. 예수 그리스도의 주되심은 그리스도인의 경험 전부이다. 육신의 눈멂으로 인하여 사울은 나중에 영적인 조명을 받게 된다. 새로운 순종은 새로운 삶에 의한 새로운 믿음의 표현이다.

B. 성별. 9:10-19

사울이 사람의 손에 끌려 다메섹으로 들어갔을 때 그는 완전히 새로운 삶을 시작하게 되었다. 옛것은 다 흩어졌다. 준비할 시간이 필요하였을 것이지만(이런 일로 아라비아에서 삼 년의 세월을 보냈을 것이다) 이 한 가지 일은 확실하였다. 그는 메시야 구주를 발견하였고 그는 이제 교회 가족의 한 사람이었다.

이 단락에서는 사울이 한 공동체의 일원이 된 사귐의 실체를 강조한다. 그는 세례를 받았다. 그는 기도한다. 그는 구속받은 권속의 일원으로서 사귐에 들어가게 되었다. 그는 형제라 불렸다. 그는 이제 한 성도이다. 하나님의 택한 그릇이 된다(사울이 그리스도를 택하기 전에 그리스도께서 사울을 택하였다). 그는 믿음을 고백한다. 그는 사귐의 떡에 참여한다. 그는 예수는 그리스도라고 증거하고 전파하기 시작한다.

C. 결과, 9:19-31

고백하고 사명을 받은 뒤에 사울은 새로운 주인을 섬기는 새로운 생활을 시작한다. 반신 반의하는 그리스도인 진영에서도 회의적이고 경멸적인 그리스도의 대적들의 진영에서도 다 놀라게 된다. 그러나 사울은 변화된 삶의 실체와 성실을 증거해야 한다. 빛을 발하게 된 마음의 영광은 이제 그의 소유이며 그는 그의 믿음을 행동으로 나타내기 시작한다.

교회 — 그리고 전체 교회의 일부인 회중들이 여기에 있다 — 는 이제 잠시 평안하다. 그 동안에 영적인 생활과 교인수에 있어서 증가와 진전이 있다. 이리하여 대적의 폭풍을 통하여 교회는 번창하였고 그리스도는 그의 대적을 설득하여 그의 종으로 삼으셨다. 이것은 모든 세대에서 끊임없이 일어나는 기적이다.

사도행전 제10장

한 군인의 회심

10:1. "고넬료, 백부장."
10:34. "하나님은 사람의 외모를 취하지 아니하시고."

I. 역사적 배경

기독교가 일세기의 세계로 퍼져 나갔을 때 복음의 사역자들은 모든 백성에게 그 메시지를 전하였다. 맨 처음에는 예루살렘 성을 중심으로 증거하였고, 그 다음에는 사마리아로 옮겨 가서 증거하였고 마침내 로마 제국에서 가장 멀리 떨어진 곳까지 나아가 증거하였다. 복음의 자유를 위하여 율법주의와 유대교의 속박에서 벗어나야만 했던 그 초기 지도자들의 태도에 변화가 생겼다. 사울이 회심한 뒤에 베드로는 로마 군인 고넬료를 만남으로 새로운 헌신의 영역으로 이끌려 들어가게 되었다. 지리적으로 그는 종교적인 예루살렘으로부터 항구 욥바의 분주한 실제적인 세계로 이동하게 되었다. 새로운 환경과 새로운 조건하에서 복음은 그 활로를 찾게 되었다.

II. 용어 해설

회심한 사람이 어떤 사람인지 알아내기 위하여 이 장의 관찰이 뜻깊다. 물론 베드로가 진리를 전달하는 통로로서 중심 위치를 차지하고 있지만 로마 군인이 좀 상세하게 서술되었다.

10:1. "가이사랴에 … 사람이 있으니." 가이사랴는 욥바(욥바는 팔레스타인에서 가장 오래된 도시이다)에서 45km 떨어진 곳에 있었다. "이달리

야대라 하는 군대의 백부장이라." 고넬료는 로마의 특별 파견대인 백명의 군인을 지휘하는 장교였다.

사도행전 10:2. "그가 경건하여 … 하나님을 경외하며 … 구제하고 … 기도하더니." 여기서 빛과 진리를 열심으로 추구하는 고귀한 품성을 지적하고 있다. 고넬료는 많은 종교를 가진 로마에서 자라났지만 만족을 주는 다른 어떤 것을 사모하였다. 그는 진정한 의미에서 참으로 종교적인 사람이었다. 그러나 사람이 종교적이라 해서 그리스도인일 수는 없다.

10:3, 4. "환상 … 하나님 앞에 상달하여 기억하신 바." 믿음에 대한 이런 응답으로 고넬료의 기도가 들으신 바가 되었다. 10:2의 데모메노스(기도하였다)와 10:4의 프로슈카이(기도들)가 결합되었다. 하나는 간청하는 행위이고 다른 하나는 기억하는 행위이다. 기도는 신비이지만 그럼에도 불구하고 하나님과 만나는 단순한 방법이다. 그 영혼에 대한 영적 이해력의 통찰로 "환상"에서 주신 것이 하나님 앞에 "기억하신 바"에 의하여 조화를 이루었다.

사도행전 10:5. "네가 지금 사람들을 욥바에 보내어 베드로라 하는 시몬을 청하라." 이것은 기도에 대한 응답으로서 이상하지 않은가? 고넬료는 그 때에 보통과 다른 것을 하나님께서 하시기를 기대하고 있었는가? 하나님은 보통 일상적이고 사인적인 것을 통하여 역사하시며, 또 당신의 대리인으로 택하신 평범한 사람들을 통해서 일하신다.

사도행전 10:19. "베드로가 그 환상에 대하여 생각할 때에 … 두 사람이." 응답된 고넬료의 기도는 베드로가 이해해야 하고 깨달아서 기쁘게 하나님을 섬겨야 한다는 것을 의미했다. 베드로도 환상을 보았고 그 결과는 "두 사람이 그를 찾으니"였다.

사도행전 10:25. "고넬료가 맞아 발 앞에 엎드리어 절하니." 이것은 그 로마 군인의 한정된 지식을 암시한다. 이 말은 우상 숭배자의 그것이 아니라 "존경"의 표시이다. 베드로는 그 태도가 오직 하나님께만 속한 예배의 궁극적인 행위를 뜻하는 것으로 받아들였을 것이다.

사도행전 10:33. "이제 우리는 주께서 당신에게 명하신 모든 것을 듣고

자 하여 다 하나님 앞에 있나이다." 이것은 복종에 사는 군인 정신이다. 그는 믿음으로 순종하고 마음을 열고 하나님께서 명하시는 것(프로스테타크메나)을 들을 준비가 되어 있다.

사도행전 10:34. "하나님은 사람의 외모를 취하지 아니하시고"(프로소폴레프테스). 얼굴을 보고 차별 대우하시는 분이 전혀 아니다. 외모는 성품만큼 중요한 것이 아니다. 유대인은 그의 외모에 의하여 누구라는 것이 알려졌지만 베드로는 외모보다 내적인 조건에 더 관심이 있다는 것을 배웠다.

사도행전 10:35. "사람은 하나님이 받으시는 줄." 사람이 어떻게 하나님에게 용납이 되는가? 디카이오쉬네스는, 우리의 참된 상태에서 하나님은 그 순간에 우리를 만나실 준비가 되어 있다는 것을 의미한다.

사도행전 10:36. "보내신 말씀." 이것은 예수 그리스도의 주되심의 주제로써 시작되는 베드로의 메시지의 훌륭한 요약이다. 전체 복음이 "만유의 주"란 말로 요약되었다. "말씀"은 복음, 메시지, 전파된 진리이다.

사도행전 10:37-43. 베드로가 사도행전 2장에서 설교할 때 비슷한 말을 했듯이 여기서도 기독론이 제시되었다. 신약 성경의 메시지의 모든 선포에는 진리와 계시가 담겨 있다. 여기서 마가복음의 윤곽이 드러나고 있음을 보게 된다. 마가 요한은 베드로가 이런 식으로 되풀이하여 전하는 것을 듣고서 그의 복음서를 쓴 것인가?

사도행전 10:38. "저가 두루 다니시며 착한 일을 행하시고." 아름다운 설명이다.

사도행전 10:44. "성령이 말씀 듣는 모든 사람에게 내려오시니." 이 고넬료와 그의 가족과 종들이 진리에 순복함으로써 그리스도인이 된다.

III. 교리적 의의

초대 그리스도인이 그리스도를 증거함으로써 로마 세계의 사회에 새로운 소요가 발생하였다. 묵은 원한과 인종적인 분열과 종교적인 완고와 기득권이 하나님의 은혜에 의해 도전을 받고 바뀌었다. 여기에 폐쇄적 사회 제도와 관습과 인종과 피부 빛깔과 언어와 문화라는 점에서 긴장 가운데 사람들의 사이를 갈라놓게 되는 세상의 대부분 고질병에 대한 해답이 있다. 그리스도께서 오셔서 그의 속량하시는 사랑의 메시지와 십자가의 대속의 희생으로 철저히 분열된 집단들을 하나가 되게 하고 개인들을 하나가 되게 하신다. 중간에 있는 사람으로서 베드로는 더 이상 종족의 편협과 교만을 고집할 수 없다는 것을 금방 깨달았다. 고넬료가 회개하고 그를 그리스도인의 형제애와 사귐 가운데로 받아들임으로써 그 장벽은 무너졌다.

IV. 실천적 목표

이 사건을 통하여 온 교회가 더욱 광범한 사역을 펼치게 되었다. 지금까지는 교회가 사마리아에 관심을 가진 것 외에는 팔레스타인 내에 머물면서 주로 유대인을 상대로 사역을 하였다. 이제 하나님은 민족과 인종의 장벽을 뛰어넘게 하신다. 고넬료의 회심으로 새 날이 도래하고 복음 전도가 팔레스타인의 작은 땅을 넘어 온 로마 제국으로 전해지게 된다. 그 군인은 선교사가 될 것이다. 행진하는 군대는 그들의 무력뿐만 아니라 복음도 전할 것이다. 제국의 도로는 하나님의 메시지를 전파하는 길이 될 것이다. 교회는 결코 주저함이 없이 모든 사람에게 차별없이 그리스도를 이야기해야 할 것이다.

V. 설교 개요

제목: "회심한 한 군인."

도입부

오늘날 세상에서 우리는 실제로 전쟁의 긴장을 느끼고 있다. 다른 나라뿐만 아니고 우리 나라도 상비군과 그 밖의 군 복무를 그대로 유지하고 있다. 우리가 평화로운 세상에서 사는 것이 아니다. 우리는 우군이든 적군이든간에 자신의 나라를 위하여 복무하는 그 군인의 입장을 인정해야 한다. 그 군인은 틀림없이 그리스도의 복음을 가지고 나아갔을 것이다. 이 단락은 고넬료를 다루고 있지만 다른 그리스도인 군인들 예를 들면 도비

(Dobbie)와 워싱턴(Washington)과 몽고메리(Montgomery)와 아이젠 하워(Eisenhower)와 같은 군인들의 이름들과 영향력을 말한다.

A. 구도자와 신자, 10:1-8; 28-33

고넬료의 삶을 더듬어 볼 때 그다지 상세한 이야기는 없다. 그가 로마 백부장이며 출신 성분이 확실하다는 것을 우리는 알고 있다.

(1) 경건함(10:1-3). 그는 신약 성경의 그림에서 환하게 나타난다. 그는 유대교 개종자였는가? 그가 "하나님을 경외하였다"는 것에서 이것이 암시 되었는가? 이 경건한 사람은 이교도 출신이다. 로마에는 종교가 많은데 어 떻게 그가 유일한 참 종교를 찾는 이 독특한 위치까지 이르게 되었을까?

(2) 진지함(10:4-8). 하나님께서 그의 구제 행위와 마음을 다한 예배와 기도를 하감하셨다. 이러한 것들은 그 백부장의 정신과 동기를 나타냈다. 그는 그의 직업과 소명에 있어서 훈련된 사람이었다: 그는 또한 그가 참 여하는 종교적인 실천에 훈련이 되어 있었다. 아무도 영적인 생활과 연결 된 그 실천을 멸시해서는 안 된다. 습관은 그가 하고 싶어할 때 성령의 조 명의 근거일 수 있다. 고넬료는 그의 의도가 정직하고 열정적이기 때문에 그리스도 안에 있는 충만하고 최종적인 계시에 대해서 준비가 되어 있었 다.

(3) 성실함(10:28-33). 여기에 기록된 모든 것에서 그가 교활하지 않은 사람임이 드러난다. 그는 모든 일을 행할 때 한결같은 마음으로 한다. 맨 처음 구도할 때부터 믿음으로 순종하기까지 고넬료는 가장 전형적인 성품 을 가진 사람으로 그려졌다. 복음서에 나오는 부자 청년 관원처럼 예수님 께서 고넬료의 마음을 보셨을 때 그를 틀림없이 사랑하셨을 것이다.

B. 회심자와 전도자, 10:34-48

이 장에는 회개하게 되는 사람과 그리스도를 전달하는 통로 역할을 하 는 사람 속에서 하나님께서 어떻게 역사하시는가를 나타내는 흥미로운 점 들이 많다.

(1) 사회적 관습은 나누지만 그리스도는 결합시키신다(10:28). 유대인의

생각으로는 로마 군인과 사귐을 가진다는 것은 불가능한 것이었지만 그 장벽이 허물어졌다. 로마인이 그리스도인이 되기 위하여 유대인이 될 필요가 전혀 없었다(10:35). 그 로마인을 하나님께서 받아들이셨고 그 다음에는 그리스도인들이 받아들였다(10:34-43).

(2) 그리스도가 설명된다(10:37-38). 고넬료가 그리스도인의 충만한 삶 속으로 들어왔을 때 그는 예수님에 대한 그리스도인의 메시지를 받아들임으로써 그렇게 하였다. 베드로의 연설에 마가복음 전부가 들어 있다. 개요가 명확하고 그리스도의 인격과 사역이 설득력 있게 설명되었고 고넬료는 받아들이고 성령으로 세례를 받고 그리스도의 몸 안으로 연합되었다. 여기에 미완성의 한 설교가 있었다. 베드로의 말이 끝나기도 전에 성령께서 고넬료와 그의 권속에게 임하셨다(10:44). 성령 세례 때문에(부어 주심 — 성령의 관수식) 물 세례를 주었다. 주권적인 은혜로 성령의 오가심을 우리가 요구하지 못한다.

이 회심자는 권세 아래 있던 사람이었다. 로마가 그에게 명령을 부여하였다. "만유의 주 되신 예수 그리스도"(10:36). 이 말이 강조되었을 때 이 말이 고넬료에게 독특한 필요와 접촉점을 충족시켰다고 할 수 있을까? 예수님은 주님이시다(호 퀴리오스). 로마는 가이사가 주(퀴리오스)라고 자랑하였다. 기독교 신앙은 예수께서 그 퀴리오스 곧 주이시라는 것이다. 그때에 고넬료는 또 다른 왕에게 복종하게 되었고, 이 세상에서만이 아니라 영원히 또 다른 왕국의 종이었다.

사도행전 제11장

사도의 사역

11:1. "유대에 있는 사도들과 형제들이 이방인들도 하나님 말씀을 받았다 함
을 들었더니."

11:12. "성령이 내게 명하사 아무 의심 말고 함께 가라 하시매."

11:23. "저가 이르러 하나님의 은혜를 보고 기뻐하여."

I. 역사적 배경

로마 군인이 그리스도인이 되었다는 그 소식은 순식간에 퍼져 나갔고
히브리의 배경과 전통을 가진 그리스도인들이 그 소식을 듣고 걱정하였다.
주로 예루살렘에 있던 이 무리는 "할례자들"로 알려진 사람들이었다. 그들
은 베드로가 이방인과 함께 어울렸다는 것을 좋아하지 않았다. 이것이 문
제가 되어서 마침내 15장에 가서 교회의 공회의에 의해 진정되게 되었지
만 여기서는 베드로가 일어난 일을 설명하였을 때 긴장이 부분적으로 해
소되었다. 베드로는 욥바와 가이사랴를 방문한 뒤에 예루살렘으로 돌아와
예루살렘 형제들에게 보고하였다. 이 일로 인하여 특별한 임무가 떨어졌고
바나바가 살펴보기 위해 파송되었다. 이리하여 사도들의 증거가 입증되었
고 교회는 하나님께서 성령의 다양한 사역에 의해 행하시고 계신 것을 이
해하게 되었다.

II. 용어 해설

베드로의 혁신적인 행동에 대해서 들었지만 그의 환상과 경험의 의미를
깨닫지 못한 사람들이 더러 있었다. 고넬료에게 일어난 일은 모든 사람에

게 시험적 사례였다.

사도행전 11:1. "이방인들도 하나님의 말씀을 받았다." 이것은 참된 기독교의 보증이다. 사람을 변화시키는 힘의 비결은 그 영원하신 말씀에 있다. 그 밖의 무엇이 고넬료에게 임하였을지라도 바로 이 하나님의 말씀이 중요하였다. 그 말씀이 들어가기 전까지는 그 영혼 속에서 어떤 영구적인 일도 이루어지지 않았다. 그런 다음에 사람의 영혼 속에 있는 하나님의 생명이 팽창하기 시작한다.

사도행전 11:3. "가로되 네가 무할례자의 집에 들어가 함께 먹었다 하니." 이것은 경멸적인 표현이다. 베드로는 그의 동족의 편견과 비난으로 인하여 곤란한 처지에 빠졌다. 금기와 의식주의는 심지어 오늘날에도 쉽사리 없어지지 아니하는 종교적 편견이었다. 기독교 신앙 즉 세례와 주의 만찬과 성직과 계승권에 대한 다양한 해석의 구실로 사귐을 거부하는 이들이 많다.

사도행전 11:4. "베드로가 저희에게 이 일을 차례로 설명하여." 그 설명은 예의바르게 순리에 따라 착착 이루어졌기 때문에 전혀 빠뜨린 것이 없었다. 오순절 전이었다면 그런 경멸적인 분위기에서 베드로가 어떻게 대답했을까? 꾸밈없이 일어난 사실 그대로 이야기하였다(행 11:5-15).

사도행전 11:8. "주여 그럴 수 없나이다." "그럴 수 없나이다"고 말하는 사람은 "주"라고 말할 수 없다. "주"라고 말하는 사람은 "그럴 수 없나이다"고 말하지 않을 것이다. 주되심을 인정한다는 것은 복종을 뜻한다.

사도행전 11:9. "하나님이 깨끗하게 하신 것을 네가 속되다 말라." 성속의 차별이 전혀 없다. 하나님 아래 있는 모든 생명은 코이노니아(교제, 협력, 사귐, 동일성에 해당하는 말)이다.

11:12. "성령이 내게 명하사 아무 의심 말고 함께 가라 하시매." 이런 상황에서 이것은 하나님의 뜻의 강제와 압박이었다. 다른 여섯 사람도 갔기 때문에 베드로 혼자 이렇게 된 것이 아니었다. 만일 천사가 고넬료의 집에 있을 수 있다면 설마 한 사도가 그렇게 할 수 없을까?

사도행전 11:14. "너와 네 온 집의 구원 얻을 말씀을 네게 이르리라." 고넬료의 종교가 고넬료를 구원하지 않았다. 그를 구원한 것은 기독교 복음의 새로운 메시지였다.

사도행전 11:15. "내가 말을 시작할 때에 성령이 저희에게 임하시기를." 이것이 신적이었다는 것을 증명하기 위하여 어떤 다른 증거가 필요하였는가?

사도행전 11:16. "내가 주의 말씀에 … 하신 것이 생각났노라." 성령께서 베드로에게 예수님께서 가르치신 것을 생각나게 하시고 있다(참조. 요 16:13; 막 1:8).

사도행전 11:18. "하나님께서 이방인에게도 생명 얻는 회개를 주셨도다." 이것은 반박할 수 없는 사실이다.

사도행전 11:23. "저가 이르러 하나님의 은혜를 보고 기뻐하여." 사람들의 변화된 삶에서 참으로 은혜가 분명하게 보인다. 그들 속에 있는 새로운 정신이 이것을 뒷받침한다. 하나님께서 다른 사람들을 위하여 어떤 일을 하실 때 그것이 우리에게 하신 일과 똑같지 않더라도 기뻐하는 것은 좋은 일이다.

사도행전 11:26. "둘이 교회에 모여 있어." 집회를 가지는 회당의 교제처럼 그들은 함께 모였다.

III. 교리적 의의

성령의 사역에 대한 가르침이 이 단락에서 다양한 활동으로 표현되었다. "불규칙의 규칙"이 있다. 각 모임과 각 회심자가 각기 다른 방식으로 접촉하게 되었다. 하나님의 종들도 다양한 방식으로 인도를 받았다. 성령의 활동을 한 가지 방식으로 제한해서도 안 되고 한 종류의 경로를 통하여 이루어진다고 생각해서도 안 된다. 하나님께서는 새롭고 전통과 결별하는 것으로써 헤쳐 나아가신다.

IV. 실천적 목표

이것이 기독교의 분기점 또는 유대교와 새로운 믿음의 갈림길을 표시하듯이 이 장은 방해가 된 편견과 전통 속에 갇혀 있는 사도들과 형제들의 마음이 변화하는 것을 다루고 있다. 맨 처음 그리스도인들은 유대인이었으나 이제 이방인들이 그들과 함께 하나님의 교회 안에 있게 될 것이다. 이방인들은 동일한 환영을 받고 동질의 사귐을 나누어야 하지 않을까? 그들은 그들의 구원의 일부로서 유대인의 어떤 의식을 따르라는 요구를 받아들임이 당연한 것일까? 고넬료의 사건에서 겪은 베드로의 경험은 이후에 내리게 되었던 최종 결정을 용이하게 하였다. 그러나 여기에서는 쟁론이 벌어졌고 금후로는 아무도 모든 생명의 주와 구주이신 그리스도를 의지한 믿음에 어떤 것도 첨가할 필요가 없다. 유대인과 이방인이 "그리스도 안에서" 발견되었을 때 반목이나 긴장이 종식되었다. 그들은 이제 "그리스도 안에서 하나"였다. 그리고 이 자체만으로 누구를 그리스도의 사귐에 받아들일 것인지 결정하는 한 규범이 될 것이다.

V. 설교 개요

제목: "사도의 사역."

도입부

교회의 전진은 로마 제국의 경계에서 멈추지 않았다. 주님의 명령은 모든 사람에게 실행되었다. 여기서 또 한 단계가 진전한다. 고넬료와 가이사랴에 이어서 베니게와 구브로와 안디옥이 등장한다. 각 곳의 위치를 알려면 지도를 참조하면 될 것이며 그리스도인의 증거의 경계선은 더욱 확대되고 있다. 여기서 이 독특한 증거의 사역을 유의하라.

A. 그들의 준비, 11:1-18

하나님을 위한 일은 적절한 준비가 없이는 계속되지 않는다. 계획과 비전이 전제 조건이다.

(1) 베드로의 보고(11:1-17). 초기 그리스도인들의 민족주의와 편협 때문에 이것은 온 교회의 태도를 바꾸는 데 결정적인 요소였다. 그 소식은 고넬료와 베드로가 맡은 역할에 관한 것이었다. 이처럼 베드로는 그가 이

방인 군인을 사귐에 들게 하기 위하여 복음으로써 천국 문을 열었을 때 "천국 열쇠"를 사용하고 있었다.

베드로는 일어난 사건을 간단히 이야기하였다(11:5-15). 그 사실이 그 사실 자체를 설명하였다. 하나님의 명령은 분명하였기 때문에 더 이상 왈가왈부할 것이 없었다. 베드로는 그 이야기를 할 때에 그의 설교를 되풀이하지 않았다. 그는 답변할 때 자신이 말한 것에 근거를 두지 않고 하나님이 하신 일에 근거를 두었다.

(2) 교회의 반응(11:8). 이것은 가장 기운나게 하는 것이었다. 비록 처음에는 차이가 있고 어려움이 있는 듯하였으나 교회는 일어난 것을 이해하기 시작하였고 편견을 버리고 성급함이 없이 기꺼이 이해하려고 하였다. 모든 사람이 차별없이 교회 안에 받아들여졌다는 것을 하나님께서 작정하시고 보여 주셨을 때 사귐은 제한된 것이 아니고 우리는 하나님께서 택하신 자들을 받아들여야 한다. 이리하여 교회에 평안이 있게 되었다. 처음에는 유대인 집단이 이것을 예외적인 경우로 받아들였고 나중에서야 비로소 그들은 그것이 다른 경우를 위한 선례라는 것을 알게 되었다.

B. 그들의 진전, 11:19-30

예루살렘의 베드로와 그 밖의 사람들에게서 화제를 옮겨 이제 로마 제국의 다른 지역으로 나아간다. 여전히 증거가 계속 확장되고 있다.

(1) 초기 선교사들(19-21절). 그리스도인들이 흩어지게 되면서 복음이 지중해의 다른 지역으로 퍼져 나갔다. 이제 활동의 새로운 기지가 중요하게 나타났다. 지도에서 안디옥이 어디에 있는지 보라. 안디옥은 문학과 예술과 종교와 상업 지역으로 알려져 있었다. 그곳은 부도덕과 천박함으로 악명이 높았다.

흩어진 증인들은(참조. 8:4) 이 도시에 이르고 그 다음에 중요한 알렉산드리아와 로마에 이르게 된다. 안디옥은 이제 기독교 중심지로서 예루살렘을 대신할 것이다. 이교도들(희랍어를 말하는 유대인이 아닌 헬라 사람들)이 그리스도를 믿게 되자 예루살렘 교회는 바나바를 파송하여 그 사건의 전말을 보고하게 한다.

(2) 바나바(11:22-24). 이 사람은 항상 올바른 시간에 올바른 일을 하고 있다(참조. 4:36; 9:27; 11:23-24). 각 경우에 그는 도움이 필요한 사람을 돕고 있고 특히 버림받은 사람을 돕고 있다. 은혜로 인하여 기쁨이 있게 된다. 한 변변찮은 사람이 전통과 의식에 관하여 이의를 제기하였을 것이다. 바나바는 인내심이 있는 사람이었고 — "붙어 있으라" — 그리고 사람들이 그리스도인의 삶을 계속하려고 결심할 때 — "굳은 마음" — 그것을 알아 주었다.

그는 고결한 성품을 가진 "착한 사람"이었다. 영적으로 "성령이 충만한 사람"이었다. 그는 "믿음이 충만한" 충실한 사람이었다. 그는 비교하여 헤아릴 줄 알고 지혜로웠다.

(3) 사울(11:25-26). 바나바는 사울을 찾아내어 힘을 합쳤다. 바나바는 하나님께서 바울을 선택하신 것을 시기하지 않았다. 그는 바울을 경쟁자로 생각한 것이 아니라 그리스도 안에서 형제와 동역자로 생각하였다. 그는 비상시를 위한 하나님의 사람이었다.

앞으로 흉년과 어려움이 있을 것이었다. 바나바와 사울이 안디옥 교인들을 떠나기에 앞서 그들은 참으로 풍성한 시간을 가졌다. 관대한 마음을 가진 이 두 사람은 일년 동안 교회를 위하여 봉사하였다. 교사로서 바울의 은사에 의해 연구되고 해석되고 밝혀진 구약 성경을 생각해 보라. 교회가 점점 자랐고 많은 사람이 주께로 "돌아왔다"[에페스트레펜](11:21).

안디옥에서 그리스도를 따르는 사람들에게 "그리스도인"이라는 별명이 붙게 되었는데 그 이름이 오늘날까지 계속되어 온다. 신약 성경에서 그리스도인이 되는 것에 관하여 말하지 않을 수 없는 것이 무엇인지 생각해 보라.

그 후에 바나바와 사울은 기근을 부조해야 할 때 예루살렘의 가난한 사람들에게 줄 선물을 가지고 예루살렘으로 다시 파송을 받았다. 부조는 안디옥의 제자들이 "그 힘대로"(유포레이토) 보낸 것이다(11:29). 부조는 그리스도의 이름과 정신으로 한 봉사였다. 복음을 전하고 사람을 하나님 나라로 인도하고 교회를 가르치고 부조를 보내고 하는 이런 모든 일에서 이 것은 온 세상에 대한 온 교회의 증거였다.

사도행전 제12장

전체주의 아래 있는 교회

12:1-3. "헤롯 왕이 … 야고보를 칼로 죽이니 … 베드로도 잡으려 할새."
12:4. "유월절 후에 … 끌어내고자 하더라."
12:11. "주께서 … 나를 헤롯의 손과 유대 백성의 모든 기대에서 벗어나게
하신 줄 알겠노라."
12:23. "주의 사자가 곧 (헤롯을) 치니."
12:24. "하나님의 말씀은 흥왕하여 더하더라."

I. 역사적 배경

교회가 예루살렘으로부터 시작하여 온 팔레스타인에 지나서 로마 제국의 전역으로 퍼져 나갈 때 반대 세력이 다시 힘을 규합하여 테러를 가하기 시작하였다. 최초의 그리스도인들의 거점이었던 예루살렘에서 사도들이 책임을 맡고 있었다. 적이 여기를 공격하여 그 지도력을 궤멸시키려고 하는 것은 너무도 당연한 것이다. 베드로는 일찍이 생명의 위협을 받은 적이 있어서 투옥당하는 일이 그에게는 전혀 새삼스러운 일이 아니었다. 이제 국가가 그 통치자와 권력으로써 예루살렘에서 전투하는 교회를 말살하려고 하는 또 한 번의 환난의 때를 당하게 되었다.

II. 용어 해설

이번에 베드로가 감옥에 갇힌 것은 세번째로 겪는 일이었다. 그는 다른 시련들을 견디었다(참조. 4:3; 5:18).

사도행전 12:1. "들어"(에피발렌). 이 말은 전제 정치의 치밀하고 교묘한

수단을 묘사하는 생생한 방법이다.

사도행전 12:1. "해하다"(카코사이). 그 행위는 악한 의도와 잔인성과 관련이 있었다.

사도행전 12:3. "유대인들이 이 일을 기뻐하는 것을 보고." 뇌물이나 기득의 권익이나 획득하기를 기대하는 어떤 것이 있을 때 악이 아주 만연한다.

사도행전 12:4. "부활절 후에 … 내고자 하더라." 유월절이란 말은 헤롯이 8일을 기다렸다가 베드로를 해하게 된다는 것을 암시하였다. 의도의 범위가 중요하다 — 하나님의 목적에 대한 사람의 의도.

사도행전 12:5. "옥에 갇혔고 … 그를 위하여 간절히 하나님께 빌더라." 위기에 처한 교회에게는 국가의 권력과 그 폭정에 대항하여 이 한 가지 영적인 힘의 무기가 있었다. 교회는 "간절히"(에크테노스) 하나님께 기도하였다.

사도행전 12:11. "베드로가 정신이 나서." 이상한 일이 일어났다. "내가 이제야 참으로 … 알겠노라." 하나님께서 자기를 구출하셨다는 것을 그가 깨달았다는 것과 그것이 결코 쇠문을 넘어서 허겁지겁 도망쳐 온 것이 아니라는 것을 우리는 확신한다. 그림이 생생하게 세부 묘사가 되었다. 아침 일찍이 그는 감옥을 벗어나서 마리아 집으로 갔다.

12:8. "신을 들메라." 감방 문과 감옥 문을 열고 죄수를 잠들게 하는 것에 있어서 베드로가 할 수 없는 많은 일들을 하나님께서 하셨지만 베드로는 자기 신을 신는 일을 할 수 있었다. 하나님은 불필요한 일을 행하지 않으신다.

사도행전 12:12. "마가라 하는 요한의 어머니 마리아의 집." 그 집은 어떤 추억을 떠올리게 한다. 이 집은 유월절에 우리 주님께서 다락방에서 만찬을 가지신 곳이 아니었는가? 이곳은 최초의 그리스도인 무리들의 모임 장소였는가?

12:16. "저희가 문을 열어 베드로를 보고 놀라는지라." 그들은 베드로를 위하여 기도하였지만 바로 지금 그들은 그들의 기도가 응답되었다는 것을

믿지 않았다.

사도행전 12:17. "야고보와 형제들에게 이 말을 전하라." 교회의 지도자들과 다른 지체들이 그 기적적인 구출의 소식을 당연히 들어야 한다. 여기에 나오는 야고보는 공회의의 의장을 맡았던 주님의 형제이다(참조. 행 15장). 요한의 형제 야고보(12:2)는 사도로서 헤롯에게 죽임을 당하였다. 요한은 노년까지 목숨을 유지하였다. 폭군이 살기 등등할 때 하나님의 섭리는 기묘하였다.

사도행전 12:18. "적지 않게 소동하니." 일반 병사들이 그를 감시할 수 없었다는 것을 헤롯이 노여워하였기 때문에 그들은 생명을 잃게 되었다.

사도행전 12:20. "대단히 노여워하나 … 화목하기를 청한지라." 국가의 분쟁도 적지 않게 소란하여 적들을 무마하지 않으면 안 된다.

사도행전 12:21. "헤롯이 날을 택하여." 이 날은 폭군의 최후의 날이었다. 그의 허영심과 연설은 교만스럽게 그에 대한 숭배를 당연한 것으로 받아들였다. 하나님의 심판이 임하여 역겨운 질병이 그를 엄습하였다.

사도행전 12:24. "하나님의 말씀은 흥왕하여 더하더라." 박해의 끝은 복음 전도의 시작이다.

사도행전 12:25. "바나바와 사울이 … 마가라 하는 요한을 데리고." 선교 사역을 수행하면서 조력하기 위하여 새로운 일꾼이 합류하였다.

III. 교리적 의의

기적의 사실은 어떤 경우에도 결코 도외시되어서는 안 된다. 사도적 기독교는 어떻게 하나님께서 비범한 방식으로 간섭하셨던가 하는 예들이 풍부하다. 하나님께서 어떻게 역사하셨는가 하는 것을 설명하는 것이 어렵다는 것을 사람들은 알았다. 오늘날 많은 사람들에 의해 초자연적인 것이 도외시되지만 우리는 경이와 신비의 세계 속에서 살고 있다. 신약 성경 계시는 이러한 것을 포함하고 있다. 베드로가 감옥에서 구출을 받을 때 하나님께서 조용히 역사하셔서 파수꾼과 문과 쇠사슬과 죄수를 지키기 위한 사람의 가장 좋은 계획의 모든 장치를 주장하신다. 그러나 자유롭게 되자 베드로는 손수 신발을 신고 옷을 입어야 하고 나중에 마리아 집에서 손짓하여 조용하게 하고 설명하고 그 다음에 거기를 떠나 다른 곳으로 간다. 하나님께서 기적을 일으키셨지만 베드로는 인간으로서 해야 할 예방 조치를 취하였다.

Ⅳ. 실천적 목표

교회나 그리스도인들이 어떤 경우 혹은 어떤 곳에서 박해를 받을 때 거기에 하나님께서 섭리하시는 주권적인 뜻이 있다는 것을 보여주기 위함이다. 어떤 경우는 하나님의 주권적인 뜻이 기도에 응답하여 구출하는 것일 것이다. 또 다른 경우에는 야고보와 같은 사도가 죽임을 당하는 것이 하나님의 주권적인 뜻일 수 있다. 그러나 그의 형제 요한은 모든 사람보다 오래 평온하게 살다가 죽는 것이 하나님의 주권적인 뜻일 수도 있다. 박해를 당하는 교회에게 한 가지 효과적인 무기가 있다면 그것은 주께 간절히 기도하는 것이다.

Ⅴ. 설교 개요

제목: "전체주의 아래 있는 교회."

도입부

어린 교회는 국가의 독재 권력으로부터 온 악의 광풍을 알고 있었다. 일 세기의 문제는 황제를 퀴리오스 혹은 주로 숭배하라는 국가의 요구에 집중되었다. 이 경우에 로마 제국의 시민은 어떤 종교를 선택해도 좋지만 모든 종교는 반드시 신적 존재로서 황제의 이 최종적인 숭배에 보조적인 것이어야 한다. 그리스도인들은 이런 식으로 황제를 인정할 수 없다는 것을 알았고 그리하여 그들은 거부하였다는 이유로 박해를 받고 죽임을 당하였다. 그리스도인들은 예수 그리스도께서 그 주(THE LORD), 그 퀴리오스(the Kurios)라고 고백하였다. 강적과 맞서서 교회는 점차 흥왕하였고, 그리고 믿음에 대한 이런 공격에 살아남기 위하여 그 힘을 통하여 흥왕하였다.

A. 둘째 순교자, 12:2

기록에 따르면 스데반이 첫째로 거명된 순교자인데 이제 요한의 형제인 사도 야고보의 이름을 읽게 된다. "그 때에"는 대혜롯의 손자가 죽은 시기인 A.D. 44년을 의미할 수 있다. "해하려 하여"는 "악을 행하는" 것을 의미하였다. 그리고 정치적인 박해는 베드로에게 괴로움과 감옥살이를 암시하였다. 야고보는 우레의 아들 중의 하나였고(막 10:38) 갑작스런 죽음은 예견되었다. 그는 최초로 죽은 사도이고 그의 형제 요한은 십중팔구 마지막으로 죽은 사도일 것이다.

B. 베드로의 구금, 12:3-6

베드로는 감옥살이에 익숙하였고 이번의 구금은 그로서는 세번째로 겪는 일이었다. 그는 안팎으로 철저히 감시를 받았다. 우리 주님은 유월절에 희생을 당하셨지만 혜롯은 기다렸다가 유월절 이후에 처리할 계획이었다. 그 개인의 동기가 결정적이다. 모두 열여섯 명의 군인이 있었다. 여섯 시간씩 네 번의 교대가 이루어졌다. 두 명의 군인은 감방 안에서 죄수와 함께 쇠사슬에 매여 있었고 두 명의 군인은 바깥에서 지켰다. 철저하게 모든 예방 조치를 취하였다. 교회로서는 이 때가 위기의 순간이있다. 베드로를 대신하여 교회는 하나님 앞에 자신들이 고통을 겪듯이 있는 힘을 다하여 간절히 기도하였다. 감금은 기도의 응답을 받았다. 적의 위협을 중보의 높이 든 손으로 대항하였다.

기도의 유익이 무엇이냐고 물을 사람이 있을지 모르겠다. 어떻게 기도가 군대의 힘으로 지배하는 세계의 사태를 바꿀 수 있겠는가? 전쟁의 핵무기와 전체주의의 폭군과 독재자가 세상을 좌지우지하는 것이 아닌가? 우리는 모든 것을 설명하지 못하지만 한 가지 일 곧 하나님께서 그를 신뢰하는 자들을 대신하여 일하신다는 것은 확실하다.

C. 베드로가 구출받음, 12:7-17

이것은 하나님의 행위였다. 하나님께서 두르시고 보호하셔서 베드로는 서두르거나 허둥거림이 없이 감옥을 떠났다. 상세한 설명은 감동적이며 사람의 인간적인 연약함 가운데서 신적인 활동을 느끼게 한다.

마리아의 집은 온통 흥분으로 가득 찼다. 어떤 교회 모임들은 활기가 없고 평범하지만 사도가 죽음에서 건짐을 받았을 때에는 그렇지 않았다. 그 때에 기도는 새로운 의미가 있고 엄청난 일에 기뻐하여 믿지 못하는 사람들도 더러 있었다. 문에서 베드로의 음성인 줄 아는 계집아이의 반응과 믿을 수 없는 이야기를 하는 그 아이를 미쳤다고 생각한 집안에 있는 그리스도인들의 반응에는 유머가 있다. 그들은 무엇을 위하여 기도하였던가? 그들이 한 기도는 베드로의 구출이었는가 아니면 하나님께서 그와 함께 하시기를 비는 것이었을 뿐이었는가?

D. 헤롯의 죽음, 12:18-25

응보와 심판이 폭군에게 임한다. 하나님을 대적하여 싸우는 그는 아주 결정적으로 최후를 맞이하게 된다. 악이 마음대로 하지만 영원히 하지는 못한다. 사람 속의 허영심과 교만이 사람을 완전히 파멸시킴으로써 그 역겨운 종말을 고하게 된다. 하나님은 조롱당하지 않으시며 경배받으셔야 하는 유일하신 참 하나님으로서 그분이 당연히 차지해야 할 자리를 다른 이들이 차지하거나 빼앗는 것을 용납지 않으실 것이다. 그 밖의 모든 것은 참람한 것이다. 시편 2편에서 우리는 악인들이 적그리스도가 될 때에 하나님께서 하늘에서 웃으시는 것과 보응과 설욕의 날이 멀지 않다는 것을 상기하게 된다.

이교도의 종교의 가장 나쁜 의미를 가지고 있고 악과 미신으로 두른 우상 숭배는 그 종말을 보게 된다. 그것은 순순히 물러서지 않는다. 무엄한 헤롯은 이교도와 폭군의 악한 권력의 전형이다. 의사 누가는 마치 나무가 썩어 넘어지듯 헤롯이 충이 먹어 죽었다는 것으로 하나님의 심판을 묘사한다. 그것은 우상 숭배에 대한 거룩하신 하나님의 일격이었다.

우리는 여전히 전체주의와 전체주의가 떠받들고 있는 거짓 종교를 대항하여 싸우고 있다. 유일하신 분만이 주님일 수 있으며 그분은 마침내 그 뜻을 이루실 것이다. 콜로세움의 그리스도인들, 화형당한 신실한 자들, 들 짐승에게 찢긴 자들, 네로의 정원에 활활 타오르는 횃불이 된 자들, 강제 수용소에서 참고 견뎠던 그리스도를 따르는 자들, 오늘날 세계 도처에서 핍박당하는 자들은 이 성경에서 관련된 점을 발견한다. 히틀러와 헤롯, 네로와 스탈린은 사라지고 없지만 교회는 기도하며 흥왕하고 그리스도께서 영원히 통치하신다.

사도행전 제13장

전혀 선교회가 없음

13:2. "일을 위하여 바나바와 사울을 따로 세우라."
13:3. "두 사람에게 안수하여 보내니라."
13:4. "두 사람이 성령의 보내심을 받아 … 배 타고."

I. 역사적 배경

이야기가 기록된 대로 그리스도의 사람들은 중심으로부터 그 당시 세계의 주변으로 사역을 확장한다. 사도행전 1:8은 그 메시지가 속주에서 속주로 전해지고 또 이 성에서 저 성으로 전해졌을 때 이제까지 점점 더 많이 성취되었다. 이제 최초의 선교가 시작하게 되고 앞으로 다른 선교가 따르게 된다. 교회는 더 이상 예루살렘에서 닻을 내리고 있지 않고 전세계로 뻗어 나간다. 점차적으로 베드로의 경험을 통하여 그리고 마침내 바나바와 바울을 통하여 교회는 "온 세상으로 가라"는 명령에 철저히 복종하는 자리에 이르게 되었다.

II. 용어 해설

이 장은 서두 구절들의 전개이며 선교의 출발에 대한 해설을 담당하고 있다.

사도행전 13:1. "안디옥 교회에 … 있으니." 선교 추진이 안디옥 교회의 우수성이자 영예였다. 예루살렘은 너무 오래 미루고 있었거나 불순종으로 인하여 머뭇거렸다. 온 세상에 복음을 전하는 영광을 안디옥 교회가 맨 처음 차지하게 된다.

사도행전 13:1. "선지자들과 교사들이." 그들은 어디 출신이었는가? 그들은 그 특별한 회중 안에서 하나님에게 발탁되었는가? 사울과 바나바는 외부 출신이었다. 다른 사람들의 이름들이 재미있다. 맨 먼저 세 선지자의 이름이 언급된다. 시므온(니게르)은 예수님의 십자가를 졌던 그 시므온과 관계가 있었는가? 루기오는 복음 전도자였는가? (참조. 행 11:20). 두 교사가 언급되었다. 마나엔은 헤롯 궁정 출신이었는가? 복음이 그 땅에서 최고조에 달하고 있다. 사울이 마지막으로 언급되었다.

사도행전 13:2. "주를 섬겨(레이투르군톤) 금식할 때에." 이것에는 예배식의 절차 개념이 있다. 하나님께서 생소한 방식과 예상 밖의 때를 요구하신다. 하나님은 당신의 뜻대로 종들을 택하신다.

사도행전 13:2. "성령이 가라사대." 사람이 아니라 하나님이 말씀하신다. "내가 불러 시키는 일을 위하여 … 따로 세우라." 부름을 받은 두 사람을 하나님께서 친히 따로 세우셨다.

사도행전 13:3. "이에 금식하며 기도하고 두 사람에게 안수하여 보내니라." 준비를 갖추기 위하여 자기 검증과 기도로써 헌신하는 기간이 아주 중요하다. 안수하는 것은 어떤 특별한 것을 주는 것이 아니라 하나님께서 부르셨다는 것을 인정하는 외적이고 눈으로 볼 수 있는 표였다. 교회는 하나님께서 나타내셨던 것을 시인하였다.

사도행전 13:5. "하나님의 말씀을 … 전할새." 이것은 복음 전도와 선교 사역의 방식이다. 그들은 복음을 전하고 선포하였다.

사도행전 13:13. "요한은 저희에게서 떠나 예루살렘으로 돌아가고." 요한은 그들과 잠깐 함께하였다. 왜 그가 생각을 바꾸었는가? 새로운 요구에 부응하기가 두려웠는가 아니면 겁이 났는가 혹은 그것도 아니면 신체적으로 견디기 어려웠는가? 그가 중도에서 포기한 것에 대한 설명이 전혀 없다.

사도행전 13:15. "권할(파라클레세오스) 말이 있거든." 이 말은 위로와 힘을 불러일으키는 말인데 왜냐하면 위로하는 사람이 곁에 있는 것과 같은 말이기 때문이다.

사도행전 13:27. "안식일마다." 모든 봉사와 예배를 성경을 읽는 것과 함께 생각하라.

사도행전 13:32. "우리도 조상들에게 주신 약속을 너희에게 전파하노니." 실제로 우리는 여러분에게 복음을 전한다.

사도행전 13:43. "폐회한 후에." 예배를 마치고 회중이 흩어지고 난 뒤에 무슨 일이 일어나고 있는가?

사도행전 13:48. "영생을 주시기로 작정된 자는 다 믿더라." 작정된 자(테타그메노이)는 그들이 선택된 자들에게 속하였다는 것을 의미한다.

사도행전 13:51. "이고니온으로 가거늘." — 돌무더기.

III. 교리적 의의

성령께 부르심을 받은 자들만이 나가서 복음을 전할 수 있었다는 것과 그에 따른 대적에 맞설 수 있다는 것. 또한 정규적인 예배에서 교회는 반드시 성령께 특별한 사역을 위하여 개개인들을 붙드시는 그 영적인 순간에 대해서 민감해야 한다는 것. 회중들은 궁극적으로 인정된 자들을 안수하여 파송해야 할 것이지만 선택의 대권은 사람에게 있는 것이 아니라 하나님께 있다.

IV. 실천적 목표

교회는 오직 선교의 매개로서 존재해야 하고 자기 존재를 정당화하여야 한다는 것을 반드시 배워야 한다. 초대 교회는 선교회를 조직한 것은 아니었다. 모든 그리스도인은 복음 전도의 책임을 맡았다. 모든 회원이 그리스도의 증인이 되어야 했다. 매일 종사하는 직업이 무엇이든지간에 그곳이 봉사의 장이었다. 먼 곳으로 어떤 사람을 보내야 하는 것과 같은 특별한 사역이 필요하였을 때 하나님의 손이 그 임무를 위하여 선택된 자들 위에 있었다. 그러나 전체 교회가 선교회였다.

V. 설교 개요

제목: "전혀 선교회가 없음."

도입부

이것은 교회사에서 중대한 순간이었다. 안디옥에서 로마 제국의 나머지 지역의 운명이 먼 지역에 복음을 전하는 특수한 임무를 위하여 뽑힌 사람들의 자발적인 헌신에 달려 있었다. 하나님께서 선교 사역에 이들을 부르시는 그 이야기가 참으로 아름답게 전개되고 있다.

A. 선교하는 교회, 13:1-2

이것은 중요한 것으로 반복해서 강조해야 할 필요가 있다. 우리는 여기서 처음부터 계획되고 의도된 교회와 회중을 보게 된다. 온 교회의 봉사와 임무에 대한 원칙이 여기에 있다.

(1) 교회의 지도자들이 언급되었다(13:1). 선지자들과 교사들이었던 이 사람들은 이미 교회 안에서 사역을 담당하였다. 그들은 구약 성경을 풀어 설명하였고 예배를 인도하였다. 그들은 진리를 예언하였고 주위 이교 세계에서 모여든 사람들을 가르쳤다. 그들은 헌신적인 사람이었고 은사가 있었고 신분이 다양하였다.

(2) 성령의 인도(13:2). 하나님의 부르심을 규격화해서는 안 된다. 성령의 음성은 사람들에게 나양하게 전달된다. 일터에서 그 음싱을 듣는 사람이 있는가 하면 묵상 가운데 듣는 사람도 있다. 또 어떤 이들은 기도하는 가운데 그 음성을 듣는다. 여기서는 공적인 예배를 드리는 동안 곧 그들이 예배를 인도하고 있는 동안에 그 음성이 들려왔다. 하나님께 구별하여 드리는 것은 하나님의 뜻과 삶의 목적을 위해서 따로 세움을 받는 것이다.

B. 고별사, 13:3-4

선별된 두 사람 바나바와 사울이 떠나야 할 때가 되었을 때 온 교회는 이 일에 함께 하였다. 하나님께서 부르셨을 때 그들이 순종하였고 아무도 감히 막지 못하였다는 것에서 그들의 삶이 성별된 것이 드러났다. 선교사를 안수하여 파송할 때 어떤 예배를 드렸을까! 가장 기운찬 생을 특별 사역에 드리는 아주 영예로운 이것은 온 교회의 경험의 일부이어야 할 것이다.

지도를 보면 그들이 앞으로 나아가게 될 전도 여행을 이해하는 데 도움이 될 것이다. 거룩하신 성령의 보내심을 받은 그들에게 교회의 축복과 기도를 받고 가도록 하였다. 그들은 교회의 대표로서 갔고 항상 교회에 속하여 수고하였고 교회와 별도로 활동하지 않았다. 그들은 교회로 돌아와서 곧 보고하곤 하였다.

C. 해외 전도, 13:5-52

이 사람들이 안디옥 교회에 보고하지 않고 몰래 떠난 것이 아니듯이 그들은 어디를 가든지 공표를 하게 되어 있었다. 그들이 이렇게 하려고 한 것이 아니라 그들이 맡은 임무의 성격상 그렇게 되었다. 다른 공동체와 사회에 그들이 나타나서 그리스도에 대한 주장을 폈을 때 다른 사람들은 동요를 일으키게 되었다.

그들이 안디옥을 떠날 때 조수와 협력자로서 마가 요한이 그들과 함께 동행하였다. 그들이 셀류키아 해변으로 간 다음 거기서 구브로 섬으로 갔는데 그곳에서 그들은 박수인 거짓 교사를 만났다. 공식적인 논쟁을 통하여 바울은 하나님의 바른 길과 사람의 그릇된 길을 보여 줄 기회를 얻게 되었다. 구브로를 떠나 밤빌리아의 버가로 갔는데, 거기서 마가 요한은 그들에게서 떠나 고향으로 돌아간다. 그의 처신에 대한 설명이 전혀 없다. 소아시아의 고지의 위험과 혹독함에 자신이 없었기 때문이었는가? 바울의 여행에서 나타난 것처럼 어쩌면 고린도후서 11:26이 이에 대한 빛을 던져 줄지 모르겠다. 윌리엄 램지 경(Sir William Ramsay)은 "모기 때문에 그가(바울) 버가에서 말라리아에 걸렸다"고 생각한다. 어쨌든 두 사람은 온갖 위험에도 불구하고 전도 여행을 계속하였다. 저지를 떠나 고지로 갔을 때(참조. 갈 4:14; 고후 12:7) 그들은 비시디아 안디옥에 도착하였다.

지도에서 안디옥에서부터 살라미를 거쳐 버가를 지나 비시디아 안디옥 그리고 이고니온까지 이어지는 대로와 바다를 보게 될 것이다. 이것은 해외 전도 여행이며 선교 사업의 여정을 나타낸다.

바울의 연설 가운데 그가 나중에 로마서와 갈라디아서의 주제로까지 확대한 씨앗 형태의 내용이 있다. "이 사람을 힘입어 … 의롭다 하심을 얻는 이것이라"(13:39)가 핵심 문장이다. 이것은 모든 곳에서 그들의 메시지의 핵심이었다.

회당에서 그는 하나님의 자비와 그리스도 안에서 의롭다 하시는 은혜를 강조하였다. 믿지 않는 유대인들의 반대로 인하여 바울은 안디옥에서 이방인에게 심혈을 기울이게 되었다(13:46). 결과가 나타났지만 바울은 자신과 바나바가 마지못하여 떠나게 되었을 때까지 편견으로 계속 괴로움을 당하였다(13:51; 참조. 마 10:14). 대조적으로 영적으로는 기쁨이 있었다. 믿는 제자들이 그러한 기쁨으로 가득하였다. 해외 전도에는 위험이 있었지만 교회는 당연히 그런 모험을 하여야 했다.

사도행전 제14장

희생적인 전도

14:5. "두 사도를 능욕하며 돌로 치려고 달려드니."
14:19. "돌로 바울을 쳐서 죽은 줄로 알고."
14:21. "루스드라와 … 돌아가서."
14:27. "하나님이 함께 행하신 모든 일과 … 고하고."

I. 역사적 배경

교회가 그 종들을 통하여 전파되어서 이제 로마 제국의 동쪽 주변으로 복음이 퍼져 나가고 있었다. 선교사에 의한 해외 선교는 그들이 중요한 지역 대부분에 가서 전도하였다는 것을 의미하였다. 지도를 보면 그들의 여행을 평가할 수 있다. 전도를 했을 때 사람들이 처음에는 귀를 기울여 들었지만 어디에서나 그들을 환영한 것은 아니었다. 사람들이 그들이 전한 메시지에 좋은 반응을 나타내어 성공하는 경우도 있었다. 이런 진취적인 단계에서 그들이 출발했던 곳으로 되돌아가야 했던 한 지점에 도달하였다. 시골 지역도 인구 중심지와 마찬가지로 전도의 대상이 되어야 했다. 이 중대한 때에 그들은 맹렬한 반대에 직면하나 믿음의 대적들이 그들을 공격한 바로 그 지역들을 경유하여 돌아가기로 결정한다.

II. 용어 해설

전도의 발판에 영향을 미치는 것이 어떤 것인지를 평가함에 있어서 수반되는 대가가 있다.

사도행전 14:1. "유대와 헬라의 허다한 무리가 믿더라." 여러 민족들이 그리스도에게 연합되었을 때 이것은 용기를 북돋아 주고 있었다. 회당은 유대인들을 접촉하는 장소였다. 물론 거기에는 반대하고 믿지 않는 사람들이 있었다.

사도행전 14:2. "선동하여 형제들에게 악감을 품게 하거늘." 편견과 나쁜 유언비어만큼 해로운 것은 없다. 거짓 선전으로 사람들을 선동한 가증스러운 모든 이들을 생각해 보라. 생각이 악한 목적에 세뇌되었을 때 그런 생각을 가진 사람들과 기독교 신앙을 전하는 우리 사이에 싸움이 있게 된다.

사도행전 14:4. "무리가 나뉘어." 분열된 사람들은 위태롭다.

사도행전 14:5. "두 사도를 능욕하며 돌로 치려고 달려드니." 여기는 전혀 환영 위원회가 없다.

사도행전 14:15. "우리도 너희와 같은 성정을 가진 사람이라." 잘못된 미신적인 반응이 여기에 나타났다. 하나님께서 초자연적인 어떤 일을 행하셨기 때문에 사람들은 틀림없이 그 전도자들이 그들 가운데 온 신들일 것이라고 그릇된 결론을 내렸다. 그들도 다른 사람들과 다를 바가 없었다.

사도행전 14:15-17. "살아 계신 하나님께로 돌아오라." 하나님은 여기서 계시와 창조와 역사와 구속의 하나님으로 계시되었다. 계시 종교와 자연 종교가 서로 뒤엉킨다.

사도행전 14:21. "루스드라 … 돌아가서." 돌무더기로 돌아온다.

사도행전 14:22. "굳게 하여 … 권하고." 성숙한 제자가 되도록 힘과 용기를 북돋아 주고 있다.

사도행전 14:23. "각 교회에서 장로들을 택하여 …." 구별된 회중으로 세워진 교회들은 교인들 가운데 장로를 두어서 지도하게 하였다. 안수함으로써 택하였다.

사도행전 14:26. "배 타고 안디옥에 이르니 이곳은 두 사도의 이룬 그 일을 위하여 … 부탁하던 곳이라." 그들이 돌아올 때 감회가 새로웠을 것이다. "부탁하던"(파라데도메노이)은 그들이 위임을 받았다는 것을 의미하였다.

사도행전 14:27. "교회를 모아." 환영회 모임. "하나님이 함께 행하신 모든 일과 이방인들에게 믿음의 문을 여신 것을 고하고(아넹겔론)." 그들은 선교 사역의 복음 전도를 말하고 보고를 하였다.

III. 교리적 의의

그리스도인의 삶에서 가르쳐야 할 교리 중의 하나가 견인의 교리이다. 성도는 반드시 믿음에서 그리고 그의 삶에서 참고 견디어야 한다. 시험을 당하고 시련을 겪을 때, 반대와 공격을 당할 때 그리스도인은 공격하에서 믿음의 가치를 배운다. 그리스도를 위하여 지불해야 할 대가가 있고 감당해야 할 십자가가 있다. 고난과 피해는 그리스도인의 삶의 일부이며 반드시 성공하거나 평안하거나 보호받지는 아니한다. 우리는 고난을 겪고 있지만 언젠가는 그리스도와 함께 다스릴 것이다. 미지의 그리고 여행자의 발길이 닿지 않는 곳으로 가는 선교사들은 그들의 수고에 대한 어떤 대가가 있다는 것을 알고 있다. 적의 영토에 교두보를 세우는 일에는 고통과 희생이 따르기 마련이다.

IV. 실천적 목표

그리스도인으로 하여금 그리스도인의 생활을 감상적인 점에서가 아니라 실제적인 점에서 생각하도록 돕기 위함이다. 대부분 선교 찬송에는 낭만적인 분위기가 있고 교회에서 대부분 사람들은 기독교가 부드럽고 안이한 생활인양 상상한다. 우리는 십자가의 선한 군사로서 고난을 감내하라는 명을 받았다(딤후 5:3).

또한 반대나 실망스러운 일을 겪게 될 때 그리스도인이 양보하거나 포기해서는 안 되는 이런 중요한 뜻이 있다. 참고 "견딜" 수 있는 정신이 있다. 그리고 교회는 후퇴함으로써 적에게 넘겨 주어서는 안 된다. 우리는 우리가 공격당한 곳으로 돌아가서 적지에서 다시금 옛상황과 적과 맞서야 한다. 훼방과 방해를 받는 것 같을 때 믿음의 승리를 거둘 수 있다.

V. 설교 개요

제목: "희생적인 전도."

도입부

이 이야기는 참으로 감동을 불러일으킨다. 안디옥 교회가 위임하여 선교사들을 파송하였을 때 그들이 가서 한 선교 사역을 생각해 보라. 그들은 해외 순회 전도를 떠났다. 그들은 소망과 기대를 가지고 여기저기 다녔다. 많은 사람들이 그 메시지에 좋은 반응을 보였지만 이제 반대가 일어나고 그들의 생명에 위협을 가하였다. 그들은 포기하는가? 아니, 절대로 포기하지 않는다. 그들이 반대를 받았던 바로 그 길을 경유해서 돌아갔다는 이야기를 여기서 하고 있기 때문이다. 지난날의 곤경과 다시 맞닥뜨리는 것이 쉬운 일은 아니지만 가능한 일이다.

A. 해외 순회 전도, 14:1-20

지도를 더듬어 살펴보면 그들이 수고한 여러 장소와 지역들이 나온다. 시골 지방과 도시의 전략 중심지들이 지도에 나타난다. 때때로 언어의 장벽이 발생하였을 것이다.

(1) 이고니온(14:1-5). 선교 협력은 소중한 경험이다. 낙심하게 될 때 바나바와 바울은 서로를 필요로 한다. 순종치 아니할 때(14:2) 우리는 하나님의 말씀을 싫어하는 사람들이 하나님의 말씀에 순종하지 않는 사람임을 보게 된다. 바나바와 바울은 "사도"라 불리었다(14:4). 이 말이 열두 사도에게 사용된 것말고는 처음으로 사용되었다. "보냄을 받은 자"인 아포스톨로스란 말의 의미는 전도자인 그들에게서 실현되었다.

(2) 루스드라(14:6-20). 이 도시에 대한 기억은 전도자들의 마음에서 결코 지워질 수가 없을 것이다. 여기서 그들은 돌에 맞았고 여기서 그들은 신이라는 소리를 들었다. 나음을 받은 앉은뱅이는 이 기적으로 소동이 야기되리라고는 전혀 생각지 못했다. 치유가 인상적이었고 미신적인 사람들은 신들이 자기들을 도우려고 내려왔다고 상상하였다. 이것은 전도자들이

그들의 메시지를 전할 기회였다. 하나님께서 창조와 역사의 하나님이시라는 것을 전하였다. 자연 신학과 계시 신학이 여기에 있다. 무리는 추가 흔들리듯이 마음이 이랬다 저랬다 하였다. 신으로 숭상하더니 이제는 적대와 증오심을 드러냈다. 지금까지 모든 지역에서 사역해 온 선교사들에게 여기에 나타난 위험이 늘 도사리고 있었다.

B. 귀향. 14:21-25

외국 낯선 땅에 있는 사람은 고향에 대한 생각으로 가슴이 뭉클하게 된다. 처음으로 미지로 향한 여행을 하고 있는 전도자들은 고향을 생각하였을 때 어떠하였을까? 여기에 그들이 고향으로 돌아갈 때 거친 지역의 이름들이 열거되었다. 더베, 루스드라, 이고니온, 안디옥, 비시디아, 밤빌리아, 버가, 앗달리아. 그들은 가까운 길 대신에 왔던 길로 되돌아갔다. 왜 더 먼 길을 택하고 이런 예상 밖의 결정을 했을까? 루스드라는 공격을 당하여 돌에 맞았던 곳이었다. 그들은 필요하다면 다시 돌에 맞고 이고니온의 위험을 감수하고 비시디아 안디옥의 추방을 당하기 위하여 돌아간다. 그것이 이유이다.

이러한 행동에서 우리는 전도에 대한 신적인 전략을 본다. 전도는 희생이 큰 일이다. 여인들과 어린이들과 남자들이 외로이 묻혀 있는 수많은 무덤들은 적지(敵地)에 교두보를 만들어야만 했을 때 온 나라에서 발생한 것을 증명하고 있다. 돈만 손해를 보는 것이 아니다. 생명이 희생될 수 있다. 그러나 그들은 새로 믿은 사람들에게 용기를 주고 새로운 제자들을 굳게 하고 최근에 이교에서 기독교를 믿게 된 사람들에게 더 많은 격려를 하고 싶었기 때문에 되돌아갔다. 그것뿐만 아니라 그들은 또한 교회마다 장로나 회중의 지도자들을 임명하기 위해서 되돌아갔다. 그와 같은 택함은 따로 구별하여 세운 자들에게 안수하고 기도함으로써 실행하였다. 장로들은 회중을 감독하는 감독과 같다. 이것이 교회 조직의 시초였는가? 이것은 새로운 교회들에서 바울과 바나바가 맡은 일이었다.

C. 최초의 전도 모임. 14:26-28

고향 안디옥에서 다시 환영회를 열고 하나님의 이름으로 된 모든 일에 대하여 하나님께 감사를 드린다. 연사인 바울과 바나바에게는 참으로 고무적인 모임이다.

모인 회중은 그 보고를 간절히 기대하였다. "고하고"는 그들이 상세히 보고하였다는 것을 의미한다. 그들은 그들이 한 것이 아닌 하나님께서 하신 일을 아주 명쾌하게 자세히 말하였다. 그것은 길고 감동을 주는 이야기였다. "믿음의 문"은 온 세상에 대하여 열렸다. 복음으로 많은 회심자들과 새로운 제자들을 얻었다. 교회들이 세워졌다. 토착적이었지만 그 교회들은 성령의 인도와 택하심에 따라 그들 가운데서 지도할 사람을 가지게 되었다.

희생적인 전도는 삶의 헌신과 참고 견디는 고난과 희생적인 행위와 모든 곳에서 적의 공격을 다시 맞닥뜨리는 정신에서 나타난다. 사단의 영역을 침입하는 것은 쉬운 일이 아니며 선교 사역은 인간적인 힘으로 되는 일이 아니다. 그 일은 전도자들 안에서 그리고 그들을 통하여 역사하는 신적인 능력이 있어야 한다. 그러나 "열정적인 사람들" 곧 보통 사람들이 하나님의 사업을 위하여 하나님의 도구가 될 수 있다.

사도행전 제15장

역사의 전환점

15:1. "할례를 받지 아니하면 능히 구원을 얻지 못하리라 하니라."
15:3. "이방인들의 주께 돌아온 일."
15:11. "우리가 저희와 동일하게 주 예수의 은혜로 구원 받는 줄을 믿노라
하니라."
15:28. "성령과 우리는 … 가한 줄 알았노니."

I. 역사적 배경

이것은 이 책에서 중요한 한 단락이다. 이 중요한 단락에서 우리는 중대한 결정들을 마주 대하게 된다. 이러한 중대한 결정들은 초대 교회에 영향을 미쳤을 뿐만 아니라 모든 세대의 온 교회에 영향을 미쳤다. 이 때는 기독교가 확실히 유대교의 분파일 뿐인 것에서 벗어나서 보편적인 믿음과 삶이 된 중요한 시기였다. 예루살렘에 소집된 공회의는 운명적이었다. 안디옥 교회의 놀랄 만한 성공과 그 교회의 전도 활동으로 인하여 이방인 회심자들이 유대인 회심자들의 교제에 동참하는 것을 허락해야 한다는 교제 관계의 문제가 제기되었다. 대부분 유대적 배경을 가진 교회 회원들은 모세 율법과 의식을 지키는 것이 필요하다는 것을 주장하고자 하였다. 그러나 좀더 자유로운 관대한 집단은 이것을 반대하고 유대인의 요구는 필요없다고 말하였다. 그 공회의는 논쟁을 해결하기 위하여 회합하였다.

II. 용어 해설

계속된 토의에서 서로 다른 의견을 충분히 개진하였다. 생각들이 사람들

가운데서 일하시는 하나님의 사역 방법으로 감화를 받았을 때 성령의 인도하에 마침내 결정이 내려졌다.

사도행전 15:1. "할례를 받지 아니하면 능히 구원을 얻지 못하리라." 이방인 회심자들에게 유대인의 관습을 지키도록 하려는 이런 시도는 실패하였다. 논증 또는 편파적인 관점은 때때로 발생하는 것이다. 종교적인 집단들은 구원의 신앙의 단순성에 어떤 것을 보태려고 한다. 때때로 그것은 종교적인 의식과 고행과 행위이거나 특수한 집단에 소속하는 것이다. 믿음에 의하면 대신해야 할 것은 아무것도 없다.

사도행전 15:2. "적지 아니한 다툼과 변론." 기독교 모임에서 논쟁이 있었다는 것에 대해서 놀랄 것은 없다. 이것은 서로 다른 시각을 개진하는 자리이다. 논쟁하는 것을 걱정하는 사람들이 더러 있지만 교회에는 항상 논쟁이 있다(스타세오스와 제테세오스).

사도행전 15:3. "이방인들의 주께 돌아온 일." 사도행전에서 텐 에피스토펜이란 표현이 여기서만 쓰이고 있다. 그것의 용도는 사도행전에서 흔하며 그 사실이 암시되어 있다. 사도행전에는 주께 돌아오는 예가 수두룩하다. 특별히 이런 경험들이 다양하게 기록되었다.

사도행전 15:5. "바리새파 중에 믿는 어떤 사람들이 일어나." 집단과 분당과 분파의 개념은 맨 처음부터 있었다. 신학적인 차이가 발생한다. 형제들끼리 분열될 필요가 없는데 그렇게 하는 이들이 더러 있다.

사도행전 15:6. "이 일을 의논하러." 에이데인이라는 말은 들여다보다라는 뜻이다.

사도행전 15:9. "분간치 아니하셨느니라." 베드로의 증거는 훌륭하다. 하나님은 구원하실 때 예외를 만드시지 않았다 ― 한 방법, 한 백성.

사도행전 15:10. "멍에를 … 두려느냐." 어떤 사람에게 이런 일이 일어났다. 종교적인 짐과 사회적인 요구는 많은 사람에게 복음으로 만족하지 못하게 한다.

사도행전 15:11. "은혜로 구원 받는 줄." 이것은 모든 신약 성경의 구원의 바탕이다. 신약 성경 중에서 나중에 기록된 것들은 이 명제를 설명한다.

사도행전 15:19. "내 의견에는"(크리노). 내 판단으로는.

사도행전 15:20. "편지하는 것이." 최초의 편지 혹은 결의가 보내졌다.

사도행전 15:24. "말로 너희를 괴롭게 하고." 이것은 정말 맞는 말이다. 말로 인하여 오해가 일어난다.

사도행전 15:25. "사람을 택하여 … 우리의 사랑하는 바나바와 바울과 함께." 참으로 이 편지는 교회의 생각에 있어서 진보된 것이었다.

사도행전 15:26. "생명을 아끼지 아니하는 자." 그들은 그들의 주를 위하여 죽기를 각오하였다(파라데도코시, 위험에 내맡긴 목).

사도행전 15:28. "성령과 우리는 이 요긴한 것들." 그 때 하나님과 인간이 판단에 있어서 일치한다.

사도행전 15:29. "멀리 할지니라." 금식은 기독교적인 것이 된다. 자기 부인과 자기 희생이 어디에 있는가? 만일 그리스도인이 사회에서 효과적으로 증거하려면 그에게 두드러진 어떤 것들이 있어야 한다.

사도행전 15:30. "편지를 전하니." 이 편지는 우리가 상세하게 알지 못하는 초기 편지들 중의 하나인가? 여기에 요지가 있다. 이 편지는 예루살렘 교회가 안디옥 교회에 보낸 것이다.

사도행전 15:36. "우리가 … 다시 가서." 전도자의 참 정신이다.

사도행전 15:37-39. "바나바는 마가라 하는 요한도 데리고 가고자 하나 바울은 … 일하러 가지 아니한 자를 데리고 가는 것이 옳지 않다 하여 …." 마가로 인하여 이 고결한 두 사람 사이에 다툼이 생기고 피차 갈라서게 되었다. 두 사람 다 옳았고 두 사람 다 그릇되었다. 말다툼(파록쉬스모스)으로 화가 나게 되었고 그로 말미암아 갈라서게 되었다. 나중에 바울이 마가를 다시 받아들일 것이고 마가는 합당한 사람으로 입증되고 또 마가복음을 쓸 것이다. 하나님은 서로 갈라섬을 주장하셔서 그것에 의하여 복음의 또 다른 확산을 이루실 것이다.

III. 교리적 의의

그리스도인의 모임의 모든 결정은 이 빛에 비추어 보아야 할 것이다. 예루살렘 공회의는 역사에 남을 만한 일을 하였고 영원히 기독교 신앙과 실천의 표준을 세웠다. 구원의 길은 아주 분명하다. 구원의 길은 행위에 의한 것이 아니며 거기에 어떤 종교적인 의식도 첨가되어서는 안 된다. 그러나 또한 그리스도인의 생활이 순결하고 악이나 우상과 타협이 있어서는 안 될 것이라는 명령 혹은 권고가 있었다. 이것이 기독교 교리에 관한 최초의 생각이며, 그리고 그리스도인의 믿음뿐만 아니라 행실을 규정하는 신학이 반포되었다.

IV. 실천적 목표

모든 시대에 인도가 필요하였다. 진리와 계시의 원칙들은 불변하지만 사회적 국가적 표준은 시대마다 그리고 나라마다 다양하다. 그리스도인들은 도덕적 행위와 그리스도인의 증거에 관하여 결정할 때 도움이 필요하다. 모든 그리스도인이 똑같은 방식으로 행동하지는 않는다. 문화와 사회와 민족과 배경에 따른 관습은 우리가 믿음을 나타내는 방식에 영향을 미친다. 믿음의 중심에 있어서 오직 하나님의 은혜로 그리스도 안에서 구원을 받는다는 것에 통일성이 있고 일치하지만 믿음의 표현에 있어서는 자유롭다.

V. 설교 개요

제목: "역사의 전환점."

도입부

최초의 기독교 공회의가 예루살렘에서 모였다. 그 교회가 공간적인 의미에서 일부가 모였지만 다른 교회들에서 온 이들이 거기에 함께 참석하였다. 안디옥 교회가 구원의 근거에 관하여 결정을 내리지 못하게 되어 바울과 바나바를 예루살렘으로 파송하여 그곳 지도자들인 사도들과 장로들과 협의케 하였다. 어떻게 결정이 내려질지 아무도 알지 못하였다.

A. 계기. 15:1-5

논쟁으로 인하여 좋은 결과를 낼 수 있다. 분열이 모두 다 반드시 나쁜 것은 아니다. 통일과 연합에 대한 오늘날의 강조가 단순히 조직이 아니라 믿음과 정신의 일치를 의미할 때 어떤 가치가 있다. 통일성 속에 다양성이 있을 수 있고 분리된 집단들 사이에 조화가 있을 수 있다. 믿음과 그리스도인의 생활과 관련된 것에 관하여 논의하는 것을 염려해서는 안 된다.

종교적인 횡포와 굴종은 항상 위험하다. 오늘날 만일 힘이 있다면 다른 사람들에게 한 가지 틀만 고집하여 그 틀에 따를 것을 강요하는 종교적인 집단들이 더러 있다. 율법주의는 주기적으로 일어나며 정치적인 편의주의는 그 종교적인 규범을 통하여 많은 사람들을 구속한다. 종교적인 자유를 위한 투쟁은 반복해서 해야 한다.

B. 회의, 15:6-12

논의는 지도자인 사도들에게 제한된 것이 아니었다. 장로들이 참석하였다. 이것에서 모임의 민주적인 전형이 예시되었다. 그 모임에서 목사와 장로와 종교적인 지도자들과 평신도들이 똑같이 대표가 되고 발언한다. 여기 예루살렘에서는 계급 조직이 전혀 보이지 않는다. 심지어 베드로도 경의를 표하고 탄원하고 있다. 베드로가 이방인과 유대인 사이에 아무런 차별이 없다고 말하는 것은 이제 그리스도 안에서 주목할 만하다. 속박의 멍에를 벗어 버리고 그리스도의 멍에를 메라. 할례나 어떤 종교 의식으로 구원받을 사람은 아무도 없다. 그렇다면 왜 전도자들이 모든 사람이 동일한 방식으로 구원받은 것을 증거하였을 때 이방인들이 할례를 받아야 한다고 하는가?

C. 결정, 15:13-21

의장은 주님의 육신의 아우인 야고보였다. 한때 불신자였던 그가 그리스도의 부활을 통하여 확신을 가진 그리스도인이 되었다. 그는 예루살렘 교회의 지도자이자 감독인가? 그의 연설은 역사를 회고하면서 어떻게 하나님께서 새로운 나라와 그 백성인 교회(assembly-church)을 부르시는가 하는 것을 말하고 있다. 그의 말은 감명을 주었고 그로 인하여 마침내 그 모임이 결론을 내리게 하였다.

D. 최초의 기독교 편지 혹은 서신, 15:22-41

여기에 역사가 만들어지고 있다. 우리는 신약 성경의 서신서를 잘 알고 있다. 이 서신은 잃어버린 것인가? 그 서신에는 역사가인 누가가 여기서 간단히 기록한 것 외에 어떤 내용이 담겨 있었을까? 그 서신 속에는 관심을 끄는 다른 말들은 어떤 것이 있었을까? 그 서신은 다른 사람들을 위하여 베꼈을까?

초기의 회합에서 "말"로 괴롭게 하는 것에 관한 경고가 있었다. 물론 모든 회합과 회의는 "말"로 하게 된다. 아주 많은 말을 주고받는 가운데 어떤 말과 어떤 진리가 분명하게 나타난다. 이것은 지금도 그러하다. 그리스도를 위하여 생명을 내놓은 사람들을 인정하였다. 결정을 할 때 신적인 인도가 인정되었다. 공회의에 모인 온 교회의 생각을 표현하는 결정이 내려졌다. 주로 교회는 권고에 주의하라는 부탁을 받았다.

모임은 끝났다. 전도자들 혹은 회의 참석자들이 떠났다. 마음의 기쁨으로 인하여 즐거움이 솟아 올랐다. 두 동료간의 다툼만이 그 페이지에 오점을 남겼다. 그러나 이 모든 것에서 우리는 결점이 없는 사람이 없다는 것과 교회 안의 누구도 이 문제에 대해서 자신 있게 대답하지 못한다는 것을 경험을 통해서 알고 있다. 그렇기 때문에 겸손한 사귐과 협력이 필요하나. 그 모든 것에도 불구하고 하나님은 여전히 교회를 통하여 모든 사람을 위한 구속하시는 목적을 행하실 것이다. 일세기에 자유를 위하여 싸워서 쟁취한 것처럼 16세기에 루터와 다른 개혁자들이 그 일을 위하여 싸웠다. 우리 역시 우리 시대에 우리의 영적 자유를 말살하려는 종교적·사회적·정치적 폭력 형태에 대항하여 싸우지 않으면 안 되니까 주의를 게을리해서는 안 된다.

사도행전 제16장

그리스도인의 다양한 경험

16:1. "디모데라 하는 제자."
16:6. "아시아에서 말씀을 전하지 못하게 하시거늘."
16:10. "우리가 곧 마게도냐로 떠나기를 힘쓰니."
16:14. "루디아라 … 주께서 그 마음을 열어."
16:30. "내가 어떻게 하여야 구원을 얻으리이까."

I. 역사적 배경

교회가 폭풍과 환난 가운데 계속 나아갔을 때 하나님께서 비범한 방식으로 전도자들을 인도하였다. 열린 것처럼 보인 문이라 할지라도 다 들어갈 수 있었던 것은 아니었다. 하나님께서는 그 당시의 온 세계를 위한 계획을 가지고 계셨고 작용하고 있는 하나님의 인도를 살펴보는 것이 필요하였다. 전도자로서 바울과 실라는 예루살렘 공회의의 결정을 가지고 돌아와서 그들이 온 까닭을 교회들에 보고하였다. 그런 다음 그들은 동방으로 새로운 모험을 시작할 준비를 하고서 아시아로 갔다. 그때 그들은 영적인 거룩한 감동과 섭리적인 사건에 의하여 방향을 바꾸어 서방으로 가게 되었고 그리하여 복음을 들고 유럽으로 들어갔다.

II. 용어 해설

소아시아와 유럽은 해협을 사이에 두고 있으면서 서로 그리 멀지 않았지만 그 해협을 건넌 사람들에게는 그것이 그 당시 세계의 복음화에 있어서 믿음의 중대한 행보였다.

　사도행전 16:1. "디모데라 하는 제자." 얼마 후 믿음에 있어서 바울의 아들이라 알려지게 되었고 또 신실한 동료와 동역자로 알려지게 되었다. 청년 디모데에게 보낸 편지는 교회에 필요한 많은 것을 나타낸다. 교회가 조직과 지도력에 있어서 진보하고 발전하고 있었던 격동의 시기에 이 편지를 쓴 것이 틀림없다. 디모데의 회심과 그의 배경과 그의 봉사 생활을 더듬어 보자.

　사도행전 16:3. "그를 데려다가 할례를 행하니." 공회의가 모인 15장 다음에 이러한 일이 필요하리라고는 상상하지 못하였을 것이다. 그러나 바울은 디모데의 유능함을 못쓰게 만드는 디모데에 대한 어떤 편견을 가지고 있지 않았을 것이다.

　16:4. "작정한 규례(타 도그마타)를 저희에게 주어." 이러한 공식화한 결정들은 중대하였고 더욱 어린 교회들 사이에 도덕적 표준과 종교적 생활에 필요한 권고로서 모든 교회가 공유해야 할 것이었다. 하나의 편지로서 일반 문서를 훨씬 뛰어넘는 것인가? 예루살렘 교회의 사도들과 장로들은 여전히 새로운 교회들에게 어느 정도 영향력을 행사하였다.

　사도행전 16:5. "이에 여러 교회가 믿음이 더 굳어지고 수가 날마다 더 하니라." 이것은 거룩한 명령이다. 믿음은 반드시 확립되어야 한다. 그 다음에 늂임없이 새로운 집단을 설립하는 전노자의 노력에 의한 확상이 있어야 한다.

　사도행전 16:7. "무시아 앞에 이르러 비두니아로 가고자 애쓰되 예수의 영이 허락지 아니하시는지라." 하나님은 자기 종들이 스스로 선택하는 것을 허락지 않으신다.

　사도행전 16:9. "환상이 … 마게도냐 사람 … 건너와서 우리를 도우라." 이것이 잠자는 동안 꿈속에서 된 일인가 아니면 이것은 구체적으로 바울과 함께 있으면서 자기 고향을 위하여 간원할 수 있었던 헬라 사람 의사 누가가 한 일이었는가? 우리로 하여금 봉사하도록 부르시는 하나님의 방법은 다양하다.

　사도행전 16:13. "기도처가 있는가 하여." 왜 성 바깥 강변에 있는가? 어쩌면 이 기도처는 여성들만으로 된 작은 모임이었을 것이다.

사도행전 16:14. "루디아라 하는 한 여자." 장사하는 여성인 한 회심자. "주께서 그 마음을 열어." 여기서 우리는 사람을 그리스도 안에서의 충만한 삶과 하나님의 지식으로 인도하는 성령의 은밀한 사역을 보게 된다.

사도행전 16:20-21. "이 사람들이 … 우리 성을 심히 요란케 하여 … 풍속을 전한다." 참으로 복음은 그 진리로써 사람들을 선동하여 요란케 한다.

사도행전 16:25. "밤중쯤 되어 … 하나님을 찬미하매." 괴로운 밤에 찬송하는 것은 쉬운 일이 아니지만 기독교는 찬송할 마음을 일으킨다.

사도행전 16:30-31. "내가 어떻게 하여야 구원을 얻으리이까 … 믿으라." 가장 중요한 문제가 여기에 있다. 그것은 한 가지 방식 곧 인격적인 관계로 대답이 되었다.

사도행전 16:38. "저희가 로마 사람이라 하는 말을 듣고." 바울이 그리스도인이므로 그의 국민의 권리와 시민의 권리를 포기하였다는 뜻은 아니었다.

Ⅲ. 교리적 의의

회심의 교리는 끊임없는 연구와 해명이 필요한 것이다. 이 경험의 중심에는 그리스도를 믿는 믿음이 있다. 다양성이 명백하다. 하나님의 영의 사역은 주권적으로 역사하지만 그 사건이 어떻게 언제 일어나는지는 바람이 임의로 부는 것처럼 신비롭다. 회심하게 하는 영의 사역이 중요하다. 성령께서 그리스도인들을 인도하여 여기저기에 봉사하도록 할 때 그 인도하시는 사역 또한 중요한 것이다. 한쪽 문이 닫히면 다른 문이 열린다. 아무도 이유나 방법을 설명할 수 없지만 그 사실은 명백하다.

Ⅳ. 실천적 목표

복음을 온 로마 세계에 전파하는 것은 동쪽이 아닌 서쪽으로 가는 사람이 있어야 한다는 것을 의미하였다. 초대 교회는 이렇게 꼭 필요한 중요한 지역을 빠뜨리는 위험이 있었음에 틀림없다. 어쩌면 초대 교회 지도자들은 그들과 가장 가까운 지역에 너무 집착하였고 또 유대인들에게 관심을 두고 있었을 것이다. 어쨌든 하나님께서는 마게도냐 사람의 환상을 쓰셔서 전도자들을 새로운 세계로 들어가게 하셨다. 오늘날 교회는 마음 속에 다른 민족들과 나라들에 대한 이런 부단한 관심을 가지고서 모든 사람에게 복음을 전함으로써 세상을 인도해야 한다. 만일 한쪽 문이 닫히면 다른 문이 열릴 것이다.

V. 설교 개요

제목: "그리스도인의 다양한 경험."

도입부

복음이 그 당시의 새로운 세계에 전해지는 이 이야기에서 하나님의 섭리가 나타난다. 교회는 세상의 동쪽 부분으로 퍼져 나갔고 점차 거기에 교회가 세워지고 있었다. 그것은 교회의 강점이기도 하고 약점이기도 하였다. 만일 안주하기 위하여 교회가 세워지고 그 자체와 그 자체의 생활만 생각한다면 그것은 위험한 것이었다. 이 사건은 교회가 안주하였을 때 결코 안전하지 못하다는 진리를 강조한다. 교회는 항상 세상에서 전도되지 않고 미치지 않은 지역에 관심을 가져야 한다. 둘째 전도 여행은 이러한 이유 때문에 이루어진다.

A. 소아시아에서의 바울, 16:1-8

(1) 그는 실라와 디모데와 함께 있다(16:1-5). 디모데는 마가의 자리를 대신하고 있었다. 그는 혼혈인이다. 그는 경건한 가정에서 태어나 성경에 대한 지식이 있었다. 이러한 배경으로 인하여 기독교 신앙을 가지게 되고 부르심을 받아 봉사하게 되었다. 바울이 이 동료들과 함께 여러 교회들을 방문하고 예루살렘 공회의의 결정을 전달한다. 진행해 가는 동안에 사역의 방향이 바뀌었다.

(2) 성령의 강권하심(16:6-8). 아시아로 더 나아가려던 모험을 멈춘 그들은 이제 그들을 부르고 있는 서방의 새로운 세계에 대한 요구에 직면하

게 되었다. 데이비드 리빙스턴(David Livingstone)은 중국에 가기를 힘
썼으나 아프리카로 갔다. 아도니람 저드슨(Adoniram Judson)은 인도로
들어가려고 하였으나 버마에 정착하였다. 한 지역에서 문이 닫히게 되면
문이 열린 다른 지역으로 가게 된다. 이처럼 하나님께서는 그의 종들을 인
도하시고 그때나 지금이나 필요를 충족시키신다.

B. 유럽에서의 바울, 16:9-40

다른 대륙의 이러한 필요를 바울과 그의 동료들이 느끼게 되고 성령에
의해 방향을 바꾸게 되었다.

(1) 마게도냐 사람의 환상(16:9-12). "마게도냐 사람"은 누구였는가? 윌
리엄 램지 경은 그 사람이 고향이 빌립보로 전도의 반열에 참가한 누가였
다고 생각한다. "인정함이러라"(16:10)는 결정함에 있어서 이성과 계시가
결합된 것을 시사한다. 바다의 직경 길이가 240km였다는 것은 접근하기
가 쉽다는 것을 암시하였지만 믿음은 로마 변경의 미지의 그리고 확인되
지 않은 지역으로 들어가는 모험이 있어야 한다.

(2) 장사하는 여인의 회심(16:13-18). 강변의 그 장소는 흔하지 않은 장
소이다. 아시아가 고향인 장사하는 여인 루디아는 자주색 염색업을 하여
그 일로 부를 얻어서 종들과 직공들을 거느리고 있었다. 그녀의 마음이 열
려서 회심하게 되었다. 참으로 이것은 조용히 이루어진 회심이다. 다메섹
도상에서 바울은 눈을 멀게 하는 빛과 음성을 통한 지각 변동적인 경험을
하였다. 나중에 빌립보의 간수는 땅이 흔들리는 것을 느끼고 놀람과 두려
움으로 부르짖을 것이지만 태양이 따스함과 햇빛으로 꽃들을 살며시 어루
만지듯이 루디아는 아주 조용히 나아온다. 가정과 교회와 주일학교에서 이
처럼 요란함이나 격변이 없이 회심하는 사람들도 있다.

루디아는 유럽에서 처음 회심한 사람이며 또한 (바울이 들어가는 것을
허락받지 못하였던) 아시아 출신이었다. 이 회심으로 그녀의 직공에게 증
거하게 되었고 그녀는 자기 집을 접대를 위하여 개방하였다. 그녀의 집은
새로운 교회의 장소가 되었고 그 지역에서 바울이 활동하는 중심지가 되

었다. 루디아와 같은 여성들은 그리스도와 교회를 위하여 많은 일을 하였다.

(3) 간수의 회개(16:19-40). 루디아 다음에 있었던 이 사람의 마음의 변화는 아주 뚜렷한 대조를 나타냈다. 그는 그의 생활과 일에 의해 무정해졌고 무감각해졌다. 그의 시야는 한정되어 있었고 그의 배경은 전혀 도움이 되지 않는다. 지진이 그의 내적 삶을 두려움과 근심에 빠지도록 사용되었다. 두려움이 강한 동기이며 어떤 삶에서는 도외시할 수 없는 면이다. 절박한 운명을 느끼는 것도 마음을 움직이는 요인이 된다. 바울과 실라는 그들의 기득권과 죄악에 대항하였다는 이유로 감옥에 갇혀 있다. 그런데 감옥에 있는 그 사람에게 접근하는 하나님의 방법이 있다. 막을 수 없는 불굴의 정신으로 드리는 이 두 사람의 찬송과 지진의 격변은 그 사람으로 하여금 묻게 하였다. "내가 어떻게 하여야 구원을 얻으리이까?" 하는 말은 그 후로 많은 사람들에 의해 메아리쳤다. 그것은 "하나님께 대한 회개와 우리 주 예수 그리스도께 대한 믿음"(행 20:21)을 암시하였다.

이 회심한 사람에게 베풀어진 새 생활은 그가 전도자들의 상처를 씻기고 그들에게 음식을 차려 주고 세례를 받고 온 가족과 함께 기뻐하고 그가 죄수들을 풀어 준 이유를 상관에게 설명하려고 남아 있었던 것에서 나타났다. 하나님은 신비한 방법들로 사람들을 감동시켜 돌이키게 하셔서 새 생활을 하게 하신다. 이 사람은 자기 이야기가 전해지고 시대를 뛰어넘어 증거로써 전파되리라고는 도무지 생각하지 못하였다. 회심은 옛생활에서 새로운 생활로 바르게 돌이키는 것이다.

사도행전 제17장

기독교와 문화

17:15. "바울을 인도하는 사람들이 데리고 아덴까지 이르러."
17:16. "바울이 … 온 성에 우상이 가득한 것을 보고 마음에 분하여."
17:22. "바울이 아레오바고 가운데 서서 말하되."
17:31. "이는 정하신 사람으로 하여금 천하를 공의로 심판할 날을 작정하시고."
17:34. "몇 사람이 믿으니."

I. 역사적 배경

유럽에서 바울과 그의 동료는 자신들이 해야 할 사역이 빌립보로부터 다른 성읍들까지 미치는 것임을 깨닫는다. 그들은 데살로니가와 베뢰아를 방문하였다. 드디어 그들은 아덴에 가게 되는데 거기서 바울은 그리스 세계의 지성들과 만나고 있다. 로마인에게는 군대의 힘과 법이 있고 유대인에게는 종교와 의식이 있고 그리스인들에게는 문화와 철학과 풍부한 언어가 있다. 바울은 곧 그리스도를 위하여 문화의 세계와 부딪쳤다.

II. 용어 해설

이런 심오한 광경과 이야기의 무대는 언제까지나 기억에 남는 것이다. 지리적으로 그곳은 고대 그리스의 최고의 유적 가운데 위치하였다. 건축과 기술에 있어서 그리스인들은 그 당시 최고였다. 철학과 진리를 늘 추구하는 캐묻기 좋아하는 마음이 결합되어 있었다.

사도행전 17:1-2. "데살로니가 … 회당 … 바울 … 성경을 가지고 강론하며." 이것은 진리를 지적하는 대화(디엘레게타)와 토론이다.

사도행전 17:3. "풀어 증명하고"(디아노이곤과 파라디떼메노스) ─ 청중의 마음을 이끌어 넣고, 확신하도록 진리를 나란히 놓는 것이다.

사도행전 17:6. "천하를 어지럽게 하던 이 사람들이." 그 고소는 참으로 맞는 말이다. 기독교는 모든 악에 도전하여 대소동이 나게 해야 한다.

사도행전 17:7. "가이사의 명을 거역하여." 이런 도그마(도그마톤)는 교회의 도그마와 비교되어야 한다(행 15:23, 30; 16:4). 기독교 신학은 이교 신학과 대적한다.

사도행전 17:7. "다른 임금 곧 예수라." 그는 왕 중 왕(그 바실레아)이시다. 이것은 그 국가에 문제를 불러 일으킨다.

사도행전 17:11. "더 신사적이어서." 더 명문 출신이 아니라 더 좋은 마음이다. "간절한 마음"(프로뚜미아스) ─ 마음이 열려 있고 활발하다. "성경을 상고하므로" ─ 판단력을 가지고 생각하고 성경에 대해 판단을 내렸다.

사도행전 17:15. "바울을 인도하는 사람들이 데리고 아덴까지." 여행자 혹은 유람객이 아니었다.

사도행전 17:16. "마음이 분하여." 이것은(파록수네토) 감정의 격발이었으며 아주 격렬하여 그의 내면이 흥분과 고통으로 긴장되었다. 그가 본 것으로 인하여 아주 화가 나서 우상에 대하여 분을 내었다. 그는 "죽은" 도시를 보았다.

사도행전 17:17. "변론하니"(이엘레케토). 문제에 대한 토론 또는 대화를 하는 것이며 확신을 목적으로 반대 심문을 하는 것이다.

사도행전 17:18. "어떤 철학자들." 여기에는 두 부류의 철학자들이 나온다: 생에 대해서 쉽게 생각하는 에피쿠로스파와 극기와 때때로 희생의 관념을 가진 스토아 철학파.

사도행전 17:18. "바울과 쟁론할새"(쉬네발론). 여기 충돌에는 두뇌의 작용이 있다. "이 말쟁이"(스페르몰로고스). 여기저기 있는 부스러기를 쪼아 먹는 새처럼 바울이 씨를 쪼는 사람으로 불렸다. 바울은 그런 사람이 아니다.

사도행전 17:18. "전함을 인함이러라"(유앙겔리조). 그는 그들에게 좋은 소식을 전하였다.

사도행전 17:19. "새 교." 그 가르침(디다케)는 새롭고 혁명적인 것이라는 것을 그들은 알았다.

사도행전 17:22. "종교성이 많도다"(데이시다이모네스테루스) ─ 아주 종교적이다(참조. 제단).

사도행전 17:26. "모든 족속을 한 혈통으로 만드사." 이것은 인종의 일치를 말한다.

사도행전 17:30-31. "회개하라 … 심판 … 다시 살리신 것." 복음의 기본 내용이다.

사도행전 17:32. "혹은 기롱도 하고 혹은 … 네 말을 다시 듣겠다." 이 말은 아주 현대적인 감각을 느끼게 한다 ─ 거절과 지연.

사도행전 17:34. "몇 사람이 … 믿으니." 아덴에서 열매가 남아 있고 교회가 탄생하였다.

III. 교리적 의의

훗날 터툴리안이 "아덴이 예루살렘과 무슨 상관이 있는가?" 하고 물었지만 이것은 항상 관련이 있다. 철학의 도시와 종교의 도시 사이에 어떤 관련이 있는가? 예루살렘에서 시작한 기독교가 어떻게 문화와 교육에 진리를 제시할 수 있는가? 제시할 수 있다. 알파와 오메가이신 그리스도의 교훈은 선포된 복음으로 아덴에서 증명되었다. 그리스도는 마음과 생활의 주이실 뿐만 아니라 생각의 주이시기도 하다. 지성은 주이신 그리스도에게 절해야 한다.

IV. 실천적 목표

철학자들의 학문의 자리에서 그들에게 도전하기 위함. 대학과 대학교와 신학교에 가서 모든 학문의 여왕인 그리스도인의 신앙의 우수성을 보여주기 위함이다. 삶에 대한 모든 질문은 궁극적으로 신학적이거나 영적인 문제이며 그리스도에게 그 해답이 있다. 모든 삶에 필요한 구속하는 메시지로써 저자 거리와 공개 토론의 광장에 있는 사람들을 만족시키고 그 도시를 우상 숭배에서 구원하기 위함이다.

V. 설교 개요

제목: "기독교와 문화."

도입부

사람의 삶의 어떤 부분도 예수 그리스도의 복음과 상관 없는 부분은 없다. 이 장은 전체 삶과 관련하여 그리스도인의 믿음을 다루고 있다. 데살로니가에서나 베뢰아에서나 역시 마찬가지이지만 특히 아덴에서 우리는 인간의 상황 속에서 역사하는 거룩한 능력을 발견한다.

A. 데살로니가에서의 복음, 17:1-9

그리스의 대로상에 있는 이 상업 중심지는 무뢰한 폭도들이 있어서 바울은 메시지를 전한 것 때문에 붙잡혀서 곤욕을 치렀다. 여기서 바울은 각양각색의 대접을 받았다. 어떤 이들은 그의 메시지를 배척하여 그를 비난한 나머지 "천하를 어지럽게 하던 이 사람들"이라고까지 하였다(17:6). 하나님의 사역은 헛되이 되지 않는다. 모든 곳에서 새로운 삶이 간헐적으로 나타나기 시작한다. 그 도시의 지도적인 인물 중에서 어떤 이들이 새로운 신앙을 받아들여 교회에 가입하였다.

B. 베뢰아에서의 성경, 17:10-13

데살로니가에서 96km 떨어진 이곳은 "성경을 상고하는" 자들이 있었다. 이곳은 사람들이 마음을 열고 진리를 청종하여 받아들일 준비가 되어 있는 복된 상황이었다. 열린 마음은 진리에 의해 확신에 이르게 된다. 거룩한 책을 상고하는 습관은 확신의 또 다른 수단이기노 하다. 이것은 인간 마음의 좋은 흙으로 거룩한 씨에 반응하여 받을 준비가 되어 있는 것이다.

성경을 읽을 때 개인적으로 해석할 수 있는 권리는 "상고하는" 이 습관과 관련이 있다. 그리스도인이라면 누구든지 성경을 읽고 묵상하면 지식이 늘어갈 것이다. 이것은 개개인이 성경에 대한 최종적인 결정을 내려야 한다는 것이 아니다. 우리는 검토하고 다른 사람과 함께 나눔으로써 계시되고 기록된 진리에서 보편적인 일치를 발견할 것이다. 우리는 성경에 관한 전체 교회의 총체적 증거와 교회의 연구와 해석이 필요없다고 하지 못할 것이다.

C. 아덴에서의 비교 종교학, 17:14-34

바울은 지금 지적인 생활과 예술과 정치와 건축과 철학의 중심지에 있다. 그의 메시지가 다른 데에서와 마찬가지로 여기서도 먹혀 들까? 문화가 그리스도인의 신앙의 궤도를 벗어나서 있는 것이 아니다. 지성이 신앙의 통일성에 시녀 노릇을 하듯이 문화는 이성의 시녀가 될 수 있다. 그리스도 안에 신성의 모든 보화가 감추어져 있다. 그리스도는 우리가 그 시대의 최고의 지성에 계속 도전할 교훈과 진리를 끌어내는 지식의 보고이다. 신적인 철학과 하나님과 세계를 보는 기독교관이 중요하다.

회심자가 몇 명밖에 되지 않기 때문에 바울이 아덴에서 실패했다고 생각하는 사람들이 더러 있다. 바울의 메시지에는 복음이 진술한 사실의 원동력이 부족하였다고 생각하는 사람들이 더러 있지만 그 메시지를 유심히 살펴보면 바울이 구속의 기본 진리를 말하였다는 것이 드러난다. 바울은 저자 거리에서는 마음이 냉담한 사람들, 그 도시의 사회 생활에서는 쾌락을 추구하는 자들과 탐미주의자들, 유적지에서는 이교 문화를 가진 사람들과 무지한 자들과 제단과 우상의 미신에 사로잡힌 자들을 만났다. 바울은 자기를 조롱하는 자들과 대결하였을 때 자기 입장을 고수하였다. 바울은 "학문의 단편"이 아니라 다른 모든 것을 능가하고 그리스도와 비교할 때 그 모든 것을 이차적인 것으로 만든 생의 철학을 가지고 있었다. 여기 아덴에서 바울은 그리스도가 진리와 미에 대한 인간의 요구에 대한 해답이라는 것을 확신한 사람으로서 그 기록된 내용에서(17:22-31) 대강 요약하여 말하였다.

  바울은 연설할 때 친절하고 정중하였고 아덴 사람들이 "종교성"이 있다는 것과 그럼에도 불구하고 "알지 못하는 신"을 알고 있지 못하다는 것을 놓치지 않고 주목하였다. 그는 그들에게 하나님에 관하여 곧 계시자와 창조자와 아버지와 신과 모든 민족이 한 혈통임을 이야기하였다. 그리고 인간의 죄와 임박한 심판을 이야기하였다. 바울은 그리스 문학을 잘 알고 있어서 그것을 이용하였지만 그의 결론적인 말은 심판자로 오시는 그리스도였다. 사도행전 17:31은 복음이 진술한 사실을 빠뜨리지 않고 다 포함하고 있다. 부활은 구속하기 위하여 죽으시고 이제 살아나셔서 사람들의 마음을 주장하시고 심판하시는 그리스도의 거룩한 보증이다.

  그 결과는 현저하였다(17:32-34). 우리가 조롱한 사람들을 주목하기 전에 반응을 보였던 사람들의 이름들을 자세히 보라.

  시 법정의 재판관과 그 도시의 귀부인과 "몇 사람"이 있었다. 이것은 분명히 견본 추출이다. 이 사람들은 아덴 교회의 핵심이 되었다. 그리스도의 부활에 대한 증거는 성령으로 말미암아 사람들에게 죄와 의와 심판을 깨닫게 하시는 하나님의 능력이다. 빈정대는 사람(17:32)과 머뭇거리는 사람들(17:32)은 제 갈길로 가지만 신자들은(17:33-34) 그대로 남아 있다. 바울은 나중에 고린도에서 그가 전한 메시지에서 헛된 것과 어리석은 것만 보려고 하는 자들에게 접근하기가 어려웠던 것에 관하여 그리스인들에게 쓸 것이지만 아덴에서 몇 사람이 믿었다. 이처럼 복음은 모든 상황에서 승리를 거두면서 세계 도처로 나아간다. 문화가 그리스도에게 굴복하여 기독교 문화가 되고 새로운 세계 질서와 새로운 피조물에 맞게 새롭게 만들어진다. 이 세상에서 가장 좋고 참되고 고귀한 모든 것이 그리스도에 의해 영감을 받았다는 것을 이 세상이 알게 될 것이다.

사도행전 제18장

그리스도인의 사귐

18:3. "업이 같으므로 함께 거하여 일을 하니."
18:7. "그의 집이 회당 옆이라."
18:27. "형제들이 저를 장려하며 제자들에게 편지하여 영접하라 하였더니."

I. 역사적 배경

바울은 어디를 가든 친구를 사귀었다. 그리스도의 교회 안에 사귐이 소중한 경험이라는 것을 생각하는 것은 고무적이다. 바울이 아덴을 떠나 고린도로 갔다. 고린도는 그리스의 주요 상업 중심지로 국제 도시이며 그 당시 흔히 볼 수 있었던 모든 부도덕함과 우상이 가득한 항구였다. 그의 유대인 동족들이 그를 환영하지 않아서 그는 자기를 환영하는 사람들에게로 간다. 이 기간에 대적이 많았다. 거기서 소스데네와 갈리오를 접촉하게 되었는데, 이들은 틀림없이 그리스도인이 협박을 받으면서도 힘있게 증거하는 것을 보고 감명을 받았던 것 같다. 바울은 어떤 점에서 정신적으로 침체하게 되어 낙심하게 되었지만 주께서 그를 붙드셨다. 심한 긴장 속에서도 사도는 살아 계신 주님의 임재로 말미암아 유쾌하게 되었다.

II. 용어 해설

고린도 시에서 발생한 회심으로 깊은 사귐을 나누게 되었다. 바울은 친구를 사귀게 되어 기뻐하였다. 그리고 그들이 그를 위하여 힘써 준 모든 일로 인하여 기뻐하였다.

사도행전 18:2. "아굴라라 하는 … 유대인 하나를 만나니 … 그 아내 브리스길라와 함께." 이 사람들은 이탈리아에서 온 유대인들이었다. 장막을 만드는 이 사람들은 바울과 같은 일을 하였다.

사도행전 18:4. "강론하고 … 권면하니라"(디에레케토와 에페이뗀) — 영향력을 미치는 상세한 이유를 붙인 말로 된 대화식 논증.

사도행전 18:5. "말씀에 붙잡혀."

사도행전 18:6. "이방인에게로 가리라." 이렇게 바울은 그의 동족과 절교하였다. 그는 오로지 다른 사람들에게 복음을 전하는 데 헌신할 것이다.

사도행전 18:7. "유스도라 하는 사람의 집에 들어가니 그 집이 회당 옆이라." 회당은 유쾌한 관계를 나누고 함께 예배드리는 집이요 장소이다.

사도행전 18:10-11. "내가 너와 함께 있으매." 두려움과 낙담 가운데 있는 바울은 하나님께서 그와 함께 계신다는 보장을 받았다. "하나님의 말씀을 가르치니라."

사도행전 18:15. "만일 문제가 언어와 명칭 … 관한 것이면." 민사이든 종교적인 사항이든 고소하는 것이 무엇인지 분명해야 한다.

사도행전 18:17. "갈리오가 이 일을 상관치 아니하니라." 이것은 기독교의 메시지에 대한 그의 태도와는 아무 관련이 없고 오히려 그의 책임으로 받아들이기를 거부한 문제에 있어서 그를 매수하여 해결해 주기를 바란 사람들에 대한 그의 빈응과 관련이 있다.

사도행전 18:18. "바울이 일찍 서원이 있으므로 겐그레아에서 머리를 깎았더라." 그가 그의 동족과 절교한 6절 이후의 이 모든 것은 참으로 예상 밖이다.

사도행전 18:21. "나는 예루살렘에서 이 절기를 지켜야 하리라(한글판 개역에는 이 부분이 없음 — 역자 주). 만일 하나님의 뜻이면 너희에게 돌아오리라." 어떤 절기인가? 왜 그는 이 절기를 지켜야 했는가? 하나님의 뜻이 생활에서 최상의 권위가 있다.

사도행전 18:24. "학문이 많고 성경에 능한 자라." 아볼로는 유창하고 능력있는 사람이었다.

사도행전 18:25. "열심으로 예수에 관한 것을 자세히 말하며 가르치나."

그의 정신은 열심과 열정으로 가득 찼고 그는 정확히 가르쳤다.

사도행전 18:26. "하나님의 도를 더 자세히 풀어 이르더라." 그들은 정확하게 성경을 밝히 가르쳤다(참조. 18:25 — 동일한 단어).

사도행전 18:28. "유력하게 … 이김일러라." 이 사람은 말이 아주 철저하였다. 철저하게 깨닫게 하는 힘이 있었다.

III. 교리적 의의

그리스도인의 사귐은 소중한 경험이다. 그리스도인의 삶의 낭만이 여기에 나타난다. 새로운 집단들이 그리스도께 헌신한 세계 안에서 출현하였듯이 이 사람들은 개개인들과 민족을 가로막고 있던 장벽을 허무는 수단이 되었다. 편견과 인종과 문화와 언어와 종교의 벽을 뛰어넘어 사람들을 하나로 통일되도록 묶는 접합제가 되었다. 예수님은 바울이 사귐을 나눌 수 있도록 한 구원을 제공하셨고 예수님은 제자들을 "친구"라고 부르셨다. 이런 새로운 정신에서 사람들은 교회 안에서 서로를 알게 되었다.

IV. 실천적 목표

사귐이 참으로 값진 것이라는 것을 증명할 것이다. 우리는 사교성이 있는 사람인가 아니면 접근하기 어려운 사람인가? 교회 안에서 사귐을 계발하려면 어떻게 해야 할까? 가장 효과적인 것은 사귐의 복음 전도이다. 낯선 사람과 고독한 사람은 사랑과 따뜻한 환영을 발산하는 정신에 반응을 나타낸다. 교회 안에 있는 바울의 친구들의 이름을 기록해 보라. 그것은 인상적인 기록이며 그 기록에는 바나바와 마가가 포함되어 있다. 그 이름들을 열거해 보면, 실라, 디모데, 누가, 아굴라, 브리스길라, 디도, 두기고, 드로비모, 소바더, 아리스다고, 세군도, 가이오, 에바브라, 에바브로디도, 아데마, 아볼로, 세나, 오네시보로, 부데, 리노, 글라우디아, 빌레몬, 오네시모, 로마의 익명의 그리스도인들이 있다.

V. 설교 개요

제목: **"그리스도인의 사귐."**

도입부

그리스도인은 출신 배경이 가지각색이지만 지금은 "그리스도 예수 안에서 하나가" 되었다. 그들의 삶이 새로운 차원에 들어가게 되는 것은 필연적인 것이다. 공동체나 사회의 교제와 직장에서 우리가 사귀는 친구가 어떤 친구이든지간에 교회 안에는 사귐의 독특한 영역이 있다. 교회 안에서 우리는 동질의 믿음을 가진 사람을 만나고 목표가 같은 사람과 함께 일한다. 예수님은 그를 맨 처음 좇았던 자들에게 "친구"라고 하셨으며 그 이래 친구로 구별 짓는 것은 그리스도인에게 명예가 되었다. 바울은 그의 여행에서 친구를 많이 발견하였다.

A. 아굴라와 브리스길라와 함께, 18:1-6

부부가 유대인으로 이탈리아에서 살다가 황제 클라우디우스의 칙령으로 이탈리아를 떠났던 사람들이다. 유대인인 바울은 고린도에 갔을 때 그들과 금방 사귀게 되었다. 아마 유대인들 가운데서는 아무래도 문이 열리지 않았을 것이기 때문에 이 사귐은 더욱 중요한 환영이었다. 사귐을 가질 수 있었던 한 가지 이유를 더 추가하자면 그들이 똑같이 장막을 짓는 업을 가지고 있었기 때문이었다. 유대인의 교육관은 선선하였다. "아들에게 장사를 가르치지 않는 사람은 아들에게 도둑이 되라고 가르치는 것이나 다를 바 없다." 그 당시 바울은 실라와 디모데가 마게도냐로부터 선물을 가지고 올 때까지 훌륭한 직업으로 생계를 유지하였다(18:5).

이 기간에 바울은 그의 육신의 동족들에게 증거하려고 힘썼다. 고린도의 유대인 공동체는 그의 증거를 받아들일 준비가 되어 있지 않았고 그의 메시지에 분개하였다. 바울이 그의 옷을 떨면서 다음과 같이 말할 때의 생생하고 극적인 몸짓을 생각해 보라: "너희 피가 너희 머리로 돌아갈 것이요 나는 깨끗하니라." 이것은 저주가 아니라 그가 그들에 증거하였을 때 더 이상 책임을 지지 않는다는 표였다.

그가 장막 만드는 자들과 사귄 사귐은 소중하였고 그들은 그가 그 가정에 있음으로 해서 유익을 얻었을 것이다. 나중에 그들은 아볼로를 도울 것이었다. 바울이 그 가정에 얼마나 있었는가?

B. 유스도와 그리스보와 함께, 18:7-11

로마인 유스도는 회당 옆에 살았는데 그것은 그가 신자가 되었다는 것을 암시한다. 예배 처소에 가까이 있는 삶은 자산일 수 있다. 영적으로 멀리 사는 사람들이 더러 있다. 그것은 거리의 문제가 아니다. 매일의 삶을 하나님의 집과 한 동아리를 이루고 산다는 것은 보람 있는 것이며 가정이 이처럼 하나님의 집과 관련되어 있을 때 거기에는 모두에게 풍성히 나누어 줄 몫이 있다. 하나님의 집에 두 번 다시 발을 들여놓지 않는 가정들은 유감스러운 일이다.

회당장 그리스보도 다른 고린도 사람들과 마찬가지로 기독교 메시지를 믿었다. 이런 사람들에게서 반응이 나타나는 것을 보았을 때 바울에게는 격려가 되었다. 대적의 폭풍우가 일어나려 하고 있었다(18:9). 바울은 때때로 두렵기도 하고 낙심하기도 하였지만 하나님께서 그를 격려하셨고 마태복음 28:20의 약속이 앞으로 고린도에서 보내는 18개월 동안 성취되었다.

C. 갈리오와 함께, 18:12-17

이 유명한 로마 사람은 세네카에 의해 언급되었다. 그는 로마 콘술(집정관)이었다. 바울을 대적한 유대인들은 그를 위협하려고 법정으로 몰려갔다. 주장에 의해서 분쟁이 생겼다. 여기에 공평하고 공정한 로마의 정의가 있다(18:14). 언어와 사소한 일을 가지고 갈리오에게 이래라저래라 할 수 없었다(18:15). 그 소송 사건을 기각하는 그의 결정으로 말미암아 바울이 로마 제국 전역에서 전도할 문이 열리게 되었다(18:17). 소스데네가 문책을 당하였지만 나중에 그리스도인이 된다(참조. 고전 1:1). 갈리오가 "이러한 일에 재판장 되기를 원치 아니하였다"라는 것은 기독교와 관련된 것이 아니라 다른 문제들에 관련된 것이다.

갈리오와 소스데네는 바울의 후원자가 되었다. 그날로 바울이 방해받지 않고 그의 메시지를 온 세상에 전파할 수 있는 문이 활짝 열렸다. 훗날 갈리오는 그날의 사건을 회고할 때 어떤 생각을 하였을까?

D. 아볼로와 함께. 18:18-28

이 사람을 바울과 그의 친구 아굴라와 브리스길라와 사귀도록 한 그 섭리가 중요하다. 바울은 에베소에 간 적이 있었고 아볼로가 사역하기 위하여 왔던 곳이 그곳이었다. 아볼로가 기독교 메시지를 충분히 알지 못하여 도움이 필요한 것이 드러났다. 누가 그를 도와줄 것인가? 여기에 장막을 만드는 두 겸손한 사람들에게 문이 열리는 사귐의 미지의 영역이 있다.

아볼로는 애굽의 알렉산드리아 출신이었다. 그곳은 대학교와 도서관의 중심지였다. 그는 일반 교양 교육을 받았다. 그는 학자였고 설득력 있게 성경을 전하였다. 학자가 이 둘을 겸비하기가 용이하지 않다. 학자는 활동적이고 정열적이지 못한 경우가 허다하다. 물론 구원하는 것은 별다른 문제이다. 학식과 열렬한 신앙은 하나로 결부될 수 있다.

아볼로는 그가 알고 있는 것을 정확하게 가르쳤다. 그러나 그는 충분히 알지 못하였다. 그가 알고 있는 것은 제한된 복음의 메시지였다. 그 메시지에는 십자가와 부활과 오순절이 없었다. 오늘날 흔히 들을 수 있는 것이다. 그는 교회의 표준에 의하면 자격이 있었지만 충분한 기독교 계시의 원동력이 부족하였다. 그는 진리의 어떤 사실을 가지고 있었다. 그러나 그리스도 안에 있는 진리의 충분성이 없었다. 비록 복음이 진리일지라도 모든 진리가 복음은 아니다. 그의 가르침은 지적인 예리함이 있었지만 잘못된 것은 아닐지라도 그의 가르침에는 사람들을 그리스도를 믿고 회개하도록 이끄는 본질적인 것이 빠져 있었다. 그는 현명하였지만 명확하지 않았다. 오늘날 그리스도의 삶과 가르침에 관하여 열변을 토하는 사람들이 있는데, 그러나 이것으로 충분한 것은 아니다. 우리에게는 죽으시고 다시 살아나시고 모든 생명의 주로서 보좌에 앉으시고 우리의 삶에 권능을 부여하시는 성령을 주시는 그리스도가 필요하다.

다행히 아볼로는 겸손하여 장막 짓는 자의 제자가 되었다. 참으로 이상한 신학교이다. 그들은 그에게 진리를 정확히 설명하였다. 여기에 교회 안에서 사귐의 그림을 보게 된다. 그 사귐으로 말미암아 아볼로는 성경을 유력하게 해석하는 사람이 된다.

그리스도인의 사귐으로 교사와 장로와 집사와 장인과 학자와 설교자가 한 자리에 앉게 되고 일하고 예배드리게 된다. 그들은 그 다음에 그리스도의 사귐으로 풍성하게 되었다.

사도행전 제19장

복음 전도와 사회 활동

19:9 "바울이 … 두란노 서원에서 날마다 강론하여"
19:25 "우리의 유족한 생활이 이 업에 있는데"
19:27 "우리의 이 영업만 … 위험이 있을 뿐아니라 … 전각도"
19:40 "소요의 사건으로 책망 받을"

I. 역사적 배경

에베소 시를 방문했을 때 바울은 복음 전도가 온갖 대인 관계와 접촉을 수반한다는 점을 알게 되었다. 바울은 회당을 방문했고 서원을 사용했으며 이교 숭배의 기득권에 도전했다. 에베소는 광범위한 지역에 영향을 끼치는 전략 도시였다. 에베소 교회에 편지를 썼을 때 바울은 보이지 않는 어둠의 세력과의 싸움에 관하여 말했다. 그는 이 방문에서 그 말이 무엇을 의미하였는지 알고 있었다. 이것이 그가 왔을 당시 전도 추진의 배경이었다.

II. 용어 해설

전도는 모든 사람에게 복음을 전하는 것을 의미한다. 에베소는 갖가지의 반응을 나타냈고 용이한 지역이 아님을 드러냈다.

사도행전 19:2. "너희가 믿을 때에 성령을 받았느냐?" 성령의 임재와 능력을 모른다는 것은 일종의 제한 요인이었다. 바울은 경험이 부족했던 아볼로를 고린도에 남겨 두었다. 그리고 이제 바울은 다른 사람들을 만난다.

사도행전 19:8. "강론하며 권면하되" — 하나님 나라를 위하여 사람들을 설복시키는 대화와 열정.

사도행전 19:9. "두란노 서원에서 날마다." 이것은 다른 사람들이 휴식을 취하는 하루 중 가장 더운 시간에 바울이 그 장소를 사용했다는 사실을 가리킨다. 대략 오전 11시에서 오후 4시 사이였을 것이다.

사도행전 19:12. "앞치마"(simikinthia) ―장막 만드는 이들이 착용했던 작업복. 앞치마를 가지고 갔던 사람들은 일종의 변덕스럽고 희미한 신앙을 갖고 있었다(참조. 베드로의 그림자, 행 5:15; 그리스도의 겉옷 가를 만졌던 여인, 마 9:20).

사도행전 19:19. "마술을 행하던 많은 사람이 그 책을 … 가지고 와서 … 불사르니." 죄악의 기반에 대하여 말끔한 청소가 단행되었다. 부정함이 정함으로 대체되었다.

사도행전 19:21. "내가 … 로마도 보아야 하리라." 이것은 사도적 대망이었다. 후에 기이한 방식으로 성취되었다.

사도행전 19:9. "마음이 굳어 순종치 않고" ― 연골처럼 굳어 있어 설복되지 않았다.

사도행전 19:23. "이 도로 인하여 적지 않은 소동이 있었으니." 이 소동은 이 도(道)의 사람들과 가르침으로 말미암아 일어났다. 도는 헬라에서 중요하다. '소동'은 타락소스이다.

사도행전 19:25. "우리의 유족한 생활이 이 업에 있는데." 이것은 기득권의 문제이다. 수익에 대한 탐욕과 이기심이 내재되어 있다.

사도행전 9:27. "뿐 아니라 … 전각도." 종교적인 관심이 사업과 연계되어 있다. 하나는 다른 하나에 의존하고 있다.

사도행전 19:31. "아시아 관원 중에 바울의 친구된 어떤 이들이." 또 다시 기록은 바울의 친구들을 언급한다. 신약 성경에서 그들의 이름을 추적해 보라.

사도행전 19:38. "재판 날도 있고." 분쟁을 해결할 법적인 장치가 있다.

III. 교리적 의의

기독교는 이교의 기득권이나 혹은 어떤 사악한 종교적 행습과 마주칠 때 충분히 정당함을 입증한다. 전도는 인간 사회에 영향을 끼치는 모든 상황에 주목한다. 복음의 사회적 적용은 효과적일 뿐만 아니라, 그리스도께서 새 생명과 더불어 오시는 모든 곳에서 필연적이다. 교회는 그리스도와 그분의 메시지를 다시 못박으려고 하는 사회 질서에 대항한다. 이것은 모든 세대의 투쟁이다. 우리는 결코 죄악이 이미 정복당했거나 더 이상 해결할 문제가 없는 곳으로 나가지 않는다. 기독교는 세계의 소수 그룹으로서 거대한 불평등에 계속 맞서고 있다.

IV. 실천적 목표

다음 사실은 싸움에서 혼자임을 인식한 교인들을 격려하고 힘을 준다. 로마 제국에서 초대 교회의 교인들은 작은 무리였고 일종의 분파로 불렸다. 이 세상의 권세나 부는 별로 없었지만, 교회는 권력 및 기득권과 정면으로 충돌하는 위치로 밀고 들어갔고 그리스도께서 모든 생명의 주라는 사실을 입증했다. 어떤 것도 사역하는 교회에 대항할 수 없었다. 황제들은 전도자들의 입을 막을 수 없었고 어떤 감옥도 그들의 정신을 꺾을 수 없었다. 그들이 가는 곳마다 동요가 일어났다.

V. 설교 개요

제목: "복음 전도와 사회 활동."

도입부

우리 시대에 규모가 큰 교회는 사회 교육과 활동을 담당하는 위원회를 두고 있다. 이것들은 또한 지역 교회에서 여러 가지 방식으로 재현된다. 설교와 출판과 결의안을 통한 이의 제기들로 말미암아, 우리는 사람들이 살고 있는 사회 조건들에 관심을 기울이고 있음을 보여준다. 그러나 그리스도인들이 기독교 메시지와 신념을 옹호할 때, 여기에 반대하는 사람들이 있다. 어떤 그리스도인이 그리스도 운동을 진척시키기 위해 정치적인 제휴나 사회적인 친분이나 사업적인 관계를 활용한다면 여기에 분개하는 사람들이 있다. 하지만 그리스도인은 도덕 문제를 포함한 모든 상황에 예수님의 가르침을 적용하는 수밖에 없다. 모든 시대의 교회는 사람들을 변화시키고 그리하여 사회 조건들을 개선하기 위한 입법 활동을 지지하고 주도함으로써 조건들을 변화시키는 데 앞장서 왔다. 노예 무역의 타파, 어린이들과 여자들을 광산 밖으로 데리고 나오는 것, 도덕적인 요구들을 지키는 것, 이런 것들은 교회 사역의 일부였다.

A. 그리스도와 함께 일함, 19:8-9

이것은 복음 전도의 일부이다. 오늘날 유대인의 전도가 항상 교회의 일부를 차지하는 것은 아니지만 그러나 그것은 포함되어야만 한다. "강론하며 권면"함으로써, 바울은 두려움이나 주저함이 없이 말했다. "마음이 굳어 순종치 않은" 어떤 사람들은 "단단해진 연골"처럼 되었고 분명 설복당하지 않았다. 기독교는 새로운 도이다. 그러나 어떤 사람들은 스스로 마음의 문을 닫아서 그것을 깨닫지 못한다.

B. 무리를 향하여 설교함, 19:10-12

한 무리가 듣지 않자 바울은 다른 무리에게 시도한다. 더 이상 회당이 진리의 출구가 되지 못하자 대신 날마다 서원을 빌린다. 바울은 하루의 오전 시간을 장막 만드는 자로 일했다. 그러다가 날이 더워지고 다른 사람들이 쉴 수 있게 되면, 그는 서원에서 설교를 계속했다. 얼마나 많이 모였을까? 어떤 사람들이 반응을 보였을까? 분명 상당한 사람들이 있었다. 이곳의 2년은 전도 정신의 좋은 시금석이었다. 교회 회중은 얼마나 쉽게 낙심하는지 … 그러나 이 경우 바울은 그렇지 않았다. 복음 전도는 특별한 시간이나 계획된 캠페인을 위한 것이 아니다. 복음 전도가 효과를 거두려면 항상 생활의 모든 시간에 수행되어야 한다.

바울은 도움을 필요로 하는 지역에서 특별한 상황을 만났다. 어떤 사람들은 바울의 겉옷에 접촉함으로써 치유와 도움을 받을 수 있을지 모른다고 생각했다. 하나님은 미신을 뒷받침하지 않으시지만 필요한 순간에 영혼을 만족시키신다. 기독교는 혹여 신앙심에서 비롯된 것이라 할지라도 행운을 가져다 준다는 물건이나 부적이나 어떤 미신적인 일들을 좋아하지 않는다. 바울은 마술을 하는 책들과 도구들이 불타는 것을 보았다. 그는 죄악에 대하여, 마술과 부적에 대하여 승리를 거뒀다. 참된 신앙이 있는 곳에는 광신이나 운명론이 필요하지 않다.

C. 기득권에 대한 공격, 19:21-34

미신적인 마술을 깨끗이 소탕하고 나서(19:13-20), 바울은 이제 에베소의 제1의 종교와 연계되어 있는 좀더 뿌리 깊은 죄악을 공격했다. 그는 죄악적인 상대 이교에 도전했다. 영적인 전쟁은 육의 무기가 아닌 영의 무기로 치러진다. 오늘날 우리는 돈을 얻기 위해 미심쩍은 방법을 쓰거나 혹은 진리에 대한 세속화된 생각들을 묵인함으로써 전투에서 이길 수 없다. 마술책들은 되팔리지 않았다. 그것들은 불살라졌다! 이제 에베소 전각의 여신을 향하여, 바울은 가장 맹렬한 전투를 시작한다.

사람들의 영혼을 거래하는 일에는, 자신들의 기능과 재산에 대하여 계속 새된 소리를 해대는 에베소의 은장색들과 같은 이들이 있게 마련이다. 교회가 뿌리 깊은 죄악들을 공격할 때, 술과 도박과 매춘과 기타 많은 악들은 더 이상 버틸 수 없다. 도덕의 악성 종양들은 쉽게 뿌리뽑히지 않는다. 데메드리오는 돈과 종교심을 이용하여 능숙하게 사람들을 설득했다. 세계 7대 불가사의 가운데 하나가 에베소에 서 있다. 그러나 그리스도가 더 크시다는 사실이 입증되었다. 종교가 인간의 삶을 타락시킨다면, 그것은 잘못이고 따라서 제거되어야 한다. 그리스도는 몇몇 종교를 대적하시고 몇몇 사업의 힘줄을 끊으신다.

바울이 옳았다는 인정을 받은 내용이 본문의 나머지 부분에 나온다. 바울의 적들은 그의 유죄를 입증하여 그를 제거하려 했지만, 이 경우 국가가 그를 보호해 주었다. 바울은 로마 시민으로서 '권리'를 가지고 있었다. 그리고 교회는 정부와 손을 잡지 않았기 때문에, 교회의 명예는 어떤 면으로도 실추되지 않았다. 승리는 정부 당국을 공격함으로써 오는 것이 아니라 삶을 변화시켜서 사람들이 더 이상 우상을 필요로 하지 않거나 그것을 이용하지 않을 때 온다. 여기에는 "새로운 영향을 끼치는 배타적인 힘"이 있다. 이제 더 이상 새 그리스도인들은 이교 전각을 후원하거나 직공들이 만든 부적을 사지 않을 것이다. 그리하여 기득권은 일격을 맞고 결국 종말을 고할 것이다.

이 사건을 통하여 바울은 "우리의 씨름은 혈과 육에 대한 것이 아니요 … 하늘에 있는 악의 영들에게 대함이라"(엡 6:12) 하는 사실을 깨달았다. 교회는 기득권과 맞설 때 항상 복음을 전해야 하며 또한 사회 질서 안에 속하여 복음으로써 그것을 변화시켜야 한다.

사도행전 제20장

주를 섬김

20:7. "안식 후 첫날에 우리가 … 모였더니"
20:18-19. "내가 항상 너희 가운데서 … 주를 섬긴 것과"
20:27. "내가 꺼리지 않고 하나님의 뜻을 다 너희에게 전하였음이라"

I. 역사적 배경

바울의 지칠 줄 모르는 정신이 그의 계속되는 여행에서 두드러지게 나타난다. 이러한 정신 때문에 바울은 헬라에 다시 갔다가 얼마 후에 소아시아로 돌아왔다. 의심할 바 없이 그는 교회들의 필요 때문에 이러한 경로를 택하지 않을 수 없었다. 그는 만나야 할 사람들도 많았고 해야 할 일들도 많았다. 바울은 자신의 생애가 다해 가고 있고 그래서 모든 것을 남김없이 쏟아 부어야 한다는 사실을 알고 있었다. 헬라에서 그는 교회들의 환영을 기뻐했고 그들에게 교훈을 주었다. 그는 이번 방문으로 헬라에서 통틀어 석 달을 보냈으며 여러 교우들과 함께 소아시아로 돌아왔다(20:5). 그들이 하선했던 드로아에서, 이전 어느 날의 기억은 그의 비전을 틀림없이 충족시켰을 것이다. 바로 그곳에서 그는 마게도냐인의 부름을 받았다. 그는 그 사이에 무슨 일이 일어났는지 알 수 없었지만 모든 일이 복음을 위하여 유익했다.

II. 용어 해설

인류의 사건들은 하나님의 경륜의 일부이다. 바울을 위협하고 있는 적들로 인해서 계획이 변경되었다.

사도행전 20:3. "배 타고 수리아로 가고자." 이 경로는 위험성 때문에 갑자기 변경되었다. 일곱 명의 교우들이 바울과 함께 항해하고 있었다. 따라서 교회들을 위한 연보와 관리는 개인이 아닌 집단에 의해서 취해졌다. 그들은 닷새 동안 항해한 후 드로아에 머물렀다.

사도행전 20:7. "안식 후 첫날에" — 부활을 기념하는 주일. 유대인들이 지켰던 안식일에서 주일로 바뀌는 것은 점진적이었다(참조. 고전 16:2). 교회는 이 새 날에 만났다.

사도행전 20:7. "떡을 떼려 하여 … 강론할새" — 교회 생활의 두 요소. 전자는 성찬이 아니며(참조. 20:11), 후자는 대화를 나누는 것이지(디엘레게토) 무리에게 선포하는 것이 아니다.

사도행전 20:13, 14, 15. "우리는 앞서 배를 타고 … 바울이 … 우리를 만나니 우리가 배에 올리고 미둘레네에 가서 거기서 떠나." 누가는 바울의 동행이었다. 그는 이 책의 저자로서 이런 식으로 이야기를 전개했다.

사도행전 20:16. "오순절 안에 예루살렘에 이르려고." 그때 그곳에 이르기 위하여 어떻게 일을 움직여 나가는가! 성령의 언약과 성취를 얼마나 뛰어나게 통찰하고 있는가!

사도행전 20:17. "교회 장로들을 청하니." 이들은 집회를 인도하고 감독하도록 정함을 받았다.

사도행전 20:19. "모든 겸손과 … 주를 섬긴 것과." 겸손은 오직 사랑에만 뒤진다. 겸손은 자기를 낮추는 사랑이다. "섬김"은 둘류온 — 주님께 사로잡혀 있다는 말이다. "눈물과 간계" — 목회자가 치르는 값이다!

사도행전 20:20. "유익한 것은 무엇이든지 … 꺼림이 없이"(참조. 20:27) "하나님의 뜻을 다 … 전하였음이라." 바울은 사람들이 환영하는 그런 사람이 아니었다. 그러나 바울은 그들에게 하나님이 계시하신 것을 전했다.

사도행전 20:20. "각 집에서나 … 가르치고." 목회자는 가정의 이 모임 저 모임에 가기 때문에 사역자이다.

사도행전 20:24. "나의 달려갈 길과 주 예수께 받은 사명을 … 마치려

함에는." 여행의 끝이 다가오고 있고 남은 길에는 험한 지역들이 버티고 있다. 하지만 거기서 지난날을 회상해 보면 오직 그 길에 대한 기쁨 이외에 아무것도 찾을 수 없다.

사도행전 20:28. "삼가라 … 감독자." 이 장로들은 감독들이었다. "장로"(프레스뷔테로이, 20:17)라는 말은 "감독자"(에피스코푸스)의 뜻으로 사용된다. 이것은 지역 교회를 이끌었던 사람들의 직책이었다.

사도행전 20:28, 29. "교회를 치게 … 양떼." 그들은 양들에게 목초를 먹이면서 목자의 직무를 행해야 했다.

사도행전 20:28. "하나님이 자기 피로 사신 교회." "피"에 관하여 이목을 집중시키는 대담한 표상 — 그리스도 안에 계신 하나님의 실재. 하나님은 십자가에서 그리스도 안에 계셨다. "샀다"(페리포이에사토, '구속한다'는 말이 아니고)는 목자가 양떼를 위하여 자기 목숨을 버린다는 말이다.

사도행전 20:31, 32. "일깨어 … 훈계 … 말씀." 자기들을 위해 눈물을 흘렸던 사람의 지시를 따르는 것은 중요하다.

사도행전 20:33. "내가 … 탐하지 아니하였고." 여기에는 욕심이나 탐욕이 없다. 흥분하여 욕망에 휩싸이는 것이 없다.

사도행전 20:34. "이 손" — 부지런히 일하는 손.

사도행전 20:34. "당하여"(휘페레테산) — 배의 하급 노잡이처럼 그리고 점원처럼.

사도행전 20:35. "주 예수의 친히 말씀하신 바를 … 기억하여야 할지니라." 이것은 복음서에 기록되지 않은 가외 성구(extra-Scriptural words)이다. 이것들은 주님의 말씀을 직접 들었던 사람들로부터 구전되어 내려온 것이다. 주는 것이 복음의 핵심이다.

사도행전 20:38. "다시 그 얼굴을 보지 못하리라 … 근심하고." 끝이 다가오고 미지막 작별 인시를 니눈다!

III. 교리적 의의

이 부분은 기독교의 사역을 다룬다. 여기에는 기독교 회중을 돌보는 목사나 장로나 감독과 관련된 사실들이 있다. 여기에는 높고 거룩한 이상들이 표명되어 있다. 그리고 그것들은 바울의 경험 안에서 실천적으로 증시된다. 밀레도에서 장로들에게 고한 바울의 고별사는 암시로 가득 차 있다.

Ⅳ. 실천적 목표

어떤 교회도 교인들이 없이 장성하지 못하는 것처럼, 어떤 회중도 우리가 평신도라 부르는 사람들의 지도력이 없이 발전하지 못한다. 목사나 교사의 지위가 있지만, 장로는 교회를 지도하고 인도하기 위해 구별된 사람이다. 장로들의 일부는 가르치는 장로가 되고 나머지는 치리 장로로 남는다. 교회를 섬기는 남녀 교인들은 그러한 섬김을 통하여 하나님의 나라를 발전시키는 열성적이고 헌신적인 인물들이다.

Ⅴ. 설교 개요

제목: "주님을 섬김."

도입부

그리스도인의 봉사는 교회들 가운데 다양하고 광범위하다. 초기의 교회는 어떤 건물이나 몇 동의 건물로 인식되지 않았다. 교회는 몇 그룹의 사람들로 구성되어 있었고 이러한 그룹은 주변 공동체의 마음 속에서 상징이었다. 대부분의 경우 그들은 집에서 만났고 그래서 친숙한 소그룹이었다. 그렇지만 이러한 그룹들이 세움을 입고 조직되면서 수가 불어나자 이것들은 점점 교회 조직과 지도부가 되었다. 바울은 도처에 장로들을 임명했고 그리하여 자신이 떠난 후에도 성령의 인도하심을 따라 사역이 지속되도록 하였다. 바울이 어떤 정신으로 섬겼는지가 이 장에서 그대로 드러난다.

A. 교회에서의 한 주, 20:6-12

마게도냐인의 부름을 받았던 드로아에서 이제 바울은 그리스도인들과 함께 일주일을 보냈다. 본문에는 얼마나 풍성한 교제가 있었는지 나타나 있다. 일주일 동안 바울은 그들에게 강론을 했고 그러는 가운데 매일 교제의 기쁨을 나눴다.

특별한 절기들이 기록되어 있다: "무교절"(20:6)은 유월절이다. 그리고 "오순절"(20:16)도 언급되어 있다. 교회는 발전하는 교회 역년(Church Year, 그리스도 강림부터 시작하는 역년)을 가지고 있었지만, 사실 매일이 친교를 나누는 성도 기념일(saints' day)이었다. 매일 교회는 수를 더하며 전진했다. 매일이 전도의 날이었다. 교회는 기도서를 별로 갖고 있지 못했지만 기도했다. (구약 성경과 몇몇 서신을 제외하고) 성경이 없었지만 교회는 믿음을 고백했고 메시지를 전했다. 그들은 찬송하는 법을 알고 있었고 성령의 은사들을 힘써 계발했다.

그리스도인의 집회 혹은 교회의 모임은 매주 첫째날에 있었다. 이것은 점진적으로 정착됐는데 관행과 신념에 따른 것이었지 규정에 의한 것은 아니었다. 기도는 밤에 이루어졌다. 바울은 유대인들을 자극하지 않으려고 안식일에 여행을 떠나려 하지 않았고 그들의 하루가 시작된 후 일몰 때에 작별 인사를 하고 떠나려 하였다. 윗다락은 어떤 의미에서 집을 가리킨다. 등불은 긴 설교와 성경 읽기와 만찬에 비하여 사소한 것으로 기억되었다. 바울은 설교의 형식으로 대화를 나누었다(그 주제와 본문이 무엇이었는지 궁금하나). 한 젊은이가 졸았다는 사실은 별로 놀랄 일이 아니다 — 더위, 혼잡, 등불 냄새, 늦은 시간, 긴 대화 — 아마도 유두고는 바깥 일로 지쳐 있지 않았을까? 설교는 중단되었다가 다시 이어졌다. 두번째 대화는 자정부터 새벽까지 계속됐다. 형식에 구애되지 않는 바울의 이야기 방식이 눈길을 끈다. 얼마나 대단한 한 주였는가!

B. 에베소 장로들에 대한 작별 인사, 20:13-38

누가는 일행의 모든 세부적인 여행 경로와 일행에 대한 바울의 세세한 녹회적 관심을 주의깊게 기록한다. 장로들에 대한 훈계는 평이하게 진전되고 있다.

여기에는 목회자의 용기와 겸손과 솔직함이 담긴 목회적 이야기가 있다.

바울은 슬픔과 눈물과 박해를 다시 상기시킨다. 여기에서 바울은 '목자'(20:18)와 '장로'(20:17)와 '감독자'(20:28)를 같은 의미로 언급한다. 그는 이 집 저 집 다니며 설교를 했고(20:20) 개인적인 방법으로(20:21) 증거를 했다. 그는 사역의 위험, 즉 결박과 환난(20:23)에 대하여 말했다. 그리고 행동을 결심할 때, 그가 얼마나 '심령에 매임을 받아'(20:22) 했는지 말했다. 그는 하나님의 정하신 길을 마치기를 소원했고(참조. 딤후 4:7) 모든 사람의 피에 대하여 깨끗하기를 바랐다. 이것은 자랑인가 아니면 중대한 기도인가? 성령은 바울의 삶에도 계시고 또한 그들의 삶에도 계신다(20:28).

그렇다, 바울은 "모든 겸손으로 주를 섬겼다." 이것은 바울의 기록이라 칭할 수 있다. 사람이 어떤 식으로든지 자만하게 되거나 자기 중심적으로 되면, 그 사역은 부패하고 만다. 우리는 보통 자신이 겸손한지 그렇지 않은지 알고 있다. 우리는 자신이 겸손한지 그렇지 않은지 말할 수 없지만 다른 사람들은 그 차이를 알 것이다. 과시적이고 요란하고 독단적인 사람은 사역의 증거를 부패시킬 수 있다.

바울은 "달려갈 길을 마치려"(20:24) 힘썼다. 그는 그렇게 했다. 그는 여행의 말미에 많은 고통을 겪었다. 그는 육체뿐 아니라 정신적, 영적으로도 상처를 입었다. 하지만 그 무엇도 주님을 섬기는 목표에서 그를 이탈시키지 못했다. 그는 한 사람의 목회자로서 자신이 매여 있던 목회 사역에 대해서 말했다. 그것은 눈물과 희생과 고독과 많은 수고를 의미했지만 또한 "주는 것이 받는 것보다 복이 있다"고 말씀하신 이를 좇아서 그 자신을 완전히 '주는 것'을 의미했다.

사도행전 제21장

아무도 잊혀지지 않는다

21:4. "제자들을 찾아."
21:8. "전도자 빌립."
21:10. "한 선지자."
21:16. "한 오랜 제자."
21:28. "이 사람은 … 그 자인데."

I. 역사적 배경

바울은 이제 예루사렘을 향하여 가는 중인데 흥미로운 일들이 발생한다. 그는 소아시아의 많은 교회를 뒤에 남겨 두었고 다시는 자신을 보지 못할 교우들에게 작별 인사를 고했다. 그의 이름이 거론되는 곳마다 기세등등한 반대가 있었듯이 그의 길에는 많은 위험이 도사리고 있었다. 바울이 유대교의 적이라는 소문이 분명 널리 유포되어 있었기 때문에 그의 생명은 모든 지역에서 위태로웠다. 그의 유일한 안전책은 로마 시민권에 있었다. 바울은 전도자로서 로마를 방문하고 그곳에 있는 교회를 만나 보기를 바랐지만 그 소망이 어떻게 이루어질지 알지 못했다. 그의 예루살렘행은 강력한 하나님의 인도 때문이었다. 하지만 그는 자신이 생명의 위협을 무릅쓰고 그 성으로 들어간다는 사실을 알고 있었다. 가는 도중에 그는 하나님 앞에서 잊혀지지 않을 많은 교우들을 만난다.

II. 용어 해설

여행은 멋진 풍경 때문에 흥미로울 수도 있고 또 많은 시간 대화와 친교를 나눈 사람들 때문에 잊혀지지 않을 수도 있다.

사도행전 21:4. "제자들을 찾아." 거의 모든 도시나 지역에서 그리스도 인들은 같은 정신과 같은 신앙을 가진 사람들을 찾을 수 있다. 기독교의 부요로움의 한 부분이 바로 이런 광범위한 친구들에 있다.

사도행전 21:4. "성령의 감동으로 바울더러 … 하더라." 하나님께서 어 떻게 다른 사람들을 통하여 우리에게 말씀하시는가 하는 점은 기이하다. 그리스도인들은 하나님의 뜻에 대한 지식을 얻고 나서 판단력이 조금 부 족한 어떤 개인을 도울 수 있다. 그러나 심지어 교회 공회가 오류를 범하 듯이 다수가 오류를 범하는 경우도 있다. 여기서 바울은 두로의 교우들로 부터 경고를 받았다. 그들의 판단에 의구심이 들지 않는가?

사도행전 21:5. "처자와 함께." 바울과 작별하는 자리에 가족들을 동반 한 감동적인 장면이었다.

사도행전 21:8. "바울의 일행이었던 우리가"(개역 한글판에는 번역되지 않음 — 역자주). 여로에 바울과 함께 했던 이 무리를 점검해 보라. 누가도 그중 하나였다.

사도행전 21:8. "전도자 빌립의 집." 우리는 예루살렘 교회가 임명했던 일곱 집사 가운데 한 사람을 다시 만난다. 6장과 7장에서 두드러지게 나타 났던 빌립은 교회를 잘 섬겼다. 그리고 그의 딸들도 함께 교회를 섬기고 있었다.

사도행전 21:10. "한 선지자." 단 열 두 명만 이 독특한 직분과 칭호를 받은 것은 아니었다. 다른 사람들도 하나님의 택하심을 받았다.

사도행전 21:11. "바울의 띠를 가져다가" — 상징적인 행위.

사도행전 21:12. "예루살렘으로 올라가지 말라." 이러한 권고는 이번이 두번째였다(참조. 21:4).

사도행전 21:13. "나는 … 각오하였노라." 이곳과 다른 여러 곳에서 나 타난 이런 말들로써 바울의 심경을 짐작해 볼 수 있다(참조. "나는 전할 준비가 되어 있노라" 등).

사도행전 21:14. "주의 뜻대로 이루어지이다." — 이것은 마지막 제스처로서가 아니라 기쁘게 그리고 기꺼이 추구되어야 한다.

사도행전 21:16. "한 오랜 제자." 신앙이 어린 사람들은 경험이 풍부한 사람들에게서 잘 배울 것이다.

사도행전 21:18. "우리와 함께 야고보에게로 들어가니 장로들도 다 있더라." 이것은 된 일을 평가하기 위한 지도자들의 회의였다.

사도행전 21:19. "하나님이 … 하신 일을 낱낱이 고하니." 바울은 직접 말했다. 그는 사실들을 명확히 밝히기 위해 세부적인 일들을 하나하나 이끌어 냈다(엑세게이토). 이것은 목회(디아코니아스, 집사의 직무)로서 다른 누구라도 했을 그런 일은 아니었다.

사도행전 21:20. "하나님께 영광을 돌리고." 바울은 그들이 하나님께 영광을 돌릴 만큼 그 결과를 기뻐하는 것에 놀랐다. "형제여, 그대도 보는 바에." 이것은 많은 고난을 겪은 사람에 대한 신뢰와 존경의 표현이었다.

사도행전 21:22. "다수가 필히 모여야 하리라"(개역 한글판에는 번역되지 않음 — 역자주). 그들은 예루살렘 사람들이 이 소식을 듣지 못하게 막을 수 없었다.

사도행전 21:23-26. 이 구절들에는 유대인들을 만족시키고 편견을 불식시키기 위해 취해진 사전 조치들이 기록되어 있다.

사도행전 21:28. "이 사람은 … 그 자인데." 고난을 피할 길이 없다.

사도행전 21:36. "그를 없이 하자." 여기서 우리는 주님을 십자가에 못박은 사건이 떠오른다.

사도행전 21:39. "소읍이 아닌 … 시민이니." 바울은 사람들 속에서 자신의 사회적·정치적 지위를 부끄러워하지 않았다.

사도행전 21:37, 40. "네가 헬라 말을 아느냐(기노스케이스, 알다)? … 히브리 방언(디알렉토, 사투리)으로 말하여 가로되."

III. 교리적 의의

이 모든 변화무쌍한 경험들 속에서, 바울은 로마 제국의 전지역으로부터 자기 편에 서 있는 사람들을 의식하고 있었다. 그리스도인들은 그를 도우러 몰려왔고 계속해서 그를 거들었다. 여행 중에 바울은 자신이 '목회직을 수행'하고 있으며 아무것도 자신을 통한 하나님의 일을 방해할 수 없다는 것을 알고 있었다. 도중에 그를 돕는 데 일조한 사람들은 모두 동역자들이고 동지들이었다. 그는 편지에서 많은 사람들을 언급했다. 그의 친구들은 수가 많았고 인생의 모든 행보에서 만난 사람들이었다. 그리스도인의 생활에서 가장 부요로운 단면 가운데 하나는 교회의 교제에 속한 사람은 아무도 잊혀지지 않는다는 사실이다.

IV. 실천적 목표

외로움과 반대에 맞서 싸우는 사람들에게 위로가 찾아온다. 모든 사람이 제자의 삶에서 '성공'하는 것은 아니다. 하지만 하나님은 신앙과 하나님 나라를 섬기는 일에 충성스럽고 헌신적인 사람들의 신의를 못본 체하지 않으신다.

V. 설교 개요

제목: "아무도 잊혀지지 않는다."

도입부

하나님의 말씀은 유럽에서도 뜻하는 바를 이루었다. 이제 바울은 십자가의 승리를 보고하기 위해 예루살렘으로 돌아가고자 했다. 많은 반대자들이 대항했고 기득권이 길을 막았으며 미신과 악한 종교가 장애를 놓았다. 그러나 바울은 복음의 승리를 입증했고 예루살렘 교회와 함께 이것을 나누기를 열망했다. 도중에 그는 사랑과 위로를 듬뿍 받는다. 그러나 그는 자신이 고난과 죽음을 눈앞에 두고 있으며 다시 돌아오지 못할 것을 알고 있다. 도중에 그는 하나님 앞에서 잊혀지지 않을 자신의 모든 친구를 떠올릴 것이다.

A. 두로의 제자들, 21:1-6

바울은 이 교우들과의 사귐을 기뻐했다. 여행 중의 휴식은 일주일 동안이었다. 어떤 대화와 속이야기가 있었을까? 어떤 경험을 서로 나누었을까? 바울이 그들에게 해석해 준 성경 말씀은 무엇이었을까? 바울은 주변 환경에 무감각한 사람은 아니었겠지만 유람을 목적으로 한 여행객은 아니었다. 풍경이나 흥미로운 다른 사건들에 대한 언급은 전혀 없었다. 그의 주된 관심은 복음 메시지를 필요로 하는 사람들에게 있었다. 모든 성에서 그리스도인들을 찾아 사귐을 나누었던 것은 보람이 있었다.

B. 가이사랴의 빌립, 21:7-9

이 복음 전도자의 집에서, 그들은 하나님의 말씀의 사역에 관하여 서로 대화를 나누는 기쁨을 누렸을 것이다. 빌립은 사도는 아니었지만 예루살렘 교회가 임명한 일곱 집사들 가운데 하나였다. 당시에 바울은 사울이라는 이름으로, 그리고 어린 교회의 가장 큰 원수로 알려져 있었다. 이제 빌립은 이 옛 원수를 환영한다! 미혼인 그의 네 딸들도 역시 사역에 동참하고 있었다. 교회에서의 여성의 위치는 서로 다른 여러 관점으로 논의되고 있다. 하지만 하나님께서 여성에게 어떤 은사들을 주셨다면, 그녀는 그것들을 발휘해야 한다(예컨대, 윌리엄 부스의 딸, 마레샬〈Marechale〉). 많은 여성들이 전세계에 걸쳐서 선교 발전을 위해 길을 닦고 있다.

바울과 빌립은 자신들의 삶에 나타난 하나님의 손길을 인정하고 또한 지난 과거를 온통 압도하고 있는 하나님의 섭리를 회고해 보았을 것이다. 두로의 사귐은 이제 가이사랴의 환대로 더욱 풍성해진다! 교회는 바깥 세상이 거의 알지 못하는 방식으로 이러한 은혜의 중심지가 된다.

C. 가이사랴의 아가보, 21:10-14

이 선지자는 이곳에만 언급되어 있다. 하지만 그와 바울의 만남은 의미심장하다. 그는 바울이 받을 고난을 알았다. 하지만 바울은 두려워하지 않는다. 바울의 겉옷을 취한 선지자의 상징적인 행동을 주목하라. 다른 그리스도인들은 전에 몇 사람이 그랬던 것처럼 만류하려 한다(21:12). 그들은 바울 앞에 고난이 놓여 있다고 판단한 측면에서는 옳았지만 고난에 대한 해석의 측면에서는 틀렸다. 시련과 고난이 사도에게 닥칠 수는 있다. 하지만 사도는 하나님께서 어떤 뜻에 의해 그것을 허락하셨다는 것과 자신을 구해 주실 것을 알았기 때문에 그것을 두려워하지 않는다. 바울을 설득했던 이 그리스도인들은 바울의 가장 뛰어난 업적과 더 풍성한 사역이 로마의 죄수가 됨으로써 이루어질 것을 전혀 알지 못했다! 바울은 결박될 것이다. 하지만 하나님의 말씀은 결박되지 않았다.

가는 것이 바울에게 옳았을까? 그들의 동기는 '바울에 대한 사랑'이었다. 바울의 가려는 동기는 '그리스도에 대한 사랑' 때문이었다. 하나님의 뜻(21:14)은 그것을 찾는 그리스도인에게 모든 것을 의미한다.

D. 도중에 합류한 나손, 21:15-17

이 오랜 제자는 '초기부터' 제자였던 사람이다. 그의 신앙은 오래 전부터 뿌리를 내리고 있었다. 그는 많은 사람보다 앞선 경험과 지식을 가지고 있었다. 그는 이 사건 외에는 알려지지 않았다. 그는 이 장면에서 바울에게 거처를 제공한다. 하나님이 모르시는 사람은 단 한 사람도 없다. 선지자를 영접한 사람은 선지자의 보답을 받는다. 행장을 준비하고(21:15) 목적지를 향한 여행이 계속된다. 우리는 도중에 하나님께서 보내신 뜻밖의 인물들을 잊으면 안 된다.

E. 도착과 결박, 21:18-40

오랜 시간 후에 마침내 예루살렘! 세 번의 전도 여행은 끝났고 그리스도를 위한 많은 일들이 이루어졌다. 처음에 교회는 비우호적이었을까? 교회에 대한 바울의 보고는 놀라웠고 반응도 만족스러웠다. 그는 형제들을 위해 의례를 지키는 데 동의했다. 바울이 외국에서 생명을 무릅쓴 다음이었지만 고작 이것뿐이었다! 하지만 겸손하게 그는 순종했다. 그의 이러한 절충안은 그러나 결과적으로 그를 돕지 못했다. 그가 들어갔던 성전은 이제 메시야가 없었고 무너질 운명이었다. 무리는 공격을 가했고 통제 불능의 상태가 잠시 지속됐으며 바울은 무정부주의자, 무법자로 간주되었다! 편견과 암매와 흥분이 무리를 앞도할 때의 모습이 이와같다. 이제 '권리'를 보장받기 어렵게 되었고 그래서 결국 결박과 구금을 당하고 말았다.

마지막 장면에 침착하게 변호할 준비를 갖춘 바울이 등장한다. "네가 헬라 말을 아느냐?" 그리고 히브리 방언으로 변호를 하자 죄수를 맡은 군인은 깜짝 놀란다. 여기서 바울은 그리스도인임을 밝히지 않았지만 로마 시민으로서 재판받을 자유를 요구했다. 정치적 권리는 복음을 위해 활용될 수 있다. "헬라어 … 히브리 방언" ─ 헬레니즘과 헤브라이즘. 이 두 문화와 종교의 언어들. 이것들은 오늘날 우리의 전도의 기반이다. 우리는 과거에 뿌리를 둔 내용의 메시지를 말한다. 하지만 우리는 이 시대의 언어로 전달하고 선포한다.

주께서 바울을 위하여 많은 친구를 일으키시고 또한 아무도 하나님 앞에서 잊혀지지 않는 것처럼, 지금도 주님은 시련의 시기에 자신의 종들의 편이 되어 주실 것이다.

사도행전 제22장

기독교 신앙을 변호함

22:1. "내가 지금 너희 앞에서 변명하는 말을 들으라."
22:2. "저희가 그 히브리 방언으로 말함을 듣고 더욱 종용한지라."
22:3, 25, 26, 28. "나는 유대인으로……로마 사람……나면서부터."

I. 역사적 배경

바울이 예루살렘으로 돌아와서 교회에 전도 여행을 보고했던 것은 그 점에 있어서 만족스러웠다. 그러나 바울이 성 안에 있는 것을 알게 된 적들은 그를 체포하여 유죄 판결을 내리도록 몰고 갔다. 바울은 로마 시민으로서의 발언권을 주장하여 잠시 짬을 얻었다.

II. 용어 해설

바울은 연설에서 전에도 했던 자신의 회심에 관한 이야기를 세세하게 다시 밝힌다. 이 시간 그는 증거를 행할 뿐 아니라 논쟁에서의 변호나 변명의 방식을 활용하고 있다.

사도행전 22:1. "부형들아." 이 말은 접촉을 용이하게 했다 — 회유적이었다.

사도행전 22:1. "너희 앞에서 변명하는 말을 들으라." 이 변명(아폴로기아스)은 아폴로기아로 더 잘 묘사된다.

사도행전 22:2. "저희가 그 히브리 방언으로 말함을 듣고 더욱 종용한지라." 말과 방언은 기분을 좋게 할 수도 있고 틈을 더 넓힐 수도 있다. 바울의 방언은 그들을 잠잠케 했다. 그들은 조용히 들을 준비를 갖췄다.

사도행전 22:3. "나는 유대인으로 … 자라 … 가말리엘의 문하에서." 출신과 교육과 종교에 대한 충분한 진술이 이 구절에 들어 있다. 그의 위상은 문제될 것이 없다. 그래서 그는 열성 면에서 자신이 그들과 다를 바 없다는 사실을 그들에게 상기시킨다.

사도행전 22:4. "내가 이 도를 핍박하여." 바울은 최선의 사실과 최악의 사실을 함께 고백한다. 그는 옛 친구들을 기쁘게 하는 반면, 새 친구들의 입장에서 자신의 죄를 인정한다. 강조된 어구, 즉 '이 도'는 그리스도 안에 있는 새로운 도, 그 도를 따르는 사람들을 말한다.

사도행전 22:6, 9, 11. "큰 빛 … 빛 … 빛의 광채." 그 빛은 태양 빛보다 더 밝았을까? 현재 우리는 원자력이 폭발할 때의 빛을 알고 있다.

사도행전 22:9. "빛은 보면서도 … 소리는 듣지 못하더라." 그 소리는 사울 개인을 위한 것이었다.

사도행전 22:14. "우리 조상들의 하나님이 너를 택하여(프로엑세이리사토 — 선택은 택함의 선택인가?) 너로 하여금 자기 뜻을 알게 하시며." 이것은 그리스도인들에게 중요한 지식이다.

사도행전 22:15. "네가 … 증인(마르튀스)이 되리라." 바울은 신앙을 위한 순교자이다.

사도행전 22:21. "내가 너를 멀리 … 보내리라." 그는 이것이 얼마나 멀리까지 미치는 것인지 잘 알지 못했다.

사도행전 22:24. "채찍질하며 신문하라." 이것은 관습상 십자가 형의 준비 절차였다. 바울은 주님의 뒤를 좇고 있었다.

사도행전 22:26, 28. "로마 사람 … 돈을 많이 들여 이 시민권을 얻었노라 … 나면서부터로라." 이것은 바울의 정치적 위상(폴리테이안)과 관련이 있다.

III. 교리적 의의

기독교 신앙은 정밀한 조사와 시련하에서 빛을 발한다. 자신의 회심에 관한 바울의 거듭되는 이야기는 기독교 증거의 한 부분이다. 사람들이 기독교의 정당성에 대한 증거를 찾거나 요구할 때, 이것은 사람들에게 기독교가 무엇을 할 수 있는지를 보여 주는 한 방편이 된다. 경험의 영역은 불신자들을 확신시키는 효과적인 방법이다. 기독교는 일한다. 즉 기독교는 사울의 경우처럼 삶을 변화시킴으로써 일한다.

IV. 실천적 목표

복음을 선포할 때, 진리의 명제들을 상세히 밝히는 것만으로는 충분치 않다. 우리는 변화된 삶들의 예로써 그것들을 증명할 필요가 있다. 교회는 선포된 진리의 살아 있는 증거인 사람들을 제시할 수 있어야 한다. 회심과 회심자들은 진리의 병기 창고에 있는 유력한 무기들이다. 우리의 전쟁 무기는 신령하다. 그래서 그리스도 안에 있는 새로운 피조물들이 이루어 낸 영적 기적들은 변증 설교의 가장 강력한 한 수단이 된다.

V. 설교 개요

제목: "기독교 신앙을 변호함."

도입부

교회가 자신의 믿는 바를 변호해야만 하는 시기가 있다. 일반적으로 교회는 설교나 교훈으로 신앙을 선포한다. 하지만 교회가 스스로의 주장을 입증할 증거를 내놓아야 한다고 공격을 받는 경우도 있다. 이것은 쉬운 일은 아니지만 그렇게 할 여지는 있다. 모든 세대는 어떤 증거를 요구해 왔다. 그리고 밖으로 드러나는 능력의 증거들이 없으면 들으려 하지 않는 불가지론자(不可知論者)들, 무신론자들, 모든 유의 불신자들이 있다.

옛형태의 변증론은 지나갔다. 오늘날 우리가 직면하고 있는 문제는 18세기와 같은 이신론(理神論)이나 19세기와 같은 무신론과 불가지론이 아니다. 요즘 기독교가 맞서고 있는 또 다른 형태의 공격은 공산주의와 변증법적 유물론 속에 나타나고 있다. 또한 우주에서 하나님을 몰아내려는 무신론적 과학의 도전도 있다. 공격의 또 다른 현상은 그리스도의 사람들뿐 아니라 성경 안에 그 구심점을 두고 있다. 교회는 소망에 관한 이유를 가져야 하며 또한 자신을 향하여 전열을 가다듬고 있는 세력들과 맞서 싸울 준비를 갖추어야 한다. 오늘날 우리는 변증하는 설교와 교훈과 저술이 필요하다. 바울은 증거하기 위해 아폴로기아를 활용했다.

A. 기회, 22:1-21

(1) 접촉은 쉬웠다(22:1-2). 바울은 회유적이고 친밀하며 공손했다. 그의 연설은 공감을 불러일으켰다. 바울은 쇠사슬에 묶여 있었지만 태도가 당당했다. 히브리 방언은 의사 소통의 훌륭한 매개가 되었다. 어떤 사람에게든지 자국어는 효과적이다. 독일인인 루터, 영국인인 위클리프(Wyclif). 다양한 번역 덕분에 사람들은 성경을 읽고 받아들이게 되었다.

(2) 회심은 잊을 수 없었다(22:3-14). 9장에서처럼 (그리고 뒤에 26장에서처럼) 바울은 이 이야기에 싫증을 내지 않는다. 그리스도인의 영적인 삶의 체험은 반복할 가치가 있다. 바울과 다른 많은 설교자들은 그리스도께서 하신 일에 대한 개인적인 체험을 중간에 끼워 넣을 때의 설교가 가장 효과적이라는 사실을 깨달았다. 회심에 관하여 자세하게 말하면서, 바울은 성령으로 거듭난 시간의 기쁨과 경이를 놓치지 않았다.

(3) 성화는 균형을 가져온다(22:15-21). 여기서 언급된 일들은 모두 그리스도 안에 있는 새 생명의 발현으로 나온 것들이다. 새사람은 새로운 삶을 산다. 바울은 자신이 교회 안에서 하나님의 백성들과 제휴한 덕분에 어두운 과거를 잊을 수 있었고 또한 그리스도인임을 나타내며 살게 되었다고 선언했다. 바울은 부활하신 주님께 사명을 받았다고 주장했다. 바울은 자신의 인생에 대한 하나님의 뜻 안에서 해야 할 일을 발견했다.

B. 적대, 22:22-30

다메섹으로 가는 길은 바울의 회심의 무대였다. 하지만 그는 또한 예루살렘으로 오해와 모욕의 길을 가야 했다. 과거의 죄악들이 문득문득 떠올라서 그를 부끄럽게 했다.

(1) 바울에 대한 공격(22:22-25). 즉흥적인 군중은 위험하다. 그리스도

의 종으로서 바울은 이제 주님이 참고 견디셨던 일을 다소간 나눈다. "그를 없이 하자!" 하는 외침은 귀에 익다. 예수님이 십자가를 향하여 이끌려 가실 때 바울은 틀림없이 그 소리를 들었을 것이다. "채찍질"은 유죄 판결의 예비 절차였고 이것은 가장 혹독한 시험이었다. 오늘날 공산 사회의 감옥에서 행해지는 세뇌 공작과 육체적·정신적 학대는 가장 악질적인 죄악에 속한다. 바울은 '권리'를 내세워 이러한 채찍질을 면제 받았다.

(2) 바울의 항소(22:26-30). 바울의 변호는 분명했다. 그는 로마 시민의 권리를 내세웠다. 어떤 그리스도인들은 죽기까지 박해를 받고 또한 모든 권리를 박탈당한다. 이것이 적진에서 선교사가 될 때의 위험성이다. 중국의 의화단 사건과 콩고의 야만 행위들이 이러한 사실을 상기시킨다. 여기서 바울은 편의에 따라 지혜롭게 법을 활용한다. '자유민'으로서 바울은 복음의 영적 권리를 증진시키기 위해 타고난 권리를 내세웠다.

기독교 신앙을 변호하는 일은 도처에서 계속된다. 바울은 어떻게 진리를 변호해야 하는지를 분명한 장면으로 보여 주었다. 사리에 맞는 논쟁과 분명한 사고는 하나의 수단이다. 진리의 성경에 대한 단순한 증거와 정당한 해석이 앞으로도 있겠지만 변증론적인 논쟁도 필요하다. 이것은 우리의 믿는 바를 해명하는 것이 아니라 복음을 위하여 변호를 하는 것이다.

바울이 사용한 언어들은 복음을 변호하기 위하여 식자들이 필요하다는 사실을 보여 준다. 어떤 사람들은 쉬운 말과 정직한 성품과 빛나는 정신으로 증거할 수 있다. 하지만 때로 우리에게는 다른 임무를 위해 특별히 잘 준비된 사람이 필요하다. 언어와 고고학에 대한 지식과 정신적인 각종 은사를 지닌 학자들은 복음을 총체적으로 변호하는 일에 어떤 위치를 갖고 있다. 히브리어를 통하여 우리는 그리스도 안에서 성취된 모든 언약의 근거인 구약 성경에 대한 직접적인 지식을 얻을 수 있다. 신약 성경의 헬라어는 하나님께서 1세기에 복음을 로마 제국 전역에 퍼뜨리는 데 사용하신 하나의 매개 수단이었다. 모든 성경을 완전히 하나님의 영감으로 된 하나님의 말씀으로 믿는 사람들에게 있어, 복음의 해석자들이 성경의 원어를 알고 활용해야 한다고 주장하는 것은 지나친 일이 아니다. 우리는 변화된 삶의 능력으로 적들의 입을 막을 때 복음의 진리를 가장 잘 변호할 수 있다. 하지만 우리가 교육이든지 정치든지 사회든지 국가든지 생의 다른 조건들을 활용할 수 있다면 이것도 어떤 사람들을 확신시키는 데 도움이 될 것이다. 그리스도를 위한 모든 접촉은 그리스도로 말미암아 유용할 수 있다.

사도행전 제23장

그리스도인의 양심

23:1. "내가 범사에 양심을 따라 하나님을 섬겼노라."
23:5. "형제들아, 나는 그가 대제사장인줄 알지 못하였노라."
23:9. "우리가 이 사람을 보매 악한 것이 없도다."
참조. 24:16. "이것을 인하여 나도 하나님과 사람을 대하여 항상 양심에 거리낌이 없기를 힘쓰노라."

I. 역사적 배경

체포를 당한 바울은 마침내 유대인의 공회 앞으로 인도된다. 로마 당국은 바울에 대한 공정한 재판을 위해 애쓴다. 유대교의 지도자들이 이 일을 위해 참석한다. 모든 사람이 편견을 가지고 있고 그래서 바울은 이 재판에서 성급한 판단을 받는다. 그에 대한 고소가 있었고 그리하여 그는 반박을 해야 한다. 때로 정황 증거가 진리의 탈을 쓰고 그를 옭아매려 하지만 진리는 전적으로 그와 함께 한다.

II. 용어 해설

이 재판의 상호 작용은 사도의 내적 동기와 태도를 드러내게 한다. 바울은 양심, 이 경우 성령의 인도를 거스르고 논쟁을 벌일 수 없다.

사도행전 23:1. "내가 범사에 양심을 따라 하나님을 섬겼노라." 과거에 바울의 인생은 이러한 빛 안에서 통제를 받았다. 근래 그의 행동의 동기도 그리스도인으로서 그에 따른 것이었다. 양심(쉬네이데세이)은 중요하다.

사도행전 23:2. "그 입을 치라." 이러한 야만적인 처사가 그리스도를 거부했던 체제 안에 있었다. 때로 죄악은 신체적 학대를 싸움의 한 방편으로 사용한다.

사도행전 23:3. "회칠한 담이여." 이것은 조롱의 언사로 상황 판단이다. (참조. 회칠한 무덤?)

사도행전 23:5. "형제들아, 나는 그가 대제사장인 줄 알지 못하였노라." 바울은 잘못을 인정하고 자신의 잘못된 판단에 대하여 겸손하게 사과한다. 바울은 안질로 고생을 하고 있어서 정확하게 보지 못했을까?

사도행전 23:6. "내가 심문을 받노라." 바울은 영리한 계략으로 입회하고 있는 두 당을 분리시킨다. 사두개파와 바리새파 ― 자연주의와 초자연주의, 자유주의와 보수주의.

사도행전 23:12. "맹세하되 바울을 죽이기 전에는." 여기에 바울을 제거하려는 음모와 복수가 있다. 인간의 악한 욕망이 여기에 표출되어 있다.

사도행전 23:16. "바울의 생질." 하나님은 이름 모를 한 청년을 바울의 생명을 구하는 도구로 사용하신다. 이제까지 바울은 이 재판에서 어떤 사람의 도움도 받지 않았다.

사도행전 23:29. "저희 율법 문제에 관한 것뿐이요 한 가지도 죽이거나 결박할 사건이 없음을 발견하였나이다." 공명정대한 로마 재판관이라면 문제가 되고 있는 실제 논쟁거리들을 가려낼 수 있을 것이나.

III. 교리적 의의

그리스도인의 양심은 삶의 기본적인 문제들에서 중요한 요인이다. 이것은 하나님께서 그리스도인들을 인도하시는 데 쓰시는 한 가지 방법이다. 그리스도인의 양심이 어떻게 작용하는지, 그리고 그것이 어떻게 도덕적인 문제들을 궁극적인 판단 목표로 이끄는지를 결정하는 것은 항상 쉽지만은 않다. 지성이나 감성이 더 큰 역할을 한다면 문제가 해결되지 않는다. 추종해야 하는 정의가 무엇인지를 알 때, 아마도 우리의 전 인격은 도덕 관념으로 충일하게 될 것이다. 양심은 그리스도인을 위하여 빛나며 그리스도인의 양심 위에 비치는 빛은 일반인 위에 비치는 것보다 더 강력하다.

Ⅳ. 실천적 목표

이 장은 바울이 압력을 받을 때 한 인간으로서 두려움과 근심에 휩싸였다는 사실을 보여준다. 그가 항상 모범적인 그리스도인으로만 행한 것은 아니었다. 그는 실수를 범했고 잘못했을 때 당황스러워했다. 그러나 그의 인생의 성향과 방향은 늘 선한 양심에 이끌렸다. 그리스도인은 양심을 닦을 필요가 있다. 옳고 그름의 판단보다 뛰어난 것이 있다. 즉 더 좋은 것과 가장 좋은 것이 있는 것이다.

Ⅴ. 설교 개요

제목: "그리스도인의 양심"

도입부

바울은 서신서들에서 그리스도인의 내면의 삶에 관하여 많이 언급했다. 바울은 현대인들이 생각하는 것과 같은 그런 심리학자는 아니었다. 하지만 그는 당시 사람들보다 뛰어난 심리적 통찰력을 가지고 있었다. 바울은 하나님 앞에서 더 고귀한 생활을 하도록 사람들을 자극하면서 기본적인 용어들을 사용하여 그리스도인의 삶을 가르친다. 그는 면밀히 살피고 일침을 가한다. 그는 베일을 벗기고 지도한다. 그는 유혹, 두려움, 열의, 소망, 고통, 압도 등 인간의 마음에 관한 지식을 보여준다. 바울은 인간의 마음에 정통한 사람으로서 인간의 마음이 무엇인지 알고 있었다. 건전한 마음과 바르게 균형잡힌 삶을 얻을 수 있도록, 바울은 깨끗한 양심, 즉 그리스도인의 양심을 입증할 수 있었다.

A. 양심이 절대 무오한 것은 아니다. 23:1-5

바울도 판단을 그르칠 수 있다. 재판 중에 그는 공회의 재판장에게 화가 났다. 바울은 그가 대제사장인 줄 깨닫지 못했다. 그는 '회칠한 담'이라는 모욕과 경멸의 언사를 썼다. 자신이 유대교의 최고 지도자에게 그렇게 말했다는 사실을 깨닫고 나서, 바울은 하나님의 일꾼을 나쁘게 말하는 것이 잘못인 줄 알고 있었으므로 사과했다.

법정 절차에 따라 바울은 도움이 되는 증언을 할 수 있었다. 그는 정의에 대한 열의가 있었다. 다른 어떤 행동 규범과 비교하더라도 바울의 행위와 말은 강력하고 당당했다. 하지만 그리스도의 재판 과정과 비교해 본다면 어떻게 판단을 내릴 수 있을까? "욕을 받으시되 대신 욕하지 아니하시고"(벧전 2:23). 그러나 바울은 욕을 받았을 때 어떻게 하였는가? 여기에 다른 점이 있다.

개인의 자기 인식(self-knowledge)은 특출나다. 이것은 사람의 특성이다. 사람은 선과 악, 정과 부를 인식한다. 이러한 반성의 원칙 덕분에 사람은 자신의 행동을 옳다고 여기기도 하고 그르다고 여기기도 한다. 이것은 단지 사실의(of fact) 판단일 뿐이지 사실에 대한(upon fact) 판단은 아니다. 이것의 언어는 '나는 좋아한다'가 아니라 '나는 해야 한다'이다. 이것은 틀림없이 하나님이 영혼에 부여하신 것이다. 그리고 가장 심오한 의미에서, 이것은 하나님 앞에 있는 본래 우리의 존재이다.

B. 양심은 활동적이다. 23:6-16

상황을 판단하는 바울의 통찰력이 여기서 돋보인다. 재판석에 나와서 두 종교 분파가 공회를 대표하고 있다는 사실을 인식했을 때 바울은 지혜로웠다. 그는 그들의 기본 신념에 따라 공회를 신학적으로 양분시켰다. 그는 한 쪽 편을 들었다. 왜냐하면 바리새인 출신으로서 그리고 이제는 그리스도인으로서, 그는 진실하게 초자연주의, 즉 부활과 눈에는 보이지 않더라도 인생을 보좌하는 모든 존재를 믿었기 때문이다. 그리하여 바울은 공회에서 동정과 지지를 얻는다. 그는 이 재판에서 자신을 도와줄 어떤 인적 배경도 갖고 있지 않았다. 바울의 죄목은 그리스도가 만유의 주재이시며 또한 다른 그리스도는 절대로 메시야가 아니라고 주장한 것이었다. 이것이 이 재판의 급소였다. 유대인의 속담에는 이런 것이 있다. "사람의 비밀이 메시야의 비밀이다."

바울의 변호 때문에 분쟁이 일어났다. 군인들은 바울을 보호할 준비를 갖추고 있었다. 주님의 나타나심은 바울을 '담대'하게 하기에 충분했다

(23:11). 그러나 어떤 교회도 그를 위해 기도하는 것 같지 않았다. 이틀 후에 고립되고 지쳐 있던 바울의 적들은 다시 공세를 취하여 '바울을 살해하기로 맹세' 했다(23:12-16). 바울은 감옥에 갇힌 많은 인물들(바르트부르크의 루터, 애버딘의 러드퍼드⟨Rutherford⟩, 베드퍼드의 번연)의 선구자이다.

바울의 일부 행동은 기이해 보이고 의구심이 들지 모른다. 그러나 양심이 지침이다. 양심은 활동적이고 실제적이다. 바울은 양심이 '선했고' '거리낌이 없었다' 고 주장할 수 있었을 것이다. 양심은 마비되거나 타락하거나 약화되거나 오염되지 않았다. 후에 바울은 디모데에게 '깨끗한' 양심(딤전 3:9; 딤후 1:3)에 관하여 편지했다. 적들을 반박하고 이미 알고 있는 모든 인간적인 방법으로 죽음을 면하려고 애썼던 재판정에서 바울의 양심의 상태는 바로 이랬을 것이다.

C. 양심은 큰 노력을 요한다. 23:16-35

무엇을 말했든지 혹은 어떻게 행했든지간에, 그는 자신의 행동과 결정의 결과를 피하지 않을 것이다. 만일 감옥에 갇히게 된다면, 그는 생각할 시간을 갖게 될 것이다. 사형을 당하거나 살해를 당한다면, 마지막이었다. 하지만 바울은 여전히 로마를 볼 소망을 품고 있었고 또한 로마 시민으로서의 권리를 갖고 있었으므로 아마도 피할 길을 찾게 되리라고 생각했다.

바울의 구출 방식에 이르러 이야기는 낭만적으로 흐른다. 천둥이나 번개나 기적적인 탈출은 없었다(베드로가 탈옥한 경우, 행 11-12). 여기서 하나님은 인간을 매개로 일하신다. 하나님은 젊은이를 재촉하시고 호위병들을 준비시키셨다. 그리하여 470명이 바울을 안전하게 지켜 주었다! 일반적인 수단들도 섭리 안에서 초자연적인 방법이 된다. 하나님은 세밀하게 일하신다. 그래서 겉보기에 사소한 인생사들도 중요하다. 전능하신 하나님은 매사에 조직적인 하나님이시다. 하나님은 보이지는 않지만 전쟁을 치르는 들판에도 계신다. 바울은 진리에 충실했고 결코 원칙을 무시하지 않았다. 폭도들은 분을 내며 그의 피를 찾았다. 그러나 하나님의 사람은 결과를 확신한다.

바울은 깨끗한 양심을 가지고 있었다. 그것은 그리스도인의 양심이었다. 차이점들은 있다. 그리고 그것은 그리스도인들의 행동의 표현의 차이일 것이다. 하나님의 백성들 사이에는 편차가 두드러진다. 각 사람은 양심에 복종한다고 이야기한다. 그렇다면 이러한 차이점들은 어디에서 비롯된 것인가? 그것은 양심을 비추는 빛에 따른 것이다. 어떤 사람은 더 큰 빛, 더 깨끗한 빛을 가지고 있다. 또 어떤 사람은 밝기가 두 배인 빛을 가지고 있다. 로마의 도덕주의자들은 자연법을 따랐다. 독실한 유대인들은 모세의 율법을 좇아 살았다. 그러나 그리스도인들은 양심에 작용하는 그리스도의 성령과 하나님의 말씀에 따라 산다.

어떤 사람들은 다른 사람들보다 더 풍부한 지식을 갖고 있을 것이다. 그리고 어떤 사람들은 다른 사람들보다 더 예민한 양심을 추구할 것이다. 후에 바울은 이렇게 고백했다. "나도 나사렛 예수의 이름을 대적하여 범사를 행하여야 될 줄 스스로 생각하고"(행 26:9). 여기서 그는 그리스도인이 되기 이전을 회고했다. 그때를 지나 이제 바울은 새로운 생명 안에서 그리스도인으로서 자신의 양심이 깨끗하다고 증거할 수 있었다. 그에게 부과된 요구는 양심을 깨끗케 하는 것이었다(히 9:14; 10:2, 22). 그리스도로 말미암아 그렇게 깨끗케 하고 정결케 한 후에, 이제는 양심을 단련시키는 고요하고 안정된 습관이 찾아왔다. 그리스도의 심판대 앞에 이를 때까지, 그의 양심은 경계를 늦추지 않고 깨어 있었다.

사도행전 제24장

법과 복음이 충돌할 때

24:1. "대제사장 아나니아."
24:1. "한 변사 더둘로."
24:6. "우리 율법을 좇아 판단하기를"(개역 한글판에는 번역되지 않음).
24:21. "내가 죽은 자의 부활에 대하여 오늘 너희 앞에 심문을 받는다."
24:22. "벨릭스가 이 도에 관한 것을 더 자세히 아는고로 연기하여."
24:25. "바울이 의와 절제와 장차 오는 심판을 강론하니 벨릭스가 두려워하여 대답하되 시방은 가라."

Ⅰ. 역사적 배경

벨릭스 앞에 선 바울은 대제사장을 대신한 변사 더둘로와의 논쟁에서 우위를 점한다. 율법주의 세력들이 그에게 불리한 증언을 늘어놓는다. 바울은 예루살렘 법정에서 가이사랴 법정으로 이송되었다. 아나니아는 예루살렘에서 내려와서 바울을 계속 고소했다. 의심할 바 없이 유대교 지도자들은 바울을 지금 제지하지 않는다면 기독교 세력이 더 강화되고 기독교가 전세계로 퍼지게 되리라고 생각했을 것이다. 바로 이러한 악의와 분노가 팽배한 분위기 속에서 바울은 다시 법정에 서게 되었다.

Ⅱ. 용어 해설

여기에는 종교의 자유를 위한 언쟁이 있다. 사람들이 율법과 복음에 대하여 팽팽한 대립 상태에 있을 때 항상 정신적 갈등이 표출되기 마련이다.

사도행전 24:1. "한 변사 더둘로." 더둘로는 이 사건을 기소한 예루살렘의 실력자들에게 고용된 사람이었다. 그는 분명 법정에 익숙한 로마 변호사였을 것이다.

사도행전 24:2. "더둘로가 송사하여 가로되 ⋯ 우리가 당신을 힘입어 태평을 누리고" — 대조적인 말과 생각. 전자는 죄수에 대해 고소를 하는 것이고, 후자는 재판관의 주의를 끄는 것이다.

사도행전 23:3. "벨릭스 각하여" — 존칭.

사도행전 24:4. "관용하여 들으시기를 원하나이다" — 공손하게 탄원하려는 정중한 언사.

사도행전 24:5. "염병이라 ⋯ 소요케 하는 자요 나사렛 이단의 괴수라." 이것은 바울에 대한 일종의 블랙리스트이다. 중상 모략은 나쁠 수 있다. 그러나 때로 사실에 대한 증언이 부지중에 이러한 고소들에 들어 있고, 또 항상 그것이 고소인들에게 이용당하는 수단만 되는 것은 아니다.

사도행전 24:6. "우리가 우리 율법에 따라 재판하고자 했사옵나이다" (개역 한글판에는 번역되지 않음). 이렇게 했다면 재판은 편파적이고 불공정하게 됐을 것이다. 로마법 덕분에 바울은 이렇게 공개적인 재판을 받게 되었다.

사도행전 24:10. "내가 ⋯ 기쁘게 변명하나이다." 여기에는 기쁨이나 즐거움보다는 기백과 열정이 내포되어 있다.

사도행전 24:13. "저희가 능히 당신 앞에 내세울 것이 없나이다."

사도행전 24:14. "그러나 이것을 당신께 고백하리이다 ⋯ 도를 좇아." 바울은 어떤 사실들을 자발적으로 고백함으로써 문제의 핵심을 드러낸다.

사도행전 24:11, 14. "예배하러 ⋯ 섬기고"(라트류오).

사도행전 24:14. "율법과 및 선지자들의 글에 기록된 것을 다 믿으며" — 구약 성경의 책들을 믿는 자.

사도행전 24:15. "부활이 있으리라 함이라"(참조. 24:21. "내가 죽은 자의 부활에 대하여 오늘 너희 앞에 심문을 받는다"). 부활에 대한 바울의 증거 — 이것은 심판이었다.

사도행전 24:22. "벨릭스가 ⋯ 더 자세히 아는고로" — 이 도에 대한 더 정확한 지식.

사도행전 24:25. "의와 절제와 장차 오는 심판을 강론하니" — 회피할 수 없는 세 가지 문제.

사도행전 24:25. "벨릭스가 두려워하여." 그는 두려웠다. 두려움은 의지를 움직이는 인생의 중요한 힘이다.

사도행전 24:25. 더 많은 "틈."

사도행전 24:26. "돈을 받을까 바라는고로." 뇌물 — 복음을 듣는 그릇된 동기.

III. 교리적 의의

법에는 한계가 있다는 것을 보여준다. 로마와 유대교가 해석하는 국법과 구약 율법은 모두 바울을 정죄하려고 했다. 율법의 정신에는 죽이는 목적이 있다. 반대로 복음은 죽은 자들로부터 생명을 이끌어냈다. 복음은 부활의 사실 안에 그 중심을 두고 있고 정죄로부터 자유롭다.

IV. 실천적 목표

군중이나 혹은 여기에서처럼 어떤 한 개인에게 복음을 전파할 때, 결단을 직설적으로 요구할 필요가 있다. 바울은 이 로마 총독을 설득했지만 헛수고였다. 이 사람은 잡다한 동기를 가지고 있었고 그래서 어떤 대가를 치르더라도 진리를 받아들일 정도로는 마음이 열려 있지 않았다.

V. 설교 개요

제목: "법과 복음이 충돌할 때."

도입부

바울이 자신의 신앙을 헐뜯는 고소를 받았을 때, 이것은 놀랍고도 두려운 상황이었다. 종교 지도자들은 바울을 옭아맬 고소를 하려고 가장 지력이 뛰어난 인물 하나를 고용했다. 그러나 여기서 바울은 누구도 흔들 수 없는 명쾌하고 분명한 신앙 고백을 지닌 사람으로 드러난다. 그는 또한 자신을 변호할 기회를 활용하여 자신의 말에 귀를 기울이는 사람들에게 복음을 전했다.

A. 법의 요구 사항, 24:1-9

바울은 헤롯의 재판정에서 벨릭스 앞에 서 있다. 그에 대한 고소장이 제출되었다. 바울의 평판은 별로 좋지 않다.

(1) 고소(24:1)는 그곳으로 급히 내려왔던 대제사장 아나니아의 악의를 그대로 보여준다. 아나니아는 아마 노인이었을 텐데도 여전히 술책에 능하다.

(2) 변사의 고소(24:1-9). 그는 이 재판의 '변호를 맡았다.' 로마 변호사인 더둘로는 특히 이 소송에서 이길 경우 사례금을 받을 것이다. 간계와 감언을 사용하여 그는 사실이 아닌 감정에 호소했다. 그는 연설을 시작하면서 사건을 언급하지 않고 총독을 칭송했다! "우리가 태평을 누리고"라는 말을 주목하라. 그러나 그들은 막 폭동과 소요를 겪은 후였다! 그는 바울을 고소하면서 "염병" "나사렛 이단의 괴수" 등의 말을 사용하고 결코 "그리스도 예수의 제자"라는 말은 쓰지 않았다. 예수님의 이름을 말살하려는 책략이 있었을까? 그들에 관한 한 예수님은 표면적으로 죽었고 멀리 있었다! 여기에는 바울에 대한 '중상' 모략과 편견이 교묘하게 개입되어 있었다.

바울은 고소를 당했다. 다메섹과 예루살렘에서는 음모를 당했다. 비시디아 안디옥에서는 추방을 당했다. 루스드라에서는 돌에 맞았다. 빌립보에서는 채찍을 맞고 수감되었다. 데살로니가에서는 반역죄로 고소를 당했다. 그리고 이제 예루살렘에서 그는 소요에 휩쓸렸다! 초기 그리스도인들이 "천하를 소요케 했다"는 말을 듣는 것은 놀랍지 않다.

바울은 악의와 고의는 없었지만 이러한 사건들의 본질을 부인할 수 없었을 것이다.

B. 사도의 변명, 24:10-21

아무 도움도 없이 외로이 서 있는 바울을 보라.

(1) 반박의 시작. 바울은 어려운 상황에 처하여 공손하고 회유적이었다.

공손함은 (더둘로의 경우에서처럼) 아첨이 아니다. 바울은 명석하고 빈틈 없는 정신을 가진 능력 있는 사람이었다. "내가 스스로 말하나이다"(개역 한글판에는 번역되지 않음).

(2) 벨릭스를 향한 호소. 바울은 사건을 논리적으로 진술하고 문제를 분 명하게 제시한다. 그는 죄목들을 부인하고 증거를 요구한다. 고소한 사람 들(실제 고소인들)이 고발을 입증하기 위해 출석해야 했다. 이것이 로마법 에 맞는 일이었지만 그 사람들은 출석하지 않았다.

(3) "저희가 이단이라 하는 도"를 고백함. 이것이 문제의 핵심이다. 이것 은 도에 관한 것이다. 그리스도 안에 있는 이 새로운 생명의 도는 악과 종 교와 관련된 기득권을 침범했다. 이것은 살아 계신 그리스도 안에 있는 부 활의 활력을 가지고 왔기 때문에 달리 작용할 수 없었다.

C. 복음의 결단, 24:22-27

결국 법정 논쟁에서 바울이 이겼으므로 그는 석방됐어야 했다. 그러나 정책과 사리 사욕은 우유 부단과 타협을 낳았다. 이것은 대체로 예수님께 대한 빌라도의 태도와 비슷했다.

(1) 소송과 재판의 지연(24:22-23). 재판관으로서 벨릭스는 사리사욕을 좇고 이기적인 심정으로 자신의 목적을 추구했다.

(2) 신앙 결단의 지연(24:24-27). 하나님 앞에 선 한 인간으로서 벨릭스 는 우유부단한 태도를 취했다. 의와 절제와 장차 오는 심판에 대한 바울의 설교 혹은 이야기를 주목하라. 죄와 의와 심판을 확신시키기 위해 오신 중 보자이신 성령(요 16:8)의 역사와 주어진 이유들을 비교해 보라. 죄를 확 신시키는 것은 불신 때문이고 의를 확신시키는 것은 승천 때문이며 심판 을 확신시키는 것은 세상 임금이 심판을 받았기 때문이다. 책망이나 죄를 깨닫게 하는 이러한 역사는 벨릭스의 경우에는 입증되지 않았다. 그는 개 인적으로 이러한 진리들을 들었을 때 그것들을 깨달았다. 그는 두려움을 느꼈고 이러한 감정 상태에서 회개가 아닌 타협으로 벗어나려 했다. 그는 우유부단했다. 그는 곁에 있는 악한 여인의 말에 귀를 기울였다. 탐욕스럽

게도 그는 자신이 얻을 수 있는 돈에 대해서 생각했다. 그리하여 그는 2년 동안 그리스도의 요구를 듣고도 전혀 결단을 내리지 못했다. '그리스도에 대한 믿음'(24:24)은 판정을 요한다.

결과적으로 유대교의 율법은 구원을 가져다 줄 수 없었지만 복음의 필요성을 강조하는 수단이 되었다. 로마법은 진리를 드러낼 수 없었고 오히려 인간의 마음의 타락 때문에 진리를 억압하는 수단이 되었다. 믿고 영접하는 사람들에게 진리를 드러내고 충만한 생명을 제공하는 것은 오직 복음뿐이었다.

사도행전 제25장

교회와 국가의 분리

25:11. "내가 가이사께 호소하노라."
25:19. "자기들의 종교와 … 문제."

I. 역사적 배경

바울은 최종 판결을 받기 전에 이쪽 법정에서 저쪽 법정으로 이송된다. 그는 예루살렘에서 가이사랴로 왔다. 그리고 만일 로마로 가는 결정이 내려지지 않으면 이제 그는 가이사랴에서 예루살렘으로 되돌아갈 판이다. 바울은 그동안 벨릭스 앞에 있었지만 이제는 베스도와 아그립바 앞에 있게 되었다. 이 총독들과 분봉왕은 외진 가이사의 제국에서 법정을 지키며 로마법을 적용했다. 바울이 로마 시민으로서의 권리를 주장하지 않았다면, 그는 오래 전에 잊혀졌을 것이다.

II. 용어 해설

사도행전 25:1. "베스도가 … 가이사랴에서 예루살렘으로 올라가니." 참조. 24:1 — 아나니아는 예루살렘에서 가이사랴로 '내려왔다.' 수도는 그 위치와 중요성에서 앞선다.

사도행전 25:3. "이는 길에 매복하였다가 그를 죽이고자 함이러라." 베스도가 바울을 예루살렘으로 보냈다면, 바울을 죽이려는 음모가 시도되었을 것이다. 베스도는 대제사장의 책략과 묵계를 꿰뚫어보고 그래서 거절했던 것일까?

사도행전 25:5. "유력한 자들은 … 함께 내려가서 … 일이 있거든 송사하라." 베스도는 분명히 벨릭스 치하에서 발생했던 일들을 알고 있었을 것이다. 이제 그는 심한 독설 속에 들어 있는 유대인들의 허세를 드러내려 한다.

사도행전 25:7. "송사하되 능히 증명하지 못한지라." 어떤 사실도 드러내지 못하고 오직 감정적인 비난만 늘어놓았다.

사도행전 25:10, 11, 12. "내가 가이사의 재판 자리 앞에 섰으니 … 내가 가이사께 호소하노라 … 네가 가이사에게 호소하였으니 가이사에게 갈 것이라." 역사는 바울이 시민으로서의 권리를 주장했던 바로 그날 이루어졌다.

사도행전 25:16. "변명할 기회가 있기 전에 내어주는 것이 로마 사람의 법이 아니라." 로마의 재판은 고소인들의 대면 심리와 정확성을 요구했다.

사도행전 25:18. "나의 짐작하던 것 같은 악행의 사건은 하나도 제출치 아니하고." 재판관으로서 베스도는 증거를 명확하게 선별할 수 있었다.

사도행전 25:19. "오직 자기들의 종교와 또는 예수라 하는 이의 죽은 것을 살았다고 바울이 주장하는 그 일에 관한 문제로 송사하는 것뿐이라." 데이시다이모니아스, 악마적인 세력의 또 다른 요소인 로마의 종교관. '예수라 하는 이'를 덧붙임으로써 본질적인 문제가 대두되었다. 다시 말해 부활하신 그리스도는 기독교의 결정적인 사건이다.

사도행전 25:26, 27. "심문한 후 상소할 재료가 있을까 하여 … 그 죄목을 베풀지 아니하고 죄수를 보내는 것이 무리한 일인 줄 아나이다." 여기에는 모든 세세한 부분까지 공정하기를 추구하는 로마인의 공명정대함이 나타나 있다.

III. 교리적 의의

우리 주님은 "가이사의 것은 가이사에게, 하나님의 것은 하나님께 바치라"(마 22:21) 하는 원칙을 주셨다. 그리스도의 교회가 살아야 했던 로마 정부하에서만큼 이 진리가 더 분명하게 드러나는 곳은 없다. 이 정부는 독재 정부였지만 이러한 진리에 순종하기를 힘씀으로써 그들은 어떤 권리들을 보장받았다. 모든 그리스도인들이 바울처럼 시민이었던 것은 아니었다. 바울은 복음을 위해 자신의 정치적 특권을 활용했다.

IV. 실천적 목표

그리스도인이 국가의 강요에 굴복할 필요가 없다는 것을 보여 준다. 그리스도의 교회는 국민을 위한 합법적이고 정당한 권리를 활용해야 한다. 우리는 국가를 지배하면 안 되고 국가는 교회를 지배할 수 없다. 교회와 국가의 분리는 선한 것이다. 이것을 어기면 문제가 발생한다. 교회는 국가에 대하여 양심에 따라 행할 수 있어야 하며 하나님의 관점에서 옳은 것을 국가에 말할 수 있어야 한다. 국가는 신성한 제도이며 정부는 존중되어야 한다. 그리스도인은 국가와 하나님께 대한 관계를 둘 다 바르게 정립해야 한다.

V. 설교 개요

제목: "교회와 국가의 분리."

도입부

이것은 우리 시대에 중대한 문제이다. 바울은 로마 제국의 전체주의 아래서 살았다. 가이사는 전대 권력을 가지고 있었다. 그러나 일정한 권리와 특권이 시민들에게도 보장되었다. 다른 속국의 백성들과 마찬가지로 유대인들은 그와 같은 권리를 누리지 못했다. 다양한 배경의 사람들로 구성된 그리스도의 교회도 똑같이 미천한 위치에 있었다. 그러나 바울과 같은 일부 그리스도인들은 정치적 자유를 갖고 있었고 이것을 복음을 위해 활용할 수 있었다. 로마 정권과 맞닿아 있던 바울은 불안한 현시대를 살아가는 우리의 태도에 지침을 제공한다.

A. 통치자, 25:1-5

하나님의 섭리 아래 통치자로 임명된 사람은 존경과 높임을 받아야 한다. 베스도는 강한 성품의 소유자는 아니었다. 벨릭스는 나약하고 결단력이 부족했다(참조. 행 24장). 벨릭스는 권력에 오르기 전에 노예였다. 그는 잔인하고 부정했다. 즉, 그는 울분에 쌓인 한 사람의 노예였다. 베스도는 우유부단하기 그지 없는 인간이었다. 바울과 기독교 신앙에 대한 호기심과 무지로 그의 정책은 혼란스러웠다. 그는 속물이었다. 그런 자연인은 영적인 세계를 볼 수 없다.

유대인들은 2년 동안 계속해서 적대적이었다. 베스도는 그들의 청원을 들어 주었으나 그 안에 들어 있는 이중성을 꿰뚫어 보았다. 그는 바울의 적들에게 쉽게 넘어가지 않았고 그들의 판단을 신용하지 않았다. 하지만 그는 애매하고 우유부단한 성격을 드러냈다. 로마서에서 바울은 관원들을 존경할 뿐만 아니라 공세를 바치라고 말한다(참조. 롬 13). 우리는 관직을 갖고 있는 일부 사람들에게 별로 호감을 느끼지 못할 수도 있다. 그러나 그리스도인은 비록 그 관직에 있는 현직 인사들을 항상 승인할 수는 없을지라도 그 관직 자체는 존중해야 한다. 이것은 쉽지 않다. 왜냐하면 이것은 우리가 관직에 있는 사람들을 위해 기도하는 것을 포함하기 때문이다(참조. 딤전 2).

B. 정부, 25:6-14

우리는 선한 정부로부터 법정에서의 공정한 판견을 기대하며 또한 우리의 전통 유산에 속한 인간의 생명과 존엄을 지킬 자유를 기대한다. 그러나 전체주의하에서 살았던 사람들은 어땠을까? 바울은 그러한 체제를 견뎠다.

여기서 정부는 정직하고 공정하게 출발한다. 바울의 적들은 자기들의 주장을 진술한다. 이번에는 로마의 변사가 등장하지 않는다! 바울은 자신을 변호한다. 베스도는 절충을 택한다. 그는 유대인들의 환심을 사고 싶었으나 또한 재판 장소를 변경하려 하지 않았다. 그는 이 경우 책임을 회피한다. 다시 원칙이 아닌 정략이 작용한다(25:10). 그는 배석자들과 상의한다. 결국 그는 아그립바에게 결정을 맡김으로써 책임을 전가한다(25:13-14). 베스도가 바울을 석방하지 않으려면, 그는 바울을 로마로 보내기 위해서 바울의 죄를 공식화해야 했다.

우리는 정부로부터 공정성을 기대한다. 로마 법은 공평성과 정직성으로 주목을 받았다. 어떤 로마인도 공정한 진술의 기회를 거치지 않고는 재판에 회부되지 않았다. 혹 다른 사람들은 이러한 대우를 받지 못했을지 모른다. 그러나 정치적으로 자유로웠던 사람들은 이러한 권리를 보장받았다. 로마 법과 공정성은 전세계에 명성을 날렸다. 그리스도의 교회의 대표자로서 바울은 단지 진술의 자유와 행동의 자유를 주장할 수 있었을 뿐만 아니라 하나님의 절대 진리를 거스르는 정부의 조치들에 이의를 제기할 수 있었다. 하나님은 '양심의 주' 이셨다.

C. 백성들, 25:15-27

대표적인 그리스도인이었던 바울은 신앙에 대하여 증거할 기회를 발견했다. 베스도조차 바울에 대한 고소가 그것을 입증할 아무 증거가 없는 엉터리였음을 인정해야 했다. 결국 시비의 주된 원인과 모든 일의 핵심은 기독교였다. 바울의 주장처럼 그리스도께서 살아나셨다면, 모든 인생을 변화시킬 만한 무언가가 이 세상에 일어난 것이었다.

우리 시대에도 핵심은 여기에 있다. 그리스도인들은 국가에서 충성된 국민으로 살아간다. 그러나 그리스도인들의 신앙과 국가의 요구가 서로 충돌하는 경우도 있다. 국가가 독재적인 종교 체제의 지배를 받으면 어떻게 될까? 국가가 종교 제도와 지도자들을 통제하면 어떻게 될까? 이것들은 이제까지 있어 온 두 가지 위험성 가운데 하나를 각기 초래한다. 다른 지역과 다른 시대에 이러한 위험성이 있었다. 그러나 그것들이 새로운 세상 속에 있는 우리에게 찾아온다면 어떻게 될까?

아그립바는 버니게와 함께 엄숙하고 화려한 왕의 위의를 갖추고 바울의 말을 들으러 왔다. 전에 유대인이었던 아그립바는 이 새 도에 관하여 많은 것을 알고 있었다. 그의 증조부는 베들레헴의 유아들을 죽였고 그의 종조부는 세례 요한을 죽였다. 그의 아버지는 야고보를 죽이고 베드로를 감옥에 가두었다. 그리고 그의 친척들은 각기 불시의 죽음을 맞았다. 그는 아그립바 가(家)의 운명이 그리스도 및 그리스도에 대한 그들의 태도와 연결되어 있다는 것을 알았다. 이 죄수 바울은 그에게 무슨 새로운 이야기를 할 수 있을까? 한 가지 있었다. 그는 찾아냈다(참조. 행 26장).

바울은 가이사에게 호소했다. 옳든지 그르든지간에 유대인들이 의를 무시하고 자기들의 법을 위반했을 때, 바울은 법을 수호하는 로마 정부에게 방향을 돌렸다. 그는 "위에 있는 권세들에게 굴복"(롬 13:1)할 것이다. 이 법정에서 죄수는 통치자보다 더 위대하다.

정치는 그리스도인들이 시민의 자유와 특권을 행사하는 수단이다. 우리는 가이사에게 세금을 내야 할 뿐만 아니라 선한 통치를 위한 의무를 짊어져야 한다. 우리는 권력을 가진 사람들을 위해 기도한다. 우리는 양심이 허락하는 한 복종한다. 하나님이 우선이다. 국가의 일상 생활을 통하여 우리는 복음, 즉 모든 정치 체제를 다스리시는 살아 계신 그리스도의 메시지를 전파하는 기회를 가져야만 한다.

사도행전 제26장

거의 그리스도인이 될 뻔했던 사람 혹은 완전히 그리스도인이 된 사람?

26:29. "바울이 가로되 말이 적으나 많으나 당신 뿐아니라 오늘 네 말을 듣는 모든 사람도 다 이렇게 결박한 것 외에는 나와 같이 되기를 하나님께 원하노이다 하니라."

I. 역사적 배경

바울은 로마로 가기 전 마지막 재판을 아그립바 왕 앞에서 받았다. 아그립바 왕은 베스도의 요청을 받아 가이사에 대한 바울의 항소를 결정하고 판단하는 일을 도우려 했다. 이번에도 바울은 자신의 신상에 관하여 말하고 또 소송 이유를 진술하면서 변호 혹은 변명을 했다. 이 법정 광경은 주변 인물들을 볼 때 인상적이다. 재판석에 앉은 아그립바, 그와 함께 온 여인, 자줏빛 의복을 입은 고관들, 그리고 이들과 대조적으로 결박당해 있는 죄수.

II. 용어 해설

상반된 관점들이 자아내는 긴장 속에서 우리는 중심 인물들의 말을 듣는다. 때로는 말 한 마디가 그들의 정체를 폭로한다.

사도행전 26:1. "너를 위하여 말하기를 네게 허락하노라." — 자신을 위하여(휘페르) 말할 수 있도록 정해 놓은 공개적인 방법.

사도행전 26:2. "변명하게 된 것을." 페리 — '에 관하여'.

사도행전 26:3. "유대인의 모든 풍속과 및 문제를 아심이니이다." 그노

스텐, 알고 있는 사람.

사도행전 26:8. "하나님이 죽은 사람 다시 살리심을 어찌하여 못 믿을 것으로 여기나이까?" 이러한 불신은 신앙을 떠난 일이었다.

사도행전 26:9. "나도 … 스스로 생각하고." 우리는 실수할 수 있고 잘못 생각할 수 있다. "나도 나사렛 예수의 이름을 대적하여 … 행하여야 될 줄." '행하는 것'(프락사이)은 옳은 것을 추구함에 있어 항상 필수적인 것만은 아니다.

사도행전 26:10. "내가 가편 투표를 하였고." 투표를 행할 때의 방식에 유의하라.

사도행전 26:11. "저희를 대하여 심히 격분하여." 초기에 바울의 종교열은 사랑이 아닌 증오, 이성이 통제하지 못하는 마음의 상태를 초래했다.

사도행전 26:14. "가시채를 뒷발질하기" — 가축을 앞으로 몰 때 사용하던 끝이 뾰족한 몰이 막대.

사도행전 26:16. "내가 네게 나타난 것은 … 너로 사환과 증인을 삼으려 함이니." 휘페레텐, 하급 노잡이.

사도행전 26:18. "그 눈을 뜨게 하여 어두움에서" — 영적 깨우침과 사단의 권세로부터 돌이킴과 구별된 무리, 성도들 가운데 얻는 기업, 부요한 재산.

사도행전 26:22. "높고 낮은 사람 앞에서 증거하는 것" — 모든 신분의 사람들과 이제 '높은 사람' — 왕 앞에서.

사도행전 26:22. "선지자들과 모세가 반드시 되리라고 말한 것." 바울은 구약 성경의 신성한 저술들을 인정했다. 그것들은 메시야의 언약과 소망으로 가득했다.

사도행전 26:23. "그리스도가 고난을 받으실 것과 죽은 자 가운데서 먼저 다시 살아나사." 짝을 이루는 두 가지 구속의 사실 — 고난과 영광.

사도행전 26:24. "베스도가 … 가로되 바울아 네가 미쳤도다 네 많은 학문이 너를 미치게 한다." '학문' — 그람마타, 문학.

사도행전 26:28. "적은 말로 나를 권하여 그리스도인이 되게 하려 하는

도다." 그는 이것을 어떻게 말했을까? 경솔히 믿어서? 냉소적으로? 익살로? 말투와 몸짓을 직접 보지 않고 판단하기는 어렵다. 바울의 답변으로 미루어보아 그 안에 일말의 진지함이 들어 있었을 가능성이 있다.

사도행전 26:29. "말이 적으나 많으나 … 다 이렇게 결박한 것 외에는 나와 같이 되기를." 이것은 바울의 복음의 힘이다. 그는 그리스도를 열망했으나 죄수의 결박을 강요하지는 않았다.

Ⅲ. 교리적 의의

'그리스도인'에 관한 가르침에 주의를 집중하는 것. 그리스도인은 누구인가? 아그립바는 질문을 던지면서 이 포괄적인 용어와 관련하여 의미 있는 진술을 한다. 이 용어 속에는 어떤 개념, 어떤 내용의 지식, 정해진 의미가 들어 있었다. 우리는 바울로부터 '그리스도인'에 관하여 무엇을 배울 수 있을까? 이 용어는 신약 성경에 세 번 나오는데 경우마다 나름대로의 의의를 갖고 있다. 여기서 그리스도인은 원수를 위해 형벌의 족쇄와 투옥이 아닌 최선을 구하는 사람이다.

Ⅳ. 실천적 목표

그리스도에 대한 증거는 기독교 신앙의 본질과 기독교 생활의 정신을 드러낸다. 이 시간 아그립바를 그리스도인으로 만들고자 하는 바울의 진지한 열망은 복음 전도의 영역을 확대시켰다. 교회 안에서 우리의 봉사의 목적은 등록 교인의 수를 늘리는 데 있는 것이 아니라 사람들을 새 생명으로 인도하여 그들이 그 안에서 그리스도를 닮아가도록 이끄는 데 있다.

Ⅴ. 설교 개요

제목: "말이 적으나 많으나 그리스도인이 되기를 원하노이다."

도입부

복음이 선포되면 다양한 반응이 나타난다. 어떤 사람들은 진리를 순하게 받아들일 준비가 되어 있고, 또 어떤 사람들은 자신들의 생활을 뒤흔들 그 어떤 것도 받아들이려 하지 않는다. 바울의 공판에 참석했던 베스도와 아그립바와 버니게는 짧은 진술로 각자의 가치관을 드러냈다. 베스도는 바울에게 "네가 미쳤도다" 하고 말했다. 베스도는 일종의 훼방꾼이었다. 그는 바울이 말했던 단순한 사실들을 이해하지 못했다. 아그립바는 "네가 적은 말로 나를 권하여 그리스도인이 되게 하려 하는도다" 하고 말했다. 그는 관심을 보이기는 했으나 분명한 태도를 취하거나 확신에 이르지는 못했다. 버니게는 듣고도 아무 말을 하지 않았다. 그녀의 이런 태도는 무관심과 적대심을 보이는 것이었다. 거의 될 뻔한 것과 완전히 된 것 사이에는 어떤 차이가 있을까?

A. 훼방꾼 베스도.

베스도는 바울과 접촉하면서 기독교 신앙에 대하여 좀더 많은 것을 배울 기회를 가졌다. 그는 내심 이것을 별로 중요하게 생각지 않았다. 그는 유대인들의 환심을 사려 했다(25:9). 그는 아그립바와 좋은 관계를 유지하고 싶어했다(25:14). 그는 처음에는 공정한 태도를 취하고 공정한 재판을 하려고 노력했지만(25:25-37), 결국에는 양심을 저버렸다(26:24). '미쳤도다' 하는 이 한 마디는 그가 어떤 사람인지를 드러냈다. 바울은 '이상, 계시, 목소리, 부활'에 관하여 말했다 — 이것들이 온전치 못한 정신의 증거로 작용했다. 비록 바울의 정신은 건전했고 도리어 베스도의 정신이 온전치 못했을지라도 말이다! 이 모든 것이 베스도에게는 어리석게 보였다.

한때 바울은 그리스도인들에 대하여 '미쳤던' 적이 있었다. 그러나 지금 베스도는 바울의 열정을 인하여 그를 '미쳤다'고 비난한다. 자연인은 영의 일을 이해할 수 없고 따라서 은혜를 받을 수 없다. 그는 이러한 열정이 정신 착란이 아니며 이러한 신령한 열정이 있어야만 기독교를 증거할 수 있다는 사실을 깨닫지 못한다.

B. 무관심한 버니게.

아그립바의 곁에 있던 이 여인은 한 발 물러서 있는 방관자이다. "아그립바와 버니게가 크게 위의를 베풀고"(25:23)는 그곳의 광경을 짐작케 한다. (행 26:30) "왕과 … 버니게 … 일어나서"(26:30)는 그들이 인생과 결정에 있어 동반자임을 보여준다. 그들은 물러나 서로 말했다. 따라서 왕에 대한 그녀의 영향력은 컸다. 버니게는 침묵했고 그래서 성경도 침묵했다. 화려하고 매혹적이며 왕실의 후광을 업고 있는 부도덕한 여인, 아그립바 왕의 누이 — 이것들은 기독교의 호소보다 그녀에게 더 의미 있었다. 종종 이러한 사람은 그리스도를 위한 결정적인 행동을 방해한다.

C. 관심을 보인 아그립바.

줏대 없는 인간이기는 했어도 아그립바는 관대했다(26:1). 그는 바울에게 말할 자유를 주었다. 그는 상황을 상당히 파악하고 있었다(26:26, 27). 아그립바는 자신에 대한 바울의 말과 도전에 깊은 인상을 받았다. 왕은 참되고 정신 차린 말에 설득을 당했고 감동을 받았으며 막 행동으로 옮길 참이었다. "네가 나를 권하여 그리스도인이 되게 하려느냐?" 진지하고 심각했을까, 아니면 경솔하고 경박했을까? 그러나 30-32절은 그가 결국 결정적인 결단을 외면하고 마는 비극을 보여준다.

바울의 16-18절의 메시지가 결단의 중요성을 다룬다는 사실을 기억하라. 여기서 비극적인 말은 '거의'이다. 주자는 결승 푯말에 거의 도달했다. 배는 항구에 거의 다다랐다. 사수는 과녁을 거의 맞추었다. 올빼미가 헛간에서 태양을 엿보면서도 그것을 즐기러 나가지 않는 것처럼, 아그립바 같은 사람들은 기독교를 엿보면서도 마치 두려워하는 것처럼 보고도 못 본 체한다. 자기애(self-love), 인간적인 염려, 부도덕한 행위의 속박 — 이것들은 진리를 알지만 자신이 처한 위험을 대수롭지 않게 여기는 사람들을 가로막는다.

D. 무적의 바울.

육신적으로 볼 때 바울은 별로 인상적이지 않았다. 아그립바에 대한 바울의 호소는 진지하고 열정적이었다. 그가 인간의 영혼에 간청했을 때, 바울의 이러한 정신은 그를 전혀 다르게 변모시켰다. 바울의 증거는 체험과 회심에서 나온 것이었다. 그것은 실재였다. "당신이 … 이렇게 결박한 것

외에는 나와 같이 되기를 하나님께 원하노이다." 이것이 활활 타오르는 기독교 신앙이다. 이것이 전도하는 복음주의자의 마음이다. 이것이 신약 성경의 메시지이다. 지난날 한때 바울은 이 도를 따르는 자들을 핍박했었다. 그러나 이제 그는 아그립바를 구하기 위해 자기 자신의 목숨을 기꺼이 내놓으려 한다. 그는 특권을 줄지언정 부담이나 고통은 주려 하지 않는다. 그는 자유를 주려 했지 속박을 주려 하지 않았다. 핍박을 일삼는 진지한 종교적 열정은 기독교 신앙이 아니다. 사람을 구하고 해방시키기 위해 목숨을 버리지만 속박을 보태려 하지 않는 진지함이 기독교 신앙이다.

'거의'와 '완전히' 사이에는 지극히 중대한 차이가 있다. 근접하기는 했으나 완전히 도달하지는 못한 아그립바 같은 사람들, '거의'이긴 하지만 '완전히'는 아닌 사람들 — 이런 사람들은 계속 바깥에 머물고 회심에 이르는 내적인 지식을 놓치고 만다. '완전히' 전적으로 헌신된 바울과 같은 사람들은, 알고 있으며 또한 자신들이 알고 있다는 사실을 알고 있는 이 도의 사람들과 함께 발견된다.

사도행전 제27장

위기와 확신

27:15. "배가 밀려 바람을 맞추어 갈 수 없어 가는 대로 두고 쫓겨 가다가."
27:22. "이제는 안심하라 … 생명에는 아무 손상이 없겠고 오직 배뿐이리라."
27:25. "안심하라. 나는 내게 말씀하신 그대로 되리라고 하나님을 믿노라."

I. 역사적 배경

로마 총독들은 재판을 마무리하고 바울을 로마로 보내기로 결정했다. 이것은 바울이 로마 시민으로서의 정치적 특권을 활용하여 가이사에게 호소한 결과였다. 딜레마에 빠져 있던 통치자들은 돌출구를 찾았다. 한편으로 그들은 바울에게 유죄 판결을 내리라는 유대인들의 압력을 받았다. 그리고 또 한편으로 그들은 바울에게 공정한 재판의 기회를 제공해야 한다는 정의감과 법 지식을 떠올렸다. 하지만 그들은 가이사랴에서 재판을 계속 수행하는 것을 별로 내켜 하지 않았다. 그래서 바울은 로마로 가게 되었다. 처음부터 가지고 있던 이 소원은 통상적인 방식으로 허락되지 않았고 후에 이렇게 섭리적인 방식으로 이루어졌다. 이제 바울은 황제 호위대의 감시하에 재판을 받으러 떠난다.

II. 용어 해설

로마로 가는 항해 길은 시종일관 목격자요 역사가인 인물에 의해 항해자의 관점으로 기술되었다. 그 경로는 지도에 그려져 있다.

사도행전 27:1. "우리의 배 타고 … 갈 일이 작정되매." 이것은 중대한 결정이었다.

사도행전 27:10. "내가 보니 이번 행선이 하물과 배만 아니라 우리 생명에도 타격과 많은 손해가 있으리라." 내륙에 살던 사람이 어떻게 이런 말을 할 수 있었을까?

사도행전 27:11. "백부장이 선장과 선주의 말을 바울의 말보다 더 믿더라." 이것은 바다를 다니는 데 익숙한 사람들에게 자연스러운 감정이요 생각이었다.

사도행전 27:15. "쫓겨 가다가."

사도행전 27:20. "구원의 여망이 다 없어졌더라" — 절망에 빠져 드는 두려운 상황.

사도행전 27:22. "생명에는 아무 손상이 없겠고 오직 배뿐이리라." 풍전등화의 위기 속에 여기 위로가 찾아온다.

사도행전 27:23. "나의 속한 바 곧 나의 섬기는 하나님의 사자가 … 내 곁에 서서." 이 진술은 로마 시대의 종의 소유권과 봉사를 보여준다. 주(主)와 바울의 관계는 실제적이다. 바울은 '명령을 받는 위치'에 있다. 하나님의 사자가 그의 곁에 서 있었다. 여기서 우리는 조금씩 직무를 수행하고 예정된 방도를 취해 나가면서 예배하는 심정으로 섬기는 일(라트류오)에 관하여 읽는다.

사도행전 27:24. "가이사 앞에 서야 하겠고." 바울은 로마를 보기를 소원했다. 그리고 가이사 앞에서 재판을 받겠다는 그의 청원도 허락되었다. 폭풍 속에서 이것은 하나님의 안전 보장이었다. 이뿐 아니라 "또 하나님께서 너와 함께 행선하는 자를 다 네게 주셨다." 이것은 하나님의 풍성한 사랑과 자비의 여분이었다.

사도행전 27:25. "안심하라." 안심(유두메이테)을 권하는 두번째 말이다 — 이것은 흥을 돋우듯이 '힘내' 하는 말이 아니라 정신적으로 격려하는 말이다. "하나님을 믿노라." 하나님께 대한 믿음이 만사의 근본이다. 그리스도인들은 무엇을 해야 하는지 안다.

사도행전 27:33. "바울이 여러 사람을 음식 먹으라 권하여." 기독교만이 균형을 잃지 않고 분별력을 갖는다. 기독교는 육신도 돌본다.

사도행전 27:34. "너희 구원을 위하는 것이요." 건강과 거룩함이 함께 온전한 사람을 만든다.

사도행전 27:35. "하나님께 축사하고."(유카리스테센) — 성찬식에서처럼 감사. 신성과 본성의 융합, 정신과 물질의 융합이 얼마나 용이한가!

III. 교리적 의의

항해와 난파는 사람들의 변하는 관점과 그리스도인들의 변하지 않는 신앙을 보여 준다. 선주는 어찌할 줄 몰랐다. 죄수들을 책임지고 있던 백부장도 당황했다. 군인들은 죽이려는 생각뿐이었다. 사공들은 자기들의 생명만 구하려 했다. 오직 그리스도인인 바울만 결정을 내릴 만한 냉정을 유지하고 있었다. 이것은 하나님께 대한 믿음이 위기 순간에 매우 실제적이라는 사실을 보여준다. 믿음은 삶의 근본이다. 여기서 믿음은 개가를 올린다.

IV. 실천적 목표

폭풍이 거세고 난파가 눈앞에 다가왔을 때, 일반적으로 희망은 멀리 사라진다. 이렇게 생명이 위급할 때는 닥칠 일들을 기다리고 목격하는 것 외에는 별달리 할 일이 없다. 그러나 사람들의 마음이 두려움으로 오그라들고 또 운명론을 생각할 때, 그리스도인들은 믿음과 용기로 끝까지 버틸 수 있다. 믿음은 행위의 수단이며 역경 앞에서 용기를 의미한다.

V. 설교 개요

제목: "위기와 확신"

도입부

여기서 난파에 관한 기록은 우리의 마음을 졸이게 하는 성경 이야기들 가운데 하나다. 어떤 곳에도 이렇게 생생하고 가슴 떨리는 묘사로 우리의 상상력을 자극하고 믿음을 도전하는 곳은 없다. 누가는 뛰어난 역사가의 기교로 이것을 묘사한다. 항해는 위태로웠으며 배의 승객들과 선원들은 기진맥진했고 두려워했다. 오직 바울 사도만 이 위기에 무엇을 해야 할지 알고 있었다. 믿음으로 하나님을 아는 사람이 바다를 아는 사람보다 더 현명했다. 그는 300명 가운데 하나였지만 그의 개인 신앙은 예측을 빗나가게 할 수 있었다.

A. 위기.

이 이야기를 다시 읽으며 휘몰아치는 바람, 팽팽한 밧줄, 마구 몰아치는 파도, 산산조각날 위험에 처한 배를 상상해 보라. 배는 — 밑을 단단히 묶기 위해 — 밧줄로 둘둘 감았다. 그리고 이것은 다소 도움이 되었다. 수심을 측량한 후, 그들은 네 개의 닻을 내렸다. 그리고나서 그들은 뱃짐을 바다에 풀어 버리고 배를 가볍게 하였다. 그러나 모든 것이 수포로 돌아갔다. 어두운 밤, 해도 달도 없는 날들, 표류, 사라진 희망 — 이것들은 파멸과 재난의 광경을 보여준다. 두려움과 공포가 일단의 사람들을 엄습하면, 더 나쁜 행동들이 뒤따를지 모른다.

인류 역사에서 많은 사람들이 이와는 다른 종류의 폭풍들을 경험해 왔다. 사회적 · 정치적 · 재정적 · 국가적 · 도덕적 · 정신적 위기들이 시대마다 찾아왔다. 진보의 잔잔한 물결 후에는 다시 대변동을 동반한 폭풍이 찾아왔고 그리하여 국가들이나 사람들에게 파선의 위협을 가했다. 이 시대에 전세계적으로 우리는 이러한 재난들에 에워싸여 있다. 사람들의 마음은 기술 혁신과 핵 위협 앞에서 두려움과 체념에 휩싸여 있다. 가진 자들과 가지지 못한 자들의 갈등 속에 경제적인 긴장감이 팽배해 있다. 세계 어디에나 위기가 있다. 하늘은 어둡고 해도 거의 비치지 않는다. 과학자들과 정치가들과 인본주의자들과 사회학자들은 폭풍과 파선의 가능성을 예견한다. 그리스도의 교회 안에 있는 그리스도인들만 해답을 쥐고 꿋꿋이 설 수 있다.

B. 도전.

울려 퍼지는 이 음성은 무엇인가? 사공들과 군인들과 승객들과 선주들이 최선책이라고 인정하는 이때, 누가 감히 충고를 던지겠는가? 지식 있는 사람으로 인정받지 못하면서도 누가 감히 끼어들겠는가? '안심하라!' 이 것이 전부인가?

(1) 이것은 실속 없는 말인가? 이것은 어둠 속에서 용기를 잃지 않게 하 려는 휘파람에 불과한가? 이것은 헛소리인가? 사람들이 재난에 직면했을 때, 누가 감히 그들을 조롱하겠는가? 그렇지 않다. 이것은 무심결의 위로가 아니다. 이것은 "강한 목적 의식과 심정으로 담대한 마음을 가지라" 하는 말이다. 아직 희망이 있을 때 '운명'을 외칠 필요가 없다.

(2) 이것은 피상적인 생각인가? 그렇지 않다. 이것은 투옥과 시련의 또 다른 어두운 밤을 통해 경험한 하나님의 임재와 구원의 증거에서 나온 것 이다. 이것은 나태한 생각이 아니라 현실적인 낙관이며 맹목이나 어리석음 이 아니다. 믿음은 확신에서 나온다.

C. 확신.

"하나님을 믿노라."

믿음의 비밀은 예수 그리스도로 말미암은 전능하신 하나님께 대한 개인 적인 신뢰와 확신에 놓여 있다. 바울은 많은 일을 겪었고 항상 견뎠다.

(1) "믿노라." 그는 "나는 믿음을 가지고 있으며 용기를 가지고 있다. 나 는 두렵지 않다"고 말하고 있다. 믿음은 지식의 수단이며 행동의 원천이다. 이것은 또한 살아갈 힘과 능력을 준다. 믿음의 대상은 결정적인 요소이다. 배를 타고 있던 사람들은 필시 종교적이었을 것이고 따라서 어떤 우상에 대한 미신적인 믿음을 갖고 있었을 것이다. 배 위에서 바울과 누가만 그리 스도인이었을까? 이때 바울의 신앙은 달랐다.

(2) "하나님." 믿음의 최고 대상은 계시자와 창조주, 생명의 지지자, 만물 을 섭리로 다스리는 자 안에서 발견된다. 하나님께 대한 믿음이 없던 이교 도들은 하나님께 대한 믿음을 가진 바울을 신뢰했다. 사람들은 운명론이나 광신으로는 구원을 얻지 못했다. 오직 기독교 신앙을 통해 사람들은 가망 없는 배에서 구원을 받았다. 모든 불리한 환경, 공포, 일어날지도 모르는 살인, 기아, 죽음 — 탈출구는 하나님께 대한 한 사람의 개인적인 믿음으로

말미암아 왔다. 폭풍이 휘몰아치는 어두운 밤에 이러한 믿음을 말하고 이러한 믿음으로 사는 것은 시련 속에서 아침까지 영혼을 견디게 하는 용기를 지닌 것이다.

바울을 통하여 증명된 기독교 신앙은 균형잡혀 있고 온전했다. 기독교 신앙은 양식과 건강을 마련했다. 그리고 그것은 생명과 재산을 적절하게 돌보았다. 그것은 시련의 때에 사람들로 하여금 그러한 일들을 할 수 있도록 용기를 심어 주었다. 배가 표류하고 14일 밤이 지나가자 사공들은 희망을 포기했다. 비관과 배고픔과 절망이 사람들을 사로잡았다. 바울의 믿음과 용기는 사람들에게 먹을 것을 권하는 세심한 배려에서 나타났다. 믿음의 사람은 상식을 가진 사람이다. 몸을 돌보는 것은 온전한 믿음의 사람이 해야 할 일이다. 일반적으로 사람들이 배부르고 만족하면 폭동은 초기에 진화된다. 먼저 기독교가 사람들의 마음을 움직일 기회를 얻는다면, 공산주의와 반란은 가능하지 않다.

바울은 "하나님을 믿노라"고 말했다. 예수님은 "너희가 하나님을 믿으니 또 나를 믿으라"고 하셨다.

사도행전 제28장

사명의 성취

행 28:16. "우리가 로마에 들어가니."
행 28:30. "바울이 온 이태를 자기 셋집에 유하며."
행 28:31. "담대히 하나님 나라를 전파하며 주 예수 그리스도께 관한 것을
가르치되 금하는 사람이 없었더라."

I. 역사적 배경

항해와 난파의 위기 후에 무리는 멜리데라는 섬에 도착했다. 거기서 그들은 석 달을 보내고 이달리야로 가는 또 다른 배를 만났다. 기항지(寄港地)가 몇 군데 언급되어 있고, 이어서 그들은 마침내 보디올에 도착해 형제들을 만났다. 이 형제들은 로마로 가는 바울의 마지막 길을 호위했다. 그리고 다른 형제들도 로마로부터 바울을 만나러 와서 남은 여정 동안 그에게 용기를 주었다. 로마에서 바울은 보호 구금 아래 놓였고 어느 정도의 자유를 보장받았다. 이와 함께 바울은 자신을 찾아오는 모든 사람에게 그리스도를 계속 전할 수 있었다. 이렇게 하여 바울은 애초에 생각했던 것과는 달리 군인들의 호송을 받으며 가이사의 재판을 받기 위해 로마로 왔다.

II. 용어 해설

바울의 이 마지막 여정을 묘사한 대목에는 평범한 생활과 신령한 경륜을 이어주는 사실이 제시되어 있다. 여행과 교제는 서로 합하여 바울의 마지막 몇 년의 사역을 풍요롭게 해주었고 또한 전에 알지 못했던 기회들을 제공했다.

사도행전 28:1. "우리가 구원을 얻은 후에." 이 말 속에는 얼마나 많은 것이 함축되어 있는가? 항해, 난파, 생명의 위협, 마지막으로 마음을 졸이게 만들었던 구출의 체험.

사도행전 28:2. "특별한 동정"(필란드로피안). 속에서부터 나온 이러한 박애 정신은 놀라웠다. 그들의 배려는 이렇게 기록되어 있다. "비가 오고 날이 차매 불을 피워." 아마도 이것 때문에 구조받은 많은 사람들이 죽음을 모면했을 것이다.

사도행전 28:3. "바울이 한뭇 나무를 거두어" — 사려 깊은 인간의 모습. 바울은 이러한 단순한 의무를 등한히 할 만큼 그렇게 생활로부터 떨어져 있지 않았다.

사도행전 28:4, 6. "이 사람은 살인한 자로다 … 신이라." 우리는 얼마나 자주 이익을 좇아서 이렇게 행하는가? 우리는 이 극단에서 저 극단으로 오락가락하지 말고 어떤 방면으로든지 진리를 받아들일 수 있는 개방적인 마음이 필요하다. 꽉 막힌 마음은 위험하다.

사도행전 28:13. "남풍이 일어나므로." 유라굴로(북풍, 27:13, 14)를 동반한 폭풍 이후의 변화를 주목하라. 이것은 마침내 바울을 로마로 안전하게 데려다 주었다. 파란만장한 과정 후의 조용한 결말과 도착.

사도행전 28:15. "압비오 저자와 삼관" — 여행자들과 군인들을 위한 여관.

사도행전 28:20. "이스라엘의 소망을 인하여 내가 이 쇠사슬에 매인 바 되었노라." 바울은 구약의 언약들이 신약의 그리스도 안에서 성취되었다는 사실을 알고 있었다.

사도행전 28:22. "이 파에 대하여는"(아노스톤) — 익히 알고 있으며 로마 제국 내에서 싹트고 있는 그룹들 가운데 하나. "어디서든지 반대를 받는 줄." 반(反)기독교 정신이 진리가 퍼지는 곳에 들어갈 수 있다. 어떤 운동이 공격을 받으면, 사람들은 흥미를 갖고 그것에 관하여 알고 싶어한다.

사도행전 28:23. "바울이 … 강론하여 … 증거하고 … 권하더라." 유대인들에 대한 최선의 전도. 기회, 주제, 방식, 시간.

사도행전 28:24. "믿는 사람도 있고 믿지 아니하는 사람도 있어." 우리 주님이 계시던 때로부터 지금까지 이것은 항상 그렇다 — 나넘.

사도행전 28:31. "하나님 나라를 전파하며" — 전령이 선포하듯이. "그리스도께 관한 것을 가르치되" — 기독교 신앙의 교리. "담대히" — 바울이 확신 있게 그리고 강력하게 증거할 때 아무도 방해하지 못했다. 마태복음 28:19은 이런 순서를 따라 이루어졌고 이렇게 유망했다.

Ⅲ. 교리적 의의

하나님의 섭리가 이 이야기 전체에 드러난다. 하나님의 주권은 사람들의 매사를 통제한다. 복음의 원수들이 방해와 훼방을 놓으려 했지만 하나님의 경륜은 계속 성취를 향해 움직여 나갔다. 폭풍과 감금과 심지어 죽음의 위협도 전세계로 뻗어나가는 복음의 행진을 막을 수 없었다.

Ⅳ. 실천적 목표

하나님의 종들의 삶 속에서 성령의 능력을 증시하는 것. 하나님의 종들이 전세계로 복음을 전파하라는 명령에 순종할 때, 하나님은 그 사명을 이룰 수 있도록 그들과 함께 일하신다. 교회가 전세계를 에워싸기 위해 출발지로부터 움직여 나갈 때, 교회의 이러한 궁극적인 팽창을 막을 수 있는 것은 아무것도 없다. 그리스도의 사역은 오늘날까지 계속되고 있다. 성령의 사역은 회심으로 성공을 이루어냈다. 하나님은 이러한 목적을 위해 인간이라는 대리인을 사용하신다. 원수들은 이 일을 반대한다. 그러나 박해받는 교회는 승리를 향하여 폭풍과 시련을 헤쳐 나갈 때 강력하다.

Ⅴ. 설교 개요

제목: "사명의 성취."

도입부

이 생생하고 감동적인 이야기 속에서, 우리는 바울에게 일어났던 모든 일이 복음의 장래를 위해 어떻게 작용했는지를 보게 된다. 바울은 로마를 찾아 복음을 전파하며 그리스도를 증거하기를 바랐다. 의심할 바 없이 그는 자기 힘으로 그리고 자유인으로 방문하고 싶었을 것이다. 그러나 그는 죄수의 몸으로 도착했다. 하지만 그의 속박은 명예롭다. 그는 복음을 듣지 못했을 사람들을 만나는 기회로 그것을 활용했다. 하나님의 생각이 우리의 생각보다 높은 것처럼 하나님의 길은 우리의 길과 다르다.

A. 마지막 단계, 28:1-15

도중에 바울은 많은 사람들을 만났고 많은 진기한 경험들을 했다.

(1) 멜리데에서의 석 달(28:1-10). 여기서 우리는 토인들의 친절을 보게 된다. 그들은 '약탈자'이기는커녕 우호적이고 친절했다. 바울에게 멜리데의 이교 신앙은 예루살렘의 신앙보다 더 나았다. 독사가 물었으므로 바울의 생명은 위태로웠다. 그 파충류는 나뭇단 사이에 있었을 것이다. 하지만 시력이 약했던 바울은 그것을 미처 보지 못했을 것이다. 물리면 즉사하는 상황이었다. 바울이 이 독사를 "떨어 버렸다"는 것은 누가가 불로 상처에 뜸질을 했다는 뜻이었을까? 바울은 의사와 함께 있었다. 이 구원의 일 때문에 토인들은 바울을 처음에는 살인자로, 후에는 신으로 생각하게 되었다. 이렇게 사람들은 생각을 바꿀 수 있다! 사도행전 14:11에서도 바울과 바나바는 이와 유사한 경험을 한 일이 있다. 그때는 먼저는 신으로 후에는 인간으로 생각했었다.

섬에서 바울의 사역은 치유 사역의 면으로 유익했다. 이 일은 의사였던 누가의 협조 아래 이루어졌다. 누가의 의학 용어 '고침을 받고'는 에쎄라 퓨온토이다. 바울이 전도를 했다는 기록은 없다.

(2) 12일의 여행(28:11-15). 항해는 다시 시작되었고 사도는 로마로 향하게 되어 안도했다. 지도에 나타나는 각 지점은 최종 목적지에 근접한 지역들이다. 다시 뭍에 올라 도보 여행을 시작하자 바울은 자신의 모든 여정의 클라이막스가 가까웠음을 깨달았다. "로마로 가니라"(28:14)는 구절은 도중에 경험했던 시련과 지체와 재판과 위협과 보이지 않는 섭리를 떠올

리게 한다. 바울이 친구들과 함께 이것을 나눴을 때 그는 무슨 이야기를 했을까? 바로 누가가 교회를 위해 이 이야기를 쓸 것이다.

B. 로마에서의 2년의 사역, 28:16-31

바울의 로마 사역을 마지막으로 요약하면서 사도행전의 기록은 끝을 맺는다.

(1) 유대인들과의 대담(28:16-29). 로마 교회에 편지를 쓰면서 바울은 "먼저는 유대인에게요" 하고 말했다. 이제 그는 자신의 동족과 만난다. 요약된 기록을 보면 우호적인 인상을 풍긴다. 놀랍게도 이곳의 유대인들은 예루살렘의 유대인들이 바울에게 했던 고소를 듣지 못했다. 바울은 구약성경을 들어 유대인들에게 예수 그리스도를 메시야로 받아들이라고 설득한다. 유대인들이 가지고 있던 성경은 그들에게 복음의 진리를 가르쳐 주었지만, 그들이 그것을 거절했을 때는 바로 그 똑같은 성경이 그들을 정죄했다(참조. 이사야서). 언제나 복음 전도의 결과는 "믿는 사람"과 "믿지 아니하는 사람"을 낳는다(28:24). 이것은 주님이 사역을 시작하셨을 때도 그랬고 지금도 그렇다.

(2) 복음을 전파함(28:30-31). 유대인들에게 복음을 전한 다음, 바울은 감시하에 있던 자신의 셋집을 찾아오는 모든 사람에게 복음을 전했다. 재판을 기다리면서 그는 시간을 활용하여 복음을 증거하고 전파했다. 그의 메시지에서는 "하나님의 나라"가 크게 보인다. 우리는 바울이 이 진리에 대하여 좀더 많이 해석해 주었으면 좋았을 텐데 하는 생각을 한다. "주 예수 그리스도께 관한 것을 가르치되"라는 구절은 그리스도의 죽으심과 부활하심과 주권을 확증하는 믿음의 교리들을 가르쳤다는 것을 보여 준다. "담대히"는 바울이 자신의 모든 행위와 말에 담대함과 확신을 가졌다는 것을 나타낸다. "금하는 사람이 없었더라"는 인간의 어떤 세력도 이러한 노력을 방해하지 않았다는 점을 말해 준다. 바울에게는 말하고 저술할 자유가 보장되었다. "공공연하게 방해받지 않고" 그는 끝까지 일했다.

친구들이 바울을 돌보아 주었다. 로마의 교인들이 바울을 찾아왔다. 도망친 노예인 오네시모가 회심을 했고 바울은 빌레몬에게 개인적인 편지를 썼다. 에바브로디도는 선물을 가지고 왔다. 누가는 바울의 필요를 채워 주었다. 바울은 골로새 교회와 빌립보 교회와 에베소 교회에 옥중 서신을 써 보냈다. 누가는 복음서의 저술을 계획하고 또 사도행전을 쓰고 있었을까?

이 책의 종결은 갑작스럽고 거의 뚝 자른 듯하다. 네로(Nero)는 권좌에 앉아 있는 폭군이고 바울은 도시의 지하 감옥에 갇혀 있는 외로운 죄수이다. 로마가 다른 대도시들처럼 비참함과 악덕과 어리석음이 가득하고 그리스도를 모르던 때에 이들은 있었다! 이제 네로는 아무것도 아니다. 그러나 바울은 그의 이야기를 전하는 신약 성경을 통하여 그리고 그의 모범을 따르는 수많은 그리스도인들의 마음 속에 계속 살아 있다. 교회의 주(主)께서 성령의 정복하시는 능력을 통하여 당신의 사역을 계속 수행해 나가시므로 사도행전의 이야기는 지금도 계속된다. 사도행전의 역사를 뒤돌아봄으로써 우리는 믿음으로 위를 바라보며 소망으로 앞을 바라볼 수 있다.

로마서

존 R. 리처드슨(John R. Richardson)

머리말

사도 바울은 그의 제3차 여행의 상당 기간을 에베소에서 보냈다(행 19장). 거기서 결실을 맺는 사역을 한 뒤에 그가 "마게도냐와 아가야로 다녀서 예루살렘에 가기를 경영하여 가로되 내가 거기 갔다가 후에 로마도 보아야 하리라"(행 19:21)고 하였다. 바울은 아가야에서 석 달을 보냈다(행 20:2, 3). 거기 있는 동안에 그의 여행을 대비하여 로마의 그리스도인들에게 편지를 썼다. 그 서신은 A.D. 57년 혹은 58년경에 고린도에서 구술로 썼다. 이 서신은 고린도의 항구인 겐그레아 교회의 여집사인 뵈뵈에게 맡겨 급히 전달하였다(롬 16:1, 2, 22).

바울은 로마에 무척 가고 싶어하였지만 그러기 전에 먼저 마게도냐와 아가야에서 예루살렘 교회의 가난한 사람들을 위하여 연보한 것을 전달해야 했다(롬 15:25, 26). 그는 유대교의 본산으로 다시 가게 되면 그의 생명이 위태롭게 된다는 것을 알고 있었다(롬 15:31). 만일 하나님께서 그렇게 하라고 명하신다면 그는 로마에 이르기 전이라도 예수의 이름으로 죽을 각오를 하였다. 그렇지만 그는 내내 예루살렘을 지나 로마에 가서 전도 활동을 할 계획을 열심히 세우고 있었다.[1]

로마 교회는 이방인과 유대인으로 구성되어 있었다. 1:13과 11:13과 같은 구절들을 보면 이방인들이 월등히 많다는 인상을 받게 된다. 동시에 거기에는 유대인에게 특별히 적용될 수 있는 것이 상당히 있다. 이방인의 사도인 바울 자신이 유대인이었다. 그는 히브리 종교에 정통하였고 늘 구약 성경에 호소하였다. 칭의 교리에 대한 그의 해설은 유대교의 접근 방식에 대해 뚜렷하게 반대하였다. 이처럼 이전에 유대교의 율법주의를 신봉한 그는 율법주의의 역력한 결핍을 지적하고 하나님께 나아가는 새롭고 더 좋은 길 곧 하나님께서 친히 마련하신 길을 제시하면서 율법주의를 맹렬히 공격하였다.

바울이 이 서신서에서 설명하고 있는 "복음"은 심지어 그리스도의 몸 바깥에 있는 자들에게까지도 전할 목적이었다. 바울은 그의 스페인 전도 전략에 대한 후원자를 찾고 있는 동안(15:24), 그는 이방 문화의 중요한 중심지에서 사는 로마 신자들에게 그리스도의 전령으로서의 그들의 책임을 느끼게 하고 싶기도 하였다.[2]

다른 서신서에서는 "바울 복음"의 좀더 충분하고 조직적인 표현이 전혀 나오지 않는다.[3] 로마서는 오랜 세월 동안 그리스도의 말씀으로 말미암아(10:17) 사람들의 마음이 움직여지고 변화되는 것을 지켜 보았던 한 사람 곧 "그리스도 안에서" 그 개인의 경험이 위험과 수고와 고통 가운데 원숙해졌고 그의 신학이 반복된 공격을 잘 견디어냈을 뿐만 아니라 그로 말미암아 강화되었던 사람인 한 노(老)그리스도인의 삶의 성숙한 사상을 표현하고 있다. 로마 교회는 바울이 로마서를 쓰기 여러 해 전에 세워졌다(참조. 15:23).[4] A.D. 57년경에 로마 그리스도인의 "믿음"과 "순종"은 널리 알려져 있었다(1:8; 16:19). 바울은 이 믿음에 의문을 제기하지 않고 있다. 그는 15:14, 15에서 그의 목적을 아주 잘 표명하고 있다: "내 형제들아 너희가 스스로 선함이 가득하고 모든 지식이 차서 능히 서로 권하는 자임을 나도 확신하노라. 그러나 내가 너희로 다시 생각나게 하려고 하나님께서 내게 주신 은혜를 인하여 더욱 담대히 대강 너희에게 썼노니." 조심스러운 표현과 치밀하게 짜인 논증으로, 그리고 성령의 영감에 의한 수사학적인 기교와 힘으로써 바울은 그의 복음의 진술을 그 교회에 대한 자신의 서론으로 제시한다. 이 점이 로마서와 조사하고 있는 그 밖의 서신들에 대한 그의 자격을 증명해 주었다.

모든 그리스도인에게는 이 서신의 "기초적인" 가르침이 필요하다. 로마서는 그리스도인이 믿어야 할 것이 무엇이며 어떻게 행동해야 할 것을 웅장하게 진술하고 있다. 각기 장성의 정도가 다른 성도들에게 힘을 얻게 하고 교육할 때, 거짓 선생(16:17,18)이든 유대인 적대자이든, 로마인 박해자들이든, 회심할 가망이 있는 사람이든 이러한 비기독교인들과 맞설 때 더할 나위 없이 적절한 진리의 본문이다.

우리는 로마서의 중심 주제가 하나님의 의라는 관점에 바탕을 둔 실제로 도움이 되는 개요로서 다음을 제시한다.

I. 사도 바울: 하나님의 의의 전령. 1:1-17.

II. 죄인인 사람: 하나님의 의가 필요함. 1:18-3:20.

III. 구주 그리스도: 하나님의 의가 나타남. 3:21-8:39.

IV. 전지하신 하나님: 역사 안에서의 하나님의 의. 9:1-11:36.

V. 요지인 봉사: 그리스도인의 삶에서의 하나님의 의. 12:1-15:13.

VI. 결론과 추신. 15:14-16:27.

존 R. 리처드슨(John R. Richardson)
조지아 주, 애틀랜타 시, 웨스트민스터 장로교회

주(註)

1. 사도는 "하나님의 섭리를 믿는 강한 믿음과 그 지혜의 신비함에 대한 예민한 감각과 종종 그 목표에 도달하게 하는 방법의 예기치 못함을" 결합시켰다. "그는 너무나 참된 하나님의 선지자여서 그 자신의 미래를 예측할 수 없었다고 말하는 것이 결코 역설이 아니다"(F. J. A. Hort, *Prolegomena to St. Paul's Epistles to the Romans and the Ephesians*: London: Macmillan, 1895, p. 46).

2. 이런 도전은 10:14, 15의 물음에서 표시되었다. 바울의 훈계의 태반은 그리스도 공동체 안에서 사는 삶에 관한 것이다. 그러나 바울이 15:5, 6에서 그의 소망으로 표현하고 있는 일치(참조. 12:5)는 일치 그 자체가 목표가 아니라 그보다는 오히려 바깥에 있는 자들에 대한 좀더 지속적이고 효과적인 증거를 강화하는 것이다.

3. 이것이 바울의 글에서 발견된 모든 중요한 주제가 로마서에 포함되어 있다는 것을 말하는 것은 아니다.

4. 오순절 날 로마에서 예루살렘을 방문한 유대인이 베드로의 설교를 듣고 회심한 뒤에 로마로 돌아가 교회를 세우게 되었을 것이다. 사도행전 2장을 참조하되 특별히 10절을 주목하여 보라. 만일 그렇다면, 바울이 이 서신서를 썼을 때 이미 로마 교회는 설립된 지 25년이 지났다.

차례

로마서 제 1 장 복음의 선포 ⋯⋯⋯⋯⋯⋯⋯⋯⋯⋯⋯ 345

로마서 제 2 장 겉치레 또는 실천 ⋯⋯⋯⋯⋯⋯⋯⋯ 355

로마서 제 3 장 하나님으로부터 오는 구원, 하나님으로
　　　　　　 말미암은 구원하나님에게로 향하는 구원 ⋯⋯ 364

로마서 제 4 장 생명에 이르는 의롭다 하심 ⋯⋯⋯⋯ 374

로마서 제 5 장 구원의 범위 ⋯⋯⋯⋯⋯⋯⋯⋯⋯⋯⋯ 383

로마서 제 6 장 죽으심과 살으심 ⋯⋯⋯⋯⋯⋯⋯⋯ 392

로마서 제 7 장 그리스도인의 삶속에서 일어나는 긴장 ⋯⋯ 401

로마서 제 8 장 우리를 위하시는 하나님 ⋯⋯⋯⋯⋯ 412

로마서 제 9 장 성경에서 가장 난해한 장(章) ⋯⋯⋯ 425

로마서 제10장 최악의 상태의 무지 ⋯⋯⋯⋯⋯⋯⋯ 434

로마서 제11장 하나님 계획 안에 있는 유대인 ⋯⋯⋯ 443

로마서 제12장 가장 좋은 상태의 그리스도인 ⋯⋯⋯ 453

로마서 제13장 그리스도인과 그 시민권 ⋯⋯⋯⋯⋯⋯ 464

로마서 제14장 그리스도인의 삶에서 겪는 어려움들 ⋯⋯ 472

로마서 제15장 그리스도인과 그 행실 ⋯⋯⋯⋯⋯⋯ 481

로마서 제16장 향기를 발하는 그리스도인들 ⋯⋯⋯ 491

로마서 제1장

복음의 선포

1:1. "예수 그리스도의 종 바울은 사도로 부르심을 받아 하나님의 복음을 위하여 택정함을 입었으니."

1:9. "내가 그의 아들의 복음 안에서 내 심령으로 섬기는 하나님이 나의 증인이 되시거니와."

1:16. "내가 복음을 부끄러워하지 아니하노니 이 복음은 모든 믿는 자에게 구원을 주시는 하나님의 능력이 됨이라 첫째는 유대인에게요 또한 헬라인에게로다."

I. 역사적 배경

바울이 언제 "하나님의 복음을 위하여 택정함을 입었는가" 하고 의문이 생길 것이다(1:1). 갈라디아서 1:15(참조. 렘 1:5)은 하나님의 은혜와 선택이 바울이 그것들을 충분히 실현시키기 전에 바울의 삶에서 역사하였다는 것을 보여준다. 그러나 그리스도 안에서 하나님의 계획이 사도에게 "절실히 느껴졌던" 것은 다메섹 도상에서 한 경험의 시간이었을 뿐이었다(행 22:4). 그가 "복음을 위하여 택정함을 입은 것"은 그 회심을 규명할 수 있는데, 그때 그의 태어나기 전의 택정함의 절정으로서 그 부르심(1절)이 그리스도 주께로부터 들리는 소리로 왔다(행 9:4, 5). 이런 만남을 통해서 과거의 활동이 비록 열심을 다한 것이었지만 잘못되었다는 것을 깨닫게 되고 빚진 자임을 느끼게 되었다(14절). 그리고 바울은 이전에 그의 유전을 자랑하였던 반면에(빌 3:4-6) 지금은 복음을 자랑하고 있다(16절; 고전 1:31; 갈 6:14).

혁신적인 변화가 부활하신 그리스도로 말미암아 발생하였다. 이 단락에 서 예수님의 부활을 강조하는 것이 적절한데, 이는 (1) 이 사건은 서신서 를 쓰게 된 직접적인 계기가 되고(만일 예수님이 죽은 자 가운데서 살아 나지 않으셨다면 그와 같은 편지를 결코 쓰지 못하였을 것이다) 또 (2) 우 리 주님의 부활의 역사성과 구체성이 종종 의문시되거나 부인되기 때문이 다. 예수님은 몸을 가지고 부활하셔서 빈 무덤을 떠나셨을 뿐만 아니라 다 소의 사울에게 나타나셔서 그의 삶을 변화시키고 새 방향으로 돌리시고 그에게 그의 부활을 증거하라고 명하시기도 하셨다(고전 15:1-11; 참조. 행 1:22).

로마서를 쓴 사람에게 그리스도의 십자가가 중요하기는 마찬가지이다 (3:25; 5:9; 참조. 고전 1:18-23). 바울은 십자가와 부활을 단 하나의 구원 사건의 두 면으로 본다(4:25; 5:9, 10). 부활과 십자가는 "구속사"에 있어 서 초점이며 하나님의 목적에서 지금까지 일어난 사건들 중에서 가장 의 미있는 사건들이다. 그러나 그 사건들이 역사를 이루는 구체적인 자료의 일부라는 것을 잊어서는 안 된다. 대속과 그리스도의 비하와 존귀의 교리 는 십자가에서 예수께서 실제로 고통당하신 것에서 유래하며 예수님의 부 활은 한정된 시점에 죽은 자로부터 유래한다.

Ⅱ. 용어 해설

A. 둘로스(1절). 종으로 번역된 이 말은 "노예"가 더 적절한 번역이다. 왜냐하면 "종"은 일세기 노예 제도와는 아주 다른 의미가 내포되어 있기 때문이다. 일세기의 제도에 바탕을 두고 바울이 그 용어를 사용하였다. 도 드(Dodd)는 우리 문화에서 종은 계약서에 규정된 이행 조건을 지켜야 하 는 피고용인이지만 그 약정 이외의 것에는 "사장"에게 속박되지 않았다는 것을 일러준다. 일상적인 환경하에서 피고용인이 두 주인을 섬길 수 없다 는 것은 전혀 납득되지 않는 것이다: "그가 낮에는 사무실에서 일하다가 밤에는 오케스트라에서 바이올린을 연주할 수 있는 것이다"(도드). 어쩌면 부사장이 다름 아닌 피고용인 자신이거나 그의 아내일지도 모른다. 그러나

로마 종주권하에서 둘로스는 주인에게 예속되었다. 그 주인만이 그의 시간과 능력에 대한 권리를 가지고 있었다.

B. "사도"의 근본 의미(1절)는 "보냄을 받은 자"이다. 전치사 아포("로부터")는 그 사명을 획득한 근원을 주목하게 하는데, 여기서는 그 근원이 위격(the Person)이다. 일세기 사도직의 독특성을 깨닫는 것이 중요하다. 이 사도들은 특별한 사명과 권위를 부여받았는데, 왜냐하면 그들은 예수님이 지상 사역을 하시는 동안(요 15:16, 27; 행 1:21 이하) 함께 있었고 또 (혹은 바울의 경우처럼) 부활하신 뒤에 예수님을 보았기 때문이다(행 2:32; 3:15; 10:39-41). 이와 같이 시기적으로 바울은 사도의 대열에 가장 뒤늦게 참여하였다(행 26:16; 고전 9:1; 15:8; 갈 1:1, 12).

C. "하나님의 복음"(유앙겔리온 데우)(1절). 70인경에서 유앙겔리온은 좋은 소식을 전하는 것에 대한 보상(삼하 4:10) 또는 좋은 소식 그 자체일 수 있다(삼하 18:25). 신약 성경에서는 그 용어가 사람들에 대한 하나님의 복음이라는 독특한 의미로만 쓰였다. 데우는 목적격의 소유격이라고 생각할 수 있다(따라서 "하나님에 관한 복음"). 그러나 구원의 복음이 전파될 수 있기 전에 하나님은 반드시 전파할 어떤 것 — 어떤 사람 — 을 마련해 놓으신다. 하나님의 목적을 이루는 데 있어서 "제1 원인"으로서 하나님(성부)에 대한 바울의 사상과 일치하여 1절의 구문은 주격의 소유격으로 다루는 것이 가장 좋다: "하나님의 복음." 사도들에 의해 선포된 이 복음은 성자 하나님께 집중하고 있다. 따라서 9절에서는 목적격의 소유격이 더 나을 것이다: "그의 아들에 관한 복음."

D. 아주 오래된 희랍어 사본 중 어떤 사본들의 16절에는 투 크리스투("그리스도의")란 말이 빠져 있다.

번역의 과정에서 삭제되었다기보다는 그 구절이 첨가되었다고 이해하는 것이 더 쉽다. 누구의 복음을 의미하는지 전혀 오해할 소지가 없다(참조. 1:9; 갈 1:6-9).

E. "믿음으로 믿음에"(17절)는 난해하다. 다음과 같이 해석들이 다양하다: (1) "하나님의 신실하심으로부터 (그리스도를 믿는) 사람의 믿음으로/

믿음을 향하여." (2) "그리스도를 믿는 ― 그리스도께 헌신된 ― 사람의 최초의 믿음으로부터 최초의 신뢰와 서약에 수반되는 성실함까지." (3) 구원이 오로지 그리스도를 믿는 믿음으로 말미암는다는 것을 강조하기 위하여 반복이 강조되고 의도되었다.

III. 교리적 의의

A. 부활의 의미(4절). 이 절정의 사건에 의하여 본질상 이미 아들의 것인 능력과 위엄이(요 17:5; 고전 2:8; 빌 2:6; 히 1:2, 3) 나타나고 선포되었다. 4절에 대한 가장 뛰어난 그리스어 독법에는 "죽은 가운데서 부활하여" 뒤에 "우리 주 예수 그리스도"가 포함된다. 이것이 중요한데, 이는 특히 "그리스도"와 "주"라는 칭호가 부활 때문에 예수님의 칭호로서 독특한 의미를 지니게 되었기 때문이다(참조. 행 2:36). 부활은 이 나사렛 예수가 참으로 오래 전부터 약속되었고 기다렸던 그 메시야(그리스도)라는 것을 보여주었다. 빌립보서 2:9-11에 의하면 그리스도의 승귀(정확히 부활과 승천과 아버지 우편에 앉으심을 포함하여)는 아버지께서 그에게 "모든 이름 위에 뛰어난 이름"(빌 2:9)을 허락하심과 동시에 일어났다. 그 이름은 모든 암시에 의하여 "주"이다(빌 2:11; 참조. 롬 10:9; 고전 12:3).

B. 하나님의 주권(2-4, 10절). 바울의 종교가 하나님 중심이라는 것을 말할 필요가 없다. 그 사도에게 인간의 구원은 "하나님의 모든 것"이다(고후 5:18; 로마서 3, 8장에 대한 것을 참조하라.). 인간의 의도와 소원이 정반대일지라도 역사와 구속의 과정에서 실행된 것이 하나님의 계획이다.

바울은 로마에 방문할 목적이었으나 이 일이 정확히 언제 어떻게 일어날 것을 결정하신 분은 하나님이셨다. 사도는 그가 마침내 가게 된 그 방식으로 로마에 가리라고는 생각지 못하였을 것이다(행 27, 28장).

C. 성화. 로마서는 "하나님의 사랑하심을 입고 성도(하기오이스)로 부르심을 입은 모든 자에게" 쓴 것이다(7절). 하기오스는 여기서 하나님께 성별된 사람들에게 사용되었다. 그 동사 하기아조는 "봉헌하다, 바치다, 성별하다"이며 "그 말의 종교적 용도와 도덕적 용도에 있어서 거룩한 것의 중

추부에 포함한다"는 것이다. 이렇게 성화는 본질적으로 "따로 세우는 것"
으로(1절) 하나님을 섬기기 위하여 바친 것이다. 6장의 III. C를 참조하라.

  D. 하나님의 의(디카이오수네)(17절). 신약 성경에서 디카이오수네가
92번 나오는 가운데 58번이 바울의 글에 나오는데, 로마서에서만 34번이
나온다. 로마서에서 이 말은 (1) 하나님의 절대적인 공의를 나타내는 신적
인 속성으로 사용되었고 (2) 특히 하나님에 의해 사람들에게 베풀어진 의
로 사용되었다. 이 의는 율법을 지키거나(3:21) "자기 의를 세우는"(10:3)
것에서 오는 것이 아니다. 이 의는 믿음으로 터득되었다(3:22, 26; 4:3 이
하; 10:4). 이 의는 구속받은 자에게 생명을 보증하며(8:10) 그에게 신실
하게 봉사하려는 마음이 우러나게 한다(6:13-22). 올바르게 사는 것이 행
동의 강력한 동기가 된다(14:17-15:2).

IV. 실천적 목표

  이 장의 메시지가 겨냥하고 있는 사람들이 (1) 그리스도인 사자의 지위
와 책임의 본질에 깊은 인상을 받게 하고 (2) 구체적인 능력이 무엇이든
지간에 그 능력으로 사자의 역할을 다해야 하겠다는 마음의 다짐이 일어
나게 하기 위함이다.

V. 설교 개요

  제목: **"복음의 선포."**

A. 사자(1절).

바울은 자신을 사중 방식으로 묘사한다:

  (1) 그는 그리스도의 종이다. 말하자면 그는 다음과 같은 사람이다: (a)
몸과 마음을 그리스도께서 소유하셨다(참조. 마 6:24); (b) 그리스도를 예
속되어 있다: 그리스도가 없다면 우리는 죄악적인 추구와 쾌락의 노예가
된다(6:13, 17, 20); (c) 복종하지 않을 수 없다(참조. 골 3:22-24); (d) 주
인과 현저히 다른 위치에 있다: (e) 자유인과 현저히 다르다. 한 가지 점

에서 그리스도인은 자유롭게 되었는데, 죄의 노예(히 2:14, 15)와 율법의 속박(갈 5:1 이하)에서 자유롭게 되었다. 그럼에도 불구하고 그리스도인은 이 자유를 "육체의 기회"로 이용하는 것이 아니라(갈 5:13; 벧전 2:16) 사랑으로 다른 사람을 섬긴다(갈 5:6; 마 20:26, 27). 그리스도인의 자유는 자기가 좋아하는 대로 하도록 면허를 주는 것이 아니라 그가 해야 하는 것을 할 수 있는 힘을 주는 것이다.

"노예"란 말은 보통 불운한 존재를 의미하며 전형적인 로마의 노예들이 처한 비참한 처지를 떠올리게 한다. 누구든지 〈벤허〉에 나오는 갤리선 노예들을 생생히 기억할 것이다. 그러나 예수님은 그리스도인의 주인이시며, 그의 둘로스를 친구로 여기신다(요 15:15). 그 둘로스는 그에게 단지 "육체"에 불과한 것이 아니라 그와 함께 사귐을 나누는 한 인격이다. 누가복음 22:24-27(참조. 12:37)에서 보면 예수께서 친히 그의 친구들을 섬기는 종 노릇을 하신다.

(2) 그는 하나님의 부름을 받았다. 오늘날 하나님께서 명하시는 부르심은 그 말의 엄격한 의미에서 사도가 되라는 것은 아니다. 그럼에도 불구하고 그 부르심은 하나님 자신이 그의 피조물 중의 하나에게 효과적으로 부르시는 부르심이다. 우리가 "부르심"을 받을 때에는 바울이 경험한 회심의 사건(그리고 사도행전 16:9의 마게도냐인 환상)에서 현저하게 나타난 그런 광경이 발생하지 않는 것이 일반적이다. 그러나 그러한 부르심도 참된 부르심일 것인데, 이는 바울의 하나님께서 여전히 사람들을 당신에게 오라고 명하셔서 당신을 위하여 가라고 하시기 때문이다. (설교 중에 이런 중요한 순간에 이르면 설교자는 하나님께서 부르시고 그 부르심을 알게 할 때 쓰신 어떤 방도를 아주 구체적으로 다루어도 될 것이다.)

(3) 그는 사도로 부르심을 받았다. 일세기 사도직의 독특함 때문에 그리스도를 따르는 자들에게 그의 십자가를 전하는 전도자가 되도록 명하는 그리스도의 요구가 보편적이고 변하지 않는다는 사실이 달라지는 것은 아니다. 무엇보다도 전도자가 될 사람은 예수 그리스도께로 나아오게 되어 있다(마 11:28). 그의 주되심을 배우고 나서 제자들은 대사와 사자로서 가

라는 명령을 받게 된다. 초대 그리스도인들처럼 오늘날 신자들도 우선 어떤 것(더 낫게는 어떤 사람)의 증인임에 틀림없으며, 그 다음에 그리해야만 비로소 어떤 것 곧 그가 보고 들었던 것에 대한 증인임에 틀림없다(요일 1:1-3). 우리는 우리가 증거한 것이 무엇이든간에 그것에 관하여 시간을 들여서 생각하고 말할 것이다. 우리는 다음과 같이 자문해 보는 것이 좋다: 그리스도와 함께한 시간이 너무 짧아서 우리가 그리스도에 관하여 증거하는 것이 힘든가? 그리스도의 대사가 되라고 평신도를 부르시는 부르심도 성직자를 부르신 부르심처럼 독특하고 중요한 것이라는 것을 평신도가 분명히 알 수 있도록 해주어야 한다. 어떤 교단에서는 지금도 "목사"가 그의 직분 때문에 "특별한 사람"과 "하나님께 더 가까이 있는 사람"으로 여긴다. 큰 오해이다.

(4) 그는 하나님의 복음을 위하여 구별되었다. 복음을 전하라는 사명은 바울의 삶 자체였다(1:15; 고전 9:16; 엡 3:17 이하). 중요한 것은 전하는 활동이라기보다는 그 메시지의 내용이었다. 전령(사자)은 순전히 어떤 사람의 도착을 알리거나 또 다른 것, 더욱 중요한 것, 어떤 유명 인물에 대해서 전달하여 알릴 목적을 위한 것이다. 전령은 그가 지닌 소식 때문에 중요하다. 우리 경우에서도 삶이 그리스도의 은혜와 사람을 반영하는 한에서만 그 삶이 "중요하다"(마 5:13-16; 고후 2:14).

전령편에서는 겸손해야 할 근거와 자랑해야 할 근거가 다 있다: 전령은 그 자신에게는 그리고 스스로는 가치 있는 것이 아무것도 없다는 것을 깨닫기 때문에 겸손하다. 그리고 그가 대표하고 있는 분 때문에 자랑한다. 이런 평가는 자신이 아니라 다른 사람에게 집중되어 있다: "내 영혼이 여호와로 자랑하리니"(시 34:2; 참조. 44:8). 그와 같은 자랑으로 인하여 오만해지지 않는다. 왜냐하면 그 자랑에는 겸손이 적당히 있기 때문이다. 그 자랑은 선포된 진리와 메시지의 우수성에 대한 확신과 기쁨을 의미한다. 그리고 신성한 진리가 겸손하게 다루어졌다는 것을 확인하는 신중함을 의미한다.

B. 선포(16, 17절)

(1) 선포된 내용: 예수와 그의 복음(3, 4, 7, 9, 16, 17절). 복음은 단순히 예수에 관한 복된 소식이다. 유앙겔리온의 핵심은 하나님의 아들이다. 교리의 주체를 인정하는 것은 복음 메시지에 사람이 보이는 반응의 중요한 부분이다. 그러나 가장 중요한 것은 하나님께 헌신하는 것이다. 더욱 구체적으로 말하면 성자 하나님을 믿는 믿음이다. 그의 구원하시는 행동은 그 메시지의 근거가 되었다. 그러므로 예수님에 관하여 하는 것으로 충분치 않다. 적절한 물음은 다음과 같다: 당신의 삶을 예수님께 바쳤는가? 당신은 그를 만났는가? 바울은 중대한 다메섹 경험 이전에 예수님에 관해서 들었다. 그는 스데반이 하던 말을 들었고(행 7장) 그가 그리스도인들을 박해한 사실은 그가 그들의 메시지와 습관을 알고 있었다는 것을 암시한다. 그러나 그의 삶의 변화는 예수 그리스도의 계시를 통해서 비로소 이루어졌다(갈 1:12). 고린도전서 1:24에서 그리스도 자신이 하나님의 능력(과 지혜)라고 하였다. 그러나 여기서(16절) 바울은 메시지 자체가 능력을 소유하고 있는 것으로 말한다. 하나님은 사람의 전도와 그리스도의 사역을 그의 아들 안에서 역사한 능력(참조. 빌 3:10)의 매개로 사용하신다. 어떻게 이 능력이 우리 삶에서 역사하게 되는가? 당신은 그리스도인으로서의 당신의 경험 안에서 역사하는 그 힘을 어떻게 보았는가?

(2) 선포된 목적: 채무자의 의무를 이행하기 위하여(14절). 독립된 본문으로서 14절은 사람들에게 대한 채무를 말하고 있다. 그러나 바울의 출발점은 아니었다: 그는 무엇보다도 그리스도께 빚진 자이다: 왜냐하면 그의 놀라운 은혜는 "사도라 칭함을 받기에 감당치 못할 자"(고전 15:9)에게 베풀어진 것이기 때문이다. 바울은 사람들의 문제에서 보통 채무자가 목표로 하는 바 빚진 자에게서 어떤 채무를 벗어 버리기를 간절히 바라고 있었던 것은 아니었다. 예수 그리스도는 이생과 저생에서 계속해서 바울에게 복을 주실 것이다. 바울의 감사는 결코 사라지지 않을 것이다. 그가 보고 들었던 것을 나누어 주는 것보다 어떻게 더 잘 감사를 표현할 수 있을까? 그렇게 하는 것이 그의 사명이었다(행 22:15; 엡 3:8). 다음의 여러 사실

로 인하여 사도는 이런 행군 명령을 수행하기 위하여 박차를 가하였다: (a) 그리스도가 없는 사람들에게는 소망이 없다는 것을 깨달음. (b) 예수에 관한 복된 소식을 선포하는 것에서 오는 진정한 기쁨. (c) 그가 구원받았다는 것과 그가 그분의 대의와 자녀들을 심하게 공격하였던 바 바로 그분에 의하여 사명을 받았다는 것을 항상 깨닫고 있음. 그가 용서를 받되 용서를 많이 받았다는 것을 안 뒤에 십자가의 말씀을 전파하는 바울의 열심은 식을 줄을 몰랐다.

하나님께서 우리에게 결코 빚진 것이 없다는 것을 기억해야 할 것이다(그의 은혜는 우리에게는 분수에 넘치는 은혜이다). 더구나 바울처럼 우리는 하나님과 다른 사람들에게 빚진 자이다. 예컨대 자유 사회에서 그리스도인 가정의 일원으로서, 엄청난 물질적 혜택의 수여자로서 그리고 무엇보다도 구원의 상속자로서 누리고 있는 특권을 생각해 보라. 이처럼 복을 받은 자에게는 책임도 따른다. "많이 받은 자에게는 더 많이 요구하실 것이다." 더욱이 우리가 재정상의 빚에 대해서 신속하게 처리하듯이 우리는 그리스도를 따르는 자들로서 우리의 책무를 신속하게 처리해야 함이 마땅하다. 우리는 우리의 청구서를 갚아야 할 의무가 있으며 갚는다고 해서 칭찬을 받는 것이 아니다. 마찬가지로 그리스도인의 전령이 되는 것은 신자에게는 정상적이고 자연스러운 것이고 당연한 것이다(참조. 눅 7:7-10).

(3) 선포된 범위: 신분에 관계없이 모든 사람에게(8, 14, 15절). 하나님께서 편파적으로 대하시는 일이 없다(2:11; 3:22). 그의 소유인 우리도 당연히 편파적으로 대해서는 안 된다(참조. 약 2:11 이하). 14절이 암시하는 대로(참조. 3:9-12) 지혜 있는 자나 어리석은 자나 헬라인이나 야만인이나 할 것 없이 모든 사람이 복음이 필요하다.[1] 바울이 여행한 세계는 각양의 사람들이 살고 있었다. 그가 목표로 하였던 로마는 가장 고도한 문명과 가장 저급한 상스러움의 표본이었다. 로마는 귀족과 비천한 사람과 냉담한 지성인과 아주 어리석은 자와 고귀한 태생과 천한 태생을 볼 수 있는 곳이었다. 바울은 그리스도를 위하여 그들 모두를 원하였다.

우리와 배경과 환경과 모습과 생활이 다른 사람들에 대해서 우리의 태도는 어떠한가? 우리의 선교 철학은 우리 사회의 울타리를 넘어 나아가도록 하는가? 우리의 아주 가까운 교제 범위는?

게다가 또 우리 중 어떤 이들은 사회에서 세련되지 못하고 품위 없는 사람들에게 증거하는 것을 생각하고 몸서리친다. 그와 동시에 세련되고 정중한 "멋진 사람들"은 앞에서 말한 사람들보다 구원의 필요가 덜한 것처럼 생각하는 경향이 있다. 중요한 문제는 그가 훌륭한 사람인가 하는 것이 아니라 그가 새사람인가 하는 것이다(루이스⟨C. S. Lewis⟩).

주님께서 바울을 그의 "종과 증인"으로 택하신 것은(참조 행 26:16 이하) 주님께서 세상에 그의 복음을 선포하시는 일을 어떻게 하셨다는 것을 뚜렷이 보여주는 한 실례이다. 바울은 유대인이면서 로마 시민이기도 하였고 또한 그리스어를 유창하게 하였다. 그러므로 그는 "모든 사람에게 모든 것"이 되기 위하여 다방면으로 준비되어 있었다.

주(註)

1. "야만인"(14절)은 반드시 "야만적인" 것은 아니다. 바르바루스는 원래 "이해할 수 없는 말을 하는 사람"을 의미하였다. 그리고 그리스어 대신에 외국어로 말하는 사람을 의미하였다(NEB에서는 "비헬라인"이라 번역한다). 그럼에도 불구하고 종종 그 말은 배우지 못하고 교양이 없는 사람들을 가리키기도 하였다.

로마서 제2장

겉치레 또는 실천

2:2. "… 하나님의 판단이 진리대로 되는 줄 우리가 아노라."

2:13. "하나님 앞에서는 율법을 듣는 자가 의인이 아니요 오직 율법을 행하는 자라야 의롭다 하심을 얻으리니."

2:28, 29. "대저 표면적 유대인이 유대인이 아니요 표면적 육신의 할례가 할례가 아니라 오직 이면적 유대인이 유대인이며 할례는 마음에 할지니 신령에 있고 의문에 있지 아니한 것이라 그 칭찬이 사람에게서가 아니요 다만 하나님에게서니라."

I. 역사적 배경

A. 구약 성경은 하나님께서 이스라엘에게 특권을 부여하심에 있어서 우선권을 주셨다는 것에 대한 풍부한 증거를 보여준다.[1] 그와 같은 은혜는 히브리인들이 의롭기 때문에 베푸신 것은 아니었다(신 9:4 이하; 특히 6절). 주님의 목적은 그의 택한 백성이 "열방에 대해서 빛"이 되어서 그의 구원을 땅 끝까지 선포하는 것이었다(사 42:6, 7; 49:6). 유대인들은 책임보다는 특권을 더 쉽사리 받아들였다. 여호와 신앙을 통하여 얻을 수 있는 혜택에 만족하지 못한 대부분 사람들은 돌이켜서 이방 신들을 섬기게 되었다. 2:1 이하에서 바울은 유대인들이 이방인의 죄가 가증하다고 심판하지 않고 예컨대 21-23절에서 서술된 죄와 같이 정죄된 바로 그것을 행한다고 고발한다. 2:1의 "그러므로"는 유대인들이 1:26-32의 밀할 수 없는 죄악에 대한 책임이 있다는 것을 암시한다. A.D. 70년에 성전이 파괴되기 전까지의 기간에 유대인의 도덕이 퇴보한 것은 성경 이외에 일세기의 다른 증거들에서도 나타난다. 바울과 동시대인으로 연배가 낮은 요카난 벤

자카이(Jochanan ben Zakkai)는 "살인과 간음과 성적인 부도덕 행위와 상업과 사법의 타락과 격렬한 파쟁과 다른 악들이 점점 심해지는 것을 통탄한다."

바울이 이 장에서 제시하는 것에 대한 역사적인 전례가 우리 주님의 말씀에서 발견된다(마 5:20; 15:14; 23:3 이하).

B. 이방인의 도덕적 의식을 부인하기는커녕 바울은 그들에게 "양심에 의해 통제된 참된 도덕성의 보편적인 축적이 있다"고 믿는다. 로마 시대에 버가모의 한 비문에 이렇게 씌어 있다(B.C. 133년 이후): "사람들은 황금 면류관과 청동상으로 피로스(Pyrrhus)의 아들 아폴로도로스(Appollodorus)에게 경의를 표하였다. 그 이유인즉 그들에 대한 그의 덕과 선한 뜻 때문이었고 그리고 그가 교장으로 있었을 때 그의 착하고 훌륭한 행동 때문이었다." 유명한 함무라비(B.C. 1728-1686년) 법전의 서문의 일부에 이렇게 적혀 있다: "거명된 아문과 엔린 … 경건하고 신을 경외하는 나 함무라비는 강자가 약자를 압제하지 못하도록 하기 위하여 나라에 정의를 장려하고 악인과 악을 멸하고자 한다."

II. 용어 해설

A. 해석자들은 이 장의 앞부분 특히 1-5절에서 다루어진 것들의 정체에 대해서 일치하지 않는다. "사람아"는 17절에 이르기까지 뚜렷하게 다루어지지 않은 유대인을 말하는 것인가? 아니면 그 호격이 좀더 일반적으로 적용되어 유대인과 이방인을 다 포함하여 말하는 것인가? 그 물음에 대한 대답은 명확하게 할 수 없다. 그러나 증거에 의하면 2장 전체가 유대 백성과 관련된 것으로 보는 것이 유리하다: (1) 그들이 이교의 우상 숭배와 도덕적인 사악함에 분개하였을 때 히브리인들은 특질상 이방인에 대한 심판자였다(1, 3절). (2) 이방인들이 하나님의 은혜를 받고 있을 때(마 5:45; 행 17:25; 약 1:17), 특히 하나님의 "인자하심과 용납하심과 길이 참으심의 풍성함"을 누렸던 것은 이스라엘이었다(4절; 참조, 3:1, 2; 9:4). (3) 바울의 한 가지 요점은 특별한 혜택을 받았으니까 방종해도 좋다거나 하나

님의 심판에서 면제된다는 것은 아니라는 것이다(아모스 3:2에 의하면 그 반대이다). 아주 은혜를 입은 운명 때문에 유대인들은 그와 같은 특별한 섭리를 찾는 경향이 있었다.

1절의 포괄 대명사인 "누구든지"는 그 언급을 유대인과 이방인 도학자와 1:26-32에 의하여 적절히 묘사될 수 있는 "훌륭한 민족"에 적용하는 근거이다.

B. "율법"(12-15, 17, 18, 20, 23, 25-27절). "(그) 율법"(노모스)은 신약 성경 다른 어디에서보다도 로마서에서 더 많이 보게 된다. 빈도수에 있어서 로마서 다음인 갈라디아서보다 로마서에 두 배 이상 나온다. 노모스는 2장에서 10장까지, 그리고 13장에 나오는데, 가장 많이 나오는 곳은 2장(19번)과 7장(23번)이다. (1) 때로는 그 말이 행동을 지배하는 규칙 또는 규범을 의미한다(7:21; 8:2). (2) 그것은 히브리인의 성문서 곧 "선지서"와 "시편"과 구별된 "율법" — 예컨대, 모세 오경 — 이나(눅 24:44; 행 28:23; 롬 3:21) (b) "가장 권위 있는 부분의 이름을 전체에 붙이는 원칙에 의거한" 정경 전체를 가리킬 수 있다: 로마서 3:19 상("성문서"와 "선지서"로부터 인용한 전술의 인용문을 유의하라). (3) 바울은 노모스를 모세의 율법으로 가장 많이 사용하는데, 특히 2, 3, 4장과 7장에서 그러하다.

만일 이러한 구별을 염두에 둔다면 바울을 쉽게 이해힐 수 있을 깃인데, 특히 로마서에서 그러할 것이다. 그와 동시에 어느 의미가 적절할지는 항상 뚜렷한 것은 아니다. 어떤 경우에는 한 가지 이상의 의미가 적절할 것이다. 이것은 이상한 것이 아닌데, 이는 모세의 율법(#3)이 모세 오경(#2)의 대부분을 형성하였고 당연히 행동을 지도하는 일련의 규범(#1)이었기 때문이다.[2]

만일 우리가 바울이 모든 형태나 형식에 있어서 "율법"이 아니라 율법주의를 제거하려고 노력하고 있다는 것을 기억하면 또한 도움이 될 것이다.

C. "양심"(15절). 존 머리(John Murry)에 따르면 양심은 "도덕적 식별과 판단의 영역에서 작용하는 인격"이다. 그의 말로는 양심은 "우리의 파

괴할 수 없는 도덕적 본성의 증거이며 하나님께서 우리의 마음에 그 자신을 증거하는 사실의 증명"이다. 그러나 양심이 피조물인 사람이 책임을 지고 있는 하나님의 윤리적인 뜻과 연결되어 있지만 바울은 양심이 전혀 오류가 없는 안내자라고는 말하지 않는다. 양심의 빛은 타락으로 훼손되었다. 양심은 저하되고 완고해져서 불안을 초래하게 할 수 있다(1:32; 고전 8:7). 2:15에서 "바울이 주장하는 것은 단지 이방인의 양심이 히브리인과 똑같이 책임과 죄책을 져야 할 정도의 도덕적 요구의 지식을 가지고 있다는 것이다."

III. 교리적 의의

A. 하나님의 진노(5, 8절; 참조. 1:18). 성경에서 하나님의 진노의 역할이 간과되거나 부인되어서는 안 된다. 어떤 이들은 하나님의 오르게를 "진노"로 비인격화하고 그것을 멸망에 대한 표현으로 간주하지만 그것은 자연계의 필연적인 과정들이다. 또 다른 이들은 기묘하게도 다소간 하나님의 진노를 하나님의 사랑과 동등하게 생각한다.

두 사실이 강조되어야 한다: (1) 죄에 대한 하나님의 거룩과 공의와 진리의 반응말고는 하나님의 진노는 전혀 없다. (2) 하나님의 진노는 앙심 깊은 분노나 "자기에 대한 이기적인 마음에서 발끈하는 감정적인 반응과 같은" 죄악적인 인간의 분노라는 점에서 생각되어서는 안 된다. 오히려 헌터(A. M. Hunter)가 부언하는 것처럼, "만일 우리가 인간의 유추법을 사용한다면 선한 사람이 노골적인 악 앞에서 느끼는 '의분'을 생각하고 그 의분을 무한 배수로 늘려야 할 것이다."

B. 바울이 1:16, 17에서 시작한 주장을 전개하는 과정에 있으며 3:21 이하에서 비로소 절정에 이른다는 것을 반드시 기억해야 한다. 2장은 잇따르는 것과 독립된 것일 수 없다. 딴 것과 떨어져 있는 것으로 본다면 행위에 의한 칭의의 교리가 그 장(7, 10, 13절)에서 나오는 것이 가능하다고 생각할 수 있다. 만일 그러하다면 죄인은 실망할 수밖에 없으며 "의로운 것을 누가 행하며 누가 행할 수 있단 말인가?" 하고 물을 것이 틀림없다. 로

마서 저자는 3:9 이하에서 우수한 혹은 의로운 사람들은 회원 외에도 있다는 것을 실제로 보여줄 것이다. 그러나 3:20("율법의 행위로 그의 앞에 의롭다 하심을 얻을 육체가 없나니 …")은 2:13에서 진술된 원칙을 부정하지 않는다. "율법을 행하는 자라야 의롭다 하심을 얻으리니"라는 것은 비록 "실존적으로 그것이 인간 속에서 결코 작용하지 않을지라도" "공평의 원칙"으로서 효력이 있다. 피조물이 "의를 행하기"를 요구하시는 하나님의 요구는 결코 철회되거나 경감되지 않았다. 복음이란 하나님께서 의(예컨대, 하나님의 계시된 뜻을 준수하고 순종하는 것)를 명령하지만, 또한 그리스도의 완전한 의를 우리의 값을 치르심으로써 이 의를 주신다는 것이다. 이 복음으로써 하나님의 백성은 행위의(義)의 필연성으로부터 건짐을 받았다.

그러나 다음과 같이 분명하게 구별할 수 있다: 우리는 행위로 구원받은 것은 아니지만(엡 2:8, 9) 우리는 선행을 위하여 즉 선행을 성취하려고 구원받았다(엡 2:10; 참조. 딛 3:5-8의 결론). 신자는 오직 믿음으로 의롭게 되지만 그러나 그 믿음만이 아니다. 마태복음 25:31-46에 나오는 최후의 심판은 하나님 나라에서 선행의 독특한 중요성뿐만 아니라 선행을 하지 않은 사람들에게 선언된 심판에 대해서도 증거하고 있다(참조. 고전 3:11-15; 고후 5:10).

IV. 실천적 목표

첫째로, 단순한 외형주의와 위선의 위험을 지적하기 위함이다. 둘째로, 행하는 믿음의 필요를 보여 줄 뿐만 아니라 그 장의 메시지가 표현된 특수한 상황이 무엇이든지간에 그 필요를 만족시키기 위하여 목표된 행동을 장려하기 위함이다.

V. 설교 개요

제목: "겉치레 또는 실천?"

A. 단순한 외형주의의 어리석음(25절 이하)

만일 사람들이 언약 속에 상징된 언약의 율법을 어긴다면 언약의 표(25절)는 어떤 가치가 있는가? (참조, 마 23:5, 6, 25-28). 바울은 틀림없이 예배로부터 형식적인 요소를 완전히 제거하는 것을 좋아하지 않았을 것이다. 결국 할례를 언약의 표로 세우시고 레위기에 적힌 의식과 규례를 제정하신 분은 하나님이셨다. 기독교의 예배에서 주의 만찬과 세례의 중심성을 누가 부인하겠는가? 그 주장은 외형뿐인 것에 반대하는 것이다.

교회는 "종교의 형식"을 열광적이고 충실하고 철저하게 고수한 나머지 홀로 교회의 예배에 생기를 줄 수 있는 그 힘을 보지 못하고 잃어버리지 않도록 조심해야 한다(딤후 3:5; 그 힘의 원천에 대해서 1:7, 8을 참조하라). 교회 의식을 확고히 준수하는 것은 감사하고 순종하는 마음의 종교의 대안이 결코 아니라(삼상 15:22; 막 12:33) 마음의 종교를 이상적으로 표현하는 것이다(시 27편, 6절의 "그러므로"에 유의하라〈한글 개역판에는 "-리니"로 번역됨 — 역자 주〉; 51:15-19). 만일 종교적인 실행의 정도가 그리스도의 몸 안에서 "신분"을 획득하고 유지하기 위한(예컨대, 세례와 성찬과 정규적인 주일 아침 예배 참석) 최소한의 요구에 대한 의무적인 성격을 띤다면 그러한 행동조차도 의미가 없는 종교적인 일과가 되기 십상이다. 사람의 칭찬을 갈망하고(2:29; 마 23:5; 요 12:43) 체면을 유지하기를 힘쓰는 사람은 외형의 종교를 자랑할 것이 뻔하다. 심지어 그렇게 위선적이지 않은 사람들에게도 예배 형식의 부단한 반복과 그 형식에 지나치게 익숙하여 결과적으로 그 형식이 단조롭고 지루하고 흥미가 없게 되고 심지어 조롱과 경멸의 대상이 되기 쉽다.

어떻게 하면 우리가 이런 위험을 피할 수 있을까? 딱 들어맞는 대답이 전혀 없지만 그 문제를 축소해서는 안 된다. 그러나 최소한 어려움의 상당 부분은 주일만이 아니라 일주일을 통한 사람과 예수 그리스도의 개인적인 사귐을 통하여 극복될 것이다. 더욱이 만일 공적 예배가 그리스도께서 하신 일에 대하여 그리스도께 감사를 표시하고 그리스도를 더욱더 잘 섬기기 위하여 새로운 힘을 공급받는 수단으로 간주된다면, 교회 예배는 참을 수 없는 것이 아니라 신선함과 감동을 줄 수 있을 것이다.

B. 순종의 필요성(7-10, 13-15절).

회원 배지를 뽐내는 사람들이 그들의 행동으로 교회의 본질과 목표를 잘못 나타낸다면 회원의 배지가 좋을 것이 무엇인가? 어떤 사람이 성경에 관하여 알고 있는 모든 지식이 순종으로 이어지지 않는다면 그가 성경에 관하여 모든 것을 알고 있다고 한들 그것이 무슨 상관이 있는가(17-23절; 참조 1:22)? 어떤 사람이 "진리를 행하지" 않는다면 진리에 관하여 말한다고 한들 그것이 무슨 상관이 있는가(요 3:21)? 요한은 이렇게 간곡하게 말한다: "자녀들아 우리가 말과 혀로만 사랑하지 말고 오직 행함과 진실함으로 하자"(요일 3:18). 만일 어떤 사람이 "말씀을 굳게 붙잡고 인내로 결실하지" 않는다면(눅 8:15; 참조. 롬 2:7, 10; 요 15:1-17) "말씀을 기쁨으로 받은"(눅 8:13)들 그것이 무슨 상관이 있는가?

순종은 신뢰와 깊이 관련이 있다. 주인을 확실하게 신뢰하는 종은 주인에게 더욱 흔쾌히 순종할 것이다. 구약 성경에 의하면 하나님을 믿는 믿음은 신뢰와 소망일 뿐만 아니라 존경과 순종을 의미하였다. 랍비 문헌에 보면 "하나님을 믿는 것"과 "하나님을 순종하는 것"은 동의어이다. 그리스도인들은 "신뢰하고 순종한다"(1:5에서 두드러진 말은 "믿어 순종케"이다).

로마서와 갈라디아서를 읽은 사람이라면 아무도 바울이 율법주의자였다고 결론내리지 못할 것이다. 또한 그를 반율법주의자라고도 하지 못할 것이다. "'율법으로부터 해방으로서의 복음과 자유로운 삶으로서의 그리고 살아 있는 믿음과 무한한 감사의 힘으로 자발적으로 순종하는 봉사로서의 그리스도인의 생활에 대한 유쾌한 바울의 생각에서 이탈하게' 되는 것은 자식의 방식이 아니라 율법의 방식으로 그러한 명령을 성취하려고 모색하였기 때문이다. … 어떤 사람이든 율법을 바르게 준수하기 위하여 율법 수여자와 개인적으로 가까운 관계이어야 한다. 순종이 그 가족 안에 있어야 한다."

무엇보다도 성부께서는 자녀들이 성부를 사랑하고 자녀들끼리 사랑하기를 바라신다. 신명기 6:4, 5의 쉐마는 성부를 사랑하라고 명한다: "이스라엘아 들으라. 우리 하나님 여호와는 오직 하나인 여호와시니 너는 마음을 다하고 성품을 다하고 힘을 다하여 네 하나님 여호와를 사랑하라." 레위기 19:18은 자녀들끼리 사랑할 것을 명하고 있다: "네 이웃을 네 몸과 같이 사랑하라." 예수님 자신에 의하면 "이에서 더 큰 계명이 없느니라"(막 12:31; 참조. 마 22:40; 요 13:34, 35).

C. 하나님의 의로우신 판단(2, 5, 6, 16절).

(1) 하나님의 판단은 "진리대로"이다(2절). 즉, 오류가 없고 사실에 대한 분명하고 완벽한 이해에 바탕을 둔 것이다. (2) 그 판단은 "의로운"(5절) 것이고, 전적으로 공명정대하고 외모로 사람을 취하지 않는다(11절). (3) 그 판단은 그 행한 대로 보응한다(6절). 그 판단은 그럴 듯하고 유창한 공언이 아닌 심판의 날에 중요성을 지닐 믿을 수 있는 판결이다. 더구나 재판관의 널리 만물을 내다보는 눈은 가치 있는 행동과 무의미한 행동을 구별할 것이며, 순수한 동기에 의해 고무된 행동과 자신을 높이고 다른 사람을 감동시키기 위하여 의도된 행동을 구별할 것이다. 사람의 마음의 가장 은밀한 것까지도 숨김없이 다 드러날 것이다(16절; 참조. 8:27; 살전 2:4; 대상 28:9; 시 139:1, 23).

양심의 "자기 판단"(15절)을 일종의 하나님의 심판의 예표로 생각하는 것이 정확할 것이다. 그러나 다른 사람들에 관한 사람들의 판결이 하나님의 의로우신 판단과는 너무나 다르다. 바울은 틀림없이 이방인에 대한 유대인의 판단하는 태도와 진리와 공평에 따른 하나님의 판단을 현저히 대조시킬 뜻이 있다. 하나님의 판단과는 달리(앞의 #1) 인간의 판단은 오류에 빠지기 쉽고 종종 사실의 일부만 알고 있거나 그것에만 관심이 있다. 심지어 다른 사람의 평가가 상당히 정확할 때조차도 (a) 판단(과 선고)을 선언하도록 임명을 받고 또 그렇게 할 지식을 충분히 갖춘 사람이 우리 자신이라고 간주함으로써 우리는 잘못을 범하고 (b) 우리 형제에게서 불

쾌하다고 생각되는 것과 잘못되었다고 생각되는 것만을 봄으로써 우리는
잘못을 범한다. 우리는 이런 것들에만 집착하고 확대하여 봄으로써 우리
눈에 그런 것들만 들어오고 다른 사람의 칭찬할 만한 자질이나 우리 자신
의 결점은 보지 못하게 된다(마 7:1-5). (우리는 우리 자신이 부족한 바로
그 부문에서 다른 사람의 흠을 찾는 특징이 있다. 예를 들면, 탐욕스러운
사람은 그의 친구에게서 자기가 가지고 있는 바로 그 탐욕적인 면을 더욱
더 잘 의식할 것이다.)

게다가 사람의 판단은 종종 치우치는 경향이 있다(참조. #2). 사람의 판
단은 행위에 주의를 기울이지만 어떤 행동을 유발하는 동기를 반드시 성
공적으로 간파하는 것은 아니다(#3). 사람의 판단은 외관을 봄으로 실수
하기 쉽다(삼상 16:7).

하나님의 판단은 예수 그리스도로 말미암아 실행될 것이다(16절; 참조.
요 5:22, 27; 행 17:31; 고후 5:10). 그의 의를 신뢰하는 사람들에게는 이
런 사실이 확신의 근거이다(요일 2:28; 4:14-17). 그러나 그가 베풀어 주
시는 자비와 사죄를 거부하는 사람들에게는 그 날의 조짐이(16절) 두려움
만 불러일으킬 것이다(히 10:26-31). 심판(판단)은 하나님께 맡기고 우리
는 그리스도를 선포하는 일과 그리스도의 말씀의 사역을 통하여 심판의
날이 가까이 올수록 그리스도에 대한 사람들의 확신은 디욱디 깊어지고
그에 대한 두려움은 점점 사라지도록 기도하는 일에 전념하자.

주(註)

1. 3:1, 2과 9:4을 참조하라. 마태복음 10장(특히 5, 6절)의 열두 명의 전도에서, 그리고
복음의 전파(롬 1:6) 그 중에서도 오순절 날의 복음 전파에서 유대인들에게 역사적인 "우
선 순위"를 허락하신 것을 주목하라.

2. 히브리어 토라는 "율법"이란 말에 의해 암시된 것보다 훨씬 더 범위가 넓다. 토라는
기본적으로 하나님의 계시된 뜻이다. "토라는 민법와 형법과 교회법으로 포괄하는 깃을 포
함할 뿐만 아니라 … 요람에서 무덤까지의 이스라엘 백성의 전체 삶을 다룬다"(T. W.
Manson, *The Teaching of Jesus*, p. 288).

로마서 제3장

하나님으로부터 오는 구원, 하나님으로 말미암은 구원, 하나님에게로 향하는 구원

3:24, 25. "그리스도 예수 안에 있는 구속으로 말미암아 하나님의 은혜로 값 없이 의롭다 하심을 얻은 자 되었느니라. 이 예수를 하나님이 그의 피로 인하여 믿음으로 말미암는 화목 제물로 세우셨으니."

Ⅰ. 역사적 배경

만일 우리가 바울 시대의 어법으로 바울의 중요한 용어에 부여된 의미를 약간 파악한다면 그리스도의 속죄의 사역을 이해하기가 쉬울 것이다 (24, 25절).

A. "의롭다 하심"은 법적인 개념이다. 바울 시대의 유대인들은 하나님의 도래할 심판을 공과(功過)의 계산으로 보았다: 만일 선행이 악행을 능가하면 의롭다고 선고되었다. 비록 그렇다 하더라도 "일세기의 유대교의 생각에서 의인은 어떤 도덕적 자질을 소유한 사람이라기보다는 하나님의 법정에서 인정을 받은 사람이다."

바울의 가르침에 앞서서 우리 주님의 바리새인과 세리의 비유가 있다 (눅 18:9-14). 바리새인은 자기가 베푼 선행과 자기가 악행을 삼간 것을 자랑하였다. 그러나 세리는 "멀리 서서"(너무 부끄러워 훌륭한 바리새인 가까이 설 수가 없었다) 감히 눈을 들어 하늘을 우러러보지도 못하고 다만 가슴을 치며 가로되 '하나님이여 불쌍히 여기옵소서 나는 죄인이로소이다' 하였다(13절). "의롭다 하심"을 받고 집으로 내려간 자는 세리였다 (데디카이오메노스: 수동태 분사는 하나님의 이름에 대한 완곡한 표현이 다 — 하나님께서 이 사람을 의롭게 여기셨다). 하나님의 의롭다 하심은 선행에 근거를 둔 것이 아니었다. 실제로 풀이 죽은 세리는 바리새인이 기도한 대로 자신이 "토색, 불의, 간음을 하는 자"였다는 것을 생각하고 있었을 것이다(11절). 하나님의 은혜가 죄인에게 자비를 베푸는 유일한 근거이다.

B. "구속"은 상업 용어에서 파생된 것이다. 구약 성경뿐만 아니라 유대교와 바울과 동시대의 성경 외의 희랍어에서도 그 용어의 기본 개념은 자유를 얻기 위하여 배상금을 지불하는 것이다라고 모리스는 설명하고 있다. 물론 상황은 다양하다: 때때로 자유롭게 된 사람이 전쟁 포로이기도 하고 사형 선고를 받은 사람이기도 하고 저당잡힌 물품이기도 하고 노예이기도 하다. A.D. 86년의 한 문서에는 이렇게 적혀 있다: 시장에 나온 카에레몬을 환영하는 바이다. 주인의 집에서 노예 데메크로우스에게서 태어난 35세 가량의 유프로시네에게 자유를 허락한다. 유프로시네는 제우스와 땅과 태양 아래에서 그녀의 여주인 알로이네가 내놓은 몸값에 의해 자유의 몸이 되었다. … 지불된 가격은 은화 열 드라크마와 열 달란트, 동전 삼천 드라크마이다.

C. 대속에 적용된 "화목제물(propitiation)"은 오늘날 많은 사람에게 장애물이다. 하나님의 진노(참조. 2장, III. A.)는 돌이킬 만큼 달래야 한다 곧 진정시켜야 한다는 생각은 어떤 사람들에게는 혐오감을 주는데, 왜냐하면 그들에게는 그런 것이 아주 변덕스러운 남신이나 여신을 달래는 이교의 관습(예를 들면, 고전 시대와 헬레니즘 시대의 그리스인 가운데 있었던)을 의미하기 때문이다. "이교도 가운데서 달래기(propitiation)는 예배자가 신을 설득하여 그 마음을 돌이키게 할 것을 제공할 수 있는 한 행동으로 생각되었다. 명확하게 말하면 예배자가 그의 신에게 자기를 잘 봐달라고 뇌물을 쓴 것이다. 그 용어가 성경의 용어로 쓰이게 되었을 때 이러한 비열하고 조잡한 개념은 사라져 버리고 오직 그 용어에서 표현된 핵심적인

진리만 그대로 유지되었다. 즉 달래기(화목제물)는 선물을 바침으로써 진노를 돌이킴을 의미한다."

II. 용어 해설

A. "하나님의 말씀(Oracles)"(2절). 바울이 말하는 하나님의 말씀은 전적으로 구약 성경이다. 마팻(Moffatt)은 "하나님의 성경"이라고 번역한다(참조. 1:2). 머리(Murray)는 이렇게 주석한다: "바울에게 기록된 말씀은 하나님의 말이고 하나님의 말은 이스라엘에게 '신뢰'의 형태로 존재하는 것으로 생각되었다. 하나님의 신탁(oracles)은 확고하고 영구적인 형태를 가진다." 이것과 관련하여 19절과 21절을 참조하라. 19절에서 앞의 "율법"은 구약 성경으로 쓰였다(고전 14:21에서처럼).

B. 3-6절. 하나님은 하나님의 말씀에 대해서 일향 미쁘시다(참조. 딤후 2:13). 하나님의 말씀은 바로 하나님 자신을 나타내는 것이다. 사람의 잘못과 불성실은 하나님의 속성의 불변함을 결코 반영하지 못한다. 그보다는 하나님의 공의와 거룩하심이 사람의 결핍과 가장 현저한 대조를 이룬다.

그런데 만일 사람의 불의가 하나님의 의를 드러나게 하면 하나님께서 벌하는 것이 공정하지 못한 것인가? 결코 그렇지 않다. 하나님의 거룩한 속성은 사람이 죄에 대한 처벌을 받아야 할 것을 요구한다. 앞의 물음에 긍정하는 것은 하나님에게 하나님을 거역하라고 비는 것이다.

C. "이 때에"(엔 토 눈 카이로, 26절; 참조. 21절, "이제는"〈눈니〉). 신약 성경에서 "시간"으로 가장 자주 쓰인 두 그리스어 명사는 크로노스와 카이로스이다. 크로노스는 보통 기간을 나타낸다. 반면에 카이로스는 어떤 자질이나 의미나 활동에 의해 특성이 부여된 시간을 종종 의미한다. 그러므로 본문에서 엔 토 눈 카이로스는 복음의 시대, 그리고 지금 하나님께서 그의 아들 안에서 주시는 구원을 주목하게 한다. 사도행전 3:19("유쾌하게 되는 날〈카이로이〉이 주 앞으로부터 이를 것이요")과 고린도후서 6:2("지금은 은혜 받을 만한 때〈카이로스〉요 보라 지금은 구원의 날이로다")을 참조하라. 그리스도 안에서 유대인들이 아직도 바라고 있는 "도래할 시대"가

나타나기 시작하였다(갈 4:4; 여기서는 크로노스가 쓰였다: 히 1:1, 2).

에베소서 5:16에서 엑사고라조메노이("세월을 아끼라")는 "시간을 가장 잘 사용하라"는 것 이상을 의미할 수 있다. 사도가 그의 수신자들에게 현재라고 하는 기회의 시기에 그리스도의 구속을 알라고 촉구하고 있는 것일 수 있다.

D. "예수 믿는 자"(26절). 여기 문장 구성(톤 에크 페스테오스 예수)은 전형적인 요한의 어법("저를 믿는 자마다〈호 피스튜온 에이스〉": 예컨대, 요 3:16, 18, 36)과는 다르다. 그러나 목적격 뒤에 에이스가 있는 동사 형태는 바울 서신에 나타난다(롬 10:14; 갈 2:16; 빌 1:29). 사람에게 예수님은 믿음의 유일한 대상이어야 한다는 것은 확실하다. 더욱이 전치사 에이스의 사용을 기초로 하여, 그리스도를 믿는 믿음이 그에 관한 진술에 단순히 동의하는 것이 아니라 특히 그에게 모든 것을 맡긴다는 것이 강조되어야 한다. 복음의 이야기의 진정성을 인정하는 것이 수단이 되어 그리스도에게 헌신하게 될 것이다. 예수를 성육신하신 분(요일 4:2)으로, 하나님의 아들(4:15)로, 그리스도(5:1)로, 부활하신 분(롬 10:9)으로 고백하는 것은 그 헌신에 자연스럽고 필수적으로 수반하는 것이다. 로마서 10:9, 10의 경우에, "마음에 믿으면"은 예수님이 죽은 자 가운데서 살아나신 사실을 인정할 뿐만 아니라 또한 부활하셔서 (영원히 사시는) 그리스도에게 일치하도록 한다. 그와 같은 신앙이 논리적으로 먼저 일어나고 "입으로 시인하는 것"이 일어나게 한다. 고린도후서 4:13을 참조하라: "우리도 믿는고로 또한 말하노라."

III. 교리적 의의

이 구절은 견고한 교리적 내용이 가득하다. 일련의 교리 설교들이 그 장에 바탕을 두고 있다고 주장하고 있기 때문에 III의 자료들은 V 아래 포함되어 있다. 그 구절의 사상은 다음과 같이 요약할 수 있다: 구원은 오직 주님께 속한 것이다.

IV. 실천적 목표

어떤 기본적인 신앙을 가르치기 위한 것이다. 기독교의 중요한 개념의 의미에 관하여 통탄할 정도로 무식한 사람들이 너무 많다. 교회의 지체들이 반드시 조심해야 하는 위험은 "의롭다 하심"과 "믿음"과 같이 아주 잘 알려져 있고 많이 남용된 낱말이 계속 사용됨으로 말미암아 "알아 들을 수 없는 말"과 "뜻을 알 수 없는 말"이 되고 그와 동시에 알맹이가 없게 된다는 것이다. 그리고 그리스도의 몸 밖에 있는 자들에게는, 성령께서 택하셔서 하나님의 말씀을 사람들에게 구체적으로 나타내시는 바 그 낱말들이 반드시 이해될 수 있는 방식으로 설명되어야 한다. 그 낱말들이 원래 의미를 상실하였다거나 그 개념이 다소 변경되거나 현대의 취향에 맞도록 완화되었다는 것을 시사해서는 안 된다. 기독교 진리가 확신 있게, 기운차게, 명료하게, 사람들의 현재 상황의 필요에 민감하게 표시되어 있다는 것을 강조하여야 한다.

V. 설교 개요

제목: "하나님으로부터 오는 구원, 하나님으로 말미암은 구원, 하나님에게로 향하는 구원."

A. Sola Scriptura, 오직 성경만으로(2절; 참조, "기록된 바", 4, 10절).

바울은 히브리 성경의 권위를 주장하고 있는 것이 아니다. 그는 이것을 당연한 일로 쳤다. 구약 성경은 신성한 보물이며, 기록된 하나님의 말씀이며 따라서 확실한 지침이다(15:4; 딤후 3:15-17). 이 순간에 바울의 관심은 영광의 교리를 서술하거나 성경을 옹호하는 것이 아니었다. 그의 일은 율법과 선지자가 증거한 그리스도의 복음을 전파하는 것이었다(3:21).

사도의 고유한 메시지는 그 원천과 내용 때문에 독특한 권위를 가지고 있었다. 그가 회심하기 전에 예수님 자신 때문에 절대적으로 참된 예수님의 행동과 가르침이 있었다. "사도의 가르침"(행 2:42)은 주님이 부활하시기 전뿐만 아니라 후에도 말씀하신 주님 자신의 말씀에서 유래하였기 때문에 결정적인 것이 되었다(눅 24:27, 32, 44, 45; 행 1:3). 사도들의 가르침은 — 예수님의 가르침을 통하여, 성령의 지도하심에 따라(요 14:26; 15:26; 16:13) 구약에 비추어 — 예수님의 성육신과 십자가와 부활을 해석하였다. 그러므로 신약 성경은, 구약 성경과 나란히, 구약 성경이 바울에게 권위가 있었듯이 우리에게 권위가 있다.

성경의 권위와 영감에 대한 우리의 생각은 오직 성경에 선언된 그리스도를 알고 우리가 실제로 그 본문을 공부하고 성경으로 하여금 말하게 하고 성경을 기록한 사람들을 감화하신 성령께서(벧후 1:21) 우리 안에 거하셔서 우리의 이해를 조명하실 때(고전 2:9-16)에만 온전해질 수 있다. "성경이 하나님의 말씀이라는 증거는 성경 자체 안에 있다. 이 증거를 식별하는 능력은 성령께서 주신다." 우리가 저자를 알 때 비로소 그 책을 충분히 인식할 수 있다. 거꾸로, 살아 계신 말씀에게로 우리가 가까이 나아가는 것은 기록된 말씀을 통하여야 한다.

B. Sola Christo, 오직 그리스도만으로(21, 22, 24-26절).

하나님께서 이전 시대에는 선지자들을 통하여 조상들에게 말씀하셨지만(히 1:1; 참조. 롬 3:21) "이 모든 날 마지막에 아들로 우리에게 말씀하셨다"(히 1:2). 바울은 구주에 관하여 아주 뛰어난 생각을 가지고 있지만(롬 9:5; 빌 2:6) 현재의 구절에서 그의 주된 관심은 그의 구원하시는 사역이다. 이것이 다음과 같은 말로 표현되었다:

(1) 의롭다 하심(24, 26, 28, 30절). 하나님께서는 우리가 의롭다고 선언하시는데, 이것은 우리 자신의 의 때문이 아니라 오직 예수 그리스도의 죄 없으신 의 때문이다. 우리가 원래 의인이 아닌 것과 같이 예수님은 죄인이 아니시다. 우리의 죄를 그분에게 담당시키셨다(사 53:5, 6; 고후 5:21; 벧전 2:24). 그의 의로 우리를 덮으신다: "내가 여호와로 인하여 크게 기뻐하며 내 영혼이 나의 하나님으로 인하여 즐거워하리니 이는 그가 구원의 옷으로 내게 입히시며 의의 겉옷으로 내게 더하심이 신랑이 사모를 쓰며 신부가 자기 보물로 단장함 같게 하셨음이라"(사 61:10; 참조. 64:6; 슥

3:3-5).

웨스트민스터 소요리 문답의 서술은 장엄하면서도 간결하다: "의롭다 하심은 하나님이 값없이 주시는 은혜의 행위로서, 그가 우리의 모든 죄를 용서하시고 우리를 자기 앞에서 옳게 여겨 받아 주시는 것인데, 이는 오직 예수 그리스도의 의를 우리에게 돌려 주심이고, 우리는 믿음으로 받습니다."(33문).

(2) 구속(24절). 예수님이 오시기 전에는 사람들은 죄에 매여 있었고(시 38:4) 사단의 권세 아래 있었고(엡 2:1-3; 히 2:14) 율법 아래 있었다(갈 5:1; 참조. 4:21-31). 이제 예수님을 신뢰하는 사람에게는 그리스도께서 자신의 죽으심으로 죄에서 해방시키시고(계 1:5) 사단의 속박에서 풀어 주시고(히 2:14, 15; 요일 3:8) 율법의 저주에서 구속하신다(갈 3:13). 그 해방은 값을 지불하심으로써 즉 예수의 보혈로써 이루어졌다(엡 1:7; 벧전 1:19). 하나님이 주시는 구원은 값없는 것이지만 값싼 것이 아니다. 아버지께서는 우리를 구원하시기 위하여 당신의 사랑하시는 독생자를 주셨다. 그렇게 하셨을 뿐만 아니라 그 아들은 우리를 위하여 자기 생명을 버리셨다(막 10:45; 요 10:17, 18).

(3) 화목제물(25절). 성경의 가르침에서 화목제물은 변덕스럽고 앙심을 품은 신을 달래는 그런 것이 아니다. 오히려 하나님은 자신을 성자 하나님 안에서 하나님의 진노를 돌이키게 하는 수단으로서 나타내신다. 예수님의 희생은 "하나님의 은혜의 결과이지 원인이 아니다. 그것은 하나님에게 베풀기 전에 하나님께서 베푸신 것이다. 어떠한 속죄라도 그 진정한 근거는 하나님의 진노가 아니라 하나님의 은혜에 있다." 하나님께서 사랑하셔서 그리스도를 화목제로 보내신다(요일 4:10). 우리가 "하나님이 사랑하시는데 왜 속죄인가?" 하고 묻는 것이 아니라 "하나님이 속죄하시니 어떠한 사랑인고!" 하고 소리치는 것이다.

C. Sola Gratia, 오직 은혜만으로(24절)

도레아("선물")의 목적격 도레안은 3:24에서 "값없이"로 부사적으로 사용되었다(참조, 계 22:17). 5:15에서는 그 형태가 명사로 쓰였다: "… 은혜로 말미암은 선물이(도레안) 많은 사람에게 넘쳤으리라." 그리고 에베소서 3:7: "… 하나님의 은혜의 선물(도레안)을 따라 내가 일꾼이 되었노라."

만일 적어도 구원받기로 되어 있다면 그 사람은 "하나님의 은혜로 값없이 의롭다 하심"을 얻을 수 있다(24절). 제멋대로 하게 내버려 두면, 사람의 의로서도 사람은 거룩하신 하나님 앞에 불의하다고 간주될 수밖에 없을 것이다: 이 사실에 대해서는 3:9-20에서 논쟁할 여지가 없는 증거가 있다. 하나님의 은혜가 없다면 — 비록 받는 사람이 받을 만한 공로가 없을지라도 하나님께서 값없이 주셨다 — 사람의 상태는 어찌할 수 없고 소망 없었을 것이다. 사람은 받을 가치가 없고 재난을 받을 만하고 지옥을 받을 만하다. "긍휼에 풍성하신 하나님이 우리를 사랑하신 그 큰 사랑을 인하여 허물로 죽은 우리를 그리스도 예수와 함께 살리셨고 (너희가 은혜로 구원을 얻은 것이라)"(엡 2:4, 5; 참조, 딛 2:11; 3:4-7).

하나님의 은혜(카리스)는 바울에게 정말 소중한 것이었다(고전 15:10). 이 말이 그의 서신에서 100회 이상 나온다. 이 말은 통속 헬라어 인사인 카이레인(약 1:1에 나온다)의 의미를 적합하게 변형시키고 심화한 인사말마다 나온다. 비록 사람이 이미 은혜로 "구원을 받았지만" 은혜는 그에게 여전히 필요하다(엡 2:8). 일단 "하나님의 카리스"에 들어왔다면 계속 그것을 유지해야 하며 또 유지하기를 원해야 한다. "오직 은혜에 의한 의롭다 하심은 계속해서 그리스도인의 생활의 굳건한 터로 남아 있어야 한다. 마치 의롭다 하심이 새로운 자기 의의 시작일 뿐이고, 우리가 의롭다 하심에 응하여 행하는 것인 성화의 생활의 시작일 뿐인 것처럼 우리는 의롭다 하심을 넘어서 나아가는 적이 결코 없다."

D. Sola Fide, 오직 믿음으로만(22, 25-28, 31절).

(1) 믿음의 근거.

우리의 구원은 모두 하나님의 은혜이며 믿음의 요소가 전혀 예외가 아니다. "은혜로 인하여 믿음으로 말미암아" 구원은 하나님의 선물이다(엡

2:8). 웨스트민스터 소요리 문답에 따르면 성령께서 "우리 안에 믿음을 일으키시어 … 그리스도의 값 주고 사신 구속을 우리에게 적용하십니다"(30문). 찬송 작사자는 이렇게 적고 있다: "내가 주를 찾은 뒤에 나는 주께서 내 마음을 감동하셔서 나를 찾고 계시는 주를 찾도록 하신 것을 알게 되었다"(참조. 마 16:16, 17; 요 6:44, 45; 엡 1:18-20; 빌 2:13).

(2) 믿음의 탁월함.

그리스도 안에 있는 하나님의 은혜가 구원의 유일한 원천인 반면(딛 2:11), 믿음은 하나님의 공언된 자비에 대하여 사람이 보여야 하는 유일한 반응이다. "마치 그리스도가 객관적으로 혹은 역사적으로 기독교의 전부인 것처럼, 그리고 다른 것으로 그것을 보충할 수 없는 것처럼 믿음은 주관적으로 혹은 경험적으로 기독교의 전부이다."

(3) 믿음의 본질.

본질적으로 믿음은 자신으로부터 예수 그리스도에게로 눈길을 돌리고 있는 것이다. 믿음은 자기의 모든 것 곧 자책, 자기 만족, 자기 확신, 자기의라는 것을 포기하는 것이다. 도드는 이렇게까지 말한다. "바울이 믿음을 이해한 것처럼 믿음은 단순히 주관적인 모든 것의 부정과 매한가지이다: 믿음은 생각이나 느낌이나 의지에서든간에 인간됨의 어떤 주장도 반대하는 것이다. 믿음은 '가만히 서서 하나님의 구원을 바라보아야' 한다."

가장 중요한 것은 믿음의 대상이다. "믿음의 힘은 믿음의 생각이나 믿음의 양에 있는 것이 아니라 처음부터 끝까지 믿음이 의지하는 예수 그리스도에게 있다"(히 12:2). 두 가지 아주 잘못된 생각은 (1) 어떤 것을 아주 진지하게 믿는 한에는 그가 어떤 것을 혹은 어떤 이를 믿든지 전혀 문제가 되지 않는다는 것이며 (2) 만일 사람이 "크고 충분한" 믿음을 이룬다면 그는 하나님께 칭찬을 받을 것이라고 하는 것이다. #1의 경우에는 요한복음 14:6과 요한일서 5:11, 12을 보라. 만일 #2의 방법을 따른다면, 믿음은 행위나 두번째 구주가 된다.

하나님의 잔칫상이 준비되고 있다. 먼저 초대를 받은 거만한 사람들에게 배척을 받은 그 초청(눅 14:16-20)은 가난한 자와 고통받는 자와 굶주린 자와 목마른 자에게도 베풀어졌다(14:21-23; 참조. 55:1, 2). 믿음은 주의 잔치에서 음식과 물을 받기 위해 벌린 가난하고 고통받는 거지의 텅빈 손이다(마 5:3). 그렇게 큰 식당에 찾아오는 사람은 아주 배부를 것이다(마 5:6).

E. Soli Deo Gloria, 오직 하나님의 영광을 위하여.

이 진리는 바울이 말하고 있고 특히 3:4("사람은 다 거짓되되 오직 하나님은 참되시다")과 27절과 같이 표현된 모든 것을 강조한다: 사람들이 자신들의 능력과 성취에 대해 자랑하지 않는 것은 다음과 같이 말하는 또 다른 방식이다. "자랑하는 자는 주 안에서 자랑하라"(고전 1:31). 바울은 그가 그리스도에게 더 많은 사람들을 소개하면 할수록 더 많은 사람들이 하나님을 영화롭게 할 것이라는 것을 알았기 때문에 열성적으로 전도 활동을 하지 않을 수 없었다: "모든 것을 너희를 위하여 하는 것은 은혜가 많은 사람의 감사함으로 말미암아 더하여 넘쳐서 하나님께 영광을 돌리게 하려 함이라"(고후 4:15; 참조. 마 5:14-16).

로마서 제4장

생명에 이르는 의롭다 하심

4:4, 5. "일하는 자에게는 그 삯을 은혜로 여기지 아니하고 빚으로 여기거니
　　와 일을 아니할지라도 경건치 아니한 자를 의롭다 하시는 이를 믿는 자
　　에게는 그의 믿음을 의로 여기시나니."
4:17. "하나님은 죽은 자를 살리시며 없는 것을 있는 것같이 부르시는 이시
　　니라."

Ⅰ. 역사적 배경

창세기의 배열에 따르면 아브라함이 믿음으로 하나님께 응답한 것은
(15:6) 할례를 받은 것보다(17:24) 13년이 더 오래된 때이다(16:16). 물론
시내 산 율법은 훨씬 이후에 나타난다(참조. 창 15:13, 14). 지금 창세기에
서 인용한 4장의 인용들은 15장과 17장에 한정된 것이지만 하나님을 믿는
아브라함의 믿음이 창세기 15장이 기록하고 있는 그 경우에 맨 처음 표현
되었다는 것을 언급하려는 것이 아니다. 앞에서 다음과 같은 것을 읽게 된
다: "데라가 그 아들 아브람과 … 데리고 갈대아 우르에서 떠나 가나안 땅
으로 가고자 하더니 하란에 이르러 거기 거하였으며 여호와께서 아브람에
게 이르시되 '너는 너의 본토 친척 아비 집을 떠나 내가 네게 지시할 땅으
로 가라'"(창 11:31; 12:1). 맨 처음으로 예고된 약속은 12:2, 3에 기록되
었다. 아브라함의 반응에 대한 이야기가 간단하지만 12:4에서 인상적으로
이야기되었다: "이에 아브람이 여호와의 말씀을 좇아 갔고." 우리가 그 사
람이 나온 환경을 어느 정도 알면 이 간단한 진술의 의미를 더 잘 인식할
수 있을 것이다.

아브라함은 우르 남무(우르의 셋째 왕조의 창설자)가 통치한 갈대아 우르에서 살았던 것 같은데 그 당시 그 성읍은 힘이 막강한 번성한 도시였을 것이다. 어떤 구약 학자들은 아브라함이 수메르의 수도의 시민이었을 것이라는 것을 믿지 않는데, 왜냐하면 성경에서 아브라함이 유목민의 천막 거주자로 묘사되었기 때문이다. 그러나 하란과 가나안으로 갈 때 아브라함의 생활 방식은 아브라함이 원래 고도로 발달한 도시 환경 출신이었을 가능성을 배제하지 않는다.

우르는 특히 제3왕조 동안에 달신(月神) 난나르(Nannar; 신〈Sin〉이라고도 불린다)를 숭배하는 큰 중심지였다. 이 사실은 우르와 하란이 서로 관련성이 있을 것이라는 단서를 제공해 주는데, 왜냐하면 이 둘 다 달신 숭배 중심지였기 때문이다. 데라와 그의 민족이 이전에 이교도였다는 것은 성경에 의해 확인된다(수 24:2, 14). 그들은 달신을 섬겼던 것 같다. 만일 그렇다면 우리가 이전에 사회 고위층으로서 난나르 신을 신봉하면서 정착된 도시 거주자로서 살고 있었던 아브라함을 생각하면, 히브리서 11:8의 증거가 더욱더 감동적이다: "믿음으로 아브라함은 부르심을 받았을 때에 순종하여 장래 기업으로 받을 땅에 나갈새 갈 바를 알지 못하고 나갔으며."

II. 용어 해설

A. "여기신 바 되었느니라"(엘로기스데), (3절 이하). 동사의 형태인 로기조마이는 다음을 의미할 수 있다: (1) 생각하다, 고려하다, 유의하다(빌 4:8). (2) 믿다, 생각하다(롬 8:18; "나는 그렇게 생각한다"라는 구어체는 판결 혹은 적절하게 고려한 뒤에 내린 판단을 나타낸다). (3) 평가하다, 로 보다, 셈에 넣다: 로마서 4장의 사건. 고린도전서 13:5은 "악한 것을 생각지 아니하며"(앞의 #1). 마찬가지로 "전혀 그릇된 것을 생각하지 말라"도 적절하다. (4) 셈의 결과로서, 평가하다(롬 6:11).

4:3에서 바울은 70인경에서 인용하고 있다. 히브리 성경에서는 창세기 15:6에 "여호와께서 이를 그의 의로 여기시고"라고 되어 있다. 부정과거

수동태 엘로기스데는 이스라엘 하나님 야훼(여호와)의 거룩한 이름에 대한 완곡한 표현으로 쓰이고 있는 것이 틀림없다. 요점은 이렇다: 하나님은 의의 전가에 있어서 능동적인 행위자이시다.

B. "하나님은 … 없는 것을 있는 것같이 부르시는 이시니라"(데우 칼룬토스 타 메 온타 호스 온타)(17절). 여기에는 하나님의 전가하시는 방법에 대한 함축적인 언급이 있을 수 있다. 즉, 비록 실제로 우리에게는 우리 자신의 의가 전혀 없지만 하나님은 우리가 의롭다고 선언하신다. 이 생각의 윤곽이 디모데후서 1:19에서 제시되었다: "하나님이 우리를 거룩하신 부르심으로 부르심은 우리의 행위대로 하심이 아니다." 그러나 로마서 4장에서 직접적인 내용은, 존재로의 부르심, 생명이 있게 하는 부르심임을 암시한다. "전능하신 분은 … 그의 목적에 따라, 금방 존재할 것이기 때문에 마치 존재하는 것처럼 … 존재하지 않는 것에게 말씀하시며 심지어 사람의 관점에서 존재할 수 없는 것에게까지도 말씀하신다." 세례 요한은 그의 청중들에게 권고한다: "그러므로 회개에 합당한 열매를 맺고 속으로 아브라함이 우리 조상이라 말하지 말라 내가 너희에게 이르노니 하나님이 능히 이 돌들로도 아브라함의 자손이 되게 하시리라"(눅 3:8).

C. "바랄 수 없는 중에 바라고 믿었으니"(18절). 아브라함이 볼 수 있는 한, "소망은 소망이 없는 것처럼 보였다". 그러나 감각이나 이성의 영역에서 소망의 근거가 전혀 없었지만 하나님의 약속으로부터 유래하는 소망이 있었다(20절). 아브라함은 "하나님의 말씀으로서 그가 본 것과 그가 들었던 것을 전혀 비교하지 않았다. 그는 그 성취의 가능성에 관하여 어떤 추측을 삼가고 오직 그가 들었던 것을 청종하기만 하였다."

이와 관련하여 우 디에클리데("의심치 않고")를 주목하자(20절). 능동태 디아크리노는 분리하다, 구별하다, 판단하다를 의미할 수 있다. (여기처럼 수동태 부정과거와 함께) 중간태로서 신약 성경에서의 그 의미는 보통 자신과 싸우다, 의심하다, 동요하다이다(4:20; 14:23). 여기서 그 개념은 그 약속에 아브라함이 압도되었다(의심하게 되었다)는 정도는 아니다. 비록 우리는 이것이 그러하였다는 것을 의심할 수 없지만 말이다. 20절은 우리에게 아브라함이 (1) 약속을 지키는 하나님을 믿거나 아니면 (2) 그와 사라의 한계는 극복할 수 없다는 사실에 자신을 맡기는 양자 택일로 갈팡질팡하지 않았다는 것을 말해 준다. 야고보서 1:6-8의 두 마음을 품은 의심하는 사람처럼 하지 않고 아브라함은 하나님께서 약속하신 것을 이루실 것을 굳게 확신하였다.

D. 예수 그리스도는 "우리 범죄함 때문에('을 위하여' - 한글판 개역의 번역) 내어줌이 되고 또한 우리를 의롭다 하심 때문에('을 위하여') 살아나셨느니라"(파레도데 디아 타 파라프토마타 헤몬 카이 에게르데 디아 텐 디카이오신 헤몬)(25절).

바울은 그리스도의 죽으심과 부활의 결과를 대조하여 의롭다 하심이 갈보리와 전혀 관련이 없다는 것을 뚜렷이 보여 주려는 것이 아니다. 그의 피로 인하여 우리가 의롭다 하심을 얻은 것이다(5:9). 전치사 디아가 목적격과 함께 쓰였을 때(4:25에서처럼〈한글판 개역에서는 '을 위하여'로 번역됨 — 역자 주〉) 그것은 '때문에, 의 이유로'를 의미한다. 따라서 이 구절에 따르면 예수님은 우리의 허물 때문에 죽음에 내어줌이 되고 우리의 성취된 의롭다 하심 때문에 살아나신 것이다. 부활은 그의 아들의 죽음이 참으로 완전하고 죄를 위하여 만족한 희생이었다는 것을 인정하는 성부 하나님의 상한 "긍정"이었나. "우리 의롭다 하심을 위하여"로 번역한 것은 예수님이 우리의 의롭다 하심을 얻도록 "할 목적으로" 살아나셨다는 느낌을 줄 수 있었다. 그러나 부활은 그 빚이 이미 청산되었다는 것, 의롭다 하심의 기초가 이미 놓여졌다는 것을 인정한다.

부정과거 수동태 파레도데는 파라디도미가 그 원형인데, 이 말은 이 문맥에서 (어떤 사람을) 넘겨 주다, 인계하다, 양도하다를 의미한다. 그 동사는 예수님이 죽음에 넘기우시는 것을 묘사할 때 자주 사용된다. 유다는 다음과 같이 요구하였다: "내가 예수를 너희에게 넘겨 주리니 얼마나 주려느냐?"(마 26:15). 빌라노는 바라바를 풀어 주고 예수님을 넘겨 주어 백성들의 뜻대로 하게 하였다(눅 23:25). 베드로는 앉은뱅이가 기적적으로 낫게 된 광경을 본 사람들에게 이렇게 말하였다: "… 하나님이 그 종 예수를 영화롭게 하셨느니라 너희가 저를 넘겨 주고 빌라도가 놓아 주기로 결안한 것을 너희가 그 앞에서 부인하였으니"(행 3:13; 참조. 눅 24:20). 갈라디아서 2:20에서 바울은 그를 사랑하여 그를 위하여 자기 몸을 버리신 그 아들에 대한 그의 신앙을 선언한다(참조. 엡 5:2). 로마서 8:32에 의하면 하나님은 "자기 아들을 아끼지 아니하시고 우리 모든 사람을 위하여 내어 주셨다"(참조. 창 22:16; 행 2:23). 로마서 4:25에서 부정과거 수동태 파레도데와 에게르데는 하나님의 명칭에 대한 완곡한 표현일 것 같다. 만일 그렇다고 한다면, 그 구절은 이렇게 번역할 수 있다. "그를 하나님이 죽음에 내어주고 … 또한 … 살리셨다."

Ⅲ. 교리적 의의

민음에 의한 아브라함의 의롭다 하심을 강조할 때 바울은 진지한 유대인에게 일어날 수 있는 다른 선택을 다루고 있다. 첫째로, 저자는 아브라함이 행위로 의롭다 하심을 받은 것이 아니라고 말한다(2-8절). 그는 다른 사람 못지않게 선행을 많이 쌓았다고 얼마든지 주장할 수 있었고 또한 그 일에 관하여 동료들의 칭찬을 들었다. 그러나 그와 같은 의로운 행동이 감찰하시는 거룩하신 하나님 앞에서는 더러운 의복과 같을 뿐이었다(사 64:6). 랍비 문헌은 의견이 다르다. 한 문헌을 보면 이렇게 되어 있다: "아브라함은 하나님 앞에서 그의 모든 행위가 완전하였고 그가 사는 날 동안 의가 만족스러웠다." 또 한 주석을 보면 창세기 26:5을 이렇게 주석하고 있다: "우리는 우리 조상 아브라함이 토라를 받기 전에 모든 토라를 지켰다는 것을 안다. 왜냐하면 이렇게 말하고 있기 때문이다: 아브라함이 내 음성을 청종하고 나의 맡긴 것과 나의 명령과 나의 규례와 나의 율법을 지켰기 때문에 상급을 받을 것이다."

아브라함이 하나님께 최초로 믿음의 응답을 하고서 한참 뒤 시행한 할례를 기초로 하여 의롭다 하심을 받은 것이 아니었다(9-12절; 참조. 갈 5:6; 6:15). 이 할례의 의식은 전가된 의의 상징 노릇을 하였다. 마찬가지로 그리스도인의 세례는 영적 은혜의 외적인 표와 확인이다.

13-16절에서 바울이 하고 있는 주장은 2절 이하의 논증과 관련되어 있다. 거기서 그는 이렇게 설명한다: 아브라함의 후손들에게 복을 약속하신 것이 만일 사람이 율법을 지키는 것에 달려 있다면 그것은 결코 실현되지 않을 것이다. 갈라디아서 3장을 참조하라. 거기서 펴고 있는 주장은, 허물 때문에 추가된 모세의 율법은 일찍이 아브라함에게 하신 그 약속을 변경시키거나 취소하지 못한다는 것이다.

IV. 실천적 목표

첫째, 4장의 메시지를 듣는 사람들은 그들 자신의 소망 없음과 하나님 앞에 무가치한 상태를 깨닫도록 하기 위함이다. 둘째, 이런 상태에서조차도 그들이 요구하거나 품을 수 있는 생각보다 훨씬 뛰어난 일을 하나님께서 하시리라는 것을 기대하고 살도록 하기 위함이다(엡 3:20).

V. 설교 개요

제목: **"생명에 이르는 의롭다 하심."**

A. 하나님께서 경건치 아니한 자를 의롭다 하심(5절).

(1) 의롭다 하심의 기초는 하나님의 은혜이지 사람의 공로가 아니다.

직장에서 일한 사람은, 그의 고용주가 공정하고 정직하다면 당연히 자기가 일한 만큼 대가를 받을 것이다. 그러나 사람이 경건치 못하고(아세베, "불경한, 경건치 않은"; 5:6에서도 사용되었다) 따라서 상급의 만족스러운 양을 받을 권리가 없기 때문에 그는 오직 하나님의 은혜만을 의지해야 한다(16절).

예수님의 포도원의 일꾼 비유(마 20:1 이하)에서 잠깐 일한 사람들이 그들이 기대한 것보다 훨씬 많이 받았다. 포도원 주인은 처음 온 사람들에게 일정한 임금을 약속하였고(2절) 그 다음에 온 사람들에게 상당한 임금을 약속하였는데(4절), 오후 다섯 시경에 고용한 사람들에 대해서는 그와 같은 약속을 전혀 하지 않았다. 마지막에 온 사람들이 맨 처음 온 사람과 똑같은 보수를 받은 것은 순전히 주인의 은혜 덕분이었다. 아무도 그가 불공정하다고 말할 수 없다. 처음 온 사람들은 한 데나리온에 일하기로 약속하였다. 그리고 받을 것을 받았다. "열한 시"의 일꾼들의 경우에는 고용주가 그들이 받으리라고 기대하였던 것 이상으로 베풀었을 뿐이다.

(2) 의롭다 하심의 방도는 이중적이다.

객관적인 방도는 전가이다. (4:7, 8에 인용된) 시편 32편의 "복 있는" 자는 죄 없는 자가 아니라 그의 죄로 인하여 하나님께서 그를 불리한 입장에 놓지 않으시고, 그의 죄가 사함을 받은 사람이다. 선하게 되고 선을 행하는 것이 첫째로 중요한 문제가 아니다. 그런 점에서 그리스도인을 능가하는 불신자들이 더러 있다. "여기시는" 것은 그리스도의 전가된 의로 말미암아 하나님과 새로운 관계에 있게 되는 것이다.

주관적인 방도는 믿음으로, 율법의 요구를 성취하는 것과는 반대되는 것이다. 아브라함에게 믿음은 무엇을 의미하였는가? (a) 믿음이 심지어 갈 바를 알지 못하고 고향을 떠나야 하는 것을 의미하였을 때에도 하나님을 전적으로 의지하는 것이었다. (b) 불가능하고 터무니없는 것을 이행하기 위하여 하나님을 신뢰함(18-21절; 참조. 히 11:8-12). (c) 비록 믿음이 그의 독자 이삭을 바치라는 명령에 순종하는 것을 의미하였을지라도 하나님께 변함없는 충성(창세기 22:5과 8은 아브라함의 하나님을 믿는 믿음이 줄어들지 않았다는 것을 말한다. 참조. 히 11:17-19).

(3) 의롭다 하심을 받은 자는 두 가지로 생각될 수 있다.

첫째, 경건치 아니한 자로서. 시편 32편의 인용은 적극적인 복을 말한다. 32:1, 2의 히브리어는 문자적으로 번역하면 다음과 같다: "오 허물의 사함을 얻고 그 죄의 가리움을 받은 자의 복. … 오 여호와께 정죄를 당치 않은 자의 복." 그와 동시에 그 언급은 경건치 아니한 자의 성격을 나타내는 그 죄를 상기시킨다. 죄를 묘사할 때 세 낱말의 히브리어가 사용되었다: 하타아흐, "이탈, 과녁에서 빗나감"; 아원, "구부러짐, 비틀어짐", 활 쏘는 사람이 과녁을 못맞히는 이유를 설명한다. 그리고 페샤, "불법."

둘째로 의롭다 하심을 받은 사람은 아브라함과 할례자와 무할례자 중에서 믿는 모든 사람들이다(11, 12절; 참조. 9:6-8). "우리는 바울과 함께 유대교와 포로기 이후 율법의 철저히 제한하는 율법주의를 만들어 낸 육신의 이스라엘과 구약의 참다운 신앙의 용사의 자손으로 우리로 하여금 그리스도로부터 위대한 선지자들의 통찰력으로 말미암아 시내 산의 하나님의 언약까지 그리고 그 언약 너머 아브라함의 믿음까지 거슬러 올라가게 하는 하나님의 이스라엘을 구별하는 것을 배워야 한다." "하나님의 이스라엘"은 유대인과 이방인으로 되어 있다(갈 6:16). "믿음으로 말미암은 자들은 아브라함의 아들인 줄 알지어다"(갈 3:7).

B. 하나님께서 생명을 주신다.

(1) 아브라함과 그의 후손에게(18-21절)

(2) 모든 신자에게(23, 24절)

하나님께서 죽은 자에게 생명을 주신다(17, 19절; 요 5:21-29; 고후 1:9; 엡 2:1-6; 참조. 신 32:39; 삼상 2:6; 왕하 5:7). 더욱 놀라운 것은 하나님께서는 없는 것을 있는 것같이 부르신다(17절; 참조. 고전 1:28). 하나님의 계획의 성취에서는 무로부터 만든 두 피조물이 있다. 첫째 피조물은 창세기 1, 2장에 나오는 것이다. 마카베오 2서 7:28은 이렇게 말하고 있다: "나의 아들아 하늘과 땅과 그 안에 있는 것을 보고 하나님께서 없었던 것에서 만드신 것들을 생각하라. 그리고 인류도 그와 똑같이 만들어졌다." 둘째 피조물은 고린도후서 5:17에 기록된 것이다: "누구든지 그리스도 안에 있으면 새로운 피조물이라 … "(참조. 갈 6:15).

두 피조물은 성령과 하나님의 말씀의 동시 발생의 작용에 의해 완성되었다. 창세기 1:2, 3에 의하면 "하나님의 신(루아흐)은 수면에 운행하시니라. 하나님이 가라사대 …:" 시편 기자는 이렇게 선포한다: "여호와의 말씀으로 하늘이 지음이 되었으며 그 만상이 그 입 기운(루아흐)으로 이루었도다"(시 33:6; 참조. 9절; 104:30; 욥 33:4). 새로운 피조물 안에서 역사하는 말씀과 성령의 사역을 위하여 베드로전서 1:23-25과 요한복음 3:5, 8

을 참조하라. 영원하신 로고스(말씀)이신 예수님은 두 피조물의 중보이시다. "만물이 그로 말미암아 지은 바 되었으니"(요 1:3; 참조. 골 1:15-17). 때가 찼을 때 "말씀이 육신이 되어 우리 가운데 거하시매" 은혜와 진리를 주신다(요 1:14, 17). 예수님의 죽으심은 새로운 피조물을 위한 기초를 마련하셨다(골 1:20). 바울은 다음과 같이 단언한다: "어두운 데서 빛이 비취리라 하시던 그 하나님께서 예수 그리스도의 얼굴에 있는 하나님의 영광을 아는 빛을 우리 마음에 비춰셨느니라"(고후 4:6).

신비의 요소가 두 피조물에게 나타난다. 전능자가 맨 처음에 어떻게 물질을 창조하여 형체로 만들었는지 사람으로서는 아무도 충분하게 이해할 수 없고 어떻게 사람이 "물과 성령으로 거듭나는지"도 이해할 수 없다(요일 3:5; 참조. 8절). 예수 그리스도께서 만물을 화목하게 하실 때 자연계가 어떻게 나타날지는 오직 하나님만이 아신다. 피조물이 하나님의 여러 가지의 창조 활동을 설명하기 위하여 피조물이 피조된 상태를 능가해야 할 것이다. 아브라함은 하나님께서 그와 사라의 거의 "죽은" 몸에 생명을 회복하셔야 할 것을 주장하였다(참조. 창 18:11-14). 그는 하나님의 약속을 지키시어 아들을 "낳게" 하실 것을 믿었다. 아브라함이 믿은 대상이나 우리가 믿는 대상이나 그 대상은 동일하다. 곧 하나님이시다. 그러나 그 영역은 다르다. 왜냐하면 우리는 성취된 구속의 현실에서 살고 있기 때문이다(4:25). "말세를 만난 우리"(고전 10:11). 예수 그리스도의 단번의 구원 사역으로 말미암아 하나님은 영적으로 죽은 자들에게 생명을 주신다(엡 2:1 이하). 그리스도의 부활에 의하여 하나님은 언젠가 육체적으로 죽은 자에게 영적인 몸을 허락하실 것이다(고전 15:44). 이제 하나님은 "예수를 바라보는" 자들의 삶 속에서 놀라운 일 심지어 불가능한 일을 이루신다.

로마서 제5장

구원의 범위

5:1, 2. "그러므로 우리가 믿음으로 의롭다 하심을 얻었은즉 우리 주 예수
그리스도로 말미암아 하나님으로 더불어 화평을 누리자. 또한 그로 말미
암아 우리가 믿음으로 서 있는 이 은혜에 들어감을 얻었으며 하나님의
영광을 바라고 즐거워하느니라."
5:5. "소망이 부끄럽게 아니함은 우리에게 주신 성령으로 말미암아 하나님의
사랑이 우리 마음에 부은 바 됨이니."

I. 역사적 배경

바울이 이 편지를 썼을 때 그의 전도 사역과 그리스도의 교회들의 삶에
서 건전하고 공정한 로마법의 보호를 의심할 이유가 별로 없었다(참조.
13:1 이하). 참으로 사도는 사역 초기부터 적과 시련에 포위당하였지만(행
9:23: 13:45: 14:2, 19) 로마서를 쓰기 이전에 그가 경험한 환난은 주로
괴롭히는 유대인들에 의한 것이었다.

그러나 처음으로 이 편지를 읽고 몇 년이 지난 뒤에 이 로마의 그리스
도인들 대부분은 개인적인 경험을 통하여 갈등과 고통 가운데 "하나님으
로 더불어 화평"을 누리는 의미를 깨닫게 되는 기회가 있었을 것이다. 60
년경에 로마 정부는 더 이상 기독교를 유대교의 분파로만 볼 수 없었다.
유대교는 허가된 종파였지만 그리스도의 도는 일단 구별해서 보게 되자
불법 종교가 되었다. 로마("바벨론", 5:13)에서 씌었을 베드로선서에서는
박해가 일어날 것을 알고 있지만(1:6, 7: 3:13-17: 4:12-19: 5:9) 아직은
정부가 공의를 행할 것을 기대할 수 있고 또 "열심으로 선을 행하면" 해를

384 **신약 강해설교 전집** II

두려워할 필요가 없다는 것을 암시하고 있다(3:13). 베드로후서를 쓴 연대는 A.D. 64년 네로의 박해가 일어나기 직전이었을 것이다. 64년에 로마가 큰 화재로 파괴되었다. 그리스도인들이 화재를 일으켰다고 고발당하여 유린당하고 고문을 당하고 죽임을 당하였다.

II. 용어 해설

A. "우리는 (화목)한다"(에코멘)(1절). 에코멘("우리는 하자"〈권고적인 가정법〉의 해석에 대한 좋은 원문상의 증거가 있다. 그 문맥에 비추어 볼 때 직설법이 더 좋을 것이다: 그리스도의 죽으심으로 말미암아 우리는 이미 의롭게 되었고(1절) 화목하게 되었다(10절).

B. "하나님의 영광을 바라고"(2절). "하나님의 영광"은 3:23에 의하면 사람이 이를 수 없는 것인데, 거기에 동일한 희랍어 구절(테스 독세스 투 데우)이 나온다. 이제 하나님의 영광이 사람의 비전을 만족케 할 수 있다는 인식이 바로 기쁨의 근거이다. 그 언급은 언젠가 밝히 드러날 하나님의 본유의 장엄과 광채에 대한 것이다(참조. 8:24, 25; 고후 3:18; 골 1:27. 고후 4:6; 요일 3:2).

C. "환난"(들립세신)(3절). 들립시스의 기본 의미는 분쇄기, 압착기이다: 동방에서 과육(果肉)에서 즙을 짜기 위하여 포도를 맨발로 으깨는 것을 상상해 보라. 라틴어 성경(워스워드와 화이트가 편집한 불가타)에서는 "누르다, 압제하다, 괴롭히다"라는 뜻의 동사 트리불라레(tribulare)에서 파생한 트리불라티오(tribulatio)로 되어 있다. 그 동사는 "바닥에 날카로운 부싯돌 조각이나 철 조각을 박은 평평한 나무대로 되어 있고" 알곡과 가라지를 구분하는 데 사용한 탈곡기인 트리불룸(tribulum)에서 파생하였다.

"우리가 환난 중에도 즐거워하나니"라는 확언(참조. 행 5:41; 고후 12:9, 10; 약 1:2-4)은 단순히 "우리가 고통 가운데 기뻐한다"는 의미가 아니다. 그 이상의 의미가 있다: "우리는 환난 때문에 기뻐한다"(하지〈Hodge〉).

D. "인내"(후포모네)(3절). 희랍어는 이중의 의미가 있다: (1) 견딤 — 압제(들립시스) 하에서 지탱하는 것. 그리고 (2) 불굴 — 그릇된 것을 묵

묵히 견디고 패기없이 복종하는 것이 아니라 "그리스도인들이 여러 가지 장애와 박해와 내부와 외부 세계와 갈등하게 만드는 유혹에 맞서서 싸우는 용감한 인내이다."

인내와 소망 사이에는 중요한 관계가 있다. 사람들이 시련을 당할 때에 절망하는 것은 당연한 일이다. 그런 때에는 앞으로 향상될 기미가 전연 보이지 않는 것이다. 그러나 만일 참고 견딜 수 있는 어떤 것을 확실하게 기대하고 순간의 고통 저편을 경험하게 된다면 고통을 견디는 힘은 크게 증가될 수 있다(5절 — "소망이 부끄럽게 하니함은": 참조. 8:24, 25; 고후 4:16-18). 인내와 소망의 밀접한 관계는 역대상 29:15에서 설명되었다: "주 앞에서는 우리가 우리 열조와 다름이 없이 나그네와 우거한 자라 세상에 있는 날이 그림자 같아서 머무름이 없나이다." 70인경에는 후포메네로 되어 있는데, 여기서 머무름이란 말이 나왔다. 그러나 앞에서 본 히브리어 단어는 미퀘흐, 곧 "소망"이다.

E. "연단"(도키메)(4절). 도키메는 동사 도키마조와 같은 어군에서 파생한 것이다. 도키마조: "시험하다, 검사하다"(요일 4:1): "시험에 의한 입증"(벧전 1:7): "증명된 것으로 인정하다, 시인하다"(살전 2:4). 그 명사는 시험이나 시련으로 사용될 수 있다(고후 8:2): 로마서 5장에서는 그것이 "입증된 자질"이며, 따라서 "시험을 거친 성질"이냐. 그 단어는 페이라스모스, "시험"(눅 4:13; 약 1:12)과 대조될 수 있다. 페이라스모스는 시험을 받는 자가 실패하고 몰락하도록 하려고 행하는 것이다. 그러나 도키마조는 시험을 받는 사람이 시험에도 불구하고 성공적으로 정금같이 단련되고 강철같이 담금질되도록 하려고 행하는 것이다.

F. 이 구절에서 사용된 동사들은 구원을 여러 측면에서 보여준다. 부정과거 시제는 달성된 행동을 나타내며, 대개는 동시에 일어나는 행동을 나타낸다: "의롭다 하심을 얻었으즉"(1, 9절): "우리에게 주신 성령"(5절): "그리스도께서 죽으셨도다(죽으심)"(6, 8절): "화목되었은즉" "화목된"(10절): "우리로 화목을 얻게 하신"(11절).

현재는 일반적으로 현재 시간에서 계속적이고 진행하는 행동의 시제이

다: "하나님으로 더불어 화평을 누린다"(1절); "즐거워하느니라"(2, 3, 11절); "환난은 인내를 … 이루는 줄"(3, 4절); "소망이 부끄럽게 아니함은"(5절).

완료시제의 근본 의미는 "정점까지 행동이나 상태의 진행과 그 완성된 결과의 실체"이다. "그로 말미암아 우리가 믿음으로 서 있는 이 은혜에 들어감을 얻었으며"(2절); "하나님의 사랑이 우리 마음에 부은 바 됨이니"(5절).

미래 직설법은 미래 시간의 사건의 기대를 나타낸다: "그로 말미암아 진노하심에서 구원을 얻을 것이니 … 그의 살으심을 인하여 구원을 얻을 것이니라"(9, 10절). 일반 용법에서 미래는 불확실의 정도를 나타내지만 우리가 참으로 구원받을 것이라는 바울의 확신에는 전혀 오해가 있을 수 없다. 모울(H. Moule)의 해석은 우리가 "마지막 날의 최종적인 보존까지" 안전하게 지켜진다는 것이다(참조. 8:34 이하; 살전 1:10; 벧전 1:3-10). 예수님의 생애에 대한 언급은 이 설명에 신뢰를 준다. 히브리서 기자는 이렇게 선언한다: "그러므로 자기를 힘입어 하나님께 나아가는 자들을 온전히 구원하실 수 있으니 이는 그가 항상 살아서 저희를 위하여 간구하심이니라"(히 7:25).

III. 교리적 의의

A. "하나님의 사랑"(헤 아가페 투 데우)(5절). 독립된 구절로서 이 말은 "하나님께 대한 우리의 사랑"(투 데우, 목적격 소유격)이나 "우리를 위한 하나님의 사랑"(주격적 소유격)을 의미할 수 있다. 어떤 해석자들은 그 언급이 우리가 실천하는 사랑에 대한 것이라고 한다. 그 본문은 믿음을 위하여 사랑을 한정하는 "사랑에 의해 형성된 믿음"의 교리를 제의하는 증거로서 누가복음 7:47과 함께 종종 사용되었다. 그러나 로마서 5장(과 일반적으로 신약 성경)의 문맥은 확실하게 우리가 행하는 사랑이 아니라 우리가 신뢰하는 사랑이라는 해석쪽을 택하게 한다. (1) 성령은 대리인으로서 이 성령을 통하여 이 사랑이 베풀어졌고, 그리고 우리 속에 사랑이 생기게

하기 이전에 우리에게 성령께서 하나님의 사랑을 가져오시는 것으로 생각하는 것이 더 자연스럽다(갈 5:22; 요일 4:19). (2) 로마서 5:6-8은 비록 청하지 않았을지라도 하나님의 사랑(텐 헤아우투 아가펜, 8절)이 사랑스럽지 않고 사랑을 품고 있지 않은 사람들에게 향하는 것을 말한다. (3) 누가복음 7:36-50에 관한 한: (a) 예수님은 여자에게 "네 믿음이 너를 구원하였으니"라고 말씀하신다(50절); (b) 41-43절의 비유에서 용서가 사랑보다 앞선다; 이것은 47절과 명백하게 관련이 있다. (c) 47절의 "저의 사랑함이 많음이라"는 반드시 원인을 나타내는 말은 아니다. 우리는 이렇게 말할 수 있다. "빛이 있는 것을 보니 해가 떴다." 빛이 있기 때문에 해가 뜬 것이 아니라 그 반대로 해가 떴기 때문에 빛이 있다는 말이다. (4) 요한일서 4:9-19을 보라.

B. 화목(10, 11절)은 이전에 적대와 다툼이 있던 곳에 평화와 우정이 있게 한다. 어떤 점에서 그리스도의 죽으심이 화목을 가져왔는가? 그가 오시기 전에는 하나님과 사람이 전쟁 상태에 있었다. 하나님께 대한 우리의 거룩하지 못한 반역은 우리 죄에 대한 하나님의 거룩하신 반대를 불러 일으켰다. 우리는 "원수"(에크드로이, 10절)였고, 하나님의 진노의 대상이었다(9절). 허물로 죽은 사람은 화목을 이룰 아무것도 할 수 없고 하려고도 하지 않았다. 원수에게 사랑의 가장 훌륭한 본을 보이신 분은 하나님 자신이었다. 감정이 상한 쪽인 그분께서 그리스도의 십자가의 피를 통하여 화평하기 위하여 그리스도를 보내심으로써 먼저 화목을 꾀하셨다(골 1:20 이하; 2:14 이하). 사람이 "화목하게 하는 말씀"에 믿음으로 응답할 수 있기 전에 이것이 논리적으로 연대순으로 일어나야 했다(고후 5:18-20). 로마서 5:11을 유의하라: "우리로 화목을 얻게 하신."

IV. 실천적 목표

첫째, 구원의 효과가 경험(과거, 현재 혹은 미래이든간에)한 편에만 한정되었다는 생각을 없애기 위한 것이다. 둘째, 사람들로 하여금 이용할 수 있는 은혜의 자원을 끌어내어 얻은 그 복을 다른 사람들과 함께 나누도록 하기 위한 것이다.

V. 설교 개요

제목: "**구원의 범위.**"

구원은 …

A. 과거에 확실히 보장되었는데(6-11절), 그때 그리스도께서 죽으셔서 죄를 위하여 자기를 단번에 제사로 드리셨다(6:9; 히 9:26; 10:12).

"확신의 비결은 우리가 모르고 있는 것이 우리가 알고 있는 것에 대한 우리의 확신을 뒤흔들지 않도록 하는 것에 있다." 현재의 부침(浮沈)이 어 떠하든지간에 "아는 것은 하나님의 아들이 이르러 우리에게 지각을 주사 우리로 참된 자를 알게 하신 것과 또한 우리가 참된 자 곧 그의 아들 예수 그리스도 안에 있는 것이니 그는 참 하나님이시요 영생이시라"(요일 5:20; 참조. 11-13절).

B. 현재에 적용되었다(2-5절).

복음주의 그리스도인들은 "과거와 미래의 구원" 혹은 "과거의 구원"이 나 "미래의 구원"에서 살고 있어서 그들은 구원의 현재의 복에 대해서는 거의 혹은 전혀 경험하지 못하거나 전하지 않는다는 비난을 받아 왔다(옳 고 그름은 구체적인 실증으로만 확정될 수 있다). 일세기에 성취된 그리스 도의 사역을 의지해서는 안 된다든지 대변혁적인 회심의 경험에 대한 기 억을 더 이상 간직해서는 안 된다든지 "주님과 함께 영원히" 있게 될 그날 에 대한 간절한 기대를 하찮게 여겨야 한다든지 하는 것은 절대로 없어야 한다. 그리스도인은 과거를 뒤돌아봄으로써 확신을 얻게 되고 장래를 생각 함으로써 격려를 받는다. 아직도 지금 당장에 해야 할 일이 많다.

(1) 필연적인 시련과 시험이 있다.

3절과 4절의 결론은 신학적인 반영에서라기보다는 오히려 종교적인 경 험에서 나오는 것이다. 바울은 고통의 혹독한 시련을 겪게 되어 있다는 것을 알고 있었다. 바울은 고린도후서 1:8과 2:4과 6:4과 에베소서 3:13에서 그의 고난을 묘사하기 위하여 들립시스를 쓴다. 수년 안에 로마의 그리스 도인들이 네로와 그 일단의 손에 박해를 받게 될 것이다. 그리 멀지 않은 장래에 자유 세계의 그리스도인들이 죽기까지 하게 되는 육체적인 고통을 감수하든지 아니면 그리스도의 이름을 부인하는 갈림길에 서게 될 날이 올 것이다. 현재를 위한 교훈: 우리가 지금의 압제를 잘 견디면 더욱 어려운 시절에 더 잘 견디게 될 것이다. "네가 보행자와 함께 달려도 피곤하면 어찌 능히 말과 경주하겠느냐 네가 평안한 땅에서는 무사하려니와 요단의 창일한 중에서는 어찌하겠느냐"(렘 12:5).

비록 얼마 동안 그 이유를 알 수 없을지라도 극도로 당혹한 환경을 당할 때에는 거기에 어떤 목적이 있다. 환난을 통하여 만들고자 하는 한 가지 결과는 시험을 거친 인격이다: 하나님의 시련의 불은 소멸하기 위한 것이 아니라 연단하기 위함이다(벧전 1:6, 7). 또 다른 목적은 고린도후서 1:3, 4에 나타난다: "찬송하리로다 그는 우리 주 예수 그리스도의 하나님 이시요 자비의 아버지시요 모든 위로의 하나님이시며 우리의 모든 환난 (들립시스) 중에서 우리를 위로하사 우리로 하여금 하나님께 받는 위로로 써 모든 환난 중에 있는 자들을 능히 위로하게 하시는 이시로다." 어떤 상황에서도 신뢰의 태도는 다음과 같다: 하나님의 명하심에 의하여, 하나님의 지켜 주심하에, 하나님의 시간을 위하여 내가 여기 있나이다.

(2) 계속적으로 우리의 임의로 쓸 수 있는 은혜의 원천이 있다.

프로사고게("접근", AV)(2절)는 하나님의 은혜의 보고에서 계속 꺼낼 수 있는 우리의 권리를 나타낼 뿐만 아니라 "가까이가다"를 의미하기도 한다. 그리스도께서 그의 백성을 하나님 앞으로 인도하였다. 그리스도의 소개를 기초로 하여 "하늘에 속한 모든 신령한 복"(엡 1:3)에 들어갈 권리가 있다. "우리가 그[그리스도 예수 우리 주] 안에서 그를 믿음으로 말미암아 담대함과 하나님께 당당히 나아감을 얻느니라"(엡 3:12; 참조. 2:18). 그리스도께서 땅에 오셨을 때 하늘의 문들이 바깥으로 열렸다고 할 수 있다. 이제 문들이 안쪽으로 열려서 성도들을 영원한 복으로 받아들일 뿐만 아니라 하늘의 요새를 사모와 탄원으로 침노하도록 우리를 초대하기도 한다.

"그러므로 형제들아 우리가 예수의 피를 힘입어 성소에 들어갈 담력을 얻었나니 그 길은 우리를 위하여 휘장 가운데로 열어 놓으신 새롭고 산 길이요 휘장은 곧 저의 육체니라 또 하나님의 집 다스리는 큰 제사장이 계시매 우리가 마음에 뿌림을 받아 양심의 악을 깨닫고 몸을 맑은 물로 씻었으니 참 마음과 온전한 믿음으로 하나님께 나아가자"(히 10:19-22). 우리 자신은 이 접근의 길을 얼마나 열렬히 그리고 얼마나 자주 이용하는 가? 참는 것뿐만 아니라 열심히 버티는 것도 "인내"에 해당하는 것을 기억 하면서 우리는 다음과 같이 물을 수 있다: 우리는 명확한 대상을 위해 얼 마나 오랫동안 끈기있게 기도하였는가? 특정한 인물을 위해 얼마나 오랫 동안 끈기있게 기도하였는가?

(3) 현재의 삶은 사랑이 동기가 되어야 한다.

우리가 본 대로 하나님의 사랑(5절)은 우리가 표현하는 사랑이 아니라 우리가 신뢰하는 사랑이다. 그와 동시에 이 사랑이 널리 퍼진 것은 우리 자신의 마음 속에서이다. 하나님의 사랑은 우리의 사랑을 이끌어낸다. 하 나님의 사랑은 자발적이고 자신을 주는 것이고 경건치 아니한 자에게 향 하고 구원하는 행동을 통하여 나타난다. 그리스도께서는 의인을 위하여 죽 기 위해 오신 것이 아니며, 선한 사람을 위해서 오신 것이 아니라 죄인을 구원하기 위하여 오셨다(6-8절). 그렇다면 우리가 실천하는 사랑의 넓이는 어떠한가? 그 사랑은 우리가 고귀하고 정직하고 선하고 매력적이라고 생 각하는 사람들에게 한정되어야 할까(참조. 마 5:46, 47)? 아니면 그리스도 의 사랑이 그러한 것처럼 그 사랑은 비천한 자, 혐오감을 일으키는 자, 불 량자에게로 확대되어야 할까? 우리의 사랑이 호감에 지나지 않는 것일까 아니면 그 사랑이 행동으로 묘사되는 것일까(요일 3:18)?

C. 미래에 이루어진다(2, 5절).

그리스도인은 아직 충분히 실현되지 않은 구원의 완성을 소망함으로써 현재 생활에서 격려를 받는다(참조. 13:11-14). 우리가 구원을 말할 때에는 "이미"와 "아직 아니"가 있다. 사단과 죄와 죽음과의 결정적인 싸움은 싸워서 승리를 거두었지만 마지막 전투와 승리의 축하는 아직 일어나지 않은 미래의 일이다. "실현된 종말론이 있다. 또한 실현되지 않은 종말론이 있다. 기독교는 초기부터 본질적인 양극성을 나타낸다. 끝났다! 아직 끝나지 않았다! 그리고 은혜이든 영광이든 현재의 예상적 실현이든 하나님 안에서의 미래의 완전한 삶이든 파멸되고 있는 실체가 없으면 그 그림에서 아무것도 생략될 수 없다."

일시적인 것을 바라는 우리의 소망과는 달리 "하나님의 영광을 바라는 소망"은 결코 실망하지 않는다. 열렬히 기다리는 어떤 사건에 대한 우리의 기대는 실제의 사건에 참여하는 것보다 더 큰 흥분을 불러일으키는 경우가 종종 있다. 그리고 경험이 기대에 부응하지 못할 때 또는 우리가 경험하지 못하게 됨으로 말미암아 우리의 소망이 산산이 깨어지는 경우가 때때로 있다. 그러나 우리는 로마서 5장에 묘사된 그 소망에 관한 그와 같은 좌절을 두려워할 필요는 없다.

"이미" 성취된 구속(엡 1:7)은 "아직 성취되지 않은" 구속(엡 1:14; 참조. 롬 8:23)이 실현될 것을 보증한다. 바울은 빌립보 교인들에게 다음과 같이 확신시킨다: "너희 속에 착한 일을 시작하신 이가 그리스도 예수의 날까지 이루실 줄을 우리가 확신하노라"(빌 1:6). "사랑하는 자들아 우리가 지금은 하나님의 자녀라 장래에 어떻게 될 것은 아직 나타나지 아니하였으나 그가 나타내심이 되면 우리가 그와 같을 줄을 아는 것은 그의 계신 그대로 볼 것을 인함이니"(요일 3:2; 참조. 벧전 1:5, 8, 9). 그와 같은 약속의 성취는 우리의 모든 기대와 상상을 초월할 것이다.

로마서 제6장

죽으심과 살으심

6:2. "그럴 수 없느니라 죄에 대하여 죽은 우리가 어찌 그 가운데 더 살리요."

6:4. "그러므로 우리가 그의 죽으심과 합하여 세례를 받음으로 그와 함께 장사되었나니 이는 아버지의 영광으로 말미암아 그리스도를 죽은 자 가운데서 살리심과 같이 우리로 또한 새 생명 가운데서 행하게 하려 함이니라."

6:12. "그러므로 너희는 죄로 너희 죽을 몸에 왕 노릇 하지 못하게 하여 몸의 사욕을 순종치 말고."

I. 역사적 배경

육신의 죄를 버리라는 권고(6:12 이하)는 여러 방법으로 로마의 독자들이 적용할 수 있다. 사실 한 도시 이상의 도시들에서 화려함에 깊이 빠져 있고 번영과 성적인 부도덕으로 인한 부패가 만연하였고 때때로 그런 것이 종교 의식("비법")의 중요한 일부이기도 하였다. 로마는 시민들에게 오락과 쾌락을 많이 제공하였다: 로마에는 원형 경기장들(그 중에서도 특히 막시무스 대원형 경기장〈the Circus Maximus〉)이 있었고 원형 극장(콜로세움은 바울 이후에 건립되었다)들, 극장들, 목욕탕들이 있어서 "일년에 159일이나 되는 공휴일을 비롯한 여가 시간을 가진 대중들이 아주 뻔질나게 이용하였다". 터툴리안(Tertullian, 160-230년경)은 그의 책(*De Spectaculus*)에서 그리스도인 형제들에게 그와 같은 여가 활동의 위험성을 낱낱이 말하고 있다. 그는 로마 사회의 구경거리를 "세상에 누워 있는"

것으로, 극장을 비너스(정욕의 여신)와 바커스(주신〈酒神〉)의 안식처로 말한다. 자기 "몸과 영과 혼과 동기"가 더럽혀지지 않기를 바라는 신자는 그와 같이 불결한 생각으로 가득 차서는 안 된다. 그는 다음과 같이 묻고 있다: "그리스도인이 경험하고 있는 것에서 전혀 하나님이 없다면 어떻게 그의 생각이 하나님께로 향할 수 있겠는가?" 바울 시대의 로마인들은 바로 그 질문에 대해 깊이 생각하였을 것이다.

II. 용어 해설

A. 1절과 15절. 실제로 계속 죄를 짓는 사람은 은혜가 풍성하다는 것을 진지하게 알려고 할 리가 없다. 칼 바르트는 1절의 문제를 복음을 가까이 하지 않는 거룩하지 않은 사람의 노력으로 간주한다. 그리고 "우리가 법 아래 있지 아니하고 은혜 아래 있으니 죄를 지으리요?"(15절)하고 묻는 것은 사실상 쓸데없는 걱정을 하는 것이다. 죄에 굴복하는 것은 죄의 노예가 되는 것이다(16절). 그리스도의 은혜를 경험한 자가 정말 다시 이렇게 되기를 바랄까? 아주 속박을 받게 되는 것인데도? 사람이 아니라 물건과 "몸"으로 간주되는데도? 그렇게 대가를 치르게 되는데도(23절)?

B. "죄로 … 왕 노릇 하지 못하게 하여"(12절). 11-13절과 19절의 명령의 목적은 논리적으로 법적으로 참된 것이 실제적으로 그리고 경험적으로 참될 수 있도록 하기 위함이다. 바울은 그리스도의 죽으심과 부활이 죄와 죽음의 파멸을 초래하여 이제 죄와 죽음이 승귀하신 주님을 지배할 수 없고(9, 10절) 또한 그를 믿는 사람들도 지배할 수 없다는 것을 알고 있었다. 사도는 다음과 같이 그 이유를 설명하고 있다: 그리스도인의 "옛사람"(6절)이 그리스도와 함께 십자가에 못박혀서 우리의 죄악적인 자아는 멸망하게 되었고 이제 더 이상 우리는 죄의 노예가 아니다 — "죽은 자가 죄에서 벗어나"(7절: 참조. 고후 5:14, 15; 갈 2:20). 그렇지만 로마서 저자는 신자들의 삶 속에 있는 죄의 존재를 인정하고 그리스도의 승리로 보좌에서 쫓겨난 그 원수가 아직은 무장 해제를 당하지 않았다는 것을 알고 있는 현실주의자이다(벧전 5:8). 에베소에 있는 성도들에게 편지를 쓸 때(엡

1:1), 그는 이방인의 삶의 방식을 좇는 삶에서 떠날 것(4:17)과 "너희는 유혹의 욕심을 따라 썩어져 가는 구습을 좇는 옛사람을 벗어 버릴"(4:22) 것과 "하나님을 따라 의와 진리의 거룩함으로 지으심을 받은(크티스덴타) 새사람(카이노스 안드로포스)을 입을"(4:24) 것을 독자들에게 여전히 촉구하고 있다. 고린도후서 5:17에 의하면, 만일 어떤 사람이 그리스도 안에 있으면 그 사람은 카이네 크티시스이다. 새로운 피조물이 생겼으며 하나님의 은혜로 자랄 것이다(벧전 2:2; 참조. 히 5:12-6:3). 그러나 옛사람은 그리스도인의 경험을 통하여 반드시 청산되어야 한다. 루터의 유명한 진술은 신자가 의인인 동시에 죄인이라는 것이었다.

그러나 그리스도인이 그의 지체를 불의의 병기로 내어줄지라도 "어떤 처지에서도 죄가 합법적인 주장을 절대로 하지 못할 것이다." 죄를 행함에 있어서 합법적인 동기는 절대로 있을 수 없다.

III. 교리적 의의

A. 세례(3절 이하; 골 2:12). 물 세례의 적절한 방식에 대해서는 의견의 차이가 좁혀지지 않고 있다. 심지어 이 예식이 구원에 필수적인 것으로 생각하는 사람들도 더러 있다. 때때로 이런 예식을 행하지 않아도 된다거나 임의로 해도 된다고 생각하는 사람들도 있다. 그러나 어떤 식으로 주장을 하든 아무도 세례의 중요성을 축소하거나 그 성례의 가치를 과소 평가할 권리는 없다. 우리 주님께서는 요단 강에서 세례를 받으셨다. 주님은 그의 죽으심을 세례로서 말씀하셨고(막 10:38; 눅 12:50),[1] 그를 따르는 자들에게 어디에서나 성부와 성자와 성령의 이름으로 세례를 베풀 것을 명하셨다(마 28:19).

성찬식과 같이 세례는 "복음의 상징적인 선포와 전유이며, 간략하게 효과적으로 상징하는 복음이며 구현된 케리그마이다." 한 사람이 하나님의 백성 앞에서 세례를 받을 때 (1) 그리스도의 죽으심과 부활의 역사적 사건이 암시되었고, (2) 세례받는 그 행위는 세례받는 사람의 영적 경험을 눈으로 볼 수 있게 드러내는 것이며, (3) 세례받는 자는 그리스도를 믿는 그의 믿음을 공적으로 증거하고 있는 것이며(종종 들을 수 있는 확언에 의해), (4) 참석한 그리스도인은 예수님의 생명에서 성례의 근거를 상기하고 그들이 받은 세례를 기억할 뿐만 아니라 세례받은 사람의 양육에 대한 책임을 느끼기도 한다.

B. 몸(소마), 6, 12절(8장, Ⅲ. A. "육신"에 관한 논의를 참조하라). 몸에 대한 바울의 생각(그리고 참으로 그의 일반 인류학)에 대한 올바른 이해는 6장에서 8장에 걸친 중요한 점에 대한 정확한 이해를 위해 꼭 필요하다. 바울의 소마에 대한 가르침은 히브리 사상에서 나온 것이다. 형상과 물질, 영혼과 몸을 구분하는 그리스인과는 달리 히브리인은 그런 식으로 철학화하는 것이 허락되지 않았다. 히브리인에게 사람을 하나의 독립된 실체로 분석하는 것이 그렇게 중요하지 않았으며, 사람을 하나님과 관련하여 보았다. "참된 개성은 하나님께 대한 개개인의 불가분의 책임에서만 세워질 수 있다고 보았다." 히브리 성경은 네페쉬(영혼)가 불멸하고 바사르(육신)는 죽는다고 말하지 않는다. 게다가 인간은 통일체이어서 "인격의 힘과 기능이 육체적인 것과 정신적인 것의 구별이 없이 아주 다양한 기관들을 통하여 작용되는 것으로 간주된다."

바울의 용법에 따르면, 소마는 "인격의 기관이다." 마치 프쉬케(영혼)는 순수하고 소마는 불치의 악인양 소마가 프쉬케와 뚜렷하게 내조되는 깃은 아니다. 바울의 개념은 고린도전서 6:13 이하에서 증명하듯이 몸을 "영혼의 감옥"으로 생각하는 그리스인들의 개념하고는 거리가 멀다: "… 몸은 음란을 위하지 않고 오직 주를 위하며 주는 몸을 위하시느니라. 너희 몸이 그리스도의 지체인 줄 알지 못하느냐 … 내가 그리스도의 지체를 가지고 창기의 지체를 만들겠느냐 결코 그럴 수 없느니라 … 너희 몸은 … 성령의 전인 줄 알지 못하느냐 … ." 그리스도인의 믿음에서 대조가 되는 것은 몸과 영혼이 아니라 죄에 종 노릇을 하는 몸(롬 6:6)과 하나님께 드린 몸(13절)이며, 썩을 물질적인 몸과 썩지 않을 영적 몸이다(고전 15장).

C. 거룩하심은 하나님을 섬기기 위하여 구별된 이가 은혜 가운데 자라가는 것으로 설명될 수 있다(16-22절). 의롭다 하심의 사법적 선언은 구원

의 과정을 최종적으로 결정하는 것이 아니라 의롭다 하심을 받은 사람을 이러한 섬김의 새로운 위치에 두는 것이다. 직설법의 사실(5:1 ― 흠정역에서는 "하나님으로 더불어 우리가 화평을 누린다"로 되어 있음 ― 역자 주)은 선에 대한 도전의 기초를 놓는다(6:12, 13). 모리스는 다음과 같이 주장한다: "윤리적인 의미의 의가 그리스도에게 속한 사람들의 특색 있는 표이어야 한다는 것이 바로 신약 성경의 특성인 것처럼 사실상 그리스도에게 속한 사람들에게 구원을 가져오는 것은 그들의 의가 아니라 하나님의 의이다."

의롭다 하심의 결과는 (1) 하나님의 의롭다 하심이 보충되거나 대체하는 의의 주입이 아니며 또 (2) 신자에게 자율을 허락하는 거룩의 상태에 신자가 이를 수 있는 의의 주입이 아니다. 그리스도는 우리에게 의로움과 거룩하심이 되셨다(고전 1:30). 의롭다 하심과 마찬가지로 거룩하심은 모두 하나님의 은혜와 능력이다(고후 4:7; 13:14; 엡 3:16-20). 마르쿠스 바르트(Markus Barth)의 말대로 "그리스도인은 그를 위해 행해진 것을 한다." 이것을 깨닫지 못하면 자기 무능력에 관한 자기 연민에 빠지거나 자신의 힘으로 성취되었다는 생각으로 성취에 관한 교만에 빠질 수 있다. 그러나 "예수 그리스도의 은혜와 지식 안에 점점 침잠하는 것으로서의 거룩함"은 반드시 깊은 겸손과 감사를 초래하게 되며, 그로 인하여 유익한 봉사를 하게 될 것이다.

Ⅳ. 실천적 목표

그리스도 안에서 겪는 경험과 시대의 도덕적 타락을 고려하여 순수한 삶과 지속적인 봉사를 촉구하기 위함이다.

Ⅴ. 설교 개요

제목: "죽으심과 살으심."

A. 그리스도와 함께 죽었다가 살아남(3-11절).

죽으실 때 예수님은 "죄에 대하여 단번에 죽으셨다"(10절). 예수님은 무덤에서 일어나셔서 계속적인 주권으로 옮기셨다. 요한은 확신하였다: "두려워 말라 나는 처음이요 나중이니 곧 산 자라 내가 전에 죽었었노라 볼지어다 이제 세세토록 살아 있어"(계 1:17-18; 참조. 히 7:25). 그리스도의 죽으심은 결코 두 번 다시 반복되지 않는다. 그가 생명에 대하여 살으심은 영구적인 것이다. 마찬가지로 그를 믿는 죄인은 죄에 대하여 죽으며(6, 7절) 그리스도와 함께 십자가에 못박혔다(갈 2:20). 일단 하나님의 권속이 되면 아무도 아들이나 아버지의 손에서 그를 빼앗을 자가 없다(요 10:27-29). 그가 생명에 대하여 살으심은 영원하며(6:8, 9, 23) 그것은 바로 지금 시작된다.

우리가 그리스도의 부활에 참여함에는 앞으로 우리 몸이 변화될 영광스러운 미래도 포함된다. 그때에 23절의 "영생"의 충만한 범위와 복이 실현될 것이다. 그러나 바울이 6장에서 강조하는 것은 현재에 "새(카이노테스) 생명 가운데서 행하는"(4절) 것이다. 희랍어 명사는 비상하고 비범하고 놀라운 어떤 것을 의미한다. 그리스도 안에 있는 생명에 관하여 무엇이 새로운 것이며 무엇이 다른 것인가? 이 구절을 연구하는 사람들은 다음과 같이 자문하게 될 것이다: 나는 어떤 새로운 관점을 계발하였으며, 내가 그리스도를 영접한 이래 어떤 새롭고 유다른 경험을 희였는가? 새로운 목적이 있는가? 새로운 의욕과 열정이 있는가? 새로운 기쁨이 있는가?

만일 우리가 이 생명에 대하여 살아난 것이 충만해져야 한다면 그것은 우리 주님의 생명을 본받는 것이 틀림없다. 우리 주님은 지상에서 사실 때 하늘에 계신 그의 아버지께 의지하고 복종하고 아버지와 더불어 사귀셨다. "믿고 순종하는" 신자로서 그의 주님과 일정한 사귐을 유지하는 자는 그의 힘이 새롭게 되고 그의 영이 새롭게 됨을 깨닫게 될 것이고 기타 매일 반복되는 직업이 생기를 얻게 됨을 깨닫게 될 것이다. 그는 때때로 그 놀라움을 증거할 것이다: 하나님의 능력으로 사람이 변화를 받는 것보다 더 놀라운 것이 무엇인가? 아주 구체적인 대상을 위해 기도한 것에 응답받는 것보다 더 놀라운 것이 무엇인가?

B. 죄에 대하여 죽고 의에 대해 살아남(1, 2, 12-23절).

세례(와 성찬)으로 (성스럽게 완전해진 것을 상징하는) 그리스도 안에 있는 신분은 반드시 윤리적으로 순종으로 실현되어야 한다. 죄의 종이 되든지 아니면 의의 종이 되든지 해야 하며, 사단에게 순종하든지 아니면 그리스도에게 순종하든지 해야 한다. "한 사람이 두 주인을 섬기지 못할 것이니 혹 이를 미워하며 저를 사랑하거나 혹 이를 중히 여기며 저를 경히 여김이라 …"(마 6:24; 참조. 벧후 2:19). 각 경우에 속박과 자유가 있다.

죄의 종이 되면 의에 대해서는 자유롭다. 사람이 전혀 제약을 받지 않고 어떤 방식으로든 꾸밈없이 자신을 표현하고 관습과 윤리적인 규범의 구속에서 벗어나는 것은 안정이 없고 조심성 없고 무법한 자유이다. 그 결과는 "도덕적 혼란을 빚게 되는 부정과 불법"이다(19절). 또 죄에 대한 속박이 있다. 섬기는 기간이 길수록 노예화가 더욱 심해진다. 굴종이 클수록 더욱 더 움짝달싹 할 수 없도록 매이게 된다. 짐이 가벼워지기를 기대하고 그처럼 무정한 주인에게서 벗어나리라고 기대할 수 있을까? 죽음 외에 무엇을 기대할 수 있을까?

그리스도의 종은 또한 속박되어 있다. 그가 오래 섬길수록 시간과 정력에 대한 요구가 더욱더 커진다. 그 일을 완화시키는 약속은 전혀 없다. 그러나 그 짐은 가벼운데, 이는 그 주인이 그 짐을 모두 다 친히 책임져 주시기 때문이다(벧전 5:7). 전망은 어떤 것인가? 섬기는 일이 죽음으로 끝나는 것이 아니라 그 종이 해야 하는 섬기는 일은 영원히 하게 되어 있다. 죄의 명령으로부터 해방되는 자유도 있다(22절). 그러나 그 자유는 불법의 해방이 아니다. 그 자유는 자유를 가진 자가 자기 좋을 대로 해도 된다고 허용해 주는 것이 아니라 오히려 그가 마땅히 해야 할 것으로 알고 있는 것을 이룰 수 있는 힘을 준다. 바울은 갈라디아 교인들에게 다음과 같이 권고하고 있다: "형제들아 너희가 자유를 위하여 부르심을 입었으나 그러나 그 자유로 육체의 기회를 삼지 말고 오직 사랑으로 서로 종노릇 하라"(5:13). 주인이 종의 자기 표현을 억압하고 방해하기는커녕 주인은 의의

봉사에 있어서 모든 자원을 이용하고 모든 기능을 사용하기를 요구한다.[2]

13절과 19절은 독자들에게 그들의 지체(멜레)를 하나님께 드릴 것을 권고한다. 멜레를 사용한 것은 단순히 비유적인 것만은 아니다. 바울은 로마 교인들에게 하나님께서 마음대로 하실 수 있도록 그들의 몸의 실제적인 기관 곧 팔다리와 기관(器官)을 드리라고 강권한다(참조. 12:4, 5; 고전 12:12 이하). (1) 눈: 우리는 무엇을 보고 무엇을 읽는 데 익숙한가? 우리의 관심을 집중시키는 것은 무엇인가? (2) 귀: 우리는 무엇을 듣기 좋아하는가? 어떤 소리에 귀를 기울이는가? (3) 입: 우리는 한 입으로 하나님을 찬양하기도 하고 형제를 저주하기도 하는가? 우리가 하는 말이 괜찮은 말인가 아니면 대부분이 말도 안 되는 것인가? 야고보서 3:2-13과 골로새서 4:6과 에베소서 4:29을 참조하고 로마서 3:13, 14에서 혀가 범하는 죄를 묘사한 방식을 유의하라. (4) 손: 손이 어떻게 사용되는가: 손이 무엇을 붙들고 있는가? 손이 일하기를 싫어하는가? (5) 발: 대부분의 시간에 우리는 어디를 가고 있는가? 정처없이 배회하고 있는가 아니면 목적을 가지고 움직이고 있는가? (찬송가 348장 "나의 생명 드리니"가 이 단락과 관련하여 사용하면 될 것이다.)

그리스도인은 일반적으로 이야기되는 도덕적인 견해로 인해 자신의 윤리 의식이 무디어지지 않도록 조심해야 한다. 시대의 성격이 도덕의 절대성을 상대화하고 십계명을 어기는 것을 관용과 동정으로 받아들일 때 그리스도 안에 있는 신자는 그릇된 것에 대하여 무관심한 태도를 취하기가 십상이다. 이전에는 아주 싫어하던 일을 지지하기까지 한다. 순결한 삶에 대한 요구가 결코 뒷전으로 밀려나서는 안 된다. "… 우리가 하나님을 두려워하는 가운데서 거룩함을 온전히 이루어 육과 영의 온갖 더러운 것에서 자신을 깨끗게 하자."

주(註)

1. 주님은 자신의 죽으심을 "다른 사람들이 깨끗해질 수 있는 피로써 행하는 세례로 보고

있다(막 10:45) … 분명히 예수님은 십자가를 여호와의 고난받는 종의 사명을 위해 성별되었던 바 요단 강에서 시작한 세례의 완성으로 생각하셨다"(Hunter, *Paul and His Predecessors*, p. 136).

2. 자기 표현은 반드시 "옛사람"과 "새사람" 사이의 계속적인 싸움에 비추어서 생각되어야 한다. 신약 성경에서는 하나님께 자신을 전적으로 드리고 자신을 전적으로 포기할 것을 요구한다(참조. 딤후 2:19-22).

로마서 제7장

그리스도인의 삶 속에서 일어나는 긴장

7:4. "그러므로 내 형제들아 너희도 그리스도의 몸으로 말미암아 율법에 대하여 죽임을 당하였으니 이는 다른 이 곧 죽은 자 가운데서 살아나신 이에게 가서 우리로 하나님을 위하여 열매를 맺게 하려 함이니라."

7:11. "죄가 기회를 타서 계명으로 말미암아 나를 속이고 그것으로 나를 죽였는지라."

7:22, 23. "내 속 사람으로는 하나님의 법을 즐거워하되 내 지체 속에서 한 다른 법이 내 마음의 법과 싸워 내 지체 속에 있는 죄의 법 아래로 나를 사로잡아 오는 것을 보는도다."

I. 역사적 배경

A. 1-3절에서 든 예는 "법 아는 자들"(1절: 노모스("율법")는 전혀 정관사가 없다)에게 말한 것이다. 노모스는 아마 모세의 법규뿐만 아니라 로마법의 큰 체계를 언급할 것이다. 어쨌든 두 법의 규정은 지금 들고 있는 예의 상황에 대해서는 동일하다.

B. 14-25절은 어떤 점에서 성경에서 그리고 궁극적으로는 예수 그리스도 안에서 하나님의 독특한 계시를 접하게 된 사람이 독특하게 경험한 것을 말하고 있다.

바울이 말하고 있는 것은 유일하신 참 하나님의 율법이다(22절). 오직 그리스도만이 서술된 그 내면외 싸움에서 벗어나게 하신다(25절; 8:1). 선을 행하려는 의지와 죄의 경향 사이에서 일어나는 갈등은 바울이나 바울이 대표하는 그리스도인들에게만 독특하게 있는 것은 아니었다. 시인 오비

드(Ovid)는 다음과 같이 썼다: "나는 더 좋은 쪽을 알고 그것을 인정하지만 그러나 더 좋지 못한 쪽을 따르게 된다." 극작가 플라우투스(Plautus)도 이렇게 썼다: "나는 내가 어떠해야 할 것을 알고 있었지만 불행하게도 나는 그렇게 할 수 없었다." 스토아 철학자 에픽테투스(Epictetus): "범죄하는 사람은 자기가 하려고 한 것을 하는 것이 아니라 하려고 하지 않은 것을 하는 것이다." 플라톤은 사람의 영혼을 한 마리는 위로 가려고 하고 한 마리는 아래로 가려고 하는 두 필의 말이 끄는 병거에 비유하였다.

II. 용어 해설

A. 1-4절. 율법에서 해방되는 것을 한 아내가 그녀의 남편이 죽음으로써 혼례법의 의무에서 자유롭게 되는 것에 비유하였다. 그 예화에서 글자 그대로 남편의 죽음은 구속에 대한 아내의 "죽음"의 필요 조건이며 재혼할 수 있는 자유이다. 4절의 적용은 엄격하게 1-3절을 따르는 것은 아니다. "그렇지만 다른 경우에 남편의 죽음과 꼭 마찬가지로 결정적으로 속박을 풀어 주는 죽음이 있다. 그리고 그 죽음은 그리스도의 죽음 안에서 율법에 대한 우리의 죽음이다." 그러므로 "그리스도의 몸"은 십자가에 달리신 우리 주님 자신의 몸이지(골 1:22; 벧전 2:24) 교회의 신비한 몸이 아니다.

B. "이는 법이 없으면 죄가 죽은 것임이니라"(8절). 앞에서 바울은 이렇게 진술하였다. "율법은 진노를 이루게 하나니 율법이 없는 곳에는 범함(파라바시스)도 없느니라"(4:15). 파라바시스는 분명히 사람이 "넘을" 수 있는 선, 법률, 범하는 자가 무시하는 구속력 있는 행위 규범(한계선)을 암시한다. 그러나 로마서 4:15으로부터 그와 같이 분명하게 서술된 법이 없음은 죄가 없음을 의미한다고 추론해서는 안 된다. "죄가 율법 있기 전에도 세상에 있었으나 율법이 없을 때에는 죄를 죄로 여기지 아니하느니라. 그러나 아담으로부터 모세까지 아담의 범죄와 같은 죄를 짓지 아니한 자들 위에도 사망이 왕노릇 하였나니"(롬 5:13, 14상).

7:8이 법이 없으면 죄가 존재하지 않는다고 생각하게 하는 근거가 아니다. 오히려 죄가 죽은 것이다 ― 생명이 없고 움직이지 않는다. 법이 죄에

게 작용할 근거를 제공한다. 아프로메("기회", 8, 11절)는 대체로 말하면 "사업을 완성시키기에 필요한 자원"을 말한다. 율법은 죄가 열렬히 붙잡고자 하는 기회와 사업에 필요한 힘을 죄에게 제공한다(고전 15:56). 율법이 규제하고 금하고 명하는 곳에서 반역과 범죄를 선동함으로써 자신의 희생자들 속에서 죄는 생기가 솟아난다.

C. "율법은 신령한"(호 노모스 프노마티고스 에스틴)(14절). 이 형용사는 율법이 관계하는 사람의 한 부분 곧 "신령한 면"을 나타내는 것이 아니다. 7:12을 생각하면 이 구절은 영이신(요 4:24) 거룩하신 하나님의 본성의 표현으로서의 율법에 대한 언급으로 보는 것이 가장 좋다. 8:2("생명의 성령의 법") 및 8:4("육신을 좇지 않고 그 영을 좇아 행하는 우리에게 율법의 요구를 이루어지게 하려 하심이니라")과 아주 가까워서 거기서 구약성경 시대에서와 또한 그리스도인의 삶에서 율법을 묵상할 때 성령의 역사의 징후를 보기 위하여 형용사 "신령한"을 너무 지나치게 해석해서는 안 된다. 왜냐하면 율법이 명하는 것 즉 율법과 밀접한 것이 "거룩과 공의와 선"이라는 것(레 11:44)은 "성령께서 거하시는 마음 속에서 성령께서 역사하시는 것에 지나지 않기" 때문이다.

D. "이제는 … 내가 아니요 … 죄니라"(17, 20절). 바울은 그의 죄악적인 행동을 외부의 힘의 닷으로 돌림으로써 책임을 회피하려고 하는 것이 아니다. 17절의 "내"는 22절의 "속사람"과 동등시된다. 죄가 기숙하고 있는 곳은 선한 것이 거하지 않는 육신 속이다(18절). 그러나 그것은 바울의 육신이고 바울이 몹시 후회하는 잘못을 범한다.

III. 교리적 의의

A. 바울과 하나님의 법.

모세의 율법에 대한 바울의 태도의 다양한 면은 반드시 적절한 균형이 유지되어야 한다.

(1) 율법을 지킴으로써 하나님께 의롭다 하심을 얻을 것을 기대할 사람은

아무도 없다(3:20).

지금 빌립보서에서 바울은 그리스도를 만나기 전에 그가 율법의 의와 관련된 한에서 흠이 없었다는 것을 상기한다(3:6; 참조. 막 10:20, 여기서 부자 청년은 예수님께 자기가 전심으로 계명을 지켰다고 말한다). 그러나 그 당시 바울이 율법을 알았던 것은 바리새인으로서였다(빌 3:5). 자신과 그의 동료 율법주의자들이 보았을 때 바울의 생활은 의심할 여지 없이 모범적이었다. 한때 그는 율법의 요구를 철저히 지킴으로써 하나님의 심판대 앞에서 의를 인정받기에 적절한 공로의 양을 성취할 수 있음을 예견하였다. 바울이 회심하기 전에 내적인 순종의 중요성과 또 그와 동시에 그 자신의 마음의 죄 많음을 얼마나 깨달았는지 모르겠다. 바울은 정통 유대인이었을 때에도 틀림없이 반역적이고 정욕적인 충동을 뚜렷이 인식하였을 것이다. 그러나 바리새인 다소의 사울은 외적으로 고결한 삶을 마음의 숨은 죄를 충분히 상쇄하고 다른 사람 앞에서 심지어 하나님 앞에서까지도 인정을 받을 수 있는 것으로 간주하였을 것이다. 그러나 복음은 바울에게 (a) 하나님은 사람의 외적인 행동이 아무리 곧고 경건할지라도 또 자기 스스로 아무리 의롭다 할지라도 그 마음을 감찰하시고 거기서 죄를 항상 찾아내신다는 것을 보여주었다. 그리고 (b) 중요한 의는 "오직 그리스도를 믿음으로 말미암은 것이니 곧 믿음으로 하나님께로서 난 의라"(빌 3:9).

(2) 본성과 뜻이 율법에 표현된 하나님은 거룩하시고 공의로우시고 선하시기 때문에 그 계명도 그렇게 말할 수 있다(7:12).

율법이 죄가 발생할 수 있는 기회를 주고 사람이 계명을 이루지 못하고 거듭 실패함으로 실망하게 하는 것이 사실이다. 그러나 율법의 근본을 보지 못하면 안 된다. 구약 성경 토라는 여호와와 이스라엘 사이에 맺은 언약의 맥락에서 보게 되어 있다. 추상적인 개념의 나열인 "일반법"은 히브리 성경의 주제가 아니다. 그것은 언약을 지키시는 하나님께서 개인적으로 주신 법이다. 율법 수여자의 성격에 따라 그 계명이 제정된다: "나는 여호와 너희 하나님이라 내가 거룩하니 너희도 몸을 구별하여 거룩하게 하고"(레 11:44).

이스라엘의 하나님은 거룩하실 뿐만 아니라 은혜로우시다. "그 율법을 주심에는 비록 경고가 수반되었지만 아주 현저하게 은혜 곧 애굽에서 건지시고(출 20:2) 약속의 땅으로 인도하실 것을 약속하신 분의 그 은혜, 시편 119편의 영감을 불어넣을 수 있는 은혜에 근거를 두고 있다". 이스라엘의 죄는 반역적이고 극악한 죄일 뿐만 아니라 은혜로우신 하나님께 대하여 배은망덕한 행위이기도 했다.

(3) 율법은 죄를 드러낸다(롬 3:20; 7:7).

율법은 치료할 수 없지만 진단할 수는 있다.

(4) 율법의 존재로 인하여 죄가 격렬해진다.

그러나 율법은 작동시키는 "원동력"이 아니다. 죄는 진범이다. 바울은 다음과 같이 쓰고 있다: "생명에 이르게 할 그 계명이 내게 대하여 도리어 사망에 이르게 하는 것이 되었도다. 죄가 기회를 타서 계명으로 말미암아 나를 속이고 그것으로 나를 죽였는지라"(7:10, 11). 자기 노력으로 율법의 의(앞의 1을 참조하라)를 얻지 않을 수 없는 사람을 자유롭게 하여 죄의 속박(앞의 3과 4를 참조하라)에서 구원을 주시는 분은 예수 그리스도이시다. 그러나 일단 복음이 구약의 경륜의 중단을 선언하였으면 불법의 자유로 인도되지 않는다. 그는 새로운 동기에 의해 율법으로 돌아오지만 행위로 의를 이루기 위한 것이 아니라 감사를 표시하기 위함이다. 새로운 빛 즉 그리스도에 의해 해석된 대로 계명을 생각하고 이전에 부족한 힘을 갖추고 있다(7:6; 엡 3:16).

B. 바울의 내적 투쟁(14-25절).

잘 알려진 바대로 이 구절에 대한 해석이 아주 많다. 바울이 마음에 그린 것은 예수 이전(pre-Christian)이라고 말하는 사람들이 더러 있다. 그러나 그들은 6장의 특유의 표현으로 그리스도인의 삶을 묘사한 그 사람이 이제 동일한 삶을 그와 같은 싸움으로 말할 수 있었는가 하고 묻는다. 염두에 두고 있는 그리스도인은 바울이라고 생각하는 사람들도 있다. 불신자가 죄를 짓는 것과 하나님께 순종하기를 원하는 것 사이에서 일어나는 긴

장에 관하여 그렇게 확실하게 말할 수 있겠는가? 사도 바울은 다른 것과 의도적으로 차별화한 것으로서 이런 상태들 중의 오직 한 상태에만 자기 말을 한정하려고 의도하지는 않았을 것이다. (물론 바울이 성령께서 조명하신 눈을 통하여 자기 과거를 보면서 — 만일 우리가 그것을 포함시키는 쪽을 택해야 한다면 — 그리스도인으로서 쓰고 있는 것이 사실이다.) 맨 먼저 그의 마음에 떠오르는 것은 사람에게 남아 있는 죄악되고 연약한 상태이다. 사람은 불신자이든 "그리스도 안에 있든" 죄인이다. 그는 항상 씻어야 할 필요가 있고 이전에 하나님의 은혜를 경험하였든지 그렇지 않든지간에 하나님의 은혜를 회복해야 할 필요가 있다.

바울이 개인적인 경험에서 말하고 있다는 데 대부분 해석자들이 동의한다. 그 싸움은 그가 바리새인으로서 하나님의 뜻을 행하는 일에 전념하였을 때부터 그에게서 시작되었다. 율법주의자로서 그는 이런 내적인 갈등을 어느 정도 인지하였지만 바울이 그리스도를 경험하였을 때 비로소 사람의 죄와 무능력과 하나님의 거룩의 표준 사이에 현격한 구별에 대한 아주 뚜렷한 깨달음이 그에게 생기게 되었다. 옳다고 알고 있는 것을 하기를 원하는 사람이 바리새인 사울이든지 아니면 사도 바울이든지간에 선을 고수하고 악을 멀리할 수 있는 능력은 그 자신에게서 나오는 것이 아니다. 그는 소리친다: "오호라 나는 곤고한 사람이로다 이 사망의 몸에서 누가 나를 건져 내랴?" 누가 소리치더라도 한 가지 대답밖에 없다: "우리 주 예수 그리스도로 말미암아 오직 하나님뿐이다"(참조. 7:24, 25). 그리스도를 믿는 그는 사망에서 생명으로 옮겼다(6:2-4, 23; 8:2). 그 몸은 죄의 율법이 작동하는 통로로 남아 있지만(7:23; 8:10) 죄가 더 이상 정죄하지는 못한다(8:1). 여전히 죄가 남아 있다. 그리스도인이 단번에 죄의 형벌과 궁극적인 세력에서 건짐을 받았던 것처럼 그는 매일 그리스도와 그의 강한 힘 안에서 그의 힘을 발견하여야 한다. 왜냐하면 방심할 수 없을 정도로 여전히 강력한 적의 공격에 대항하여야 하기 때문이다(엡 6:10 이하; 벧전 5:8, 9).

IV. 실천적 목표

첫째, 율법이 사람으로 하여금 어쩔 수 없이 하나님의 은혜와 그리스도의 의를 의지하도록 하는 것뿐만 아니라 여전히 죄인인 그리스도인의 생활을 규제하기 위해서도 계획되었다는 것을 증명하기 위함이다. 둘째, 죄로부터 해방은 오직 그리스도께서 비기독교인과 기독교인에게 주신 것임을 청중들의 마음에 새기기 위함이며, 또 그리스도께 헌신한 자들은 그들의 삶 속에서 죄를 더욱더 충분히 고려할 뿐만 아니라 사죄의 소식을 열심히 다른 사람들에게 전하도록 촉구하기 위함이다.

V. 설교 개요

제목: "**율법과 그리스도인.**"

A. 패배당한 율법주의(1-13절).

7장의 주된 메시지는 율법과 관련하여 그리스도가 모세의 율법의 요구에 의해 모습을 드러내고 더욱 공격적이 된 죄의 속박을 풀어 주심이다. 사람이 하나님께 가까이 나아갈 수 있도록 하나님께서 친히 시내 산 언약의 방법보다 더 놀라운 방법을 보이셨다. "(율법은 아무것도 온전케 못할지라) 이에 디 좋은 소망이 생기니 이것으로 우리가 하나님께 가까이 가느니라"(히 7:19). "율법이 가입한 것은 범죄를 더하게 하려 함이라. 그러나 죄가 더한 곳에 은혜가 더욱 넘쳤나니"(롬 5:20). 복음은 율법을 지키지 못한 죄인에게 소망이 있다는 것과 그러나 자기 자신의 성취에 대해서 전혀 자랑할 것이 없다는 것을 선언한다(3:27). 율법주의는 패배를 당하였다.

그리스도인은 그리스도와 연합함으로써 행위로 의롭다 하는 율법에 대하여 "죽었다"(4절). 첫째 결혼이 아주 헛되고 통탄할 것이었다는 것이 아니라 둘째 결혼이 그만큼 더 좋다는 것이다. 첫째 결혼의 행복은 악한 "제3자"인 죄에게 계속적으로 협박당하였다(5절). 둘째 결혼은 똑같은 적의 교묘한 계책에서 벗어난 것은 아니지만 이제 제4자인 성령이 계시다(6절).

성령은 하나님을 위하여 열매를 맺을 수 있는 힘을 공급한다(4절: 갈 5:22, 23). 그리고 마귀의 술책에 강력하게 대항할 힘을 공급한다(엡 6:10 이하: 특히 17, 18절). 그리고 죄가 첫번째 "남편"에게서 그 주장을 더 촉진할 기회를 찾았던 것에 반하여 둘째 남편은 너무나 강력한 적수임을 알게 된다.

B. 보존된 율법과 명령(7:4; 6, 7, 12, 22; 8:2, 4).

이 구절에 근거를 둔 설교가 적어도 일부 그리스도인 청중에게 말한 것이라고 한다면 다음과 같이 묻지 않을 수 없다: 율법이 신자의 생활에서 완전히 구식이 되어 버렸는가 아니면 차지할 자리가 있는가? 만일 있다면 그 역할은 무엇인가?

구약 성경의 율법이 하나님의 은혜의 문맥에서 시행되었다는 것을 기억한다. 그 언약은 히브리인들을 비인격적인 율법에 속박하지 않고 히브리인들을 애굽에서 구출하여 젖과 꿀이 흐르는 땅으로 인도하신 분. "선하사 사유하기를 즐기시며 부르짖는 자에게 인자함이 후하신"(시 86:5; 호세아 전체) 하나님께 의무를 지운다. 모세의 율법 속에서 항상 누룩처럼 활동하는 것은 여호와의 헤세드, 그의 인애, 많고(민 14:18) 영원하고(렘 33:11) 선한(시편 69:16) 그의 인자(신 7:9-11)였다. 헤세드의 복은 그것을 받는 자의 공과보다 훨씬 넘치는 것이다(시 51:1 이하). 동시에 주님은 그의 백성이 이른 삶의 종류를 무시하지 않으셨다: "그런즉 너는 알라 오직 네 하나님 여호와는 하나님이시요 신실하신 하나님이시라. 그를 사랑하고 그 계명을 지키는 자에게는 천대까지 그 언약을 이행하시며 인애를 베푸시되"(신 7:9; 참조. 출 20:5, 6). 잠언 3:11, 12에 따르면, 잘못에 대한 징계와 징벌은 하나님의 사랑의 증거였다.

그리스도의 교회에 성령께서 오심으로 예레미야의 약속이 성취되었다: "나 여호와가 말하노라 보라 날이 이르리니 내가 이스라엘 집과 유다 집에 새 언약을 세우리라. 나 여호와가 말하노라 이 언약은 내가 그들의 열조의 손을 잡고 애굽 땅에서 인도하여 내던 날에 세운 것과 같지 아니할 것은 내가 그들의 남편이 되었어도 그들이 내 언약을 파하였음이니라. 나 여호와가 말하노라 그러나 그날 후에 내가 이스라엘 집에 세울 언약은 이러하니 곧 내가 나의 법을 그들의 속에 두며 그 마음에 기록하여 나는 그들의 하나님이 되고 그들은 내 백성이 될 것이라"(렘 31:31-33; 참조. 겔 36:26, 27).

복음은 "그리스도 예수 안에 있는 생명의 성령의 법이 죄와 사망의 법에서 너를 해방하였다"(롬 8:2; 참조. 3:27; 갈 6:2; 약 1:25; 2:12)는 것이며, 우리가 새 삶 가운데서 봉사할 수 있게 되었다는 것과 심지어 "육신을 좇지 않고 그 영을 좇아 행하는 우리에게 율법의 요구를 이루어지게 하려 하심이다"(롬 8:4)는 것이다.

그러므로 율법주의와 행위로 의롭다 함을 얻는 것이 배격된 것이지 계명과 명령이 배격된 것은 아니다. 우리의 사령관은 예수 그리스도이시며 그의 명령을 수행하시는 분은 그의 권세에 굴복하는 사람들을 통하여 역사하시는 성령이시다. 예수님은 제자들에게 이렇게 말씀하셨다: "내가 아버지의 계명을 지켜 그의 사랑 안에 거하는 것같이 너희도 내 계명을 지키면 내 사랑 안에 거하리라 … 너희가 나의 명하는 대로 행하면 곧 나의 친구라"(요 15:10, 14; 참조. 14:15, 21). 예수님은 예수님을 따라오려고 하는 자들에게 자기를 부인하고 십자가를 지고 예수님을 좇으라고 하신다(눅 9:23; 참조. 57-62절; 막 1:17; 롬 12:1). 예수님의 생활 — 도우시고 치유하시고 가르치시고 마침내 다른 사람들을 위하여 죽으시는 이 모든 것 — 의 큰 직설(直說)은 그의 종들과 친구들에게 비슷한 행동을 요구하는 "감추인 명령"이다(요 13:14; 벧전 2:21-23). 그러므로 또한 하나님께서 그의 아들 안에서 우리를 위하여 행하신 것에 대한 선언은 감사가 가득한 마음에서 유발된 헌신적인 행동을 불러일으키려는 것이다: "주께서 너희를 용서하신 것과 같이 너희도 그리하고"(골 3:13). "우리가 사랑함은 그가 먼저 우리를 사랑하셨음이라"(요일 4:19).

"은혜의 하나님께서 우리의 하나님이 되셨을 때, 그의 율법은 그의 양에 대한 목자의 목소리와 같다." 특히 시편 23편을 참조하라: 양을 보호하고

(4절) 인도하기 위하여(2-4절) 지팡이와 막대기가 사용되었다. 율법은 그리스도의 제자를 위해 감사를 보여주는 지침이 된다. 율법은 봉사가 무질서하게 되는 것을 막고 자유가 무익하고 나태한 것이 되지 않도록 해준다. 예민한 부모는 권위와 징계가 참되고 깊은 사랑을 대신하는 것이 아니라 사랑의 표현이며 자녀의 정상적인 발전에 없어서는 안 되는 것임을 알고 있다. 본받아서 행동할 수 있는 객관적인 표준이 없으면 젊은 사람은 쉽게 좌절할 수 있다. 방향과 목적이 없고 무질서하고 무의미하다면 아주 많은 사람들의 삶에서 적어도 부분적으로는 인격의 형성기에 사랑과 권위의 균형을 잃게 되고 자유와 법의 균형을 잃게 될 수 있다.

C. 계속 일어나는 내면의 갈등(14-25).

우리 주님의 명령은 가치 있는 봉사를 수행하는 데 지침이 될 뿐만 아니라 그의 자녀들에게 하늘 아버지를 불쾌하게 할 행동을 삼가게 한다. 하나님의 율법은 그리스도인의 생활에서 죄를 폭로하는데, 죄가 더 세력을 떨치도록 만드는 것이 아니라 죄를 고백하게 만든다(요일 1:8-10). 성령께서 이러한 죄를 뉘우치게 할 뿐만 아니라 하나님의 뜻을 소원하여 하고자 하는 힘을 공급하시기도 한다(빌 2:13; 롬 8:2-14). 그러나 "옛사람"은 모든 성도의 삶 속에 그대로 남아 있다. 7:23에 서술된 죄의 행위에서 면제된 사람은 아무도 없다. 정직한 그리스도인이라면 누구든지 내부에서 일어나고 있는 이 싸움을 인지하고 인정할 것이다. 그 결과를 결정하는 것은 무엇일까?

어떤 사람에게 두 마리의 개가 있는데, 하나는 검고 또 하나는 희었다. 옆집에 살고 있는 이웃은 그 개들이 뒷뜰에서 맞붙어 싸우는 것을 보곤 하였다. 어느날 그 사람은 주인에게 이렇게 말하였다: "어느날 보면 흰둥이 개가 검둥이 개를 이기는가 싶더니 또 다른 날에 보면 검둥이가 흰둥이를 도망가게 만드는데 왜 그럴까요?" 그 주인은 이렇게 대답하였습니다: "아마 하나가 더 많이 먹은 탓일 것입니다."

만일 하나님의 자녀가 그의 육신의 정욕을 계속 먹어 그의 마음이 불결한 것으로 가득 차 있다면 그 자녀의 삶 속에 그 영향력이 점점 더 강력해질 수밖에 없다. 반대로 자녀가 하나님의 말씀을 즐겨 먹고 그 마음을 "위엣것"에 두는 연습을 늘 한다면(골 3:2; 참조. 마 5:6; 빌 4:8), 그의 삶은 성령이 역사하시는 투명한 통로가 될 수 있다.

신자는 그리스도의 은혜와 지식 가운데 자랄 때 이런 끊임없는 싸움에 대해서 더욱 예민하게 깨닫게 된다. 그는 더욱더 죄에 대하여 민감하게 되고, 죄의 영향력에 대해서 더욱더 반감을 가지게 되고 경악하게 된다. 이전에 당연하게 여겨졌던 것이 지금은 혐오스럽게 되었다. 그러나 만일 죄에 대한 그의 민감성이 깊어졌다면 역시 예수 그리스도에 대한 그의 사랑과 신뢰도 더욱 깊어졌다. 그는 죄의 형벌(과거 어느 날)과 실재(미래 어느 날)로부터 뿐만 아니라 죄의 세력(현재의 매일매일)으로부터도 "벗어날 수 있는" 사람이다.

로마서 제8장

우리를 위하시는 하나님

8:3. "율법이 육신으로 말미암아 연약하여 할 수 없는 그것을 하나님은 하시
나니 곧 죄를 인하여 자기 아들을 죄 있는 육신의 모양으로 보내어 육신
에 죄를 정하사."

8:14. "무릇 하나님의 영으로 인도함을 받는 그들은 곧 하나님의 아들이라."

8:28. "우리가 알거니와 하나님을 사랑하는 자 곧 그 뜻대로 부르심을 입은
자들에게는 모든 것이 합력하여 선을 이루느니라."

8:31. "그런즉 이 일에 대하여 우리가 무슨 말 하리요 만일 하나님이 우리를
위하시면 누가 우리를 대적하리요."

I. 역사적 배경

성령 안에서 사는 신자의 삶은 예수 그리스도의 지상 생활에서 비슷한
것을 발견하게 된다(8장 전체). 우리 주님은 그의 공사역을 위하여 성령에
의해 기름 부음을 받았고(막 1:10; 요 1:32), 성령의 인도를 받았고(눅
4:1) 성령의 능력으로 살아나셨다(롬 8:11). 그리스도인 역시 성령의 인도
를 받는다(14절, 여기서 누가복음 4:1에서처럼 아고, "인도하다"가 쓰였
다). 성령께서 그리스도를 살리셨듯이 그리스도인들을 살리실 것이다(11
절).

"아바 아버지"(아바 호 파테르)(15절)란 말은 예수님께서 겟세마네에서
하신 기도의 내용으로 마가복음 14:36에서 나온다. 아람어를 쓰는 유대인
은 하나님을 아브히('나의 아버지')라고 불렀고 그의 선조에 대해서는 아
바('아버지')라고 불렀다. 아바가 이스라엘의 거룩하신 하나님에 대한 유

대인의 개념과 상반되는 친밀성을 의미하였다는 것을 암시한다. 그러나 예수님은 하나님을 "아바"라고 부르시는데, 이 말은 자녀가 아버지에게 말하는 것을 연상하게 하는 가정적이고 친근한 단어이다. 아바 호 파테르는 새로운 그리스도인이 세례를 받았을 때 예수님이 겟세마네에서 하신 것처럼 하나님의 뜻에 대한 그의 순종을 공표하는 간결한 기도 신앙고백으로 쓰였을지도 모른다(참조. 6:3 이하 ─ 우리의 세례는 그리스도와 함께 그의 죽으심에 참여하는 것이다). 그러나 비록 그 말이 그와 같은 고백의 일부였을지라도 그 말에서 가장 우선적인 것은 하늘 아버지에 대한 사랑과 신뢰의 표시였다.

II. 용어 해설

A. "그리스도 예수 안에"(1, 2절: 참조. 39절). 이 말은 바울적인 특징이 있다. 8:1, 2에서 이 말의 용도는 6:3 이하로 되돌아가는데, 거기서 바울은 신자가 그리스도와 연합하여 죽고 살아난 것을 쓰고 있다: "너희 자신을 … 그리스도 예수 안에서(엔) 하나님을 대하여는 산 자로 여길지어다"(롬 6:11). 1, 2절은 또한 5:12-21을 상기시키는데, 거기서 아담의 자손인 사람들의 상태는 그리스도로 말미암아 이르게 된 그 생명과 대조되었다. 엔 크리스토는 그 구절에서 나타나지 않지만 고린도전서 15:22을 참조하라: "아담 안에서(엔) 모든 사람이 죽은 것같이 그리스도 안에서(엔) 모든 사람이 삶을 얻으리라."

"그리스도 안에 있는" 자들은 (1) 하나님의 택하신 자녀들이며, 따라서 하나님의 상속자요 많은 형제 중의 맏아들이신(15-17, 29절) 그 아들과 함께한 후사이다. 또 (2) 생명상 가지와 포도나무처럼(요 15장) 머리와 몸의 지체처럼(고전 12장) 그리스도와 관련이 있다.

B. "성령의 처음 익은 열매(아파르케)"(23절). 아파르케는 보통 첫열매로 간주되었다. 그 단어는 일반적으로 사용되었을 때 희생과 관련된 전문 용어였는데, 어떤 종류의 첫열매를 표시하며, "이것은 신에게 거룩한 것이었고 나머지 것들이 세속적으로 사용되기 전에 신전에 성별하여 바친 것

이었다". 70인경의 레위기 23:10 이하에서 아파르케는 전체 추수의 예물을 상징하고 어떤 점에서는 추수 전체를 성별하는 성전에 가져가서 바치는 추수의 첫단으로 사용되었다. 예를 들면 아주 밀접하게 관련된 용어가 "보증금, 첫불입금, 보증"을 뜻하는 아라본인데, 신약 성경의 유일한 참조문인 고린도후서 1:22과 5:5, 에베소서 5:14에 나온다. 거기서 성령을 그와같이 묘사하였다.

애굽의 파피루스에서 추가적인 용법의 증거가 있다. 이러한 출처들에 따르면 아파르케는 다음과 같은 것이다: (1) 시민이 되는 알렉산드리아 사람들이 지불한 "입회금", (2) 신에게 드리는 "선물", (3) 자유민의 "출생 증명서"를 위한 전문 용어. 로마서 8:23의 정확한 의미는 3번이라고 주장하는 사람들이 더러 있다. 그런 경우에는 "애굽에서 부모의 ⋯ 증거가 심사 절차에서 증거로서 제출된 증거 문서들 가운데 있었고 ⋯ 그것에 의해 특권 신분에 대한 주장이 판정되었던 것과 마찬가지로" 바울이 영적 자유에 대한 우리의 주장이 우리의 영에 대한 성령의 증거를 근거로 한 것이라고 주장하는 것이다.

C. 28절. 바울은 창조된 세상의 사건들("모든 것")에서 "더욱더 좋아지려는 어떤 고유한 경향"을 발견하지 못한다(18-25절). 비록 "모든 것"(판타)이 "합력하는"(수네르게오)의 주어로 간주될지라도 이 모든 것이 "선을 위하여 협력하도록" 하시는 분은 창조와 섭리의 하나님이시다. 그러나 동사 수네르게오는 인격적인 주어와 좀더 자연스럽게 어울린다. 어떤 사본에는 주어로서 호 데오스라는 말이 있다. 그래서 RSV에서는 이렇게 번역하고 있다. "우리가 알거니와 모든 것에 있어서 하나님께서 하나님을 사랑하는 자들의 선을 위하여 일하신다." 또 다른 가능성은 주어를 27절에서 찾는 것이다. "성령"은 "간구하시느니라"의 (당연한) 주어이며 또한 수네르게이의 주어로도 가능하다(NEB에서처럼).

"하나님을 사랑하는 자들에게"는 강조하기 위하여 그 구절의 앞에 놓였다. 이것은 사람들의 사랑이 사람들에 대한 하나님의 사랑과 목적을 결정한다는 의미가 아니다. 바울은 하나님을 사랑하고(우리는 이것을 1:8에서 추론하고 있다) 바울 사도와 함께 고난과 역경의 의미를 알고 있는 사람들에게 쓰고 있다(8:18, 35, 36). 8:28은 하나님의 일은 시작되었고(29, 30, 32절), 완성될 것이라는 것(32, 35-39절)을 로마 교회의 교인들에게 확신시키기 위하여 쓴 것이다. 부르심을 입은 자(28절)는 확신하게 되어 있다: 데살로니가전서 5:24에 비추어 볼 때 그가 지키시고 포기하지 않으실 것이다(28절).

III. 교리적 의의

A. "육신"(싸륵스)(3-9, 12, 13절). 싸륵스는 바울의 저작에서 나오는 것이 나머지 신약 성경 전체에서 나오는 것보다 훨씬 더 많다. 그리고 어떤 다른 책보다 로마서에 더 많이 나온다. 이 서신서에서 싸륵스는 다음과 같은 의미일 수 있다:

(1) 문자적으로, 몸의 부드러운 부분 예를 들면 뼈와 대조적으로 주로 근육으로 이루어진 부분이다.

2:28에서 "육신의(엔 싸르키) 할례"는 내적이고 영적인 것과 대조하여 외적이고 눈으로 볼 수 있는 것을 가리키며 "육체의 할례"로 표시될 수 있다.

(2) "살과 피"의 사람들: 3:20에서 파사 싸륵스(육체)는 단지 "모든 사람"일 뿐이다.

(3) 인성, 이 세상의 혈통: 1:3; 9:5, 그리스도의 육신적 혈통; 8:3을 참조하라. "육신에 죄를 정하사". 4:1도 참조하라: "육신으로 우리 조상된" 아브라함. 그리고 9:3, 9; 11:14에서는 바울의 골육지친을 이야기한다.

(4) 특히 사람의 하나님과 원수되고 죄의 자발적인 도구인 사람의 전인격: 7:18, 25; 8:3, 4-9, 12, 13; 13:14. 그리스 사상과 대조적으로 바울은 사람의 물질적인 부분을 본래부터 부정한 것으로도 보지도 않았고 사람의 비물질적인 부분을 순수하고 고귀한 것으로도 보지 않았다(참조, 6장, III. B.). 싸륵스와 프뉴마(성령) 사이의 싸움은 사람의 정욕과 이성간의 싸움이 아니며 몸과 영혼 사이의 싸움이 아니다. 오히려 사람의 죄악적인 본능

의 총체가 하나님의 영과 싸우는 것이다(갈 5:17). 갈라디아서 5:19-21에서 "육체의 일"의 목록에 "마음의 죄들"이 들어 있다. 성령의 처음 익은 열매의 효과가 육신의 일들의 효과만큼 널리 퍼지고 널리 미칠 수 있다는 것을 유의해야 한다.

(5) 어떤 사건들은 하나님께 대한 싸륵스의 적의를 나타내는 것은 아니지만 육신의 연약함과 한계를 나타낸다: 6:19; 어쩌면 8:3.

고린도후서 10:3에서 바울은 이렇게 말한다: "우리가 육체에 있어(엔 싸르키) 행하나 육체대로(카타 싸르카) 싸우지 아니하노니." 바울은 그가 인간의 제약을 받고 있다는 것을 인정한다. 그리고 로마서 8:18-25과 고린도후서 5:1-4은 그런 인간의 제약에서 벗어나기를 바라는 그의 간절함을 나타낸다. 그러나 그는 악과 싸울 때 자기 자신의 방책을 의지할 필요가 없다는 것을 알고 있다(10:4).

B. "많은 형제 중에서 맏아들(프로토토코스)"(29절). 어떤 사람에게는 이 구절이 "양자론자" 기독론의 근거 구실을 하였다. 그 견해에 따르면, 그리스도는 원래 사람이었을 뿐이었는데 그가 땅 위에서 성취한 것 특히 그의 죽음에서 성취한 것에 대한 보상으로 신성의 양자로 받아들여졌다. 그와 같은 오류는 골로새서 1:15, 18에서 바울이 쓴 프로토토코스와 비교해 보면 피하게 된다. 15절에서 그 말은 그리스도가 처음 피조되었다는 것을 의미하는 것이 아니라 — 그렇게 되면 16, 17절과 모순될 것이다 — 오히려 그 말은 선재하시는 아들로서 그의 우선됨과 권위를 말하는 것이다: "그는 만물의 으뜸이시다." 그 아들은 영원히 뛰어나실 뿐만 아니라 시간 속에서 최고이시기도 하다(18절). 그의 부활로 인하여 그는 "죽은 자 가운데서 맏아들"(참조. "잠 자는 자들의 첫열매", 고전 15:20)이며, 그렇게 살아날 형제들의 대가족에서 첫째이다(롬 8:29, 11).

IV. 실천적 목표

우리를 위한 하나님의 은혜로우신 행동의 그 실현은 듣는 자로 하여금 그에 합당하게 살도록 격려할 것이며 끊임없이 그가 하신 일을 기억하게 할 것이며 능동적으로 그가 지금 제공하시는 그 복을 자기 것으로 삼게 할 것이며 (그리고 그와 동시에 현재의 필요와 책무를 냉정하게 평가하게 할 것이며) 그가 앞으로 하실 일을 간절히 기다리게 할 것이다.

V. 설교 개요

제목: "우리를 위하시는 하나님."

도입부

우리는 지금 성경 전체에서 가장 장엄한 구절을 대하고 있다. 바울 서신들의 어떤 다른 부분만큼 로마서 8장은 저자의 목적이 단지 사람을 경건치 않고 소망 없는 상태로 묘사하려는 것이 아님을 보여준다. 그것은 무엇보다도 하나님의 영광스러운 은혜의 복음을 선포하는 것이다. 바울이 죄 (특히 1-3장)와 연약(7장) 속에 있는 사람의 엄연하고 아주 사실적인 초상화를 그렸다는 사실은 이 즐거운 장을 더욱더 성공적으로 만든다. 확신과 예술적 기교와 품격이 있게 바울은 하나님께서 우리를 위하신다고 선언한다.

A. 목적을 이루시는 성부 하나님.

(1) 하나님의 독생자를 통하여(3, 32절).

이 장의 표제는 그리스도 예수 안에 있는 자들에게 정죄함이 전혀 없다는 것이다. 무엇 때문인가? 하나님께서 웬일인지 정죄하지 않기 때문이 아니다. 이미 정죄하였다. "의에 대한 하나님의 요구는 … 취소된 것이 아니라 성취되었다. 그러나 우리를 통해서가 아니라 그 자신을 통해서였다. … 죄에 대한 하나님의 심판이 옆으로 밀려난 것이 아니라 실행되었지만, 그러나 우리에게 실행된 것이 아니라 하나님께서 그 속에서 활동하시는 바 그 아들에 실행되었다." 아들이 죄 있는 육신의 모양으로 오심으로써, "그리스도께서 혈과 육을 가진 몸으로 죽으심으로써"(골 1:22), 하나님께서 정죄하셨다. 우리 모두를 위하여 아들을 내어주신 성부께서 보여주신 그 사랑의 깊이를 인간이 헤아릴 수 있겠는가? 그 사랑은 다른 모든 사랑을 능가하는 사랑일 뿐만 아니라 그 사랑은 "지식을 초월한다"(참조. 엡 3:19). "하나님께서 그의 아들을 아끼지 않으시고 보내셔서 죽게 하셨다는 것을 내가 생각할 때, 나는 거의 곧이 들을 수가 없다"(*How Great Thou Art*에서).

(2) 그의 양자들을 위하여(15-17, 28-30절).

때가 되었을 때 하나님께서 당신의 독생자를 보내셔서 "율법 아래 있는 자들을 속량하시고 우리로 아들의 명분을 얻게 하려 하심이라." 그리고 바울 사도는 계속해서 갈라디아 교인들에게 이같이 말한다. "너희가 아들인 고로 하나님이 그 아들의 영을 우리 마음 가운데 보내사 아바 아버지라 부르게 하셨느니라. 그러므로 네가 이 후로는 종이 아니요 아들이니 아들이면 하나님으로 말미암아 유업을 이을 자니라"(4:4-7; 1-3절을 살펴보라).

하나님은 사람들이 반역하는 죄인일 때에도 그들을 사랑하신다: 하나님은 우리가 하나님을 거역할 때에도 하나님은 우리를 위하신다(롬 5:8). 박해자 사울의 예보다 더 좋은 예는 없다. 그러나 하나님의 권속으로 택함을 받는 특권은 그 아들 그리스도와 연합하여(8:1) 성령의 인도를 받는(14절) 자들에게 예비된 것이다. "아버지"와 "아들"은 가족에게서 즐겨 쓰는 명칭이다. "그의 집 맡은 아들"(히 3:6)이신 예수 그리스도 안에서 그리고 예수 그리스도에 의하여 허락된 구원을 거부하는 자는 누구든지 하나님의 아들들의 특권을 받을 권세가 전혀 없고(요 1:12) 가족의 기도 곧 "하늘에 계신 우리 아버지 …"라는 기도를 할 권리가 전혀 없다.

이 부자의 관계는 자녀에게 어떤 의미가 있어야 할까? 그 물음에 접근하는 가장 좋은 방법은 그것이 예수님께 어떤 의미였는가를 묻는 것이다. 예수님에게 하나님의 부성은 결코 "신학적인 상투어가 아니었다. … 예수님은 하나님의 부성에 관하여 공중 앞에서 전하신 것이 아니라 예수님의 가장 가까운 친구들과 예수님을 따르는 사람들에게 개인적으로 말씀하셨다. 그들에게 예수님은 성부 하나님을 실감하게 하셨는데, 이렇게 실감하게 하신 것은 논증을 하거나 많은 말로 가르쳤기 때문이 아니라 성부께서 예수님 자신의 삶에서 최고의 실재였던 것이 분명하였기 때문이었다."

　예수님의 생애는 성부를 의지하고 신뢰하고(요 5:19; 8:28, 29) 성부에게 순종하고(막 14:36; 요 4:34; 5:30; 히 5:8) 성부와 사귐을 나누는(마 11:27; 막 1:35) 생애였다. 로마서 8:14-17에 따르면 하나님의 양자들은 다음과 같이 (a) 복종하게 된다: 이것은 새로운 신분과 특권을 소유함에 따르는 의무이다. 또 (b) 다음과 같이 하나님을 의지하게 된다: 그들은 "하나님의 영으로 인도함을 받는다"(14절). 그리고 (c) 하나님과 사귐을 갖게 된다. 하나님께 나아가는 것을 전혀 두려워할 필요가 없다(15절). 참으로 그는 불가항력적인 사랑으로 이끄신다. "아바"라는 외침은 그 사랑에 대한 애정어린 반응이다.

　하지만 그와 같은 반응이 있기 오래 전에 그의 피조물을 그와 사귐이 있게 하시려는 하나님의 목적은 이루어지고 있었다. "왜냐하면 하나님은 그들이 있기 전에 자기 것을 아셨기 때문이다"(8:29). 하나님은 "창세 전에" 그리스도 안에서 우리를 택하셨다(엡 1:4). 8:29, 20에서 "미리 정하신"으로 번역된 그 단어는 프로오리조이다: 문자적으로 "미리 결정하다, 정하다, 확정하다, 배치하다"이다. 예정의 교리는 단순히 학문적인 방식으로 다루어서는 의미가 없다. 바울은 교리 신학자로서가 아니라 하나님의 은혜에 사로잡힌 구원받은 자로서 말하고 있는 것이다. "예정"(프로오리시모스)이란 명사는 신약 성경에 단 한 번도 나오지 않는다. 그 말은 항상 동사 형태로서 사람을 위한 하나님의 은혜로우신 행동을 나타낸다.

　바울은 이 진리를 설명할 때 비관적이고 부정적이지 않다. 그는 행복하고 적극적이다. 구원이 자신에게 달려 있지 않고 지극히 지혜로우시고 은혜로우신 하나님의 경영에 달려 있다는 깨달음은 오직 경탄과 찬양만 불러일으킬 뿐이다(11:33-36; 엡 1:3). "하나님의 은혜를 깊이 안 사람은 그 은혜를 그가 우연히 발견한 우연한 이익으로 생각하지 않는다. 그는 그 자신의 어떤 뜻이나 행동과 상관없이 하나님께서 자신의 구원을 결정하셨다는 것을 느끼게 된다."

　그 교리는 그리스도인들을 위한 것이다. 그리스도인들에게 그 교리는 오직 하나님께 대한 감사의 원인이 되어야 할 뿐이며 사람들이 가끔 듣는 비현실적인 생각에서 나오는 추측과 가정이 아니어야 한다. 이 교리에는 확실히 신비한 요소가 있다. 그럼에도 불구하고 우리는 신명기 29:29의 말씀을 명심해야 한다: "오묘한 일은 우리 하나님 여호와께 속하였거니와 나타난 일은 영구히 우리와 우리 자손에게 속하였나니 이는 우리로 이 율법의 모든 말씀을 행하게 하심이니라."

나타난 일 가운데는 하나님께서 "우리를 예정하사 예수 그리스도로 말미암아 자기의 아들들이 되게 하셨다"(엡 1:5)는 것뿐만 아니라 모든 족속에게 그리스도의 증인이 되라는 하나님의 명령도 있다(마 28:18 이하; 행 1:8; 롬 1:14-16). 그 사실이 그대로 남아 있다: 원하는 자는 누구든지 와서 값없이 생수를 마실 수 있다. 그리고 우리 주님께서 "자기 목숨을 많은 사람의 대속물로 주기"(막 10:45) 위해 오셨다고 선언하실 때, "많은"은 "모든"이 아닌 "소수"와 대조를 이루어야 한다.

B. 우리를 위하시는 성자 하나님

(1) 비하과 고난(3, 32절).

그리스도께서 "죄 있는 육신의 모양"으로 오셨다고 말함으로써 바울은 예수님의 인성을 부인하고 있는 것이 아니다(참조. 딤전 2:5). 사도는 죄 없으신 하나님의 아들과 죄 있는 사람들의 사이에 구별을 유지하기를 원한다. 죄악은 비록 맨 처음 창조된 사람의 특성은 아니었지만 우리가 알고 있는 대로 인간성의 보편적인 특징이다. 정확히 죄가 인류를 망쳤기 때문에 바울은 "그리스도께서 유일하게 참된 인간의 삶을 … 사셨다는 것을 말하려고 하였다." "아담 안에서"(5:12 이하) 타락한 인간은 "인간 이하이다".

예수님은 하늘의 영광을 버려두시고 살과 피를 취하셨으므로 우리의 본성으로 그는 고난을 당하실 수 있었다. 그는 부유하셨지만 우리를 위하여 가난하게 되시므로 그의 가난을 통하여 우리가 부유해질 수 있었다(고후 8:9). "영광이신 그분이 우리의 슬픔과 두려움을 섬겨야 했고 자유로우신 영원이 시간에 복종하셔야 했던 것"은 기적 중의 기적이다. 사람들과 천사들의 주께서 슬픔의 사람이 되셨고(사 53:3) 천사보다 조금 못하게 되셨다(히 2:9). 그는 비천한 지위에서 태어나셨고 낮은 생활을 하셨다. 그러나 예수님이 가장 큰 비하에 처하신 것은 죽으심에서였다(사 52:14; 53:3-7). 페리 하마르티아스("죄를 인하여", 8:3)라는 말은 70인경에서 "속죄 제물"로 쓰였다. 하나님은 그 아들을 "죄의 희생 제물"로 보내신다(8:3). 그리스도의 희생은 구약 성경의 동물의 희생 제물과 다르고 훨씬 더 뛰어나다: (a) 그리스도의 희생은 합리적이다; (b) 그리스도의 희생은 자발적이다; (c) 그리스도의 희생은 최종적인 것이다(히 9:26; 10:12, 14); (d) 그리스도는 희생 제물일 뿐만 아니라 제사장이시기도 하다(참조. 요 10:17, 18).

(2) 승귀와 중보(29, 34절).

"예수님이 살아나셨다"는 것은 이제까지 공포된 소식 중에서 가장 영광스러운 소식이다. 그것은 그의 "많은 형제들"의 부활을 확증할 뿐만 아니라(29절; 참조. 고전 15:20-23) 예수께서 영원히 사시며 다시는 죽음의 지배를 받지 않으신다는 뜻이기도 하다(계 1:18; 롬 6:9). 살아 계신 주로서 예수님은 적극적으로 그에게 속한 자들을 위하여 처소를 예비하시며(요 14:2, 3) 그들을 위하여 기도하신다(롬 8:34; 히 7:25). 윌리엄 씨 로빈슨(William C. Robinson)은 예수님이 크신 대제사장으로서 성부의 우편에 앉으셔서 우리의 미약한 기도에 관하여 기도하시며 그 기도가 아버지께 들으심이 되도록 하시는 것을 시각화한다. 누가 하나님의 택하신 자들을 정죄할 수 있겠는가? 그리스도는 아주 공정하게 하실 수 있는 유일하신 분이심에도 불구하고 그는 죄인을 구원하기 위하여 죽으시고 살아나신 분이다. 34절에 따르면, 그리스도는 검사가 아니라 자기 의뢰인의 필요를 잘 아시고 그를 대신해서 호소하고 간청하고 변호하는 피고측 변호사이다(히 4:15). 요한복음 17장의 기도는 우리 주님의 대제사장으로서 드리는 중보 기도의 예고편이다. 우리 주님은 그 기도를 드렸을 때와 마찬가지로 그대로 이해와 동정심과 사랑을 가지고 계신다.

C. 우리를 위하시는 성령 하나님

(1) 내주하심으로써(9-11절).

"만일 너희 속에 하나님의 영이 거하시면"이라는 구절에서(9, 11절) 희랍어 대명사는 복수이다. 그리하여 성령께서 개인적으로(세리아팀) 사람들에게 내주하신다는 말로 생각하지 않고 하나의 몸인 교회에 성령께서 거하시는 것으로 생각하는 사람도 더러 있다. 확실히 극단론자들은 하나님의 내주의 진리에 대해서 너무 지나칠 정도로 자유롭게 생각하였다. 사람이 성령을 자기 개인적으로 소유함을 마술적인 묘기를 행하는 것으로 생각하거나 성령께서 안에 존재해 계심으로 인해 자기가 자동적으로 죄를 짓지 않게 된다고 확신하는 것은 슬픈 일이다. 그러나 다른 한편 개개의 지체들에게 내주하신다는 것에 대해서는 전혀 언급이 없이 하나의 단일체인 교회에 거하신다고 말하는 것은 성령의 사역을 아주 일반화하여 사람들로 하여금 추상적으로 생각하게 하거나 그리스도인의 삶과 무관하게 만들 위험이 있다. 만일 성령께서 개개인 안에서 그리고 개개인을 통하여 일하시지 않으신다면 어떻게 교회 안에서 성령께서 일하시게 되는가? 개인적인 경험에서 성령의 인도의 증거에 대한 한 성도의 기쁨의 표현이 형제 그리스도인에 의해 이런 종류의 인도가 (비록 불가능한 것은 아닐지라도) 있음직하지 않은 "신비적인 것"과 "기묘한 것"으로 간주되고 또 그런 것을 믿는 것으로 간주되어 낙담으로 끝맺는다면 그것은 유감스러운 일이다.

성령은 그리스도의 몸을 함께 이루고 있는 개개인들에게 내주하신다. 이러한 신자들을 성령은 일상적인 일 속에서 매일의 경험의 단계에서 비유적으로가 아니라 실제로, 일반적으로가 아니라 각별히 인도하신다.

NEB는 8:9을 이렇게 번역한다: "누구든지 그리스도의 영이 없으면 그 사람은 전혀 그리스도인이 아니다." 이제 우선 첫째로 성령께서 우리를 소유하신다. 우리는 지배하고 다스리는 자가 아니다. 성령께서 우리의 인도를 따르는 것이 아니라 우리가 그의 인도를 따르는 것이다. 그러나 하나님의 선물이신 성령의 내주하심은 (탐욕스럽게 집착해야 하는 것이 아니라)

고이 간직해야 하는 소유이다. 그의 인도를 겸손히 따르면 예수 안에 있는 그대로 진리에 대한 깨달음이 증가할 것이고 또한 "몸의 모든 천한 추구"에 대해서 죽게 될 것이다(13절).

(2) 살리심을 통하여(11절).

동사 "살리시다"는 "종말에" 신자의 몸의 부활을 가리킨다(참조. 23절). 이런 생태적인 사건은 더욱 이른 부활을 전제로 하고 있는데, 그때에 하나님께서 허물과 죄로 죽은 자들을 살리신다(엡 2:1, 5; 롬 6:3-8). 다른 말로 하면 이렇다: "세상이 새롭게 되어(팔린게네시아) 인자가 자기 영광의 보좌에 앉을 때에"(마 19:28) 그 세상에 참여하기 전에 사람은 반드시 "중생의 씻음과 성령의 새롭게 하심"을 경험하여야 한다(딛 3:5).

"썩어짐의 종 노릇 한 데서" 몸의 해방을 갈망하는 것이 내면의 탄식으로 표현되었다: 23절에서 쓰인 동사는 스테나조, "신음하다, 탄식하다"이다. 상응하는 명사가 26절에 나온다. 22절에서는 복합 동사가 나온다. 가장 밀접하게 관련이 있는 동사는 쉬노디노, "함께 고통하다"인데, NEB에서는 이렇게 되어 있다: "피조된 만물이 마치 아이 출산의 아픔처럼 모든 부분에서 탄식한다(쉬스테나제이)." 어머니가 해산할 때 아무리 많이 근심해도 "아이를 낳으면 세상에 사람 난 기쁨을 인하여 그 고통을 다시 기억지 아니한다"(요 16:21). 그리스도인의 경험에서도 마찬가지이다(벧전 1:3-9; 요 16:20-22).

(3) 중보 기도를 통하여(26, 27절).

아들과 마찬가지로 성령께서도 하나님의 자녀를 위해 중보 기도하신다. "호소하다, 간청하다, 중재하다"의 뜻을 가진 엔투그카노는 27절과 34절에 나온다. 합성어로 "위하여 구하다"라는 뜻인 휘페르엔투그카노가 26절에 나온다.

심지어 우리 기도에서도 신적인 주도가 이루어진다. 우리로 하여금 "아바 아버지"라고 부르짖게 하실 수 있는 분은 성령이시다(15절). 우리의 연약한 처지에서 "우리가 마땅히 빌 바를 알지 못한다"(26절). 성령께서 죄에 대한 뉘우침으로 마음이 찔려 죄를 고백하지 않을 수 없게 함으로써, 마음에 기쁨이 넘쳐서 성부께 그것을 반드시 표현하게 함으로써 우리에게 기도할 동기를 주셔야 한다. 어떤 그리스도인들은 그들의 기도가 어떻게 응답받게 될 것인지를 느낄 수 있는데, 이는 성령께서 그들에게 어떤 일정한 방식으로 기도하도록 그렇게 부담시켰기 때문이다.

하나님의 영과 신자의 영 사이를 아주 가깝게 하여(16절) "오직 성령이 (우리의) 말할 수 없는 탄식으로 우리를 위하여 친히 간구하게 하신다"(26절). 사람의 마음의 아주 깊은 갈망과 느낌이 결코 충분히 표현될 수 없다. 기도에서 사람이 자주 할 수 있는 것이라고는 기쁨이나 슬픔의 눈물을 쏟거나 기껏해야 "오, 하나님!"이나 "주님, 감사하나이다"라고 외치는 것뿐이다. 그러나 성령의 중보에 의해 하나님은 우리가 명료하게 표현하지 못하는 것을 확실하게 들으실 수 있을 것이다. "마음을 감찰하시는 이가 성령의 생각을 아시나니 이는 성령이 하나님의 뜻대로 성도를 위하여 간구하심이니라"(롬 8:27).

D. 하나님은 영원히 우리를 위하신다(35-39절).

이 구절들은 완전한 절정을 형성하여 이 장이 절정에 이르게 한다. 바울은 풍부한 상상력을 동원하여 아름다운 이론을 자아내고 있는 것이 아니다. 그는 고통과 전투의 맹렬한 도가니 속에서 정련된 경험으로부터 이야기하고 있다. 그리고 그는 만물의 어느 것도 우리를 그리스도 예수 우리 주 안에 있는 하나님의 사랑에서 우리를 끊을 수 없다는 것을 의기양양하게 결론적으로 말하고 있다.

로마서 제9장

성경에서 가장 난해한 장(章)

9:13. "기록된 바 내가 야곱은 사랑하고 에서는 미워하였다 하심과 같으니라."

9:14. "그런즉 우리가 무슨 말 하리요 하나님께 불의가 있느뇨 그럴 수 없느니라."

9:15. "모세에게 이르시되 내가 긍휼히 여길 자를 긍휼히 여기고 불쌍히 여길 자를 불쌍히 여기리라 하셨으니."

9:16. "그런즉 원하는 자로 말미암음도 아니요 달음박질하는 자로 말미암음도 아니요 오직 긍휼히 여기시는 하나님으로 말미암음이니라."

9:18. "그런즉 하나님께서 하고자 하시는 자를 긍휼히 여기시고 하고자 하시는 자를 강퍅케 하시느니라."

9:19. "혹 네가 내게 말하기를 그러면 하나님이 어찌하여 허물하시느뇨 누가 그 뜻을 대적하느뇨 하리니."

9:20. "이 사람아 네가 뉘기에 감히 하나님을 힐문하느뇨 지음을 받은 물건이 지은 자에게 어찌 나를 이같이 만들었느냐 말하겠느뇨."

9:21. "토기장이가 진흙 한 덩이로 하나는 귀히 쓸 그릇을 하나는 천히 쓸 그릇을 만드는 권이 없느냐?"

9:22. "만일 하나님이 그 진노를 보이시고 그 능력을 알게 하고자 하사 멸하기로 준비된 진노의 그릇을 오래 참으심으로 관용하시고,"

9:23. "또한 영광 받기로 예비하신 바 긍휼의 그릇에 대하여 그 영광의 부요함을 알게 하고자 하셨을지라도 무슨 말 하리요."

I. 역사적 배경

이 장은 바울이 그의 민족의 죄악적인 불신앙을 깊이 생각하였을 때 가졌던 영혼의 깊은 고뇌를 드러내고 있다. 그는 유대인의 필요와 특권에 대해서 관심이 없는 것이 아니었다. 그는 쓰라린 심정에서 쓰고 있다. 유대인들의 참 메시야를 배척한 것 때문에 말로써는 사도의 감정의 심각성을 다 표현할 수 없었다. 도르너(Dorner)는 2, 3절의 바울의 말을 "그리스도의 대리의 사랑의 불에서 붙은 불꽃"이라고 하였다. 그 말은 출애굽기 32:32에 나오는 모세의 열렬한 기도를 상기시킨다.

II. 용어 해설

9:1. "내가 그리스도 안에서 참말을 하고 거짓말을 아니하노라." 이 구절을 한 훌륭한 주석가는 내가 "그리스도의 태도에 따라" 말한다를 의미한다고 생각한다. 이렇게 말함으로써 그는 그가 성실하고 적절한 정신으로 말하였다는 것을 의미하였다. 이렇게 말할 때 성령의 인도를 받는 그의 양심이 그의 말에 대하여 증거하였다.

9:2. 바울은 무관심한 방관자로서 쓰고 있는 것이 아니다. 그의 말은 그의 형제들에 대한 불타는 사랑의 마음에서 나오는 것이다. 그는, 그의 형제들이 배척하였으나 예루살렘을 향하여 우셨던 그 메시야와 같은 느낌이었다. 이러한 배척으로 말미암아 그들에게는 현세와 내세에서 아무런 소망이 없게 되었다고 하지(Hodge)는 말하고 있다.

9:4, 5. 유대인들은 하나님의 은총을 받은 특별한 백성이었다. 그들은 하나님께서 그들을 영적인 자녀로 삼으심에 있어서 하나님의 독특한 은총의 대상이었다(신 14:1). 그들은 하나님의 신정의 복을 받은 자들이었다. 그들에게 하나님은 하나님의 영광스러운 "쉐키나" 임재를 나타내셨다. 시내산에서 한 민족으로서 그들과 언약을 맺었던 것과 마찬가지로 아브라함과 맺은 언약의 특권이 그들에게 전수되었다. 시내 산 언약으로 그들은 그들의 삶에 대한 하나님의 뜻을 알려주는 율법을 소유하게 되었다. 성막과 성전의 감동적인 예배로 말미암아 그들은 독특한 방법으로 하나님께 나아가게 되었다. 그리스도 안에서의 새 언약을 포함한 메시야와 그 나라의 약속은 그들에게 은혜였다. 인간적인 면에서 보면 메시야는 유대인이었다.

9:13. 여기서 쓰인 단호한 말은 "그와 같은 경우들에서 널리 쓰이는 성

경의 말에 따라 해석"되어야 한다. 레아는 남편이 자기를 미워하였다고 주장하지만 바른 설명은 야곱이 "레아보다 라헬을 더 사랑하였다"이다(창 29:30-33; 참조. 눅 14:26, 33).

9:15. 이 말씀은 출애굽기 33:19에 나오는 말씀이다. 하나님의 은혜는 피조물의 어떤 것으로 인해 베풀어지는 것이 아니다. 구원의 자비를 베푸시는 것은 값없이 주권적으로 하시는 일이다.

III. 교리적 의의

이 장은 성경의 기본적인 교리 하나를 다루고 있다. 옛신학자들이 하나님의 작정이라고 불렀던 것과 관련이 있다. 그것은 하나님의 완전한 지혜와 사랑에 바탕을 둔 하나님의 효과적인 결의 혹은 목적을 논한다. 하나님은 가장 좋은 것을 생각하실 때 자유롭게 행동하신다. 이 자유를 부인하는 것은 하나님이 하나님이시도록 하는 것을 부인하는 것이다. 그것은 하나님의 주권을 부정하는 것과 같은 것이다. 하나님의 영원하신 목적은 그의 선하신 뜻에 이바지한다. 하나님의 계획에서 유대인의 전역사는 이 목적을 예증한다(롬 9:11).

IV. 실천적 목표

이스라엘을 대하시는 하나님의 방법들을 명백하게 설명하는 것이 목적이다. 그러나 그 방법들이 은혜로운 택함과 심판의 강퍅케 하심이라고 불릴 수 있는 하나님의 주권의 측면들에 대하여 빛을 던져 준다. 바울 자신은 이 장에서 섭리 가운데 하나님의 주권을 나타내심은 하나님의 능력을 보이시고 하나님의 이름을 널리 전파하시고 하나님의 공의를 나타내시고 하나님의 영광의 부요함을 알리기 위함인 것을 지적한다(17, 22, 23절).

V. 설교 개요

제목: "성경에서 가장 난해한 장"

도입부

어느 주일 아침에 지적이고 헌신적인 한 그리스도인이 나에게 이렇게 말하였다. "나는 로마서를 읽고 있는데, 9장이 성경 중에서 가장 어려운 장이라고 생각합니다. 만일 설교를 해주시면 앞으로 잘 깨닫게 되리라고 생각합니다." 이 말이 이 장에 대해서 정확히 설명한 것일까? 솔직히 말해서 나는 이것보다 해석하기가 좀더 심오하거나 어려운 것을 알고 있지 않다 (요 6:61).

A. 하나님의 깊은 역사는 아주 신중하게 접근해야 한다.

이 장을 해석하려는 자는 누구든지 그리스도인으로서의 겸손함과 꼼꼼함을 가지고 해야 한다. 이렇게 하지 않으면 어떤 사람 특히 성숙치 못한 자에게 도움을 주려다가 도리어 해를 끼칠지도 모른다. 해석하는 사람은 바울과 같은 정신과 태도로써 해야 할 것이다. 바울은 다른 사람의 감정을 잘 이해하였고 이것이 골육지친에게 고통스러운 주제라는 것을 알고 있었다. 그가 골육지친을 위하여 불타는 사랑과 큰 슬픔을 보였던 것은 바로 이 때문이다. 믿지 않는 유대인들이 족장 때로부터 부요한 유산의 형태로 내려온 그들의 엄청난 이점을 어떻게 취급하였는가를 생각하게 될 때 바울은 괴로웠다. 이 문제를 다시 생각할 때 찰스 하지의 적절한 말을 기억하는 것이 좋다: "충성은 우리가 진리를 가능한 한 공격적으로 만들어야 한다는 것을 요구하지 않는다. 그와 반대로 우리는 바울처럼 우리의 이야기를 듣는 사람들의 마음에서 일어나는 모든 적대적인 … 감정을 진정시키고 우리가 공격적인 모습을 보이지 않음으로써 진리를 받아들여 그 마음과 양심에서 역사하도록 해야 할 의무가 있다."

B. 하나님은 기뻐하시는 대로 자유롭게 행하신다.

우리는 사람의 자유에 대해서 많이 듣는다. 지각 있는 사람이라면 이것을 전혀 반대하지 않을 것이다. 인간의 자유는 값없이 소유한 것이며 그 자유를 잃어버릴 때 비로소 그 가치를 깨닫게 된다. 그러나 우리는 하나님의 자유에 대해서 거의 듣지 못한다. 자유를 만들어 내신 분인 하나님은 완전하게 자유로우신 유일하신 분이시다.

의식적이든 의식적이지 않든 하나님의 주권적인 기뻐하심에 따라 행동하시는 하나님의 자격 혹은 권리에 의문을 제기하는 사람들이 많다. 바울은 이 사실을 인정하였다. 그는 하나님에 대해서 왜란 질문을 많이 하는 것을 보았다. 하나님만이 그 설명을 하실 수 있다. 겸손한 그리스도인은 하나님의 작정에서 마음대로 하는 폭군이나 변덕스러운 전제 군주의 행동을 보지 않는다. 오히려 그들은 하나님의 작정에서 하나님의 완전의 부요함을 본다. 하나님의 작정의 전(前)시간적, 동(同)시간적, 후(後)시간적 깊이를 헤아리는 인간의 생각의 한계 때문에 하나님의 작정이 반대를 받거나 유기되어서는 안 된다.

겸손한 그리스도인들은 자연과 역사에서 이루어지는 하나님의 방법들이 우리의 이해를 초월한다고 주장하는 성경과 싸울 까닭이 없다. 성경에 의하면 하나님의 방법들은 "헤아릴 수가 없고" 또 종교개혁 신조에서 단언하듯이 "측량할 수 없다". 하나님께서 성경에서 하나님의 목적을 세상과 인간 생활에서 나타내신다는 것을 신자에게 보여주실 때, 주제넘은 도전은 배제되었다. 이와 같은 경건한 고백이 적절하다. "그렇다 하더라도, 아버지여, 그것은 아버지 보시기에 선하니까요." 하나님께서 그렇게 하셨으니까 그것은 반드시 선하다.

바울은 영생으로 신댁된 자가 있다는 것을 기르친다. 이 선택은 선한 행위가 아니라 하나님의 선하신 기쁨에 근거를 두고 있다. 하나님께서 모두를 선택하시거나 아무도 선택하지 않으실 수 있다. 하나님은 어떤 사람들을 택하셨다. 우리가 좋아하든 싫어하든 그 말은 명쾌하다. 그 선택은 긍휼의 그릇과 진노의 그릇 중 어느 하나를 택하는 것이다. 긍휼의 그릇은 영광으로 선택되었고 진노의 그릇은 하나님께서 죄를 미워하심의 본이 될 것이었다. 그 선택이 공동체라기보다는 개인적이라는 것이 바울이 이삭과 이스마엘, 야곱과 에서의 경우를 말하는 데서 입증되었다. 야곱은 택하시고 에서를 유기하시는 것을 하나님께서 기뻐하셨다.

바울은 어떤 사람들이 하나님의 주권에 반대할 것을 알고 있었다. 하나님의 선택이 선택받은 자의 행위로 말미암지 않고 하나님의 선하신 뜻(11

절)으로 말미암는다는 것을 반대자들에게 입증하기 위하여 바울은 에서 대신에 야곱을 택하심이 그들이 태어나기 전에 이루어졌다는 것을 상기시킨다. 이것은 큰 결정이 하나님께 달려 있다는 것을 선언한다(롬 9:16). 하지(Hodge)는 이 교리는 그리스도인의 지속적인 경험이라고 말한다. "어째서 내가 당신의 목소리를 듣게 되었습니까?"라는 질문에 그는 "어떤 그리스도인도 이 질문에 대답할 때 내가 다른 사람보다 더 나았기 때문이라고 말하는 사람은 없다"고 대답하였다.

선택의 교리에는 실제로 전혀 새로운 반대가 없다. 바울은 그 당시에 두 가지를 인정하였다. 모든 현행의 반대는 다음의 두 가지 제목으로 압축될 수 있을 것이다: (1) 그것이 하나님의 속성과 모순된다는 것(14-18절), 그리고 (2) 인간의 책임과 모순된다는 것(19-24절). 둘 다 당치도 않은 생각이다.

바울은 이러한 비판에 대해서 어떻게 대답하는가? 하나님께서 주권적인 선택의 권리를 주장하시고 행사하시기 때문에 선택이 불의할 수 없다고 바울은 말하였다. 또 다른 비판에 대해서 하나님께서 사람들을 악하게 만드신 것이 아니기 때문에 그것이 인간의 책임과 모순되지 않는다고 바울은 대답한다. 주권자이신 하나님은 악인을 기뻐하시는 뜻대로 하실 권리가 있다(9:14-24).

이스라엘 전역사를 통하여 하나님에 의한 선택 혹은 선발의 과정이 계속되었다. 우리는 이 과정이 비합리적이거나 비도덕적이지 않다는 것을 선언할 만큼 충분히 알고 있다. 더욱이 바울이 말하지 않으면 안 되었던 것처럼 하나님께서는 자유롭게 그 과정을 결정하실 이 권리가 있기 때문에 아무에게도 하나님과 논쟁할 근거가 없다.

C. 하나님의 주권은 사람이 구원에서 방도를 사용해야 할 필요를 부인하지 않는다.

농부들은 추수의 특성이 하나님의 주권적인 뜻에 달려 있다는 것을 알고 있지만 이것이 농부의 수고가 본질적인 것이 아니라는 의미는 아니다.

성경은 반드시 유기체로서 해석되어야 한다. 정녕 하나님은 "내가 긍휼히 여길 자를 긍휼히 여기리라"고 말씀하신다. 그와 동시에 하나님은 "너희 구원을 두려움과 떨림으로 이루라"고도 말씀하신다. 우리는 하나님의 주권을 이해할 때 인간의 책임을 결코 무시해서는 안 된다. 성경에서는 둘 다 가르치고 있다. 하나님의 작정을 설명할 때 결코 두 개념을 충분히 고려하여 포괄적으로 다루지 못한다. 어떤 장들에서는 한 진리가 강조되었고, 다른 구절들에서는 다른 진리가 강조되었다. 두 생각이 연합하여 우리에게 우리의 구원에 관하여 알아야 할 필요가 있는 것이 무엇인지 가르쳐 준다. 자주 우리는 "주를 찾을 만한 때에 찾으라"라고 하는 표현들을 본다. 하나님을 찾지 않았던 자들은 하나님께서 그들을 유기하셔도 다 자기 탓이다. 게다가 복음 전파와 하나님의 선택 목적은 항상 공존한다. 회심에서 인간 방편에 의한 전파는 직접적인 수단이다. 그리고 믿음으로 그것에 반응하는 자들만이 하나님의 선택하시는 은혜를 받은 자임을 주장한다.

D. 하나님은 그의 메시야를 배척하는 자는 누구든지 배척하신다(9:25-33).

사람들을 정죄하는 근거는 항상 그 자신들에게 있다. 바울은 구원의 근거가 하나님께 있다는 것을 가르쳤지만 사람들이 정죄를 받은 것은 그들의 죄악과 구원의 유일한 길을 배척한 때문이라고 주장한다.

(1) 어째서 하나님은 유대인을 버리셨는가?

그들의 불신앙과 참 메시야를 배척한 것 때문이다. 하나님께서 제의하신 조건으로 구원을 받기를 거부하였다. 그들은 자신들의 방식으로 하늘에 이르기를 고집하였다(9:32). 그들은 끝까지 그들 자신의 불완전한 의를 하나님 앞에서 의롭다 하심을 얻는 수단으로 제시하였다. 그들은 "믿음으로 말미암은 의"를 거부하였다. 즉, 그들은 믿음으로 성취된 완전한 의를 거부하였다. 이것이 유대인들의 잘못이다.

(2) 어째서 하나님은 이방인을 받아들이셨는가?

그들이 믿음으로 메시야를 영접하였기 때문이다. 호세아의 예언은 이것이 일어나리라는 것을 표현하였다. 호세아 2:23에 다음과 같이 말한다: "내가 나를 위하여 이 땅에 심고 긍휼히 여김을 받지 못하였던 자를 긍휼히 여기며 내 백성 아니었던 자에게 향하여 이르기를 너는 내 백성이라 하리니."

바울은 유대인인 것이 하나님의 심판에서 면제받거나 하나님의 은혜의 기쁨을 얻기에 충분치 않다는 것을 보여준다. 유대인은 그들이 유대인이라는 이유만으로는 하나님 나라에 들어갈 아무런 특별한 주장을 할 수 없었다. 상속은 많은 이익에 대한 책임이 있지만 구원을 보장하기에는 부적절하다. 오직 구원의 믿음만이 사람을 하나님과 올바른 관계에 놓을 수 있다. 이방인들은 하나님의 십자가에 달리신 메시야를 믿음으로써 구원을 발견하였다. "이방인들이 듣고 기뻐하여 하나님의 말씀을 찬송하며 영생을 주시기로 작정된 자는 다 믿더라"(행 13:48).

결론

(a) 타락한 인류로부터 하나님께서는 귀히 쓸 그릇과 천히 쓸 그릇을 택하시는 것이다. 사람들은 선택의 가망이 항상 타락한 것으로 간주되어야 한다고 생각하였다.

(b) 비록 죄인들의 운명이 두려운 것이지만, 그것은 공의로운 것이다. 하나님은 죄인들이 멸망에 이르는 심판의 유기를 죄인들에게 하신 것에 대해서 결코 비난을 받으실 수 없다. 진노의 그릇은 하나님에 대한 그들의 죄 때문에 멸망하였다. "어느 누구도 파멸의 탓을 자기 외에 다른 사람에게 돌릴 수 없다." 하나님께서 어느 죄인에게든 구원을 베푸셔야 할 의무가 없다는 것은 우리의 머리로 다 이해하기 어려운 것이다.

(c) 구원을 받은 우리는 매일 이렇게 고백하지 않을 수 없다. "우리에게 마옵시고 다만 당신의 이름에 모든 영광을 돌리소서." 우리에게는 오직 감사만 있을 따름이다. 우리는 영원히 하나님께 빚진 자이다. "모든 것으로도 죄를 속할 수 없고 오직 당신만이 반드시 구원하시나이다."

(d) 성경에서 "더욱 힘써 너희 부르심과 택하심을 굳게 하라"고 할 때

우리는 그 말씀을 우리가 하나님으로 말미암아 택함을 받았다는 것을 우리 자신과 다른 사람에게 명백하게 나타내는 그리스도인의 모든 의무를 다해야 한다는 뜻으로 해석한다.

(e) 우리의 지식은 단편적이고 불완전하지만, 이렇게 말할 지혜는 충분히 있을 것이다. "여호와께서 통치하시니 땅은 즐거워하자." "내 생각은 너희 생각과 다르며 내 길은 너희 길과 다르다."

로마서 제10장

최악의 상태의 무지

10:1. "형제들아 내 마음에 원하는 바와 하나님께 구하는 바는 이스라엘을
위함이니 곧 저희로 구원을 얻게 함이라."

10:2. "내가 증거하노니 저희가 하나님께 열심이 있으나 지식을 좇은 것이
아니라."

10:3. "하나님의 의를 모르고 자기 의를 세우려고 힘써 하나님의 의를 복종
치 아니하였느니라."

10:9. "네가 만일 네 입으로 예수를 주로 시인하며 또 하나님께서 그를 죽은
자 가운데서 살리신 것을 네 마음에 믿으면 구원을 얻으리니."

10:10. "사람이 마음으로 믿어 의에 이르고 입으로 시인하여 구원에 이르느
니라."

10:13. "누구든지 주의 이름을 부르는 자는 구원을 얻으리라."

10:14. "그런즉 저희가 믿지 아니하는 이를 어찌 부르리요 듣지도 못한 이를
어찌 믿으리요 전파하는 자가 없이 어찌 들으리요."

10:15. "보내심을 받지 아니하였으면 어찌 전파하리요 …."

10:17. "그러므로 믿음은 들음에서 나며 들음은 그리스도의 말씀으로 말미
암았느니라."

Ⅰ. 역사적 배경

9장의 상황이 또한 이 장의 배경이다. 바울은 여전히 유대인의 문제와
씨름하고 있다. 하나님께서 이스라엘을 배척하심은 역사적으로 그들이 그
리스도와 또 그로 말미암은 유일한 구원의 길을 배척한 것과 관련이 있다.
유대인들이 하나님을 섬긴다고 고백하지만 슬프게도 그들은 본질적인 구
원의 진리에 대하여 무지하였다. 율법의 행위로 의롭게 되려고 함으로써

그들은 하나님의 길 곧 믿음으로 말미암은 하나님의 길을 배척하고 있었다.

II. 용어 해설

10:1. 바울은 유대인들이 영적으로 곤경에 처해 있는 것을 기뻐하지 않았다. 이 사실은 그가 그들을 위하여 기도한 것에서 입증되었다. 그러나 그의 기도를 이루지 못하도록 방해하는 장애들 곧 구원을 받는 길에 대한 그들의 무지와 그릇된 생각이 있었다.

10:2. "내가 증거하노니." 2절과 3절의 증거는 "기소자측의 논거"에 속하는 것이다. 바울은 "유대인 동족들이 하나님께 대한 열심은 있으나 영적인 통찰이 없다"는 것으로 그들에 대하여 엄중히 고소하였다. 예를 들면, "바리새인들은 … 그들의 조상들의 유전에 대해서 아주 열심이 있었을 때 과연 그들이 하나님을 섬기고 있다고 생각하였다." 그럼에도 불구하고 바울의 마음은 "피고측"에 있다.

10:3. "하나님의 의"는 하나님께서 그 백성에게 요구하시는 의이다. "하나님의 것"이라고 하는 것은 그 의가 인격적인 속성과 관련이 있기 때문이 아니라 하나님께서 주시는 선물이기 때문이다. 그것은 노력하여 얻는 의가 아니라 믿음으로 받는 의이다. 사람의 믿음이 의로운 것이 아니라 믿음은 수단이며 그 수단에 의하여 사람이 "율법이 제시하지만 줄 수 없는 그 의와 생명"의 은혜로운 수여의 수취인이 된다. 4절을 참조하라.

10:9. 그리스도를 주로 믿는 믿음, 곧 그 신앙의 고백은 구원을 받는 길이며 하나님의 의에 상당하는 것이다. 예수를 "주"라고 말하는 것은 "'하나님'이라는 칭호 자체로 말할 수 있는 모든 것을" 말하는 것이다. "주"는 바울에 의해 예수님의 칭호로 번역되어 의식적으로 사용된 하나님의 구약 성경의 이름이다. 오스카 쿨만(Oscar Cullman)은 이렇게 말한다. "모든 혀가 고백하는 바 예수 그리스도를 주(아도나이)라고 하는 고백은 모든 피조물에서 어떤 존재와 어떤 장소에서 그가 주가 아니심이 없다는 것을 확실히 단언한다."

어째서 "하나님께서 죽은 자 가운데서 그를 살리신 것"을 믿느냐? 우리의 구원과 새 생활이 십자가에서 죄에 대하여 그리스도께서 승리하신 것에 달려 있는 것과 마찬가지로 죽음과 무덤에서 그리스도께서 승리하신 것에 달려 있기 때문이다. "주"가 예수님의 칭호로서 특별한 의미를 획득한 것은 부활로 말미암았다(행 2:36).

10:13. 이 구절은 여호와에 대하여, 그리스도에 대하여 언급하고 있는 요엘 2:23의 인용이다. 그것은 유대인과 이방인을 막론하고 모두에 대한 구원의 한 길의 필요와 관련성을 선포한다.

10:14. 이 구절(과 17절)은 복음이 구원을 위하여 받아들이고 믿어야 하는 내용을 가지고 있는 메시지임을 알린다. 만일 사람들이 하나님의 말씀을 믿어서 구원에 이르러야 한다면 하나님의 말씀이 설교자와 선교사의 선포의 주제인 것은 필수적이다.

Ⅲ. 교리적 의의

여기서 우리는 복음의 내용에서 믿음의 필요성을 들어서 알게 된다. 우리는 다시금 오직 믿음에 의한 구원의 교리를 직면하게 되었다. 의롭다 하심은 율법의 행위로 말미암지 않고 예수를 주로 믿는 믿음을 통하여 하나님의 의의 전가로 말미암는다.

Ⅳ. 실천적 목표

이 장의 목적은 세 가지이다: 이스라엘의 배척이 구원의 방법에 대한 무지와 예수를 받아들이기를 거부한 것에서 비롯된 것임을 설명하기 위하여; 행위와 대조하여 구원의 길로서 믿음의 필요를 보여 주기 위하여; 그리고 모든 사람이 믿음을 행사하는 것이 필요하다면, 모든 사람에게 적용할 수 있는 복음의 메시지에 관심을 갖도록 하기 위하여.

Ⅴ. 설교 개요

제목: "최악의 상태의 무지"; 또는 "치명적인 무지"

도입부

무지하다는 것은 지식과 이해가 결여되어 있다는 것이다. 지식의 정도에 따라 무지의 정도가 있다. 지식의 영역은 아주 광대하고 아주 학식 있는 자도 많은 것에 관하여 무지하다. 전문가들은 어떤 주제에 관하여 재빨리 시인한다. "이것은 내 분야가 아니다. 나는 당신에게 도움을 줄 수 없다." 어떤 형태의 무지는 바람직할지 모른다. 셰익스피어는 언젠가 이렇게 썼다. "카드와 주사위놀이에 대해서 그들은 다행히도 몰랐다." 그러나 대개는 무지는 한탄스러운 것이다. 죄를 제외하고는 무지가 인간의 가장 큰 적이다.

우리는 반드시 우리가 배우는 데 필수 불가결한 주제들이 어느 것들인지 결정해야 한다. 어떤 종류의 지식은 다른 것들보다 더욱 중요하다. 바울은 많은 분야에서 아주 학식 있는 사람이었다. 그러나 그는 구원의 지식을 전문으로 삼았다. 이 주제에 대하여 그는 대가였다. 이 분야에 있어서 그는 "내가 안다!"고 많이 말하였다(딤후 1:12; 롬 8:28; 고후 5:1 등등). 그가 즐겨 쓴 표현 하나는 "너희가 모르기를 원치 아니하노니"이다(롬 1:13; 고전 10:1; 고전 12:1; 고후 1:8; 살전 4:13). 무지와 싸우고 지식을 퍼뜨리는 것이 그의 목표였다. 유대인은 지식 있는 백성이었으나 그들은 어떤 가장 중요한 것에 무지하였다.

A. 그들은 그들의 절망적인 곤경에 대하여 무지하였다.

인류의 역사는 하나님을 떠난 사람이 날 때부터 불의하다는 것을 보여준다(롬 3:10). 다른 민족들과 함께 유대인들은 잃어버린 상태에 있었다. 그들은 정죄받은 상태였다. 그들은 메시야를 배척하였고 공모하여 그를 십자가에 못박았다. 그들이 "그의 피를 우리에게 돌리소서"라고 외쳤을 때, 그들은 이것이 의미하는 것이 무엇인지 몰랐다.

바울은 유대인들이 하나님께 대해 열심을 품었다는 것, 유대인의 행동에서 어느 정도 성실함이 있었다는 것을 인정하였다. 그러나 성실함은 구원을 얻기에 충분한 것은 아닌데, 이는 그들이 정말 잘못 알고 있었기 때문이며, 또 성실함은 그들이 상실되었다는 그 사실을 변화시키지 못하였다. 성실은 훌륭한 것이다. 열심은 빛나는 것이다. 그러나 논지는 성실이냐 불성실이냐 하는 것이 아니라 그들이 구원을 받았느냐 아니면 잃어버린 것이냐 하는 것이다. 바울은 이것을 잘 이해할 수 있었다. 그의 삶이 그것을 설명하고 있는데, 이는 유대인 랍비로서 그는 성실하였기 때문이다. 그는 유일하신 참 하나님을 부인한 적이 없었다. 그러나 그는 그리스도를 만나서 그의 의를 의지하고 구원을 받기까지는 잃어버린 자였다. 그리스도가 없는 종교는 사람들을 구원하지 못한다. 이 절망적인 곤경에 대하여 무지하다는 것은 가장 비극적인 형태의 무지이다. 지식에 바탕을 두지 않은 하나님에 대한 열심은 아무런 소용이 없다. 열심은 결코 사람을 하나님과 올바른 관계에 두지 못한다. 사랑으로 말해진 이 진리를 바울은 강조하였다.

바울은 유대인의 소망 없음에 놀람을 금할 수 없었다. 그들의 무지는 죄 있는 것이었다. 그들은 그들이 처한 곤경에 대하여 무지하였고 그들이 무슨 수로든 구원받을 수 있다고 상상하였다. 그는 이렇게 말하고 있다. "형제들아 내 마음에 원하는 바와 하나님께 구하는 바는 이스라엘을 위함이니 곧 저희로 구원을 얻게 함이라"(롬 10:1).

B. 그들은 어떻게 구원을 받는지 몰랐다.

사람은 본래 하나님의 구원의 계획에 대해서 무지하다. 유대인들은 율법주의와 의식주의로 구원을 얻을 수 있다고 생각하였다. 이러한 불완전한 실천으로는 하나님의 완전한 요구를 결코 만족시킬 수 없다는 것을 알고 있었다. 구원을 얻는 것이 우리의 노력이 아니라는 사실에 대해서 무지하였다. 구원을 위해 필요한 것은 다 이루어졌다. "그것은 끝났다, 그 큰 처리는 다 끝났다." 그리스도께서 갈보리에서 큰소리로 "다 이루었다"고 외쳤을 때 구원에 필요한 것은 완성되었다. 우리는 끝난 것을 받아들여야 할 뿐이며 완성된 것을 취하는 것일 뿐이다.

만일 어떤 사람이 어떻게 구원을 얻는지에 대하여 자세히 알고 싶다면, 바울은 그 소원에 응할 준비가 되어 있다. 그는 9, 10, 13절에서 그것을 상세히 설명한다.

(1) 구원을 얻기 위하여 죄인은 반드시 정직하게 예수 그리스도는 주님이시다라고 말해야 한다(빌 2:9-11).

주라는 말은 거룩한 이름이다. 그 말은 여호와를 뜻한다. 신약 성경의 예수는 구약 성경의 여호와이시다. 우리가 그리스도를 "주"라고 부를 때 그것은 우리가 그리스도를 하나님과 나란히 하는 것을 뜻한다. 주라는 말은 그리스도에게 최고의 자리를 허락하는 것이다. 그것은 그리스도께서 우리의 존경과 경배를 받으실 분이라는 것을 뜻한다. 그리스도 앞에서 우리는 도마와 같은 말을 하게 된다. "나의 주 나의 하나님." 그리스도인이 된다는 것 곧 구원을 받는다는 것은 유대인이든 이방인이든간에 그리스도의 주되심 또는 하나님되심을 고백해야 한다. 이 사실을 결코 몰라서는 안 된다. 이 고백은 기독교에서 가장 깊은 것을 표현한다: 그리스도는 주이시다. 그것은 또한 우리에게 다른 주가 있을 수 없다는 것을 말한다 — "한 주, 한 믿음."

(2) 구원을 얻기 위하여 죄인은 반드시 그 마음으로 그리스도께서 죽은 자 가운데서 살아나셨다는 것을 믿어야 한다.

1:4에서 바울은 예수 그리스도께서 "죽은 가운데서 부활하여" 능력으로 하나님의 아들로 인정되었다는 것을 선언하였다. 그리스도의 부활은 선택의 문제가 아니다. 그리스도께서 몸을 가지고 부활하셨다는 것은 기독교의 중요한 조항이다. 물론 그리스도인은 그리스도께서 살았다는 것을 믿는다. 그는 역사의 페이지를 장식하고 있다. 우리는 반드시 더 나아가서 십자가에 못박히신 지 삼일 만에 그리스도께서 죽은 가운데서 살아나서 계속 살아 계신다는 것을 믿어야 한다. 이것은 구원의 믿음의 일부이다. 이 사실에 대해서 결코 무지해서는 안 된다. 그는 주이시다. 정확히 말하면 "부활하신 주"이시다.

(3) 구원을 받기 위하여 죄인은 그의 입으로 주 예수를 고백해야 한다.

구원의 신앙은 고백하는 신앙이다. 그리스도께서 하나님이시라는 것과 죽은 가운데서 살아나신 것을 참되게 믿는 자는 세상 앞에서 그와 같은 믿음을 부끄러워하거나 마지못해 고백하거나 해서는 결코 안 된다. 입으로 하는 고백에 의하여 여기에 경계선이 확실하게 그어졌다. 우리는 마음으로부터 우리가 찬성하는 편에 대해서 증언해야 한다. 충성을 감추어서는 안 된다. 입의 고백은 그리스도에 대한 충성의 표시이다.

유대인은 그와 같은 고백을 하기가 어려웠다. 그러나 바울이 유대인이었다는 사실을 간과하지 말라. 그는 히브리인 중의 히브리인이었다. 그러나 그는 어떤 희생을 치르더라도 그러한 고백을 하는 것을 영광스러운 특권으로 생각하였다. 이런 것에서 우리가 항상 심지어 핍박의 때에도 그리스도를 지지하였는가 하는 문제가 제기된다.

(4) 구원을 받기 위하여 죄인은 주 예수의 이름에 호소해야 한다.

필요 조건은 우리가 자비를 청해야 하는 것이다. 우리는 교만스럽게 자비를 요구해서는 안 된다. "누구든지 주의 이름을 부르는 자는 구원을 얻으리라"(10:13; 욜 2:32). 만일 주께 구원을 청하지 않으면 구원을 기대할 수 없다. 구원의 혜택을 얻기 위해서는 어떤 일정한 조건이 필요하다.

당신이 믿지 아니하는 그리스도를 부를 수는 없다.

당신이 듣지도 못한 그리스도를 믿을 수는 없다. "믿음은 들음에서 나며 들음은 그리스도의 말씀으로 말미암았느니라." 아주 많은 사람들이 전혀 믿음이 없거나 거의 믿음이 없는 것은 그리 놀랄 만한 것이 아니다. 그들은 말씀에 복종하지 않는다.

복음을 전파하는 자가 없이 당신이 그리스도를 들을 수가 없다. 반드시 메시지를 전하는 사람이 있어야 한다. 인간 대리인이 전한 하나님의 메시지에 당신이 반드시 응해야 한다.

하나님께로부터 보내심을 받지 않으면 아무도 복음을 전할 수 없다. 복음을 전하도록 전파자를 부르시고 보내시는 분은 하나님이시다(엡 4:11, 12). 그러므로 이 하나님의 메시지를 위임받은 자는 그 메시지를 분명하고 신중하게 전해야 한다. 교회는 알아들을 수 없는 소리를 내는 나팔이 되어서는 안 된다.

결론

(1) 유대인의 유혹은 여전히 우리의 유혹이다.

우리가 하나님께 용납받을 수 있는 것은 우리의 개인 도덕뿐이라고 생각하는 것이 유혹이다. 하나님 앞에 자기 개인의 의로써 설 수 있고 존재할 수 있다고 생각하는 사람들이 많다. 우리 주님은 그 당시에 가장 존경받을 수 있는 사람들이 이 유혹에 빠지는 것을 보셨다. 예수님은 그들을 "회개할 것 없는 의인들"이라고 불렀다. 그 결과 그들은 자기들에게는 구주 그리스도 혹은 선물인 그의 구원이 전혀 필요없다고 생각하였다. 자기 의는 인간의 마음에 깊이 뿌리박고 있다. 그러나 그것은 복음을 해치는 것이다. 그것은 그리스도의 사역을 헛되게 하는 것이다. 그것은 하나님에게서 하나님의 영광을 빼앗는 것이다. "당신의 도덕이 당신의 올무가 되지 않도록 조심하라."

(2) 복음을 깨달으려고 하지 않기 때문에 복음을 깨닫지 못하는 사람들이 있다.

바울은 그들이 불순종하기 때문에 깨닫지 못한다고 말하였다. 복음은 선포되었다. 하나님께서 그의 사랑의 증거를 제시하셨다. "순종치 아니하고 거스려 말하는 백성에게 내가 종일 내 손을 벌렸노라." 따라서 하나님께서 말씀하시기를 변명하지 말라 하신다. 그들은 정직한 심문에 계속 고집하지 못할 것이다.

(3) 구원의 참된 길이 작용하고 있다!

바울은 구원의 참된 길이 작용하지 않을 것을 염려하지 않았다. 온전히 그리스도를 의지하면, 당신은 전적으로 참된 이 길을 발견할 것이다. 믿고 당신의 영혼을 주께 내맡길 때 당신은 구원의 복음을 경험하게 될 것이다. 죄책과 죄의 세력으로부터 현재의 해방과 그리스도 앞에서 최종적인 영광의 보장이 있다.

(4) "왜 선교사들을 보내느냐?"

바울의 논증은 이유가 정당하고 불가항력적인 호소력이 있을 뿐만 아니라 선교는 바야흐로 비기독교 국가들에게 큰 위협이 되려고 한다. 우리는 이제 겨우 충분한 선교사를 보내어 비기독교 세계에서 거룩한 진리의 힘을 말하여서 세상 나라들의 옛종교적 기반을 뒤흔들어 사색의 바다로 떠내려 보냈다. 개개인뿐만 아니라 민족들도 구원할 수 있도록, 모든 사람뿐만 아니라 전인 곧 그의 몸과 마음과 영혼을 구원할 수 있도록, 그리고 그의 삶의 모든 관계에서와 내세의 삶에서 구원받을 수 있도록 깨닫기 시작하는 이 사람들에게 그리스도를 나타내는 것이 우리가 해야 할 임무이다.

로마서 제11장

하나님의 계획 안에 있는 유대인

11:1. "그러므로 내가 말하노니 하나님이 자기 백성을 버리셨느뇨 그럴 수 없느니라. 나도 이스라엘인이요 ….."

11:2. "하나님이 그 미리 아신 자기 백성을 버리지 아니하셨나니."

11:5. "그런즉 이와 같이 이제도 은혜로 택하심을 따라 남은 자가 있느니라."

11:15. "저희를 버리는 것이 세상의 화목이 되거든 그 받아들이는 것이 죽은 자 가운데서 사는 것이 아니면 무엇이리요."

11:17. "또한 가지 얼마가 꺾여졌는데 돌감람나무인 네가 그들 중에 접붙임이 되어 참감람나무 뿌리의 진액을 함께 받는 자 되었은즉."

11:22. "그러므로 하나님의 인자와 엄위를 보라 넘어지는 자들에게는 엄위가 있으니 너희가 만일 하나님의 인자에 거하면 그 인자가 너희에게 있으리라 그렇지 않으면 너도 찍히는 바 되리라."

11:23. "저희도 믿지 아니하는데 기하지 아니하면 접붙임을 얻으리니 이는 저희를 접붙이실 능력이 하나님께 있음이라."

11:24. "네가 원돌감람나무에서 찍힘을 받고 본성을 거스려 좋은 감람나무에 접붙임을 얻었은즉 원 가지인 이 사람들이야 얼마나 더 자기 감람나무에 접붙이심을 얻으랴."

11:25. "… 이방인의 충만한 수가 들어오기까지 이스라엘의 더러는 완악하게 된 것이라."

11:26. "그리하여 온 이스라엘이 구원을 얻으리라."

I. 역사적 배경

다시 한 번 우리는 유대인 문제로 씨름하고 있는 유대인 바울을 본다. 그것은 반드시 하나님의 계획의 맥락에서 공부해야 한다. 유대인은 하나님의 목적에 포함되었다. 이러한 생각에서 우리는 사도의 역사 철학을 간취한다. 하나님이 주관하신다. 이스라엘의 현재의 불신앙은 일시적일 뿐이다. 비록 이스라엘의 대다수는 그리스도를 배척하였지라도 하나님은 그것에 의하여 그의 백성을 포기하지 않으셨다. 비록 그것이 지그재그 방식으로 이루어진 것처럼 보일지 모르지만 하나님은 바야흐로 유대인의 역사에서 실현된 당신의 목적을 보시고 하신다.

II. 용어 해설

11:1. "하나님이 자기 백성을 버리셨느뇨? 그럴 수 없느니라." 바울의 대답은 그가 하나님의 자녀이며 그리고 그와 동시에 이스라엘인이 반증이 되는 논거라는 사실을 암시한다.

11:2. 하나님은 모든 이스라엘을 버리신 것이 아니었다. 하나님은 선택된 남은 자를 남겨 두셨다. "상황은 이제 마치 엘리야 시대처럼 전반적으로 변절한 것같이 보이나 실제로는 상당히 신실한 남은 자들이 유대인 중에서도 남아 있었다"(참조. 롬 9:27).

11:5. 우리는 남은 자를 단순히 파멸로 운명지어진 좀더 큰 무리에서 낚아챈 선택된 무리로 생각해서 안 된다. 남은 자는 그 자체가 선택된 백성이다. "그가 전체 백성에게 그의 복을 주실 수 없을 때 그는 그 복을 받는 '남은 자'가 항상 있다는 것을 주의한다. … 그 '남은 자' 안에서 이스라엘은 하나님의 백성으로 살아간다." 바울은 사도들과 자신과 초대 교회(이 당시에는 대부분이 유대인이었다)를 그의 시대의 선택된 남은 자를 구성하고 있는 것으로 생각한다.

11:7. 마태복음 21:43; 사도행전 26:6, 7; 28:17-20, 23; 누가복음 12:32을 참조하라. 그리고 출애굽기 19:5, 6에 비추어 베드로전서 2:9을 참조하라.

11:17. 구약 시대에서는 하나님의 백성("감람나무", 렘 11:16, 17)은 이스라엘로 구성되었고 이방인들은 개인적으로 이스라엘의 언약의 조건 속으로 들어오는 한에서 보태어졌다. 신약 시대에서는 "육신에 의한" 이스라

엘이 대부분 믿지 않음으로 잘려 나가고 이방인은 믿음으로 접붙여진 동안에(11:20) 다음의 사실은 그대로 남아 있다: 맨 처음은 이스라엘 사람으로 구성되었고 그 다음에는 이방인과 유대인으로 구성된 오직 한 나무인 하나님의 한 백성이 있다.

11:22. 유대인 대다수에 대하여 하나님은 그들의 불신앙과 그리스도를 배척한 것에 대하여 하나님의 공정한 진노를 보이시지만 믿는 유대인과 이방인을 포함하는 선택된 남은 자에게는 자비를 보이신다. 여전히(23절) 버림을 당한 이스라엘의 큰 수가 믿음을 통하여 회복될 수 있다.

11:25. "비밀"로 번역된 단어는 로마서에서 두 번만 나타난다(16:25도 참조하라). 그것은 숨기는 어떤 것을 암시한다. 하나님께서 이스라엘을 부분적으로 완악하게 하신 이유는 사람이 깨닫기에는 너무 심오한 비밀이다(참조. 33-36절). 그 비밀은 마치 아무것도 계시되지 않았던 것처럼은 아니다. 바울이 9-11장에서 하고 있는 설명이 우리에게 많은 것을 이야기한다. 여기서 그가 뜻하는 바는 두 가지일 수 있다: (1) 나는 네게 내가 쓴 것을 이해시키기를 원한다. (2) 그러나 나는 네가 아직 다 이해할 수 없는 것이 있다는 것을 알기를 바란다. 그것은 우리가 하나님의 손에 맡기는 것으로 만족해야 한다.

11:26. 하나님의 계획에서 "모든 이스라엘은 구원을 받을 것이다." 이스라엘의 구원은 탕자가 집으로 돌아오는 것과 같을 것이다(참조. 24절과 눅 15:24). "그것은 현재의 '남은 자'와 대조하여 이스라엘을 민족으로서 최종적으로 모음을 의미할 수 있을 뿐이다." "바울은 … 이방인의 선택을 시기하게 되는 유대인들이 돌아와서 믿게 될 그 날을 예견한다. 종말에 죽은 자들이 일어나기 전에 하나님께 버림을 받은 유대인들이 받아들여질 것이다."

III. 교리적 의의

하나님의 백성에 대한 교리는 종말론과 하나님 나라의 교리와 아주 밀접하게 관련이 되어 있다. 예언과 역사는 궁극적으로 그리스도와 그의 백성의 중심적인 위치와 관계가 있다. 우리는 또한 하나님의 주권을 하나님의 선하심과 엄하심의 선포 이면에 있는 근원적인 사실로서 본다. 복음 전도와 회개의 사역에서 믿음과 하나님의 말씀의 위치가 강조되었다.

IV. 실천적 목표

유대인 가운데서 복음이 성공을 거두지 못하는 것으로 나타나는 것을 설명하고, 장차 하나님께서 유대인을 위하여 준비하신 것을 예언하고, 이방인에게 교회에서 그들의 지위에 대하여 지나친 자만을 삼가게 하고, 유대 백성들이 이방인 그리스도인의 믿음을 시기하여 경쟁하도록 하고, 모든 사람으로 하여금 하나님의 주권적인 지혜와 목적 앞에서 찬양하는 태도를 마음에 새기게 하기 위함이다.

V. 설교 개요

제목: "하나님의 계획 안에 있는 유대인."

도입부

이 장에서 사도는 예언자가 된다. 그는 언젠가 유대인이 그들의 무감각과 맹목에서 벗어나 복음이 이방인을 위하여 한 일을 깨닫게 될 것이라고 예언한다. 이 일이 일어날 때 그들도 이 복음을 원할 것이다. 바울에게 이것은 영광스러운 기대였다. 바울의 하나님은 무적이셨다. 하나님은 그의 백성에게서 손을 떼지 않으셨다. 하나님은 이스라엘과 싸워서 이기실 것이다. 프레드릭(Frederick) 대왕은 궁정 목사에게 기독교에 대한 가장 강력한 증거를 한 마디로 말해 보라고 하였다. "폐하, 유대인이옵니다!" 하고 그는 대답하였다. 우리는 여기서 이 말의 진실함을 본다.

A. 하나님이 유대인을 거부하신 것은 전부가 아니다(11:1-10).

"하나님께서 그의 백성을 버리셨는가?" 당치도 않다. 바울은 유대인의 불순종이 곧 하나님의 버리심은 아니라고 주장한다. 바울은 하나님께서 이스라엘을 완전히 버리셨다는 생각을 추호도 하지 않았다. 그는 그런 생각을 일축하였다. 왜냐하면 그 자신이 바로 그런 생각을 반증하고 있기 때문이다.

열왕기상 19장에서 보게 되는 엘리야의 경험은 또 다른 경우를 적절히 제공한다. 그것은 비슷한 경우이다. 그 당시조차도 전부 다 배교한 것은 아니었다. 우상에게 굴복하지 않은 남은 자 곧 보이는 교회 안에 보이지 않는 교회가 남아 있었다. 하나님께서는 절망하는 엘리야에게 소망의 이유를 말씀하셨다. 민족 전체는 하나님의 요구에 자격 미달이었지만 하나님의 선택에 따라 일부를 건져 구원하였다. "똑같은 방법으로 현재에도 하나님의 은혜로 선택된 소수가 있다"(필립스). 우리는 하나님께서 신실한 소수에게서 눈을 떼시는 법이 없다는 것을 주의해야 한다. 우리도 신실한 소수에게 눈을 떼지 않아야 한다. 구약 성경의 예언자들은 이 진리에 대한 강력한 증인들이다(암 8:9, 10).

바울이 하나님께서 이 유대인들을 완악하게 하였다고 한 것은 무슨 의미로 한 말일까? 그 말은 하나님께서 그들의 마음의 완악함 그대로 내버려 두셨다는 의미이다. 맹목과 마찬가지로 이 완악도 죄의 자연적인 결과이다. 하나님은 유대인들을 버리셨지만 전부 다 버리신 것은 아니다.

B. 하나님께서 유대인을 버리심은 최종적인 것은 아니다(11:11-15).

그들의 넘어짐은 그것으로 끝난 것이 아니다. 어째서? 왜냐하면 하나님께서 그것을 일어나도록 정하셨기 때문이다. "저희가 넘어지기까지 실족하였느뇨?" 하고 바울은 묻고 있다. 다시 한 번 그 대답은 다음과 같다: "그럴 수 없느니라. 저희의 넘어짐으로 구원이 이방인에게 이르러 이스라엘로 시기나게 함이니라." 바울이 말하고 있는 것은 그 넘어짐이 그것으로 끝나 버리는 것이 아니라는 것이다. 좀더 큰 목적이 관련되었다. 그들이 버림을 당한 것은 일시적인 것이다. 하나님은 그의 섭리 가운데 재난이 축복으로 바뀌는 방법을 알고 계신다. 하나님께서 이방인에게 구원을 허락하셨기 때문에 이스라엘은 무엇이 잘못되었는지를 보고 느끼게 되었다.

바울은 그의 유대인 형제들에게 좋은 결말이 있기를 바랐다. 그는, 그것이 생명을 얻은 것과 같을 것이라고 말하였다. 그는 이 날을 꿈꾸었다. 그는 그것을 위해 아주 간절히 기도하였다.

그 주장은 이스라엘의 마음이 완악해짐이 영구한 것이 아니라는 소망으로 끝맺는다. 그것은 유익한 목적에 이바지하게 되었다. 그것은 이방인에게 길을 열었다. 이 목적이 다 이루어지면 이 완악함은 사라질 것이다.

이 생각은 족장들에게 하신 하나님의 약속에 바탕을 두었다. 하나님은 그 약속을 반드시 지키실 것이다. 바울은 이사야 59:20, 21을 인용하여 이 사실을 확증한다(참조. 26절).

이사야와 바울은 마지막에 유대인이 반드시 돌아온다는 것을 확신하였다. 이것은 긍휼의 행위인 것이지 그들의 훌륭함에 기인하는 것이 아니라는 것을 바울은 주장한다. 그들은 이방인과 마찬가지로 오직 하나님의 주권적인 긍휼에 의해서만 구원을 받을 것이다.

스가랴 12:10에서 우리는 하나님의 계획에서 이스라엘의 미래에 관한 중요한 구절을 보게 된다. "그들이 그 찌른 바 그를 바라보고 그를 위하여 애통하기를 독자를 위하여 애통하듯 하며 그를 위하여 통곡하기를 장자를 위하여 통곡하듯 하리로다"(요한복음 19:37과 비교하라). 수건이 벗겨지고 그리고 이스라엘이 메시야를 배척하여 십자가에 못박은 것을 깨닫게 될 것이기 때문에 슬퍼하고 애통하게 될 그 날이 오고 있다는 것을 생각하여 말하고 있다. 그 다음에 다시 스가랴는 이 백성이 그들이 찌른 바 그를 바라보고 다음과 같이 물을 것을 예언한다: "네 두 팔 사이에 상처는 어쩜이냐 하면 대답하기를 이는 나의 친구의 집에서 받은 상처라"(슥 13:6). 이러한 예언들이 성취되고 유대인들이 영광스러운 그리스도를 보고 회개하며 그를 영접할 그 날은 이 세상에서 큰 날일 것이다. 그때에 유대인은 메시지와 사명을 가지게 될 것이다. 지금은 그들에게 메시지도 사명도 없다. 유대인들이 그리스도를 자신들의 메시야로 주장할 때 유대인의 문제는 풀리게 될 것이고 이방인 그리스도인은 다음과 같이 노래할 것이다:

"너는 이스라엘 민족의 택함받은 자손이요,
타락한 자로부터 구속받은 자로다."

바울이 메시야를 알았던 것처럼 유대 백성이 메시야를 알 때까지 바울처럼 그리스도인들은 이 날을 위하여 열심히 기도하고 열심히 노력하자.

C. 하나님께서 유대인을 버리신 것은 이방인에게 경고의 역할을 해야 한다(11:16-24).

유대인뿐만 아니라 이방인도 경고가 필요하다. "또한 가지 얼마가 꺾여졌는데 돌감람나무인 네가 그들 중에 접붙임이 되어 참감람나무 뿌리의 진액을 함께 받는 자 되었은즉 그 가지들을 향하여 자긍하지 말라."

이방인들은 자신들이 믿음으로 하나님의 권속이 되었기 때문에 유대인에 대하여 오만한 태도가 생길 우려가 있었다. 바울은 이방인들이 스스로 감람나무 가지인양 자랑해서는 안 된다고 경고한다. 오히려 그들은 조심하고 감사해야 할 것이다. 유대교가 없었다면 기독교도 없었을 것이다. 가지가 뿌리에 의해 지지되는 것이지 뿌리가 가지에 의해 지지되는 것이 아니다. "상황은 자만을 요구하는 것이 아니라 어떤 건전한 두려움을 요구한다. 만일 하나님께서 합당한 이유 때문에 원가지를 제거하셨다면 하나님께서 너도 똑같은 이유에서 제거하시지 않도록 조심하라."

하나님께는 선하심뿐만 아니라 엄위가 있다는 사실을 간과하지 말라. 하나님은 그 백성에게 그들의 특권에 따른 책임을 지키게 하신다. 하나님은 자비를 행하실 뿐만 아니라 엄정한 심판도 행하실 수 있다. 하나님의 엄위가 이스라엘에 임하여 오늘날까지 계속되고 있다. 하나님께서 유대인 곧 원가지를 벌하셨기 때문에 하나님의 선하심을 악용하지 말라.

여기 이 논증에서 바울은 이전에 꺾여진 원가지가 다시 감람나무에 접붙임을 받을 수 있다는 것을 설명한다. 만일 이스라엘이 회개하고 메시야를 믿으면 하나님께서 그들을 다시 접붙이실 수 있다.

D. 하나님의 목적은 반드시 유대인과 이방인의 충만한 수에 비추어 해석되어야 한다(11:25-32).

하나님에게는 여전히 이스라엘을 위한 목적이 있으시다. 바울은 독자들에게 하나님의 은밀한 계획에 관한 그가 알고 있는 정보를 나누어 줄 준비가 되어 있다. 이것은 "비밀"이라 불리는데, 이 비밀이라 함은 그 비밀에 대하여 가르침을 받은 자들에게만 알려진 비밀이라는 뜻이다. 그것은 과거에는 감추어져 있다가 이제 활짝 계시된 어떤 것을 말한다. 자 여기 유대인 불신앙의 문제에 대한 새로운 빛이 있다.

이스라엘에게 임한 부분적인 맹목과 완악함은 이방인의 충만한 수가 들어오기까지 계속되게 되어 있다. 즉, 요한계시록 7:9의 큰 무리가 채워질 때까지 계속되게 되어 있다. 바울은 이방인들이 그 나라에 관하여 가르침을 받고 있을 동안 복음의 제시에 대하여 반응을 많이 나타내지 않을 것을 지적한다.

일단 이방인의 충만한 수가 들어오게 되면 하나님께서 더욱 많은 수의 유대인들을 데리고 오실 것이다. "그리하여 온 이스라엘이 구원을 얻으리라"는 구절은 민족으로서 유대 백성 모두로 해석할 것이 아니라 모든 믿는 유대인과 회개하여 믿게 된 모든 믿지 않는 이방인으로 해석해야 할 것이다. 이것을 무차별의 구원과 보편적 구원으로 해석하는 것은 바울이 가르치고 있었던 것과 모순되는 것이다. "어떤 교회나 국가가 한 묶음으로 구원을 받는 법은 없다"는 것은 아주 잘 말하였다. 하나님과 맺은 관계는 개인적인 것이다. 반드시 개인적인 믿음과 개인적인 회개와 개인적인 포기가 있어야 한다. 선택된 남은 자는 개인들로 구성되어 있다.

E. 영광송(11:33-36).

여태까지는 바울이 유대인의 관계와 선택에서 하나님의 공의와 긍휼을 주장하였다. 바울은 우리에게 하나님께서 어떻게 선을 위하여 심지어 불신앙과 죄까지도 주장하실 수 있는 능력이 있는지를 가르쳤다.

하나님은 우리의 가장 열렬한 찬양을 받으시기에 합당한 크신 분이시다. 우리는 하나님의 영원한 작정으로 인하여 하나님을 찬양한다. 물론 그 작정은 우리 인간의 이해를 뛰어넘는 것이다. 우리는 그 작정이 지혜롭고 선하다는 것을 알고 있다. 하나님의 행동은 우리의 아주 깊은 마음에서 우러나는 경배를 받기에 합당하다. 하나님의 지식은 완전하고 하나님은 우리의 조언이나 제안이 필요없으시다.

바울은 구체적이다. 우리는 모든 선한 것이 하나님께로부터 오기 때문에 하나님을 찬양해야 한다. 근원이신 하나님을 찬양하라. 하나님은 부요와 지혜와 지식의 근원이시라고 바울은 말한다. 하나님 안에는 이러한 것들이 무진장으로 가득하다. "부요" 혹은 "부"로써 저자는 하나님의 무진장한 은혜와 넘치는 자원을 생각하고 있다. "지혜"에 의하여 하나님의 지배하는 섭리에서 명백하게 나타난 하나님의 실제적인 지혜가 사람의 행동과 관계없이 하나님의 목적을 성취하기로 되어 있다. "지식"에 의하여 우리는 과거와 현재와 미래를 통틀어 모든 것에 대한 하나님의 완전하신 지식 때문에 하나님을 찬미하게 되어 있다.

이 세상에서 선을 계속하시는 하나님을 찬양하라. 하나님을 통하여 선은 우리에게 계속 흘러온다.

우리는 존재하는 모든 것의 목표인 하나님을 찬양해야 한다.

우리 마음이 극에 달하여 하나님의 결정이 우리의 생각을 뛰어넘는다는 것을 알 때 우리는 "깊도다 하나님의 지혜와 지식의 부요함이여" 하고 말하면서 하나님께 절하며 찬양해야 한다.

결론

(1) 이 장은 구약 성경을 "기독교와 아무 관계가 없는 유대인의 책"으로 폐기하고자 하는 사람들을 늘 책망한다.

윌리엄 바클레이(William Barclay)는 이렇게 썼다. "그는 그가 도달한 가장 높은 곳까지 들어올린 그 사닥다리를 치워 버리는 어리석은 자이다. 그것은 줄기로부터 스스로 잘려 나가려고 하는 어리석은 가지일 것이다. 새 믿음은 옛믿음에서 자라났다. 유대인의 신앙은 기독교가 자라난 바 그 뿌리이다."

이런 문제에 있어서 바울을 우리의 모범으로 삼자. 이 장에서 그는 그의 주장을 증명하기 위하여 구약 성경에서 적어도 열 개의 명확한 인용을 하고 있다. 유대인들이 구약 성경을 하나님의 말씀으로 인정하였기 때문에 이러한 인용들을 확신하게 되는 것이다. 그러므로 하나님의 약속이 회개 즉 마음의 변화 없이도 있는 것임을 우리는 깨닫는다. 하나님은 영원히 진실하실 것이다. 이것이 우리가 지켜야 할 마지막 선이다.

(2) 성경은 실족한 자들에게 소망을 준다.

바울은 이스라엘이 실족하였다고 말하였다. 이것에 관하여는 전혀 논쟁이 없다. 그러나 하나님은 실족하는 자를 일으키신다. 야곱이 실족하였으나 하나님은 야곱의 하나님이라 칭함을 받으셨다. 다윗은 실족하였으나 하나님의 마음에 합한 자라는 말을 들었다. 베드로도 심하게 실족하였으나 그는 회복되어 오순절에 전파자가 되었다. 따라서 실족하는 자들에게 소망이 있고 이것은 이스라엘에게 적용된다. 사단은 우리로 하여금 사람이 실족하면 끝장난 것이라고 믿게 하고 싶지만 절대로 그렇게 생각해서는 안 된다고 바울은 말한다. 실족하는 것은 심각한 문제이다. 그것은 대가를 치르는 경험이다. 그러나 반드시 치명적이거나 끝장난 것은 아니다.

(3) 유대인들은 너무 교만하여 은혜로 살 수 없었다.

이방인들은 똑같은 실수를 범하지 않도록 하자. 하나님께서 이방인 가지들도 꺾어 버리시지 않도록 교만하지 말자. 하나님이여 우리로 하여금 겸손하게 하시고 감사하게 하시고 우리를 자만에서 건지시옵소서! 우리는 우리의 하늘의 소망을 어떤 것에 두어야 하는가? 우리의 대답이 우리의 상태를 나타낼 것이다.

(4) 이스라엘이 봉사의 높은 소명에 응하지 않았기 때문에 하나님께서 이방인들을 부르셔서 그들의 자리에 앉히셨다.

하나님은 구원뿐만 아니라 봉사에서도 선택하신다. 만일 우리가 봉사하지 않으면 다른 사람이 우리 대신 봉사하게 될 것이다. "비켜라. 내가 네 자리에 다른 사람을 앉힐 것이다."

로마서 제12장

가장 좋은 상태의 그리스도인

12:1. "그러므로 형제들아 내가 하나님의 모든 자비하심으로 너희를 권하노니 너희 몸을 하나님이 기뻐하시는 거룩한 산 제사로 드리라. 이는 너희의 드릴 영적 예배니라."

12:2. "너희는 이 세대를 본받지 말고 오직 마음을 새롭게 함으로 변화를 받아 하나님의 선하시고 기뻐하시고 온전하신 뜻이 무엇인지 분별하도록 하라."

12:9. "사랑엔 거짓이 없나니 악을 미워하고 선에 속하라."

12:10. "형제를 사랑하여 서로 우애하고 존경하기를 서로 먼저 하며."

12:11. "부지런하여 게으르지 말고 열심을 품고 주를 섬기라."

12:12. "소망 중에 즐거워하며 환난 중에 참으며 기도에 항상 힘쓰며."

12:13. "성도들의 쓸 것을 공급하며 손 대접하기를 힘쓰라."

12:14. "너희를 핍박하는 자를 축복하라 축복하고 저주하지 말라."

12:15. "즐거워하는 자들로 함께 즐거워하고 우는 자들로 함께 울라."

12:16. "서로 마음을 같이 하며 높은데 마음을 두지 말고 도리어 낮은데 처하며 스스로 지혜 있는 체 말라."

12:17. "아무에게도 악으로 악을 갚지 말고 모든 사람 앞에서 선한 일을 도모하라."

12:21. "악에게 지지 말고 선으로 악을 이기라."

I. 역사적 배경

사도는 기독교 신앙이 교회의 형태로 로마의 수도에서 실제적으로 시련을 당하고 있다는 것을 분명히 알고 있다. 따라서 그는 그곳에 있는 그리스도인들이 세상의 빛과 소금으로서 역할을 다할 것에 대해 관심을 가졌다. 만일 그들이 그리스도께서 그들 속에 심어 놓으신 생명에 의하여 견실히 살고 있으면 그들은 하나님께서 이루실 수 있는 것의 모범이 될 것이며 하나님의 백성 안에서 하나님의 구원이 만들어 내는 더 고귀한 특성과 행동의 증거가 될 것이다. 그때에 소수의 교회가 가망 없고 멸망해 가는 사회 속에서 길을 잃지 않을 것이다.

Ⅱ. 용어 해설

12:1. "그러므로 … 하나님의 모든 자비하심으로." 앞 장들에서 설명한 구원의 교훈에 의해 표시된 하나님의 은혜로운 예비하심을 기초로 하여 바울은 진실되게 헌신된 그리스도인의 삶에 필요한 자격을 제시한다. "너희 몸." 몸에 대한 고도의 견해가 기독교 안에서 가르쳐졌지만 이 표현은 또한 사람의 영적인 측면도 암시한다. 그리스도인의 헌신에서는 온전히 구체화한 자아가 요구되었는데, 이는 몸이 영혼의 도구이며, 또 성령이 거하시는 곳으로서 성령의 지시에 따라야 할 것이기 때문이다. 죄가 인간 본성 전체에 영향을 미쳤듯이 성별도 전체로 드려지는 것이어야 한다. 그리스도인은 레위기의 의식의 죽임을 당한 짐승과는 현저하게 다르게 "산 제사"이어야 한다. 여기서 제사는 죄를 속하는 제사가 아니라 헌신의 감사제이다. "영적 예배." 즉, 단순히 외형적인 의식 예배와 대조되는 참예배. 우리 자신을 드리는 것이 산 제사 혹은 새 언약에서 그리스도의 크신 희생으로 구속을 받은 자들에게 알맞은 "영적" 예배이다.

12:2. "이 세대를 본받지 말고." 현시대의 성격이나 풍물의 형세에 맞추지 말라. 그리스도인은 세속적인 취미와 포부와 공감에 한정되고 속박되어 있는 자들과 대조를 이루어야 한다. "변화를 받아." 그와 반대로 세상과 부합하기보다는 그리스도인의 삶은 변화 혹은 하나님께서 뜻하신 방식과 하나님께서 불어넣으신 생명을 나타내는 "변형"이 특징이어야 한다. "마음을 새롭게 함으로"는 외형과 태도와 사고 방식에도 영향을 미치는 내적인 변화를 암시한다. "분별하도록 하라" 혹은 실제 경험으로 시험하고 입증하도록 하라. 헌신된 생활로 하나님의 뜻을 시험함으로써 하나님의 선하시고

기뻐하시고 온전한 뜻을 확신하게 될 것이다.

12:9. "감정의 위장"은 외식이다. 사랑은 거짓이 없어야 하는데, 이는 사랑이 나타나거나 표면화하지 않을 수 있는 이기주의적인 동기를 가장하지 않기 때문이다. 우리는 악에 대해서 진정으로 미워하고 하나님의 뜻과 일치하는 것에는 자석처럼 끌려야 한다.

12:10. "형제를 사랑하여 … 서로 먼저 하며." 그리스도인은 타산적이지 않고 또 자기를 먼저 생각하지 않는 사랑으로 형제를 사랑해야 한다.

12:12. 마음가짐이나 행동이 무엇이든지 우리는 그것에 대해 그리스도인의 태도 예컨대 기쁨과 인내 혹은 견인으로 좋은 반응을 나타낼 수 있다.

12:13. 그리스도인은 그들의 재산과 주거와 음식을 형제와 함께 나눔으로써 다른 사람에게 관심을 표해야 한다. 그들은 대접하기를 좋아할 뿐만 아니라 "힘써서" 궁핍한 자들에게 자신들의 가정을 개방하고 쓸 것을 제공하는 일을 실제로 행하기도 한다.

12:14. 다른 사람들이라면 자기를 핍박하는 사람들을 저주하고 복수하려고 할 텐데 그리스도인들은 핍박하는 사람들에게 전혀 다른 반응을 나타낸다.

12:15. 자신보다 그리스도를 먼저 생각하는 사람들은 다른 사람의 기쁨과 슬픔에 적극적으로 공감할 수 있다. 그들은 거만하거나 무관심하지 않다.

12:16. "서로 마음을 같이 하며"는 그리스도인들이 외모가 다르고 생활상 지위가 다르더라도 그런 것에 상관없이 그리스도인들을 하나로 묶어주는 유대감과 통일 의식을 기르는 것을 의미한다. 이것은 우리가 "높은 마음을 품지 않고" 기꺼이 "자기를 낮출" 때, 즉 야망이나 헛된 오만을 품어 우리의 하나됨을 깨뜨리지 않을 때 비로소 가능할 것이다. 자신을 우월하게 여기는 것은 통일성을 파괴시킬 뿐만 아니라 그 자체로서 악이다.

12:17. 보복은 금하였다. 그러나 복수를 피하는 것만으로는 충분치 않다. "모든 사람 앞에서 선한 일을 도모하라." 그리스도인은 신중하게 처신하여

불신자조차 그의 증거에 대해 흠을 잡지 못하도록 해야 한다. 그리스도인은 기독교에 맞지 않거나 기독교의 성격에서 벗어나는 불일치와 악은 어떤 모양이라도 피하려고 해야 할 것이며 혐의조차도 받지 않기를 바라야 할 것이다.

III. 교리적 의의

그리스도인의 삶에서 생기는 어떤 윤리적 요구가 있다. 앞의 장들에서는 우리가 믿음과 의롭다 하심으로 말미암아 의롭게 된 것에 대하여 다루고 있다. 이제 이 장에서 바울은 실제적인 문제로 옮겨서 최선을 다해 그리스도인에 대해서 아주 충분히 설명하고 있다. 그리스도인은 자신과 예수 그리스도의 새로운 관계에 부합하는 새로운 도덕성을 갖추어야 한다. 그리피스 토마스(W. H. Griffith Thomas)는 그것을 이런 식으로 표현하였다. "교훈 다음에 의무가 오고, 제시 다음에 책임이 오고, 원리 다음에 실천이 온다." 그리스도인은 새로운 삶을 사는 사람이다. 죽음의 지배에서 건짐을 받아 그리스도에게 받아들여지고 그의 생명을 받은 우리는 우리에 대한 그의 목적에 일치하게 처신하여야 한다.

IV. 실천적 목표

어떤 윤리적인 고려가 우리와 그리스도의 관계에서 생기는 것을 보여주고, 윤리적인 고려가 우리의 회심으로 귀착한 하나님의 다루심의 합당한 결과라는 것을 선포하고, 우리가 가장 좋은 상태의 그리스도인일 때 우리의 행동을 달라지게 할 어떤 반응들을 구체적으로 상세하게 기록하기 위함이다.

V. 설교 개요

제목: "가장 좋은 상태의 그리스도인."

도입부

바울은 이 구절에서 그가 신학과 도덕 사이에 존재한다고 믿었던 중요한 관계를 보여준다. 그는 우리 그리스도인의 신앙은 성별되고 변화된 삶을 만들어 낼 수 있다고 가르친다. 이 삶은 최상의 상태의 삶이다. 그리스도가 없는 사람은 지불 불능의 채무자이며 그의 정욕에 사로잡힌 노예이지만 그리스도의 능력으로 그는 독특한 삶을 살 수 있는데, 그 삶은 헌신적이고 변화된 삶이다.

A. 그리스도인의 삶은 성별된 삶이다.

"너희 몸을 산 제사로 드리라." 그리스도인은 하나님의 것이다. 우리는 하나님의 긍휼을 입은 자이기 때문에 우리는 높은 그리스도인의 삶을 살아야 하고 또 그렇게 살 수 있다. 도덕은 원동력이 필요하다. 행동하려면 받쳐 주는 힘이 필요하다. 바울은 이러한 사실을 인정하였고 하나님의 긍휼에서 이러한 동기의 근거를 발견하였다. 우리에게 주시는 하나님의 선물은 우리에게 반응을 요구한다. 즉, 우리 편의 완전한 헌신을 요구한다. 만일 우리가 최선의 상태의 그리스도인의 삶을 살려고 한다면 우리는 그리스도인은 하나님께서 요구하시는 사람이라는 것을 깨달아야 할 필요가 있다. 우리는 하나님의 소유이다. 우리는 우리 자신의 것이 아니다. 하나님은 우리에게 희생을 요구할 권리가 있으시다.

B. 그리스도인의 삶은 변화된 삶이다.

"본받지 말고 … 변화를 받아." 그리스도인은 하나님에 의해 변화되는 사람이다. 그리스도인은 세상에 관한 한 비순종주의자임에 틀림없지만 하나님의 뜻과 본성에 관한 한 순종주의자임에 틀림없다. 바울이 그리스도인에게 살기를 권하는 바 변화된 삶의 특징의 일부를 살펴보도록 하자. 변화된 삶은 다음과 같다:

(1) 진실한 삶.

"사랑엔 거짓이 없나니." 우리의 삶과 사랑은 우리의 말과 마찬가지로 거짓이 없어야 한다. 진실은 그리스도인의 품성의 기본적인 중요한 자질의 하나이다. 프루드(Froude)는 이렇게 말하였다. "사람이 진실을 말할 때 당신은 그가 다른 덕들도 대부분 다 가지고 있다고 생각해도 거의 틀림이 없다." 또 다른 사람은 "인간의 삶을 어둡게 하고 인간의 역사를 슬프게 한 모든 죄는 거짓을 믿는 것에서 시작하였다. 사람을 거룩하게 하는 기독교의 모든 힘은 진실을 믿는 것과 관련된다"고 하였다. 바울은 진실을 그리스도인의 품성에서 중요한 것으로 취급한다. 왜냐하면 거짓 위에 세워진 삶은 결코 지속되지 못하기 때문이다. 심지어 사랑도 전혀 거짓이 없어야 하며 가식이어서는 안 된다. 불성실이나 외식은 아무리 적은 것이라 하더라도 때가 되면 삶을 파멸시킬 것이다. 오직 진실만이 지속하는 것이다.

(2) 순결한 삶.

"악을 미워하고 선에 속하라." 순결에는 두 면이 있다. 하나는 악을 미워하는 것이다. 또 하나는 선을 사랑하는 것이다. 죄를 동경하고 죄와 가까이 하고자 하는 자는 결코 순결하지 못하다. 정책상 혹은 편의상 선한 사람은 결코 순결한 사람이 아니다. 그리고 우리가 죄를 미워하는 것만으로는 깨끗하게 되고 순결하게 되는 것은 아니다. 비록 우리가 죄와 단절하고 죄를 증오스러운 것으로 생각해야 하지만 우리는 순결한 것에 아주 딱 달라붙어야 한다. 이것은 우리 스스로 할 수 있는 것이 아니지만 그리스도께서는 삶을 순결하게 할 수 있고 또 그렇게 하신다. 사람들을 깨끗하게 하고 순결하게 하는 것은 그리스도께서 하시는 일이다. 우리는 그와 사귐을 계속 유지함으로써 순결을 지키게 된다.

(3) 사랑하는 삶.

"형제를 사랑하여 서로 우애하고 존경하기를 서로 먼저 하며." 우애는 새로운 결속에 바탕을 둔 참된 상호 애정이다. 비그리스도인은 이런 사랑을 전혀 알지 못한다. 여기서 바울은 그리스도인의 사귐 안에서 아가페 혹은 이타적 사랑이 우월에 대한 욕망을 없애고 우월이라는 점에서 다른 사람을 더 낮게 여기는 바 형제 그리스도인에 대한 참된 애정에서 나타난다는 것을 말하고 있다. 이것은 바울의 윤리의 핵심이다. 바울에게 있어서 그것은 그리스도의 품성을 요약하며 그리스도인의 행동의 표준이다. 바울은 그것을 고린도전서 13장에서 그리스도인의 최고의 덕으로 칭송한다. 골로새서(3:14)에서 바울은 그것은 온전하게 매는 띠라고 말하였다. 바꾸어 말하면 사랑이 없이는 다른 덕들이 결속될 수 없다. 그것은 결국 말로 다 설명할 수 없는 것이다. 그 사랑이라는 개념을 정말 잘 이해할 수 있는 유일한 길은 하나님의 아들의 성육신하신 삶에 나타난 그 사랑을 살펴보는 것이다. 그 밖의 다른 곳에서 사랑을 찾는다고 한다면 그것은 주님의 백성에게서일 것이다.

(4) 열정의 삶.

"부지런하여 게으르지 말고 열심을 품고 주를 섬기라." 변화된 삶은 어떤 냉담한 태도로 섬기는 것이 아니라 아주 큰 열정으로 섬기는 삶이다. "열심을 품고"는 사실상 "끓어 오르는"을 뜻한다. 바울이 그와 같은 사람이었다. 그는 열심이 넘쳤다. 언젠가 존 헨리 자우엣(John Henry Jowett)은 이렇게 말하였다. "사람의 속에 하나님의 거룩한 불이 있을 때 그 사람은 격렬한 열정의 정신이 있어서 어떤 것이든 뚫고 갈 수 있다." 그는 또 "사람이 많은 이익을 열망할 수 있겠지만 무엇보다도 그의 종교를 가장 열망해야 한다"고 말하였다. 엔진 제작자들은 가열된 증기, 곧 비등점보다 더 높은 온도로 상승한 증기로써 놀라운 일을 하고 있다. 증기로 바뀌면 그 에너지가 엄청나게 증가한다. 지금 교회에 필요한 것은 비등점 이상으로 가열된 그리스도인들이다. 따라서 열심이 식지 않도록 하려면 우리는 하나님의 일에 열정과 부지런함을 증강하는 것에 시선을 돌려야 한다.

(5) 낙천주의적인 삶.

"소망 중에 즐거워하며." 이것은 자서전적인 언급이다. 바울의 낙천주의는 구름 한 점 없는 여름에 우리가 종종 사람들에게서 보게 되는 감상적이고 일시적인 유형이 아니다. 그것은 그의 영구한 정신 자세였다. 다른 사람들이라면 좌절에 빠졌을 상황에 처하게 되있을 때조차도 바울은 징복자의 발걸음으로 나아갔다. 그가 즐겨 쓰는 표현 중의 하나는 "우리가 항상 담대하여"라는 것이었다. 그는 이렇게 말하였다. "우리를 사랑하시는 이로 말미암아 우리가 넉넉히 이기느니라", "우리 주 예수 그리스도로 말미암아 우리에게 이김을 주시는 하나님께 감사하노니." 그의 낙천주의는 무지에서 비롯한 낙천주의가 아니었다. 그 낙천주의는 하나님의 주권과 그리스도의 구속 사역에 대한 그의 확신에 의거한 것이었다. 이 두 가지 큰 사실에 의해 그는 생각하고 개관하였다. 정말로 그러한 것들을 믿는 사람이라면 누구든지 낙천주의를 옳다고 여긴다. 그를 낙천주의적인 인물로 만든 다른 요소는 그리스도인의 미래의 영광의 실체를 믿는 그의 믿음이었다. 그는 "나타날 영광"이란 말을 하기를 좋아하였다. 그는 "우리의 생명이신 그리스도께서 나타나실 때 우리 또한 그와 함께 영광 가운데 나타날" 그 날을 바라보았다. 이러한 생각은 많은 그리스도인들이 곤경에 처했어도 낙천적이 될 수 있는 큰 힘이 되었다. 앞으로 올 영광을 생각하고 전하지 못한다면 그것은 그들에게 마땅히 있어야 할 즐거운 기대의 삶을 상실하게 되는 것이다.

(6) 인내하는 삶.

"환난 중에 참으며." 바울 시대의 그리스도인들은 환난이 있을 것을 예상하였을 것이며 박해까지도 예상하였을 것이다. 환난을 참고 견딘다는 것이 쉬운 일이 아니다. 경험을 통해서도 환난을 참고 견딘다는 것이 힘들다는 것을 알게 된다. 그러나 그리스도인의 경험에서는 환난을 참고 견디는 일이 가능함을 보여준다. 참으라는 바울의 말에는 지구력이라는 개념을 내포하지만 그 말은 또한 적극적인 인내력을 내포한다. 우리가 수동적인 관점에서 인내를 생각할 때 우리는 "기다리면서 참는 것은 종종 하나님의 뜻을 행하는 최고의 방법이다"고 말할 수 있다. 적극적인 관점에서 인내를 생각하면 "인내는 가장 진정한 용기이다"고 말할 수 있다. 전혀 참지 못하는 사람은 너무도 불쌍한데, 이는 환난과 시련을 이길 만한 것이 그들에게 아무것도 없기 때문이다.

(7) 기도하는 삶.

"기도에 항상 힘쓰며." 기도는 확고하고 지속적으로 하라. 기도는 대상이 있다. 우리는 기대하는 대상을 염두에 두고 그것을 주실 수 있는 하나님께로부터 그것을 얻으려고 할 때 끈기가 있어야 할 것이다. 주께서는 "구하라, 찾으라, 두드리라"고 말씀하셨다. 주께서는 "사람들이 항상 기도해야 한다"고 말씀하셨다. 즉, 한두 번 혹은 몇 번으로 끝나서는 안 된다. 우리는 기도하고 또 계속 기도해야 한다. 우리는 더 이상 기도할 필요가 없을 때까지 계속해야 한다. 그와 같은 기도를 드리자마자 우리는 다른 기도를 시작해야 한다. 야고보 사도는 "너희가 얻지 못함은 구하지 아니함이다"고 말하였다. 우리가 덧붙인다면 이렇게 말할 수 있을 것이다. "너희가 얻지 못함은 충분히 길게 구하지 아니함이다."

(8) 원한을 품지 않는 삶.

"너희를 핍박하는 자를 축복하라." 필립스는 이 구절을 이렇게 번역한다. "너희의 삶을 불행하게 만드는 자들을 축복하라." 우리 주님은 산상보훈에서 핍박 받는 자에 대해서 특별한 약속을 하셨다. 마틴 루터는 이렇게 외쳤다. "만일 내가 하나님이라 가정할 때 세상이 하나님을 대했듯이 나를 대한다면 나는 그 가증스러운 세상을 박살내고 말았을 것이다." 하지만 우리는 하나님을 닮도록 부름을 받았다.

(9) 관대한 삶.

"성도들의 쓸 것을 공급하며 손 대접하기를 힘쓰라." "성도들"은 그리스도인에 대한 신약 성경의 일반적인 명칭이다. 기독교는 재산의 권리를 인정하지만 물질적인 축복을 받은 자들에게 형제들의 쓸 것을 공급하라고 요구한다. 그리스도인은 자기 소유를 형제의 쓸 것을 위해 쓰는 것이 가장 먼저 해야 할 일이며 그리고 그 일이 사치스러운 생활에 대한 자신의 욕구보다 우선해야 한다. 신약 성경에서는 다음과 같이 묻고 있다. "누가 이 세상 재물을 가지고 형제의 궁핍함을 보고도 도와줄 마음을 막으면 하나님의 사랑이 어찌 그 속에 거할까보냐?" "손 대접하다"라는 말은 손 대접하기를 부지런히 행하는 것을 뜻한다. 바울은 "당신이 형제 그리스도인을 대접할 것인지 물어오기를 기다리지 말라. 차라리 늘 집을 열어 두라"고 말하고 있다.

(10) 동정의 삶.

"즐거워하는 자들로 함께 즐거워하고 우는 자들로 함께 울라." 그리스도께서는 함께 즐거워하시고 함께 우셨다. 갈릴리 가나에서 그리스도는 혼인잔치에 기쁨을 주셨다. 베다니 무덤에서 그리스도는 나사로의 무덤 가까이 가셨을 때 통분하여 울고 있는 자매들과 함께 우셨다. 기뻐하는 자들과 함께 기뻐하는 것이 울고 있는 자들과 함께 우는 것보다 더 어렵다. 시기심이 마음에 슬며시 일어나서 아주 공감하여 기뻐하지 못하게 할 수 있다. 그러나 두 문제에서 그리스도는 우리의 훌륭한 모범이시다.

(11) 겸손한 삶.

"서로 마음을 같이 하며 높은 데 마음을 두지 말고 도리어 낮은 데 처하며 스스로 지혜 있는 체 말라." 자우엣은 이렇게 말하였다. "참으로 위대한 사람의 표준은 무엇보다도 그 사람의 겸손에 있다고 나는 믿는다." 모든 은사를 소유한 사람은 없으며 그 사람이 소유한 것은 그 사람에게 베풀어진 것이다. 우리가 과장된 생각을 해서도 안 될 뿐더러 우리 스스로 겸손한 습관을 길러야 한다. 러스킨은 이렇게 말하였다. "하나님께서 원하시는 것은 아주 위대한 사람들이 쓰임을 받을 수 있도록 아주 작게 되는 것이다." 바울은 여기서 우리가 개인적인 성취나 자기 만족을 이룰 수 있는 뛰어난 일을 추구하지 않고 하찮게 보이는 본분과 비천하게 보이는 직무를 이행하는 것에 만족해야 된다는 것을 말하고 있다. 성경은 지적인 기만을 정죄한다. 교회 안에서 지적인 기만에 시달렸던 사람들보다 더 큰 저주를 받은 사람들은 거의 없었다. 이 사람들은 그리스도인의 일치를 깨고 참된 발전을 막았던 사람들이다.

(12) 온유함이 돋보이는 삶.

"아무에게도 악으로 악을 갚지 말고 모든 사람 앞에서 선한 일을 도모하라." 이 장의 마지막 부분에서는 온유함과 용서에 대해서 권고한다. 그리스도인은 언쟁하는 사람이 되어서는 안 된다. 만일 평화가 깨졌다면 그리스도인이 깬 것이 되어서는 안 된다. 밀러(J. R. Miller)는 "우리는 우리의 모든 잘못을 하나님의 손에 맡겨야 한다"고 충고하였다. 우리는 조화가 깨지는 일이 일어나지 않도록 조심해야 한다. 불티만으로도 무서운 화재를 불러일으키게 된다. 서구의 아주 큰 숲이 가지끼리 세차게 마찰됨으로써 일어나는 불씨에 전부 다 소실되는 경우가 있다. 불화로 인하여 과열되고 불티가 발생하여 급기야 수많은 아름다운 나무들이 불타 재만 남게 된다. 따라서 가족과 회중과 공동체 안에서 가장 슬픈 결과가 무의미한 말다툼에서 시작될 수 있다.

결론

(1) 변화된 삶은 하나님의 은혜의 에너지에서 그 힘과 자원을 얻게 된다.
(2) 성품이 곧을 때 행동이 성별되고 그리스도처럼 될 것이다.
(3) 변화된 삶은 내맡기는 삶으로 돌아간다(12:1).
(4) 복음은 활짝 트인 삶으로 살아가도록 하려는 것이다.

로마서 제13장

그리스도인과 그 시민권

13:1. "각 사람은 위에 있는 권세들에게 굴복하라. 권세는 하나님께로 나지 않음이 없나니 모든 권세는 다 하나님의 정하신 바라."

13:2. "그러므로 권세를 거스리는 자는 하나님의 명을 거스림이니 거스리는 자들은 심판을 자취하리라."

13:3. "관원들은 선한 일에 대하여 두려움이 되지 않고 악한 일에 대하여 되나니 네가 권세를 두려워하지 아니하려느냐? 선을 행하라. 그리하면 그에게 칭찬을 받으리라."

13:4. "그는 하나님의 사자가 되어 네게 선을 이루는 자니라. 그러나 네가 악을 행하거든 두려워하라. 그가 공연히 칼을 가지지 아니하였으니 곧 하나님의 사자가 되어 악을 행하는 자에게 진노하심을 위하여 보응하는 자니라."

13:5. "그러므로 굴복하지 아니할 수 없으니 노를 인하여만 할 것이 아니요 또한 양심을 인하여 할 것이라."

13:6. "너희가 공세를 바치는 것도 이를 인함이라. 저희가 하나님의 일군이 되어 바로 이 일에 항상 힘쓰느니라."

13:7. "모든 자에게 줄 것을 주되 공세를 받을 자에게 공세를 바치고 국세 받을 자에게 국세를 바치고 두려워할 자를 두려워하며 존경할 자를 존경하라."

Ⅰ. 역사적 배경

괴로운 상황 가운데 있는 한 전략상 중요한 도시에서 유대인과 그리스도인 모두 이교도의 정부 관리와 법에 대해서 어느 정도 존경과 순종을 나타내야 할지 알기가 여간 어렵지 않았을 것이다. 클라우디우스가 통치하는 동안 유대인들은 로마에서 얼마 동안 추방되었는데, 이것을 가리켜 역사가 수에토니우스는 "크레스투스에게 부추김을 받아 소동을 일으킨 것"이라고 하였다. 찰스 하지(Charles Hodge)는 이 단락을 쓰는 바울의 목적의 일부는 "이교도 행정 장관에게 복종하는 것은 하나님의 백성의 위엄을 지키지 않는 것이며 왕이신 메시아에게 그들의 의무를 다하지 못하는 것이다"라고 믿는 유대인의 신앙과 맞서기 위한 것이라고 말했다.

II. 용어 해설

13:1. "위에 있는 권세들"은 우리를 다스리는 권세자들, 특히 시민 정부와 그 관리들을 말한다. 누가복음 12:11에서 그것이 이렇게 사용되었다. 그러나 암시적으로 그것은 권위를 가진 모든 사람들 — 행정 장관, 선생, 목사 — 과 특수한 상황에서 통치하는 역할을 하는 모든 사람을 의미하는 것으로 확대할 수 있다. 현존하는 권세가 무엇이든지간에 그것은 하나님으로부터 나온 것일 뿐만 아니라 섭리적으로 하나님의 목적을 위하여 세움을 받은 것이기도 하다. 정부는 이차적인 의미에서만 "피지배자의 동의"로부터 나온 것이다. 정부의 재가는 궁극적으로 정부가 책임을 져야 할 바 하나님에게 있다. 그렇지 않으면 하나님을 무시하고 어떤 절대 다수라도 정부의 형태를 바꾸거나 침해할 수 있었을 것이다. 위에 있는 권세의 힌법 혹은 승인과 하나님의 법에 의거한 그러한 민주주의적인 이상만이 끝까지 갈 것이다. 예를 들어 만일 자유가 하나님께서 부여하신 권리에 입각하고 있지 않다면, 어떤 소수의 자유는 권력을 쥐고 있을 군중이나 혁명주의자들의 일시적인 변덕에 좌우되고 지배받게 된다.

13:2. "심판." 즉 파멸 혹은 정죄. 합법적으로 구성된 권세를 거스르는 것은 하나님께 복종치 않는 것이며 따라서 사람과 하나님의 심판을 받게 될 것이다.

13:3. 이 구절은 남용되지 않은 정부 권력의 적절한 기능을 서술하고 있는데, 분명히 네로가 즉위하기 전에 썼을 것이다. 그러나 그가 가이사가 되었을 때에라도 베드로는 인내와 복종을 권하였다(벧전 2:19, 20). 하나님

의 뜻을 어기거나 우리로 하여금 하나님을 순종치 못하게 하기 전까지는 우리가 복종해야 한다(행 2:18-20).

13:4. 중요한 처벌의 합법성이 "그가 공연히 칼을 가지지 아니하였으니" 란 말로 암시되었다. 사람의 정부는 전쟁을 수행하거나 필요할 때 최후의 수단으로서 사형을 집행할 권세가 있다. 존 머리가 상기시키는 것처럼, 그 "칼은 질서와 자유와 정의와 평화에 대한 위협이 위협적인 것만큼 효과적임에 틀림없다."

13:5. 우리는 결과를 두려워해서 뿐만 아니라 양심적인 이유 때문에도 순종해야 하는데, 이는 하나님께서 그것을 명하시기 때문이다.

13:6. 우리가 세금을 지지하고 납입하는 것이 우리의 정부가 진술된 목적을 위한 하나님의 도구이다 하는 것을 인정하는 행위라는 것이 복종의 동등한 근거이다. 그렇다면 세금은 서술된 봉사를 위하여 지불해야 하는 우리의 의무를 하나님과 사람에 대하여 다하는 것이다.

13:7. "공세"는 토지세, 재산세, 소득세를 말한다. "국세"는 수출입 관세를 말한다. "두려워하며"는 당국에 대한 존경을 말하며, "존경하라"는 권세의 자리에 있는 자들에게 존경하라는 말이며, 또는 존경하는 일이라면 신분에 관계없이 존경할 자를 존경하라는 말이다.

III. 교리적 의의

기독교를 비판하는 자들은 기독교 윤리가 국가를 보는 관점에 결점이 있으므로 사회 조직의 원리로서는 부적당하다고 말한다. 그리스도가 넌지시 국가를 대적하는 교훈을 가르쳤다고 말하는 사람들도 더러 있다. 그리스도께서 "국가를 무가치한 것으로 여긴다"고 말하는 사람도 있다. 기독교의 가장 뛰어난 해석자가 이 구절에서 이런 근거 없는 생각에 대해서 논박하고 있다. 바울은 그리스도께서 국가에게 수여하신 위엄과 위치를 지지한다. 여기서 우리는 국가의 본질과 기능에 대하여 밝히고 있는 어떤 통찰력 있는 원리를 보게 된다. 그리스도인에게 시민의 의무는 시민 생활에 그리스도인의 원리를 적용하는 것에 불과하다. 성경의 계시가 인도하는 것에 관한 이 주제와 다른 모든 주제에 관하여 그리스도인들은 성경의 자료에 열심히 주의를 기울여야 한다.

IV. 실천적 목표

시민 사회의 권위에 대한 신자의 관계를 보여주기 위함이다. 그리스도인은 훌륭한 시민이다. 피해야 할 극단적인 두 경향이 있다. 하나는 지나친 개인주의로 우리가 동의하지 않는 정책을 가진 통치자를 위하여 기도하고 그에게 복종하기를 거부하는 것이다. "바울은 그가 자유에 관하여 말하였던 것으로부터 나오는 그와 같은 무정부주의적인 결론을 막기 위하여 그가 할 수 있는 것을 다하였다." 또 하나는 국가가 옳든 그르든 따지지 않고 무조건 복종하는 것이다. 국가의 잘못이나 이데올로기에 상관없이 국가에 충성하는 것이 진정한 애국심이 아니다. 부적당한 점과 잘못을 인지하지만 선을 위해 더욱 효과적이 될 수 있을 정도로 부족을 채우고 부패한 것을 제거하도록 도움을 주는 조치를 취하는 것이 나라에 대한 사랑이다. 아마 이 단락의 핵심 구절은 13:7일 것이다. 그리스도인은 그의 정부에 충성하지만 아첨하지는 않는다. 그는 애국자이지만 노예는 아니다. 그의 충성은 합리적이고 자발적이다. 그는 시민으로서의 책임감이 투철하다. 권세자가 그 그리스도인의 종교적·정치적 자유를 인정하는 한 권세자들에게 세금을 내지 않으면 안 된다고 생각한다.

V. 설교 개요

제목: "그리스도인과 그 시민권."

도입부

이 구절은 국가에 대한 숭고한 인식에 있어서 독특한 것이 아니다. 비슷한 생각들이 바울(딤전 2:1, 2: 딛 3:1)과 베드로(벧전 2:13 17)에 의해 표현되었다. 교회의 교부들은 지속적으로 행정 장관들에게 존경을 표하고 그들의 지도를 위해 기도할 것을 가르쳤다. 대부분 그리스도인은 국가가 중요하고 기본적인 사람의 권익을 보존하고 증진하기 위하여 수행하는 봉사를 항상 올바르게 인정하였다. 국가는 인간의 가치관을 보호하는데, 만일 그런 것이 없다면 사회는 곧 붕괴하고 말 것이다. 사회와 격리되어 광야와 한적한 곳을 찾아가서 은자로서 사는 그리스도인들이 더러 있지만 잘 가르침을 받은 그리스도인은 국가와 그 활동에 대하여 적극적인 태도를 취해야 한다.

이런 국가에 대한 높은 인식은 그 한계를 인식하지 못하는 것이 아니다. 오직 하나님만이 우리의 절대적인 충성을 받으실 분이시다. "국가가 하나님의 이름으로 다스릴 때 국가는 하나님의 법에 반하는 어떤 것을 해서는 안 된다. 이것 때문에 필요한 것으로 판명되면 그리스도인은 서슴없이 국가에 거스르는 증거를 하게 된다."

A. 그리스도인은 국가가 하나님의 목적에 있어서 필수불가결한 역할을 한다는 것을 반드시 인정해야 한다.

1-6절에서 바울은 하나님께서 인류의 유익을 위하여 인간 정부를 제정하였다는 사상을 논하고 있다. 인간 정부의 기본 역할은 질서의 유지를 위하여 생명과 재산을 보호하는 것이다. 시민 사회의 통치자는 하나님의 권세 아래에서 일한다. 그리스도인이 훌륭한 시민으로 살 때 하나님께 영광을 돌리게 된다. 이런 주장에서 여러 가지 큰 생각들이 나온다.

(1) 국가는 그 권세를 하나님께로부터 받는다.

"권세는 하나님께로부터 나지 않음이 없기" 때문이다(1절). 정부는 하나님에게서 재가를 받는다. 인간의 모든 권세는 위임된 것이다. 모든 권세는 하나님의 것이다. 모든 시민 사회의 지도자 위에 하나님의 주권적인 권세가 있다. 우리 주님께서 본디오 빌라도에게 다음과 같이 말씀하셨을 때 이 점에 대해서 명쾌하셨다. "위에서 주지 아니하셨더면 나를 해할 권세가 없었으리니"(요 19:11). 일단 이 진리가 우리의 생각에 박히게 되면 우리의 시민권은 새로운 의미를 띨 것이다.

그럼에도 불구하고 우리는 그리스도인들은 또 다른 나라의 시민이라는 것을 반드시 기억해야 한다. 이처럼 그리스도인들은 하나님 나라와 이 세상 나라에서 이중의 시민권을 소유하고 있는데, 이는 바울이 "우리의 시민권은 하늘에 있는지라"(빌 3:20)고 썼기 때문이다.

(2) 합법적인 권위를 행사하고 있는 시민 사회의 통치자를 대적하는 것은 하나님께 불순종하는 것이나 마찬가지이다(2절).

합법적인 정부를 거스르는 것은 정부가 있도록 하신 하나님의 뜻을 거역하는 것이다. 시민으로서 불순종함으로써 하나님을 거역하게 된다는 것을 아는 것이 순종의 중대한 이유이다. 무정부주의자들, 공산주의자들, 폭력주의자들은 합법적인 정부의 권위를 거스름으로써 하나님의 권위를 업신여긴다. 이 원리는 오랫동안 진지하게 생각해야 되는 것이다.

(3) 시민 사회의 통치자들에 대한 하나님의 계획은 사회의 안녕을 증진하기 위한 것이다(3, 4절).

이것은 다음의 두 가지 방법으로 집행된다.

(a) 악을 행하는 자들을 두렵게 함으로써. 시민 정부는 시민의 의무의 범주 안에서 살지 않는 자들에게 두려움과 근심의 대상이 된다. 시민 정부는 악행하는 자를 불안하게 하고 근심하게 만든다. 법을 어기게 되면 고통스러운 결과가 따라온다. 악을 억제하기 위하여 처벌이 반드시 집행되어야 한다. 정부는 생사의 권한을 쥐고 있다(창 9:6). 힘은 선행의 수단으로 이용될 수 있다.

(b) 잘 행하는 자들을 격려함으로써. 이러한 격려는 주로 보호의 형태를 취한다. 바울은 여러 번 그의 개인적인 안전을 위하여 로마 정부에 호소하였다(행 18:12-17; 19:35-41; 22:25). 이러한 경우에 시민 사회의 통치자들은 그에게 "하나님의 사자"와 같았다. 이 점이 순종해야 할 또 하나의 이유이다.

(4) 그리스도인은 시민 사회의 통치자에게 복종해야 하는 의무가 도덕적인 의무일 뿐만 아니라 시민으로서의 의무라는 것을 알아야 한다(5절).

이것은 선택 사항이 아니다. 그것은 강제 사항이다. 인간 사회에는 정부가 있어야 하며 하나님께서는 우리가 권세 아래 살도록 하신다. 국가의 권력에 불순종하는 것은 하나님을 거스르는 것과 다를 바 없다. 그리스도인이 도덕적으로 그릇된 국가에 복종해야 할 의무가 있다는 것은 아니다 하는 것을 추론할 수 있다. 그러나 우리는 그리스도인의 자유의 진리를 왜곡하여 우리 자신의 소원을 만족시켜서는 안 된다. 인간 정부에 복종하는 것이 하나님께 복종하는 것과 모순이 없다면 복종은 엄숙한 의무이며 경험할 만한 가치가 있는 것이다.

(5) 국가는 필수불가결한 것이기 때문에, 그리스도인은 자기가 내야 할 세의 몫을 납부해야 한다(6절).

그리스도인은 하나님의 것은 하나님께 돌리고 가이사의 것은 가이사에게 내야 한다. 이 문제는 일세기 기독교 시대에 당면한 문제였다. 유대인들은 로마의 권세에 종속되어 있었다. 그들은 반항 정신이 있어서 팔레스타인은 항상 로마의 법규와 조세를 배척하는 소요 상태 가운데 있었다. 열심당은 하나님 외에는 누구에게도 조세를 내어서는 안 된다고 주장하였다. 바울은 이런 태도가 잘못되었다고 보았고 또 그렇게 말하였다. 그리스도인은 반드시 훌륭한 시민권은 그리스도인의 확신의 자연스러운 표현이라는 것을 세상에 보여주어야 한다.

B. 그리스도인의 실천에 대한 실제적인 요약.

세금을 내야 하는 이 의무는 그의 의무에 관해서 아무도 오해하지 않을 수 있도록 자세히 설명되었다(7절).

(1) 공세.

공복은 자기 비용으로 의무를 수행하게 되어 있지 않다. 그리스도는 로마 정부에 납세하셨다(마 22:21; 26:52; 27:26, 27). 그는 "가이사에게 세를 바치는 것이 가하니이까 불가하니이까?"라는 선동적인 질문에 세를 내심으로써 답하셨다. 이것은 그의 단정적인 대답이며 시민으로서 우리의 책임을 가리키는 것이다.

(2) 국세.

상품이나 사치품에 부과된 수입세와 다른 간접세는 반드시 내야 한다.

(3) 두려움.

이것은 국가의 주요 통치자를 존경하는 것이다. 그것은 상관에 대한 존경이다. 존경과 복종은 통치자와 권세자에게 돌려야 할 것인데, 이는 우리가 반드시 그들의 개인적인 인격이나 도덕성을 인증하기 때문이 아니라 하나님께서 정하신 그들의 직분과 역할을 존중하기 때문이다.

(4) 존경.

하급 통치자들에게 그들 각자의 직책에 따라 예의를 표해야 한다. 존경도 함께 표해야 한다. 그리스도인들은 사회 생활의 즐거움을 무시해서는 안 된다. 우리는 진공 상태에서 그리스도인의 삶을 사는 것이 아니다. "그리스도인은 세상의 권세자들에게 적개심을 나타내는 위치에 있기는커녕 그들에게 돌려야 할 존중과 존경을 돌릴 수 있는 유일한 사람이다. 다른 사람들은 권세자들을 인간 사회의 유익을 위한 필요하고 유용한 장치로 간주함에 틀림없다. 그리스도인은 '권세는 하나님께로 나지 않음이 없다'는 것을 알고 있다. 그리스도인은 이 세상 통치자를 하나님의 종 곧 진노의 영겁 안에서 제한된 기능을 가졌을 뿐이지만 그럼에도 불구하고 하나님의 종이라고 생각한다."

결론

그리스도인의 삶에는 충성과 애국심의 여지가 있다. 국가는 하나님의 은혜로 존재한다. 우리는 국가를 신성시하지 않는다. 우리는 국가가 하나님의 권위에 침해하는 것을 버려두어서는 안 될 것이다. 그러나 하나님께서 국가를 있게 하셨고 그리스도인은 국가의 적절한 활동의 실행에 있어서 국가를 지지해야 한다. 이것은 그리스도를 증거하는 유력한 방법이다.

로마서 제14장

그리스도인의 삶에서 겪는 어려움들

14:1. "믿음이 연약한 자를 너희가 받되 그의 의심하는 바를 비판하지 말라."

14:2. "어떤 사람은 모든 것을 먹을 만한 믿음이 있고 연약한 자는 채소를 먹느니라."

14:3. "먹는 자는 먹지 않는 자를 업신여기지 말고 먹지 못하는 자는 먹는 자를 판단하지 말라. 이는 하나님이 저를 받으셨음이니라."

14:4. "남의 하인을 판단하는 너는 누구뇨 그 섰는 것이나 넘어지는 것이 제 주인에게 있으매."

14:5. "혹은 이 날을 저 날보다 낫게 여기고 혹은 모든 날을 같게 여기나니 각각 자기 마음에 확정할지니라."

14:6. "날을 중히 여기는 자도 주를 위하여 중히 여기고 먹는 자도 주를 위하여 먹으니 이는 하나님께 감사함이요 먹지 않는 자도 주를 위하여 먹지 아니하며 하나님께 감사하느니라."

14:7. "우리 중에 누구든지 자기를 위하여 사는 자가 없고 자기를 위하여 죽는 자도 없도다."

14:8. "우리가 살아도 주를 위하여 살고 죽어도 주를 위하여 죽나니 그러므로 사나 죽으나 우리가 주의 것이로라."

14:10. "네가 어찌하여 네 형제를 판단하느뇨 어찌하여 네 형제를 업신여기느뇨 우리가 다 하나님의 심판대 앞에 서리라."

14:12. "이러므로 우리 각인이 자기 일을 하나님께 직고하리라."

14:13. "그런즉 우리가 다시는 서로 판단하지 말고 도리어 부딪힐 것이나 거칠 것으로 형제 앞에 두지 아니할 것을 주의하라."

14:14. "내가 주 예수 안에서 알고 확신하는 것은 무엇이든지 스스로 속된 것이 없으되 다만 속되게 여기는 그 사람에게는 속되니라."

14:17. "하나님의 나라는 먹는 것과 마시는 것이 아니요 오직 성령 안에서

의와 평강과 희락이라."

14:19. "이러므로 우리가 화평의 일과 서로 덕을 세우는 일을 힘쓰나니."

14:21. "고기도 먹지 아니하고 포도주도 마시지 아니하고 무엇이든지 네 형제로 거리끼게 하는 일을 아니함이 아름다우니라."

14:23. "의심하고 먹는 자는 정죄되었나니 이는 믿음으로 좇아 하지 아니한 연고라. 믿음으로 좇아 하지 아니하는 모든 것이 죄니라."

I. 역사적 배경

초대 교회 전역에서와 마찬가지로 로마에서도 유대인과 이방인과 구별되는 그리스도인의 도덕적 노선에 대해서 확신하지 못한 사람들이 틀림없이 많았을 것이다. "초대 교회 시절에 두 가지 주요한 의문이 양심적인 마음에서 일어났을 것이다. (1) 정결한 음식과 부정한 음식을 유대 의식법에서 내려오는 대로 구별하여 지키는 의무에 관한 것과 (2) 우상에게 제물로 바쳤을지 모르는 음식을 먹는 것이 합당한가 하는 것."

로마 교회의 어떤 사람들은 스스로 유대인의 율법의 모든 의식적인 요구와 음식물의 요구에서 자유롭다고 생각한 것으로 보인다. 그들은 도덕법에 의해 명확하게 금지되지 않은 것은 부정하거나 금지된 것이 아무것도 없다고 생각하였다. 이런 문제에 있어서 그리스도인에게 허락된 자유의 범위를 깨닫지 못하는 다른 사람들은 그들 자신의 자유를 제한하고 양심이 무딘 것 같은 사람들을 비판하는 경향이 있었다. 그들은 명확한 명령이 없는 모든 것은 금지되었다고 확신하였던 것 같다. 이런 의견의 차이로 회중의 화평과 통일 의식이 깨어질 위험이 있었다. 항상 반대해야 할 두 가지 경향이 있다: 첫째는 율법주의로, 이것은 양심이 무의미한 가책에 속박당하게 한다. 둘째는 반율법주의로, 이것은 양심을 모든 도덕적 책무에서 자유로운 것으로 생각한다.

II. 용어 해설

14:1. "연약한 자." 이 장에서 연약한 자는 자기 이해와 양심이 그리스도

안에서 누리는 자신의 위치와 자유에 미치지 못한 자들임이 분명하다. 강한 자는 그들의 양심에 대한 다른 사람들의 주장을 개의치 않고 이따금 그들의 자유를 행사한 자들이다. 연약한 자(참조. 15:1)는 사람들이 어떤 음식들을 가리지 않고 먹고 어떤 날들을 구별하지 않고 범하는 것을 발견한다. 어떤 사람들은 음식을 먹고 유대인의 안식일을 지키는 것에 관하여 심한 양심의 가책을 느꼈던 사람들은 유대인 그리스도인이었다고 주장한다. 예컨대, 그들은 돼지고기를 먹는 것을 보았을 때 불쾌하였을 것이고 교회 안에서 이미 주일을 지키고 있는 이방인들을 제한해서라도 안식일을 엄격하게 준수하고 싶었다. 그러나 어떤 음식을 먹는 것과 관련하여 약한 형제들은 히브리인 그리스도인일 수도 있었고 음식이 이방의 우상에게 바친 것일 수 있기 때문에 그러한 음식을 먹으면 영적으로 오염된다고 생각하는 이방인 그리스도인일 수도 있었다. 바울이 약한 자라고 한 그 사람들은 틀림없이 다른 사람들을 정말 약한 자라고 생각하였을 것인데, 이는 그들이 단련을 덜 받은 때문이고 어떤 관행에 집착하여 벗어나지 못하고 스스로 강한 자라고 생각하기 때문이다. 이 문제가 고린도에서도 발생하였는데, 그런 문제 때문에 바울이 이 편지를 쓰고 있다(참조. 고전 8장).

"… 받되 그의 의심하는 바를 비판하지 말라." 교회 안에는 약한 자가 있을 자리도 있다. 그러므로 그들을 환영하되 "약한 자의 양심의 가책을 비판하지 말고 심지어 그 가책을 해결하거나 제거하려고도 하지 말고 차라리 그 가책에 대하여 관용하고 동정하도록 하라"(참조. 3절).

14:2. "강한 자"는 아무것이든 가리지 않고 먹었다. 약한 자는 채식주의자였다.

14:3. "강한 자에게 오는 특별한 유혹이 경멸하는 것이라면 약한 자의 독특한 유혹은 비판하는 것이었다."

14:6. 헌터(A. M. Hunter)의 석의를 참조하라: "그의 스테이크 위에서 은혜를 말하는 고기 먹는 자가 하나님께 영광을 돌리지만, 그러나 그의 샐러드 위에 축복을 구하는 채소 먹는 자도 하나님께 영광을 돌린다."

14:7, 8. 그리스도인은 그리스도를 기쁘게 하는 삶을 사는 사람이다. 우

리가 다른 사람의 감정과 필요를 생각함으로써 이기적인 태도를 버리고 그리스도를 섬겨야 할 것을 암시한다. 그리스도의 주권은 결코 중지되지 않았다. 우리가 이것을 깨닫기까지는 우리가 허락된 환경 아래에서 어떻게 행동해야 할지 결정하기가 불가능하다. 우리가 하는 모든 것은 그리스도를 기쁘게 하고 그에게 복종하는 것과 일치하여야 한다.

14:14. 바울은 "강한" 형제들과 의견이 일치하여 아무것도 본래 속된 것이 없다는 것을 분명하게 밝힌다. 그렇다면 어째서 그들을 칭찬하고 약한 형제들을 책망하지 않는 것인가? 그가 비판하는 것은 강한 자의 가르침이 아니라 약한 자의 연약한 양심을 전혀 헤아리지 않고 행한 그들의 무자비한 행동이었다.

14:15. 그리스도인의 행동에 있어서 사랑의 법칙이 모든 권리를 자유롭게 사용할 수 있는 특권보다 더 본질적인 경우가 종종 있다. "모든 것이 내게 가하나 다 유익한 것이 아니요"(고전 6:12; 10:23).

14:17. 어떤 음식물을 사용하거나 거부하는 것보다 더 중요한 것은 회중이 나누어짐으로써 어지럽게 된 "의와 평강과 희락"의 증진이다.

14:20, 21. 약한 자가 자기 양심을 거스르는 것보다 강한 자가 약한 자에게 맞추는 것이 더 쉽다. 약한 자는 비록 그에게 잘못이 있을지라도 양심을 지켜야 한다. 만일 강한 자의 편에서 약한 자를 이해하고 관용하면 조만간 약한 자가 깨달음이 생기고 성숙하게 될 것이다.

14:23. 누구든지 그의 신앙과 양심이 인정할 수 없는 일을 해서는 안 된다. "의심스러운 것을 행하는 것은 하나님의 알려진 뜻을 맨 먼저 생각지 않는 죄악된 생각에 근거를 한 것이다."

III. 교리적 의의

이 장에서는 특별히 분명하게 금지하지 않았거나 명백히 요구하지 않은 행동의 범위에 있어서 행동을 정당하게 하거나 그릇되게 하는 것이 무엇인가 하는 물음에 답변하고 있다. 그리스도인과 이교도들이 섞여 있는 사회에서 그리스도인이 살기에는 어려움이 따르지 않을 수 없다. 비그리스도인들뿐만 아니라 그리스도인들도 자기 좋을 대로 하고 싶은 유혹에 시달린다. 사사기는 자기 좋을 대로 자기 소견에 옳은 대로 행한 백성의 퇴보에 대하여 뚜렷이 보여주고 있다. 그와 같은 태도는 필연적으로 도덕적 무정부 상태에 빠지게 되고 어떤 범위 안에서 "상대주의"라고 불린 것에 빠지게 된다. 새롭고 상이한 문제들이 계속 일어나고 똑같은 것은 것의 없다. 우리가 도덕적인 결정을 정확히 하는 방법을 아는 것이 가장 중요하다. 여기에 지도적인 원리와 표준의 일부가 이야기되었다.

Ⅳ. 실천적 목표

그리스도인의 삶에서 일어나는 도덕적 결정에 직면하여 그 결정을 내릴 수 있도록 돕기 위한 것이다. 반 다이크(Van Dyke)가 말한 대로 "당황하지 않고 분명하게 생각하고" 그리고 "정직한 동기에서 순수하게 행동"하는 우리의 노력을 돕기 위함이다. 우리는 종종 "경험이 최고의 선생이다"고 하는 이야기를 듣는다. 비록 그 말에 진리가 담겨 있지만 이것은 살아가는 최선의 원리는 아니다. 이런 기초 위에서 옳고 그른지를 알기 위하여 행동을 완전하게 하는 것이 필요하다. 여기서 진리가 전통이나 관습이나 양심이나 다수의 의견보다 길잡이로서 더 신뢰할 수 있다. 그리스도인들은 계시의 빛으로 행동이 옳은지를 시험해야 한다.

Ⅴ. 설교 개요

제목: "그리스도인의 삶에서 겪는 어려움들."

도입부

믿음이 약한 사람으로만 구성되거나 믿음이 강한 사람으로만 구성되는 교회는 결코 없다. 분란을 일으킬 수 있는 두 노선의 생각을 야기하는 이 약한 자와 강한 자가 처음부터 교회 내에 존재하였다. 약한 자와 강한 자가 서로 사이좋게 지내는 것을 배워야지 그렇지 않으면 다른 편에게 빈곤한 증거를 제시하여 교회의 진행을 방해하고 주의 계획을 약화시키게 된다. 비록 관용이라는 생각과 실천이 많은 사람들에 의해 악용되고 도에 지나쳤지만 그리스도인의 생활에서는 관용이 반드시 필요하다. 참된 관용은 현실의 차이를 덮지 않는다. 관용은 차이를 인정한다. 진정한 관용은 진리에 대해서 무관심하거나 진리를 경시하지 않는다. 관용은 중요한 문제에 타협하지 않는다. 그러나 그리스도인의 관용은 반드시 지식이 있고 사랑이 있고 이해심이 있어야 한다. 관용은 분노와 증오로 사귐을 깨어지게 하거나 격한 논쟁으로 빠지게 하는 상황을 만들지 않는다.

A. 믿음이 약한 그리스도인은 인내로써 대하여야 한다(14:1-3).

바울은 모든 그리스도인이 다 똑같은 것이 아님을 인정하였다. 더러는 약하고 더러는 강하다. 어떤 이들은 약한 양심을 가졌고 어떤 이들은 강한 양심을 가졌다. 로마 교회 안에는 음식물에 관하여 지나칠 정도로 세심하게 조심하는 교인들이 있었다. 바울은 이 사람들을 믿음이 약한 사람들이라고 말하였다. 그들은 깊은 신앙과 이해력이 부족하였다. 그들은 도에 지나치게 조심하였다. 그것은 극단으로 치우치기 쉽다.

성숙한 그리스도인들은 그런 사람을 비난하거나 멀리할 수 있다. 이것은 바울이 취한 태도가 아니다. 바울은 이런 약한 사람들을 사랑하고 함께 사귀도록 권고하였다. 그들은 약하지만 그러나 그들은 또한 신자이며 사랑하는 마음으로 "성도의 교통"의 일부로서 생각해야 할 사람들이다. 성숙하지 못한 신자들을 부드럽고 동정적으로 대하는 것이 쉽지 않지만 이것은 성숙한 그리스도인의 의무이다. 아무리 지겨울지라도 그 책임을 회피해서는 안 될 것이다.

B. 활동의 영역이 광범위하여서 그리스도인들이 다른 그리스도인의 양심을 주장할 수도 없고 주장하려고 해서도 안 된다(14:4-6).

"하나님만이 양심을 주관하시는 주(主)이시며, 그는 신앙이나 예배에 관한 일에 있어서 자기의 말씀에 조금이라도 배치되거나 혹은 벗어나는 인간들의 교리나 계명으로부터 양심을 해방시켜 주셨다"(웨스트민스터 신앙고백, XX, ii). 이 양심의 자유는 그리스도인이 본질적으로 나쁘지 않거나 그리스도의 가르침의 관점과 다르지 않은 것을 사용함에 있어서 누리는 자유로 해석되어야 한다. 이러한 것들에 대한 전문적인 명칭이 아디아포라이다. 본래 그것들은 선하거나 악한 것이 아닌 중성이다. 그 행동의 특성은 행동하는 사람에 의해 결정된다.

C. 그리스도인은 누구도 스스로 분리된 그리스도인의 삶을 살 수 있다고 생각하지 못하도록 하라(14:7-9).

바클레이가 말하듯이, "다른 사람들이나 하나님과 관계를 끊고 살 수 있는 사람은 아무도 없다." 모든 생명은 하나님의 눈에서 벗어나서 살 수 없다. 심지어 죽음도 우리를 하나님에게서 갈라놓을 수 없다. 우리는 혼자서 살 수도 없고 혼자서 죽을 수도 없다. 다른 사람들에 대한 우리의 관계에 관하여, 우리는 부분적으로 우리 선조가 우리를 만들었던 모든 것의 결합이다. "모든 사람들로부터 다른 사람들이 최고의 길이나 최악의 길을 좀더 쉽게 취하도록 하는 영향이 나온다. 모든 사람의 행위에서 다른 사람들에게 좀더 많이 혹은 좀 덜 영향을 미치는 결과가 나타난다"고 바클레이는 말한다. 사람은 고리로 연결되어 있다. 모든 행동은 앞으로 다른 사람에게 도움을 주든지 아니면 방해를 하든지 하는 어떤 경향을 창출한다.

D. 그리스도인은 하나님께 대한 그의 개인적인 책임에 비추어 그의 결정을 내려야 한다(14:10-13).

누구든지 다가올 심판을 망각하는 것은 결코 안전하지 못하다. 바울은 "이러므로 우리 각인이 자기 일을 하나님께 직고하리라"고 말한다. 만일 우리의 도덕적인 결정이 모두 이것에 비추어 내려진다면 우리의 삶의 태도가 금방 개선될 것이다.

오늘날 많은 이들이 하나님께 대한 개인의 책임감을 상실한 것 같다. 많은 사람들이 도덕적 자유를 부인하기 때문에 책임을 부인한다. 이런 터에서는 책망할 것도 인정할 것도 전혀 없다. 이런 전제에서는 사람의 행동이 맹목적인 결정론적인 기계의 결과에 지나지 않는다. 우리는 유전에 입각한 우리의 도덕적인 잘못을 비난하지 못하게 된다. 기독교는 유전의 사실과 그 전통이 미치는 영향력을 인정한다. 실제로 원죄의 교리는 유전의 과학적인 가르침을 예상하였다. 우리 삶에서 유전은 많은 조건을 결정하지만 우리의 삶은 우리의 것이며 우리는 하나님께 우리의 삶에 대한 책임을 지고 있다. 우리는 다른 사람의 행동에 대해서 이러쿵저러쿵 할 것이 아니라 우리 자신의 행동에 대해서 평가해야 한다.

우리의 책임이 일차적으로 하나님께 있다는 것을 결코 잊어서는 안 된다. 다윗이 밧세바와 간음하였을 때 그는 중죄를 범하였다. 제정신으로 돌아왔을 때 그는 하나님께 범죄하였다는 것과 하나님께 책임을 져야 한다는 것을 깨달았다. 우리는 시편 51편을 이런 점에 비추어 읽어야 한다. 이 점에 관하여 결코 혼동이 있을 수 없다. 모든 살아 있는 사람은 이렇게 물어야 할 것이다. "내가 주께 무엇을 직고하여야 하리이까?" 그것이 선한 것일까 아니면 나쁜 것일까? 하나님께서 "잘 하였다"고 하실까 아니면 "잘 못하였다"고 하실까?

E. 그리스도인의 자유는 큰 선물이지만 다른 중요한 것들과 같이 남용될 수 있다(14:14-23).

그리스도인의 자유는 선택된 복이지만 거기에는 또한 위험이 있다. 그 자유는 그리스도의 사랑과 조화를 이루어야 한다. 사랑과 자유가 나뉘는 것은 비극이다. 이 때문에 바울은 그리스도인의 삶은 먹고 마시는 것보다 더 큰 것이라고 말하였다. 하나님과 사람에 대하여 옳은 것을 행하는 것이 더 중요하다. 형제 그리스도인들의 감정을 예민하게 느끼는 것이 더 큰 가치가 있다. 평강과 희락이 자유와 권리를 함부로 사용하는 것보다 인간의 최고의 선에 더 도움이 된다.

그리스도인의 자유의 원리는 여러 번 음주의 문제에서 절제를 호소하는 사람들에 의해 악용되었다. 그 주장은 다음과 같다. "우리가 도에 지나치지 않는 한, 술을 사용하는 것은 잘못이 아니다." 이것은 용인될 수 있을지 모르지만 그러나 그리스도인이 취해야 할 입장은 아니다. 그리스도인은 술이 위험하다는 것을 반드시 알아야 하고 따라서 이런 해로운 음료에 관하여 그의 모범은 확실해야 한다. 좀더 성숙한 그리스도인이 술을 사용하는 것은 어린 그리스도인이나 불신자들에게 좋지 못한 영향을 끼칠 수 있다. 그리스도인이 해야 할 일은 다른 사람을 넘어지게 할 수 있는 어떤 행동을 삼가는 것이다.

결론

(1) 그리스도인은 행동의 과정 전체를 생각해야 한다.

이런 조사에서 다른 사람, 특히 약한 자에 대한 그 행동의 영향을 결코 경시해서는 안 된다. 이것을 생각하고 그 다음에 행동해도 좋다. 그는 양심을 존중하고 양심의 소리를 짓밟아서는 안 된다. 바울의 말을 빌리면, 그렇게 하는 것은 죄를 범하는 것이 된다. "의심이 있을 때 … 하지 말라."

(2) 강한 그리스도인은 그의 강함 때문에 약한 그리스도인을 도와야 할 특별한 의무가 있다.

바울 자신은 강한 자이지만 우리가 여기서 보는 대로 그는 약한 자의 안녕에 대하여 무척 염려하였다. 모든 강한 그리스도인들은 하나님께서 약한 형제를 위하여 일하시는 은혜로운 사역이 헛되이 되지 않도록 조심해야 한다.

(3) 약한 자는 강한 자가 될 수 있다. 약한 자는 기독교에 대하여 생각하는 것이 부족하다.

친절과 인내로써 대하고 더 성숙한 그리스도인과 사귐으로써 믿음이 약한 자가 믿음이 강한 자로 성숙할 수 있다.

로마서 제15장

그리스도인과 그 행실

15:1. "우리 강한 자가 마땅히 연약한 자의 약점을 담당하고 자기를 기쁘게
하지 아니할 것이라."

15:2. "우리 각 사람이 이웃을 기쁘게 하되 선을 이루고 덕을 세우도록 할지
니라."

15:3. "그리스도께서 자기를 기쁘게 하지 아니하셨나니 기록된 바 주를 비방
하는 자들의 비방이 내게 미쳤나이다 함과 같으니라."

15:4. "무엇이든지 전에 기록한 바는 우리의 교훈을 위하여 기록된 것이니
우리로 하여금 인내로 또는 성경의 안위로 소망을 가지게 함이니라."

15:5. "이제 인내와 안위의 하나님이 너희로 그리스도 예수를 본받아 서로
뜻이 같게 하여 주사."

15:6. "한 마음과 한 입으로 하나님 곧 우리 주 예수 그리스도의 아버지께
영광을 돌리게 하려 하노라."

15:7. "이러므로 그리스도께서 우리를 빈아 하나님께 영광을 돌리심과 같이
너희도 서로 받으라."

15:30. "형제들아 내가 우리 주 예수 그리스도로 말미암고 성령의 사랑으로
말미암아 너희를 권하노니 너희 기도에 나와 힘을 같이하여 나를 위하여
하나님께 빌어."

I. 역사적 배경

이 장의 처음 13절은 앞 장에서 논의된 그리스도인의 경험 문제와 관련
되어 있다. 서신서의 이 부분은 로마 교인들에 대한 바울의 확신으로 끝맺
고 있다. 로마 교인들은 하나님의 다스림 하에 주를 기쁘시게 할 방식으로
형제들 사이에서 일어나는 다툼들을 해결하는 일에 있어서 충분히 해결할

능력이 있을 것으로 표현되었다(참조. 14절). 이 장의 마지막 절반에서 바울은 그 자신의 행동에 대한 언급으로써 그리스도인의 행동에 관한 그의 주장을 강화하고 있다. 그는 복음을 이방인에게 전하는 그의 고유한 사도적 사명을 충성스럽게 성취한 것을 이야기하고 예루살렘과 로마와 스페인까지 갈 작정을 하는 그의 여정의 계획을 세밀하게 세운다. 그는 로마의 그리스도인들이 자신을 위하여 기도하고 자신이 계획한 선교 계획에 대해서 복을 빌어 줄 것을 요청한다.

II. 용어 해설

15:1. "우리 강한 자가 …"는 이 장을 앞 장과 밀접하게 연결한다. 앞 장에서 바울은 고기를 먹고 술을 마시는 것에 관한 양심의 가책이 있고 없음과 관련하여 강한 그리스도인과 약한 그리스도인을 논의하였다. 여기서 그는 (자신을 비롯한) 강한 자에게 자신의 행동이 남에게 영향을 준다는 것을 생각하고 행동하고, 자기를 기쁘게 하지 말라고 권고한다. "연약한 자의 약점을 담당하고." 담당한다는 것은 인내로써 참는다 혹은 쾌히라는 뜻이다.

15:2. 그들 자신의 이기적인 만족을 위하지 않고 그들의 영적 안녕의 증진을 위하여 그리스도인들을 기쁘게 하는 의무는 그리스도인들의 합당한 목표이다.

15:3. 주장하고 있는 바는 만일 그리스도 우리 주께서 자기를 기쁘게 하지 않으셨다면 어떻게 우리가 우리 자신을 기쁘게 할 수 있겠느냐 하는 것이다. 실제로 그리스도께서는 자신을 버리시고 다른 사람이 받아야 할 형벌을 대신 받으셨다.

15:4. (마지막 구절에 인용된) 시편 69:9과 같은 구절들을 포함하여 그리스도를 언급하고 있는 성경은 적용해야 할 교훈과 모든 그리스도인들에게 도움이 될 은혜가 있다. 그 성경 구절들은 그리스도인들에게 인내와 용기를 주어서 소망을 가지게 한다. 대부분 사람들이 하나님의 말씀을 공부하고 스스로 적용하지 않을 때 그들의 경험에서 이런 중요한 요소들이 없

다는 것은 별로 이상한 일이 아니다.

15:5. 바울의 기도는 아디아포라의 영역에서 그리스도인들 사이에 조화가 이루어지기를 비는 것이다. "그리스도를 본받아(KJV, 그리스도에 의하여)" 이렇게 서로 마음을 같이 하여야 한다.

15:6. 한 마음과 한 입이 되면 하나님께 영광을 돌리게 될 것이다. "기도라구!" 하고 데이비드 브라운은 소리쳤다. "그리고 이것은 전혀 실현되지 않을 것인가?"

15:7. "그리스도께서 우리를 받아 … 같이 너희도 서로 받으라." 고대 사본들에서는 이것을 "우리" 또는 "너희"로 해석해야 할지 분명하게 나타나지 않지만 의미상 본질적으로는 아무런 차이가 없다. 분명한 것은 만일 그리스도께서 우리가 아직 죄인 되었을 때 우리를 받으시고 우리를 대신하여 죽으셨다면 우리도 영적인 성숙의 차이나 중요치 않은 문제들에 대한 의견에 의해 위태로운 지경에 빠지지 않고 포용력을 가지고 다른 그리스도인들을 받을 수 있다는 것이다.

15:30. "너희 기도에 나와 힘을 같이하여 나를 위하여 하나님께 빌어." 바울의 호소가 강력하게 진술되었는데, 이는 그의 필요가 컸기 때문이었다. 우리는 형제 그리스도인의 기도 없이는 일을 할 수 없고, 또 우리가 그 기도의 유익을 과소 평가해서는 안 된다. 바울의 기도 요청은 모든 점에서 응답되었지만 그의 기대대로 된 것은 분명히 아니다.

III. 교리적 의의

이 장은 그리스도인의 행동 표준의 중요한 문제를 다루고 있다. 그리스도인의 생활에서 지도적인 원리는 마음과 행동이 주 예수 그리스도를 기쁘게 하는 것에 부합하여야 한다. 게다가 기독교 윤리는 결코 개인적일 수 없다. 기독교 윤리는 하나님과 서로에 대한 관계를 수반한다. 신자가 하나님의 자녀가 될 때 성령께서 그 사람 안에 거하셔서 훨씬 강력한 동기를 가진 새로운 행동의 형태가 나타난다. 도덕적 책임은 하나님 중심이다. 하나님을 영화롭게 하고 형제 신자들의 계발을 증진시키지 못하면 이것은 잘못된 것이다.

IV. 실천적 목표

강한 자와 약한 자가 서로의 감정을 상하게 하거나 서로를 비난하지 않도록 그들에게 권고하기 위함이다. 우리는 우리의 행동을 참으로 그리스도인답게 유지하려면 인도와 내적인 통제가 필요하다. 이 필요에 대비하여 바울은 그의 말과 그 자신의 본으로써 하나님을 기쁘시게 하고 다른 사람을 계발하기 위한 이중의 원리를 제시한다.

V. 설교 개요

제목: "그리스도인과 그 행실."

도입부

윤리 교사들은 모두 어떤 습속은 나쁘다는 데에 동의한다. 도둑이나 거짓말이나 살인을 옹호하는 사람을 신뢰할 수 있는 선생이라고 할 수는 결코 없을 것이다. 사람은 바르게 행동하는 것과 잘못 행동하는 것을 직관적으로 안다. 사람은 추론의 과정이 없더라도 이것을 안다. 사람이 행해야 할 선이 있고 사람이 피해야 할 악이 있다. 그리스도인은 행동할 때에 일반적인 윤리라 불리는 것을 뛰어넘어야 한다. 그리스도인은 다른 사람들에게 인정을 받든 그렇지 않든간에 그들에게 의무를 지우는 어떤 표준이 있다. 만일 우리가 그리스도를 사랑하고 하나님을 기쁘시게 하고자 한다면 예컨대 우리는 다른 사람들 특히 약한 그리스도인에 대한 이해심을 기를 것이다. 이 장에서 우리에게 그리스도인의 행동의 표준을 보여주고 있는 바울을 우리의 선생으로 삼자.

A. 행동의 문제에서 그리스도인은 반드시 그리스도를 본받아야 한다(1-3절).

그리스도는 그를 따르는 자들을 가르치실 때 말씀으로 뿐만 아니라 친히 모범을 보이셨다. 바울은 그리스도인들에게 그리스도께서 행하신 것처럼 행하라고 권고한다. 예수님의 지상 생활은 지침이 된다. (이것과 관련하여 다음을 참조하라: 요 13:34; 15:2; 고후 5:13-16; 빌 2:4-8; 벧전 2:21-25; 요일 4:10, 11).

암흑의 15세기에 토마스 아 켐피스(Thomas á Kempis)는 교회에서 발생하는 대부분의 부패가 그리스도를 따르지 않는 데에서 기인하므로 만일 그리스도인들이 그리스도를 닮고 그리스도와 같이 살려고 한다면 부패를 방지할 수 있을 것으로 보았다. 그의 책「그리스도를 본받아」는 부족한 점이 없는 것은 아니지만 그리스도를 본받음이 그리스도의 십자가의 피로 말미암아 죄를 용서받았으면 당연히 그리스도를 본받는 것이 있어야 한다는 것을 담대하게 선포한 큰 공적이 있다.

우리가 그리스도를 본받으려면 먼저 그의 어떠하심을 알아야 한다. 바울은 독자들에게 "그리스도께서 자기를 기쁘게 하지 아니하셨나니"라고 이야기한다. 필립스는 그것을 이렇게 번역한다. "그리스도조차도 자기 자신의 기쁨을 택하지 아니하셨다." 영적으로 약한 자를 돕기 위하여 합법적인 개인의 특권을 삼가는 일에 있어서 그리스도께서 우리의 최고의 모범이시다. 비그리스도인은 자신을 기쁘게 하는 삶을 산다. 비그리스도인은 어떤 사람이나 어떤 일로 인하여 자기 좋을 대로 하지 못하게 되면 참지 못한다. 바울은 이것이 삶의 목표로서 부적당하며 그리스도인들을 위한 정책의 대용이 결코 되지 못할 것이라고 한다.

우리는 혼자 사는 것이 아니다. 우리의 행동은 다른 사람에게 영향을 준다. 만일 그리스도께서 자기 좋을 대로 하려고 하지 않으시고 어떤 희생을 치르더라도 성부를 기쁘시게 하려고 하셨다면 그리스도인들도 만일 자신들이 누구를 기쁘게 해야 한다면 주를 기쁘시게 하려고 노력하자. 강한 그리스도인이 자신의 기쁨을 잊어버리고 약한 자가 결점이 있어도 약한 자에게 관대히 대하는 일에 힘쓰는 것이 요점이다. 약하고 유치한 사람들을 대할 때 그리스도께서 우리의 모범이 되어야 한다.

B. 성경은 행동의 문제에서 그리스도인의 최고의 권위와 영감이어야 한다(4절).

우리의 교훈과 행실을 위하여 성경을 주셨다. 성경을 부지런히 사용하면 우리가 고난을 참고 견디고 확고하게 책임을 감당할 수 있는 도움을 받게 된다. 성경의 능력의 큰 증거는 우리의 행동에 영향을 미치는 성경의 능력이다. 성경을 주신 것은 이것을 위함이다. 따라서 우리는 매일매일 하나님의 말씀과 긴밀한 관계를 유지해야 할 필요가 있다.

하나님의 말씀은 우리에게 필요한 용기와 소망을 준다. 성경은 우리가 그리스도인으로서 살아갈 때 인내할 수 있는 용기를 준다. 어려움과 힘든 일이 닥치면 금방 포기하기 쉬운데 성경은 우리를 격려하여 중단하지 않고 계속 할 수 있게 한다. 그리스도인은 몸으로 있을 때 행한 행위에 관하여 직고하기 위하여 그리스도의 보좌 앞에 서야 한다는 것을 알고 있다. 그는 그날에 주께서 그에게 "잘하였도다 착하고 충성된 종아" 하고 말씀하시기를 소원한다. 그로 말미암아 우리는 위로를 받고 용기를 얻어 확신하게 된다.

C. 자기 행실을 통하여 그리스도인은 그리스도의 몸의 지체들 가운데서 마음의 일치를 힘써야 한다(5-7절).

바울은 실제적인 사람이었으며 그는 조화와 일치가 교회에 반드시 필요하다는 것을 알고 있었다. 그는 그리스도의 모범과 명령을 따르는 생각과 감정과 행동의 조화를 나타내는 이러한 그리스도인들의 행실을 원하였다. 항상 다양성이 있을 수 있지만 그러나 다양성 속에 반드시 조화가 있어야 한다.

분쟁을 일으키는 사람이 한 사람 있으면 회중의 능력을 무효로 만들 수 있다. 교회 지체간에 불화와 마찰이 있으면 교회의 증거가 무력하게 되고 하나님께 영광을 돌리지 못하게 된다. 그리스도인들은 분명치 않은 문제들에 관하여 의견이 다를 수 있겠지만 그렇더라도 교인들간에 아름다운 일치를 유지할 수 있다. 그렇지 않으면 교회가 분열되는 불행이 초래하게 된다.

만일 그리스도인들이 화목한 사귐을 나누는 형제처럼 행하지 않으면 그리스도의 대의가 손상될 것이다. 따라서 바울은 "그리스도께서 우리를 받아 하나님께 영광을 돌리심과 같이 너희도 서로 받으라"고 권고하고 있다. 필립스는 그것을 이런 식으로 표현한다. "그리스도께서 너희에 대하여 그의 마음을 여셨던 것처럼 너희도 서로 마음을 열어라. 그리하면 하나님께서 영광을 받으실 것이다."

관용과 친절만큼 중요한 것은 별로 없다. 오늘날 교회에서는 이것을 보기가 무척 어렵다. 그러나 바울은 실제적이어서 일치하게 하는 두 가지 동기를 지적한다: 우리에게 베푸신 그리스도의 친절과 하나님의 영광을 높이는 것. 바울은 그리스도께서 비록 이방인 회심자들이 이스라엘 나라 밖의 사람들이지만 그들을 이스라엘 나라 안으로 받아들이셨던 것을 이유로 들어서 유대인 그리스도인들도 이방인 회심자들에 대하여 관용을 베풀기를 원하였다. 이렇게 하면 분쟁이 일으킬 수 있는 긴장의 원인을 제거할 수 있을 것이다.

D. 그리스도인의 행위에는 유대인과 이방인의 하나님을 찬양하는 것이 포함되어야 한다(8-13절).

이스라엘의 하나님은 또한 이방의 열방들의 하나님이시기도 하다. 하나님은 그의 아들이 계급과 신분 고하를 막론하고 모든 죄인들의 구주가 되도록 계획하셨다. 바울은 모세와 다윗과 이사야의 글을 인용하여 메시야가 세상에 출현하시기 오래 전에 하나님은 똑같이 유대인과 이방인의 하나님이셨다는 것을 증명한다. 모든 사람에 대한 하나님의 은혜를 생각할 때 우리는 하나님께 어떻게 해야 하는가? 찬송과 영광을 돌려야 할 것이다. 그러나 우리는 하나님께 영광을 돌리는 일이 거의 없다. 우리는 불평하고 투덜거릴 뿐 영광송을 노래하는 일이 거의 없다.

이방인이 하나님을 찬송해야 할 의무에 대해서 특별히 강조하고 있다. 이방인은 그리스도의 나라에 받아주시고 그리스도의 복에 참여하게 하신 크신 은혜에 대하여 하나님을 찬양해야 할 것이다. 모든 사람들이 다 하나님의 선하심에 대해서 하나님께 찬양해야 할 충분한 이유가 있다. 특히 이방인들은 찬양해야 할 이유가 충분히 있다.

이렇게 찬양함으로써 신자들은 모든 가능한 기쁨으로 가득할 것이다. 우리에게 기쁨이 너무 적은 한 가지 이유는 우리 마음과 입술로 하나님을 너무 찬양하지 않기 때문이다. 큰 축복이 진정으로 하나님께 경배하고 찬양하는 모든 신자들을 위해 준비되어 있다. 따라서 대부분 교회 지체들이 초라하고 슬픈 삶을 사는 것은 그들이 하나님을 힘차게 찬양하는 영혼의 스릴을 느끼는 경험이 없기 때문이다.

E. 그리스도인의 행실에는 그의 임무를 완성하려는 진지한 노력이 수반되어야 한다(14-33절).

바울은 하나님께서 임명하셔서 맡기신 특별한 임무가 있었다. 이 소명은 표적과 기사로써 확인되었다. 하나님께서는 그의 노고를 큰 성공으로써 결실을 맺게 하셨다. 이 임명은 집례하는 제사장이 제물을 드렸던 것처럼 주께 그들을 아주 거룩하게 드리는 이방인에 대한 바울의 사역에 나타난다. 이 독특한 제물은 성령의 거룩하게 하시는 작용에 의해 하나님께 열납될 것이다.

바울은 미지의 땅에 복음이 전파되어 그의 맡은 일이 성취되기를 간절히 바랐다. 누구보다도 더 훌륭한 야망을 가졌다. 그의 장대한 그리스도인다운 성품은 이 거룩한 야망에서 나타난다. 그는 과거에 성취한 것에 안주하는 것으로 결코 만족하지 못하였다. 그는 지금도 스페인으로 선교 여행을 할 계획을 세우고 있다.

바울이 임무를 완수하려면 그리스도인들의 기도가 필요하였다(참조. 30절). 다른 겸손한 사역자들과 같이 바울은 자기가 맡은 일을 할 수 있도록 기도로써 자기를 후원하는 그리스도인들이 필요하다는 것을 느꼈다. 바울은 그리스도인 사역자는 아주 무서운 위험에 많이 노출되어 있다는 것을 알고 있었기 때문에 그는 자기를 위하여 그들이 기도해 줄 것을 간곡히 부탁하였다. 바울이 대적과 씨름할 때 그를 위한 기도를 끊임없이 해야 하고 그 기도가 확고해야 한다.

그리스도를 존경하고 그리스도의 대의가 성공을 거둘 수 있도록 이것을 하라고 바울은 말하였다. 그 다음에 그는 그들의 기도의 필요에 대한 또 다른 이유를 덧붙인다. 그는 그들에게 그가 기쁜 마음으로 그들에게 나아 가서 그들과 더불어 약간 쉴 수 있도록 기도하기를 원하였다. 그는 이 그리스도인들을 새롭게 하기 위하여 방문을 원하였다. 그렇게 하려면 그는 슬픈 마음이 아니라 기쁜 마음으로 가야 하는 것이다.

결론

(1) 그리스도인은 불타는 열정으로 그리스도를 알려야 한다.

이것이 성경의 목표이고 바울의 최고의 목표이다. 우리의 행동은 이런 방향으로 나아가야 한다. 이것이 복음 전도 역시 선택적인 것이 아닌 이유 이다. 이것이 선교가 임의로 선택할 수 있는 것이 아닌 이유이다. 대부분의 현대 그리스도인들의 큰 부끄러움은 그리스도의 영혼에 이 거룩한 열정이 가득 차고 그의 종 바울의 영혼에 이 거룩한 열정이 가득 찼던 것처럼 우 리 영혼에 이 거룩한 열정이 가득 차지 못한 것이다.

(2) 우리가 우리의 행동에서 우리를 도우시는 "성령의 사랑"을 가지는 것을 우리 또한 늘 염두에 두어야 할 필요가 있다(30절).

성부께서 우리를 사랑하셨다. 성자께서 우리를 사랑하셨다. 마찬가지로 성령께서도 우리를 사랑하셨다. 성령의 사랑은 아버지와 아들의 사랑 못지 않은 사랑이다. 이 서신의 앞쪽에서 바울은 성령으로 말미암아 하나님의 사랑이 우리의 마음에 부은 바 되었다고 말하였다.

삼위일체의 제 삼위께서 우리를 사랑하시는 것을 예민하게 깨닫는 그리 스도인들이 많지 않다. 우리는 바울이 여기서 분명하게 제시하고 있는 사 상에 대하여 익숙치 않다. 그러나 우리는 그 사실을 잊어서는 안 된다. 한 신학자가 우리에게 상기시켰던 것처럼, 만일 성령의 무한하신 사랑이 없었 다면 우리는 우리의 구원에 대해서 몹시 전전긍긍하였을지 모른다. 우리가 성령의 거룩케 하시는 사역에 대하여 엄청나게 반대하는 가운데도 우리의 영혼을 이끄시는 그 사랑에 대하여 우리는 매일 감사해야 할 것이다. 우리가 이 진리를 굳게 붙잡게 되면 우리는 "무한한 사랑이 우리를 덮으신다. 무한한 사랑이 우리를 두르신다. 하나님을 찬양하지어다! 무한한 사랑이 우리 안에 거하신다"고 말할 수 있다.

(3) 그리스도인의 행동의 모든 것은 그리스도의 교회의 향상을 증진하는 데 목적이 있어야 한다.

바울의 큰 사상 중의 하나가 2절에 나타난다. 우리의 행동이 그리스도의 몸 안에서 서로를 향상시킬 때 우리는 우리를 여기에 두신 바 그 목적을 실현하고 있다는 것을 알게 될 것이다. 이것에 의해 우리는 참으로 하나님을 영화롭게 한다.

로마서 제16장

향기를 발하는 그리스도인들

16:1. "내가 겐그레아 교회의 일꾼으로 있는 우리 자매 뵈뵈를 너희에게 천거하노니."

16:2. "너희가 주 안에서 성도들의 합당한 예절로 그를 영접하고, 무엇이든지 그에게 소용되는 바를 도와줄지니 이는 그가 여러 사람과 나의 보호자가 되었음이니라."

16:3. "너희가 그리스도 예수 안에서 나의 동역자들인 브리스가와 아굴라에게 문안하라."

16:4. "저희는 내 목숨을 위하여 자기의 목이라도 내어놓았나니 나뿐 아니라 이방인의 모든 교회도 저희에게 감사하느니라."

16:5. "또 저의 교회에게도 문안하라."

16:13. "주 안에서 택하심을 입은 루포와 그 어머니에게 문안하라. 그 어머니는 곧 내 어머니니라."

16:22. "이 편지를 대서하는 나 더디오도 주 안에서 너희에게 문안하노라."

I. 역사적 배경

이 서신의 메시지는 결론에 이르렀다. 그러나 마음으로부터 우러나는 인사와 개인적인 몇 마디 당부와 하나님께 영광을 돌리는 일이 아직 남아 있었다. 바울은 개인적으로 혹은 소문으로 알고 있는 로마 교회 회중 안의 스물 여섯 사람의 이름을 들어서 문안한다. "이 서신의 끝의 고대 서명 동의는 비록 아무런 권위는 없지만 이 경우에 아주 적당한 것으로 나타난다." 서명 동의가 이 장의 마지막 부분에 나타나는데, 이것은 편지를 써서 보내는 것과 관련된 역사적 정황의 어떤 것을 나타낸다.

II. 용어 해설.

16:1. 뵈뵈는 겐그레아 교회의 디아코노스(문자적으로, "여집사")로 언급되었다. 원래 "종"을 뜻하는 이 그리스어는 신약 성경에서 여러 방식으로 사용되었다. 예를 들면 다음과 같다: (1) 예수님 자신에 대하여(롬 15:8; 참조. 2:17); (2) 복음(고전 3:5; 고후 3:6; 엡 6:21)이나 사단의 가르침(고후 11:15)을 전파하는 일에 조력하는 사람에 대하여; (3) 지교회의 집사들에 대하여(빌 1:1; 딤전 3:8, 12). 사실 우리는 A.D. 57년경에 집사의 직분이 어느 정도 범위까지 발전하였는지 모르고 있다. 사도행전 6:1-6에서 뽑힌 사람들은 일반적으로 최초의 집사들로 알려져 있다. 로마서 15:25, 31에 따르면 바울 자신이 예루살렘의 성도들의 물질적인 필요를 채워 줄 돈을 전달하는 "집사"의 역할을 맡고 있다는 것을 유의하라. 이 구절에서 사용된 이 말의 용도에 대하여 보건(C. J. Vaughan)은 다음과 같이 주석한다: "반드시 직분을 암시하는 것이 아니라 가난한 자와 병든 자를 섬기는 그리스도인 여성들의 헌신을 암시한다."

16:2. "보호자"(프로스타티스)는 옹호자, 돕는 사람, 후원자이다. 이 말은 이 그리스도인 부인이 바울과 주의 다른 종들에게 하였던 봉사를 가리키는 주목할 만한 말이다.

16:13. 마가복음 15:21을 참조하라. 거기서 예수님의 십자가를 짊어졌던 구레네 시몬이 알렉산더와 루포의 아버지와 동일한 사람으로 간주되었다. 이 구절은 루포가 마가복음을 썼던 그 교회 곧 로마 교회에 잘 알려져 있었다는 것을 암시한다. 사도행전 11:20에 의하면 구브로와 구레네 사람들이 안디옥 교회를 세웠다. 바울이 루포의 어머니와 함께 루포를 만났던 곳이 안디옥이었을 것이다.

16:16. "거룩하게 입맞춤으로." 로마의 성도들이 주의 만찬을 지키기 위하여 모였을 때 그렇게 하였다는 뜻으로 바울이 말하는 것 같다. 그 모임에서 이 편지를 큰소리로 읽었을 것이다. 희랍 정교회는 오늘날까지 성찬에서 "거룩한 입맞춤"의 관습을 보존하라고 말하였다고 한다.

III. 교리적 의의

이 장은 교회 안에서 존경과 인정을 받을 합당한 위치가 있다는 것을 나타낸다. 그리스도의 친구들과 종들을 격하시키거나 폄하하는 것은 그리스도의 영광을 높이지 않는 것이다. 이 장은 다른 무엇보다도 초대 교회의 형제 그리스도인들이 상호간에 어떻게 천거하고 영감된 글이 맨 처음에 어떻게 그리스도인 회중에게 발송되었는지를 보여준다. 이 장은 사도적 교회의 생활과 회원의 자격을 넌지시 엿보게 하고 분쟁과 거짓 선생들에 대한 경고를 하고 있다(17-20절).

IV. 실천적 목표

우리로 하여금 향기를 발하는 그리스도인들과 고상한 예의와 그들이 있음으로 해서 받는 위로뿐만 아니라 그들의 매력적인 개성의 아름다움에 대하여 하나님께 감사를 표하도록 하기 위함이다. 그들의 말과 행위에 의해 격려받도록 하기 위함이다. 우리의 소명을 확실하게 충성스럽고 헌신적이 되게 하고 그리스도의 빛을 반영하는 세상의 소금과 빛이 되게 하기 위함이다. 주의 백성들이 생명 책에 기억되었다는 것을 재확인토록 하기 위함이다(말 3:16, 17).

V. 설교 개요

제목: "**향기를 발하는 그리스도인들.**"

도입부

우리는 가혹하고 심술궂고 진절머리나게 하고 침울하게 만드는 사람들을 가까이하지 않게 된다. 그들이 이런 식인 것은 참된 종교 때문이 아니다. 그들이 고백하는 종교가 어떤 것이든간에 그 종교에 대해서 그들은 해로운 증언을 한다. 분쟁을 일으키고 교회에 어려움을 야기시키는 사람들에 대하여 경계를 게을리하지 않도록 이 교회에 경고가 주어졌다. 그들은 아주 세련되게 말을 하는 사람일지 모르지만 마귀의 도구이다. 그와 같은 사람들이 대부분의 회중 가운데 있을 수 있지만 그들이 보통 소수인 것에 대하여 하나님께 감사드리자. 이 목록에서 바울은 많은 사람들의 이름을 부르며 문안한다. 그들은 모두 향기를 발하는 그리스도인들이었다. 우리는 그들 중 네 명을 택하여 생각하고자 한다.

A. 뵈뵈(16:1, 2).

뵈뵈란 이름은 "순결한"을 뜻한다. 그 이름은 아주 악한 환경 가운데서도 이 훌륭한 그리스도인의 순결함을 말하고 있다. 순결에 도움이 되지 않는 곳에서도 기독교는 항상 성품과 생활의 순결을 나타내는 능력이 뛰어났다.

좁은 이스무스 바로 맞은편, 고린도에서 대략 16km 떨어진 지점에 겐그레아의 분주한 항구 마을이 있다. 거기에 교회가 A.D. 55년에 조직되었고 뵈뵈는 그 교회의 유명한 일원이었다. 약 5년 뒤에 바울은 고린도 교회에 다시 방문하였다. 이 때에 그는 그의 가장 위대한 서신을 로마 교회에 썼다. 또 이 당시에 뵈뵈는 로마로 여행할 계획을 세우고 있었고 바울은 그 편지를 전달하는 임무를 그녀에게 맡겼다. 그녀의 그리스도인다운 향기를 발하는 생활에 관하여 우리에게 여러 가지가 전해진다.

(1) 뵈뵈는 그와 같이 사랑스러운 인물이었으므로 바울은 그녀를 "우리 자매 뵈뵈"라고 말하였다.

그녀는 그리스도 안에서 자매였고 사랑이 있는 가족 안에서 자매와 같이 행동하였다. 그녀는 교회 안에서 따스하고 애정어린 사귐을 촉진하였다. 그녀가 있음으로 해서 풍성해지고 그녀가 접촉하는 모든 사람에게 복스러운 영향을 끼쳤다. 그녀는 다정하였기 때문에 쉽게 친구를 사귀었다. 그녀는 사도신경에서 주장하고 있는 "성도가 서로 교통하는 것을 … 믿사옵나이다"라는 조항을 올바르게 인식하였다.

(2) 뵈뵈는 교회의 종이었다.

바울처럼 그녀는 그녀의 사명을 이룰 수 있을 것으로 신뢰를 받았다. 따라서 그녀는 지금까지 만들어진 아주 소중한 문서들 중의 하나를 심부름하는 심부름꾼이었다. 르낭(Renan)은 "뵈뵈는 기독교 신학의 온 미래를 그녀의 옷 속에 품고 갔다"고 말하였다. 그녀는 자기에게 맡겨진 사명을 완수하였는가? 물론이다. 왜냐하면 그 서신이 오늘날 성경에 포함되어 있기 때문이다.

(3) 뵈뵈는 그리스도를 위하여 많은 사람들을 도왔다.

"여러 사람의 보호자가 되었다." 보호자란 말은 '필요한 경우에 곁에 선자' 라는 뜻이다. 고전 희랍어에서 그 말은 올림픽 경기의 훈련시키는 사람에게 사용되었는데, 이 사람은 운동 선수들 곁에서 적절하게 훈련하고 무리한 훈련을 피하고, 신호를 향하여 한 줄로 늘어섰을 때 정확한 안내를 받는지 살펴보았다. 주 예수께서 가이사에게 심문을 받는 그의 곁에 서 계셨다고 바울이 말하였을 때 사용한 말이 이 말이다(딤후 4:17).

집사의 직분은 원래 곁에 서서 필요한 때에 돕는 것이다. 여집사는 사람의 필요를 위해 사역하는 집사를 보조하는 그리스도인 여성이었다. 여집사들은 집사들의 일을 도와서 특히 궁핍한 여인들을 돌보았다. 맨 처음부터 여인들은 그리스도의 교회 안에서 아주 유익한 역할을 하였다.

오늘날 도움과 조력자가 많이 필요하다. 우리는 뵈뵈와 같은 사람이 더 많이 필요하다. 이런 필요를 복지 후생국에 맡겨 버리는 것은 잘못이다. 복지 후생국은 결코 애정어린 마음과 그리스도인의 손을 대신하지 못한다. 뵈뵈의 사역은 평범한 것이 아니라 특별한 것이다. 거의 20세기가 지난 오늘날 우리는 겐그레아의 뵈뵈의 향기를 발하는 삶과 봉사에 대하여 하나님께 감사드린다.

B. 브리스길라(롬 16:3-5).

브리스길라는 신약 성경에서 아주 관심을 끄는 인물 중의 한 사람이다. 그녀는 초대 교회의 다른 어떤 여성들보다 더 자주 언급되었다. 그녀는 다른 세 도시(고린도, 에베소, 로마)에서 활동한 그리스도인이다. 그녀의 기독교는 들고 다닐 수 있는 것이었다. 그녀가 어디에서 살든지 그녀의 삶속에서 그리스도의 복음이 역사하였다.

그녀의 남편 아굴라는 본도의 유대인이었다. 그녀의 이름이 로마식 이름이기 때문에 어떤 학자들은 브리스길라가 로마에서 아굴라와 결혼하여 클라우디우스가 잔인하고 불공정한 칙령을 내려서 모든 유대인을 로마에서 추방하였을 때 아굴라와 함께 떠나 고린도로 간 로마 사람이었다고 생각한다.

바울이 아덴에서 그의 유명한 설교를 한 뒤에 고린도로 갔다. 그가 고린도에 도착하여 그의 오랜 직업인 장막 만드는 일을 해야 할 필요를 깨달았다. 이 일로 그는 아굴라와 브리스길라를 만나게 되었고 그들의 집으로 초대를 받아 그 집에서 머물게 되었다. 그들이 함께 일하였을 때 그들은 그리스도의 복음에 관하여 이야기하였고 그리스도께서 메시야에 관한 예언을 얼마나 아름답게 성취하였는가 하는 것에 대하여 이야기하였다. 바울은 18개월 동안 고린도에 남아 있었다(행 18:11, 18). 그가 고린도를 떠날 때 아굴라와 브리스길라가 동행하였다. 에베소에서 바울은 계속 갈라디아로 갔고 다른 사람들은 그곳에 남아서 정착하였다. 브리스길라의 성품이 여러 면으로 나타난다.

(1) 그녀의 근면성.

그녀는 부지런한 사람이었다. 그녀는 부지런히 장막을 만들었다. 그녀는 주를 위하여 많은 일에 종사하였다. 그녀는 자기 힘으로 무엇을 해야 할지 알고 있었다. 많은 사람들이 지금도 이것을 배워야 한다. 그녀는 정직한 일의 모범이었다. 이러한 자질은 그녀에게 기쁨이요 그녀의 남편에게는 만족이요 그녀의 구주에게는 영광을 돌리는 것이었다. 그녀는 능률적으로 일하였고 또한 그리스도의 나라의 일에서도 유능하였다.

(2) 그녀의 손 대접하기.

손 대접을 잘함으로써 그녀의 가정에 복을 가져왔다. 그녀는 "손님 대접하기를 잊지 말라. 이로써 부지중에 천사들을 대접한 이들이 있었느니라"(히 13:2)라는 말씀이 진실됨을 깨닫고 있었다. 그리스도인의 가정은 그리스도를 위하여 엄청난 영향을 미치는 중심이 될 수 있다. 밝고 행복한 가정은 그리스도의 대의를 위하여 헤아릴 수 없는 유익을 나타낼 수 있다.

(3) 그녀의 면학에 힘씀.

그녀의 마음은 기독교의 진리에 굶주렸다. 그녀는 성경에 관하여 최선을 다하여 배우는 일에 부지런히 전념하였다. 그녀는 이렇게 하는 것이 여인이 참여할 수 있는 다른 어떤 활동보다도 더 많은 만족을 얻을 수 있다는 것을 발견하였다. 그녀 자신의 믿음은 확실하였고 그녀는 다른 사람을 도울 수 있었다. 그녀는 가르칠 자격을 갖추었다. 그녀는 유명한 전도자 아볼로를 지도한 사람이었다.

(4) 그녀의 헌신.

그녀는 그녀의 모든 자질을 그리스도를 위하여 드렸다. 그녀의 헌신 때문에 그녀의 영향력이 참으로 유력하였다. 그런 사람은 회중에게 힘이 된다. 그녀의 헌신 때문에 그녀는 바울을 위하여 자기 목이라도 기꺼이 내놓았다. 우리가 알지 못하는 위험에 처하게 되었을 때 바울의 생명을 구하기 위하여 그녀와 그녀의 남편은 자신들의 생명을 내놓았는데, 그러나 그렇게 함으로써 그들은 당연히 바울과 온 교회의 감사를 받게 되었다. 순수하고 충심어린 헌신은 용기를 얻게 된다.

C. 루포의 어머니(롬 16:13).

루포는 구레네 시몬의 아들인데, 이 시몬은 기념해야 할 날에 구레네에서 와서 예수님의 십자가를 지도록 징발되었다(막 15:21). 시몬과 그의 아내는 그리스도인이 되었다. 그들에게는 루포와 알렉산더라는 두 아들이 있었다. 루포는 지금 자기 어머니와 함께 로마에서 살고 있다.

바울은 루포의 어머니를 "그 어머니는 곧 내 어머니라"고 하였다. 여기에 위대한 그리스도인 어머니가 있다. 이 어머니는 우리의 주목을 받을 만하다. 그리스도인의 모성은 사람이 이생에서 이행할 수 있는 최고의 직무이다. 이 어머니는 그리스도의 교회에서 그리스도를 섬긴 고귀한 아들들을 출산하였다. 그녀는 모니카(어거스틴의 어머니)와 캐서린 부스와 엘리자베스 프라이, 수잔나 웨슬리와 같은 강인한 어머니들의 대열에 나란히 서 있

다. 이 모든 어머니들은 향기를 발하며 그리스도의 아름다움의 사역자로서
이 세상의 허영에 낭비하지 않은 삶을 살았다.

그녀는 유명한 그리스도인의 어머니였다. 이 영광은 참으로 크다. 이것
은 그의 보상의 일부였다. 그녀는 또한 바울의 어머니였다. 많은 이들은 그
리스도 안에서의 어머니들에게 힘들고 거친 환경에서 도움을 받은 사람들
이다.

오늘날 경향은 모성을 평가 절하한다. 성경은 결코 그렇게 하지 않는다.
하나님의 눈에는 모성이 영광스러운 소명이다.

D. 대서자 더디오(롬 16:22).

바울이 이 편지를 쓰기 위하여 대서자를 고용한 것이 분명하다. 바울은
자주 이렇게 하였다. 이 편지에 바울이 서명하고 문안을 덧붙였다. 비서들
과 속기사들에 대하여 하나님께 감사를 드린다.

"더디오"는 '셋째' 혹은 '셋째 남자'라는 뜻이다. 그는 중요성에 있어서
꼭대기에 있거나 심지어 둘째 사람도 아니었다. 그는 셋째로 만족하였고
그렇게 주를 봉사하고 있었다. 교회의 지체들이 다 삼등급의 능력으로 주
를 봉사할 정도로 충분히 겸손한 것은 아니다. 심프슨(A. B. Simpson)은
이렇게 말하였다: "하나님의 교회가 지휘관으로 넘친다. 교회는 좀더 많은
이등병들을 아주 필요로 하고 있다. 소수의 강들이 바다로 흘러가지만 훨
씬 많은 수는 다른 강들에 합류하듯이, 우리는 다 개척자가 될 수 없으나
우리 모두 조력자는 될 수 있다. 그리고 둘째로 가는 것을 잘 배우기 전까
지는 누구도 앞장 서서 가기에 적합하지 못하다."

우리는 그리스도에서 "모든 사람에게 그의 일을" 맡기셨다는 것을 배워
야 한다. 이런 일에서 우리가 하나님을 영화롭게 하는 것을 배운다면 우리
가 일등급 혹은 이등급 혹은 삼등급이든 그것은 아무런 문제가 안 된다.

우리는 이 편지에서 더디오가 그의 일에서 가진 자부심을 간파할 수 있
다. 그는 자기 일이 바울의 일에 비해 중요하지 않다는 것을 알고 있지만
그는 그것이 필요하다는 것을 깨달았다. 그는 영감을 받아 그의 모든 힘을

그의 일에 쏟았으며 최선의 직업으로 만들었다. 그가 받아쓰는 이 일을 다 하였을 때 그것이 사람의 마음을 끄는 작품이 되기를 바랐다.

결론

(1) 바울이 여성들에게 인기 있다고는 보통 생각지 않는다.

많은 무책임한 사람들은 여성들에 대한 바울의 "태도"에 대해서 바울을 비난한다. 이 장에서 바울이 그리스도인 여성들을 아주 높이 평가하였다는 것을 주목하는 것이 아주 흥미로운 일이다. 이 목록의 약 삼분의 일은 바울이 알고 인정하였던 여인들이다. 우리가 교회 안에서 여성의 지위를 생각할 때 반드시 이 장을 떠올려야 할 것이다. 바울이 그리스도의 교회 안에서 여성들을 존귀와 위엄의 자리에 앉혔던 것을 지적하지 못하면 왜곡된 비난을 하게 된다. 그는 늘 교회 안에서의 여인들에게 빚진 자인 것을 주저없이 고백하고 여인들이 교회의 중추를 이루고 있다는 것을 인정한다.

(2) 이 장에서 핵심적인 표현은 "주 안에서"이다.

바울은 이 말을 좋아하였다. 여기에 위대한 공동체가 있다. 무엇이 이 공동체를 위대하게 만드는가? 그것은 주 안에서이다. 여기에 위대한 가정이 있다. 무엇이 이 가정을 위대하게 만드는가? 그것은 주 안에 있다. 여기에 위대한 사귐이 있다. 위대하게 되는 것은 주 안에서 되는 것이며 사회의 최상류층에 속하는 것이다. 그리스도와 연합함은 그리스도인의 헌신과 예배와 활동의 샘이다.

(3) 바울의 마지막 관심은 기독교 신자들의 신앙과 생활이 견고케 되는 것을 보는 것이었다.

그리스도인의 신앙을 뒤흔드는 것이 외부에 많이 있다. 그릇된 생각을 가르치는 선생들과 분쟁을 조장하는 사람들이 많다. 신자들로 하여금 동요하게 하는 것들이 많다. 그래서 바울은 "이 복음을 너희를 능히 견고케 하실 지혜로우신 하나님께"라고 기도한다. 순수한 복음을 전파함으로써 신자가 견고케 된다. 바울은 그리스도인이 견실한 그리스도인이 되기를 무척 바랐다.

신약**강해**설교전집 2

초판 발행 1999년 1월 20일
중쇄 발행 2008년 9월 30일

─────────────

발행처 **크리스챤**
다이제스트
발행인 박명곤

주소 경기도 고양시 일산동구 정발산동 1193-2

전화 070-7538-9864, 031-911-9864

팩스 031-911-9824

등록 제 98-75호

판권 ⓒ 크리스챤다이제스트 1999

총판 (주) 기독교출판유통

전화 031-906-9191~4

팩스 080-456-2580

· 값은 표지에 찍어 있습니다.

● 본사 도서목록은 생명의 말씀사 인터넷서점
(lifebook.co.kr)에서 출판사명을 "크리스챤다이제스트"
로 검색하시면 됩니다.